사례중심으로 읽기

쉬운 도시안전과 테러리즘

이정훈 · 최인규 · 이민형

청목출판사

머리말

지구온난화 현상 등의 다양한 자연환경의 변화로 세계 각 지역에서는 국지적 자연재해가 해마다 증가하고 있고, 생활에서 발생하는 여러 종류의 인적재해와 사회적 재해는 많은 재산과 인명 피해를 유발시키고 있다. 이는 지구가 존재하는 한 계속될 것이다.

지구를 지키기 위한 노력과 생활의 편리를 지향하는 조직들의 노력 사이의 팽팽한 긴장 속에서 우리는 도시안전과 재난을 관리해야만 하는 다양한 이유가 존재할 것이다. 지피지기(知彼知己)면 백전백승(百戰百勝)이라는 교훈과 같이 어떠한 재난과 테러가 발생하여도 항상 준비된 자만이 그 피해를 줄일 수 있는 법을 알고 대응할 것이다.

또한 9·11테러가 발생한지 벌써 9여년이 지났으며, 지금 빈 라덴의 사망 이후에도 대테러 보복과 알카에다의 조직재정비 등의 활동들이 계속 이루어지고 있다. 또한 전 세계 곳곳에서 매일 반복적으로 일어나는 폭탄테러 등과 같은 다양한 사건들은 외국 관광객, UN주둔군 등 특정인과 불특정인 모두를 대상으로 이루어지는 테러사건들은 테러조직들의 정체성을 확인시키는 수단이라고 볼 수 있다.

이렇게 전 세계적으로 활동하고 있는 테러조직들은 점조직으로 구성되어 비밀리에 활동하기에 정확한 정보수집과 다양한 전술·전략 등의 변화를 예측하기란 쉬운 것은 아니다. 본 교재에서도 세계 각국에서 일어난 다양한 테러사건을 중심으로 테러조직의 활동과 특징들을 살펴보고 이에 대한 다양한 대응방안들을 모색하는 계기가 되기를 바란다.

본 교재의 구성을 정리하면 제1부는 도시안전과 재난관리 부문으로 도시안전과 재난관리, 한국과 주요 국가들의 재난관리체계, 재난관리의 협력체계, 지역문화축제와 안전관리, 주요 재난 사례 및 재난 및 안전관리 기본법의 이해 등으로 이루어졌으며, 제2부는 테러리즘에 대한 부문으로 테러리즘(terrorism), 주요 테러리즘 조직, 테러리즘 대응 기본 방향, 유형별 테러리즘, 테러리즘 사례 연구 등을 중심으로 기술하면서 다양한 사례를 제시하고 이에 대한 대응 및 대처방안을 상세히 제시함으로써 도시안전, 재난관리 및 테러에 대해 이해하기 쉽게 정리하고자 노력하였다.

본 교재는 대학 교단에서 지난 5년간 수업을 진행하면서 여러 번의 작업을 거쳐 이제야 재난과 테러를 처음 접하는 학생들에게 기본적인 재난 및 테러에 대한 기본 교재로서 역할을 충분히 할 수 있다고 생각되어 저자들이 공동으로 심혈을 기울여 만들어진 것이다.

아직까지 완성도 높은 교재가 아니라 지속적으로 대학에서 강의를 하면서 수정·보완해 나가야 할 것이며, 많은 독자들의 충고와 비판이 있기를 기대한다. 또한 끝까지 본 교재가 출판되기까지 여러모로 많은 도움을 주신 청목출판사 관계자 여러분들에게 감사를 드린다.

2011년 8월

신묘년에 저자 일동

차 례

제2부 테러리즘의 이해

제 1 부

도시안전과 재난관리

1. 도시안전이란 무엇인가?
2. 재난관리란 무엇인가?
3. 한국의 재난관리체계
4. 주요국가의 재난관리체계
5. 재난관리의 협력체계
6. 지역문화축제와 안전관리
7. 주요 재난 사례
8. 재난 및 안전관리 기본법의 이해

1

도시안전이란 무엇인가?

도시란?

일반적으로 도시에 대한 개념 정의는 다양하게 해석될 수 있으며, '도시란 무엇인가?'에 대한 해석에 앞서 도시로서의 충족요건을 먼저 살펴보아야 할 것이다.

베버(M. Webber)는 도시 공간 구성을 형성하는 주요 항목으로 ① 경제적 정착, ② 자율권을 가지는 단체(특별한 정치적·행정적 제도를 갖춘 단체), ③ 방어시설이 조직적으로 설치, ④ 재판소 존재, ⑤ 평화가 보증되는 성벽과 정치적인 시장(시민집회장소) 등이라고 하였다. 또한 제이콥스(J. Jacobs)는 도시 지구(地區) 내부의 가능한 많은 장소가 하나의 기본적인 기능만을 가지는 것이 아니라 다양한 기능을 수행하여야 하며, 거리는 대체로 짧은 것이 바람직하고, 건설된 연대와 상태가 다양한 건물들이 섞여 있으며, 목적은 각기 달라도 다양한 사람들이 밀집되어 있는 것이 바람직하다고 하였다. 그리고 우자와 히로부미에 따르면 도시란 한정된 지역에 많은 사람들이 거주하고, 일하며, 생계를 유지하기 위해 필요한 소득을 얻는 장소이며, 많은 사람들이 서로 밀접한 상호 관계를 가짐으로 인해 문화를 창조해가는 장소라 하였다(김영기 외, 2009: 53).

이에 따라 도시란 먼저 공동체의 기반이 됨과 동시에 사회적 상호관계를 위한 공간적 구심점이라 할 수 있으며, 정치·경제·문화 등 도시 구성원들의 활동 장소라 할 수 있다. 즉, 도시란 정치·경제·문화·사회적인 측면에서 기능적으로 독자성과 구조적인 종합성을 지니면서 역사적 과정을 통하여 국토 공간의 일부분을 차지하는 인간 활동의 집결 지점이라고 할 수 있다.

안전이란?

사회 구성원들의 기능 공간이 되는 도시에서 그 구성원들은 자신들의 정치·경제·문화 활동을 하며 도시는 이에 대한 방어 공간과 동시에 자아실현의 장이 되고 있다. 그러나 도시 공동체의 구성원들의 모든 삶의 터전이 되는 도시의 가장 우선적으로 고려되어야 할 것이 바로 그 구성원들이 안전하게 자신의 삶을 영위하도록 하여야 하며, 행정적 제도화된 도시체제를 마련하고 있는 현대 사회의 가장 근본적인 이유 또한 '안전'이라 할 수 있다.

일반적으로 안전이란 '위험이 없는 상태'를 말하며, 안전이라는 용어의 해석을 통한 개념 정의 또한 위험이 무엇인가에 대해 선행적으로 알아보아야 한다.

국민의 기본적인 욕구와 생활의 질에 대한 수요는 인간의 기본 욕구 중의 하나인 안전이 확보된 이후에 충족될 수가 있다. 뿐만 아니라 현대 사회에서 국민의 최우선적인 욕구가 '풍요'에서 '안전'으로 바뀌어 국가의 기능 중 안전에 관한 대국민 서비스가 제일의 과제로 대두되고 있다. 사회적 불안요인의 다각화로 안전한 삶에 대한 관심이 증대되고 있는데 이는 빈번한 재난 발생으로 최근 사회 안전문제에 대한 부정적인 인식이 확산되는 추세이다(한국전산원, 2006 : 216).

〈사회 안전에 대한 인식〉

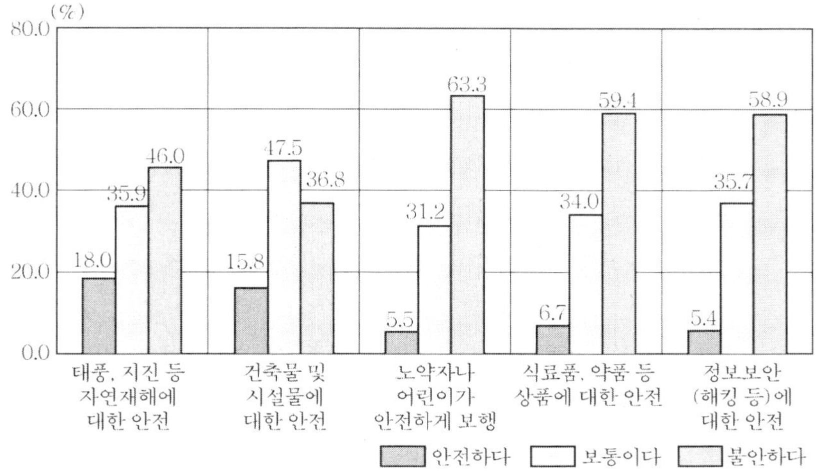

출처 : 통계청(http://kostat.go.kr/portal/korea/index.action)

위험의 개념

위험이란 일반적으로 자연적 위험과 인위적 위험, 그리고 특수한 위험으로 구분될 수 있다.

자연적 위험이란 흔히 '재해 또는 재난'이라 불리고 있으며, 「재난 및 안전관리 기본법」에 따르면 '재난'이란 국민의 생명 · 신체 · 재산과 국가에 피해를 주거나 줄 수 있는 것으로서 태풍 · 홍수 · 호우(豪雨) · 강풍 · 풍랑 · 해일(海溢) · 대설 · 낙뢰 · 가뭄 · 지진 · 황사(黃砂) · 적조(赤潮), 그 밖에 이에 준하는 자연현상으로 인하여 발생하는 재해, 화재 · 붕괴 · 폭발 · 교통사고 · 화생방사고 · 환경오염사고, 그 밖에 이와 유사한 사고로 발생하는 대통령령으로 정하는 규모 이상의 피해, 그리고 에너지 · 통신 · 교통 · 금융 · 의료 · 수도 등 국가기반체계의 마비와 「감염병의 예방 및 관리에 관한 법률」에 따른 감염병, 「가축전염병예방법」에 따른 가축전염병 확산 등으로 인한 피해라 하였다. 이를 통해 볼 때 위 법상의 재난의 정의에 있어서 자연적 위험이란 자연현상으로 인하여 발생하는 국가기반체계 마비와 국민의 생명, 신체 재산 등에 대한 피해라 할 수 있다.

인위적 위험이란 자연이 아닌 사람에 의해 발생하는 위험으로서 가장 대표적인 것이 범죄와 테러리즘이라 할 수 있다. 일반적으로 형법상 범죄란 형법상의 구성요건에 해당하고, 위법하며, 책임 있는 행위라 할 수 있으며, 이를 통해 국민의 법익을 침해하여 그 피해를 주는 것을 말한다. 국민의 법익이란 헌법 상 기본권으로서 생명 · 신체 · 재산 · 명예 · 정조 등 국가로부터 보호를 받는 것을 의미하며, 국가는 이를 보장할 의무를 가진다. 그리고 테러리즘이란 정치적 · 이념적 · 종교적 목적 등을 위하여 불특정 다수의 '공포(terror)'를 이용한 정치적 우위를 점하기 위한 법익 침해 행위라 할 수 있다.

특수한 위험이란 특수한 환경에서 발생할 수 있는 위험으로서 원자력 발전소에서의 방사능 누출, 화학공장이나 가스저장소 등에서의 폭발 등이 그 예라 할 수 있다. 특수한 위험의 경우 자연과 사람 양자에 의해 일어날 수 있으며, 이와 다른 점은 그러한 위험이 일반적인 환경에서 발생할 확률성이 낮으며, 그러한 위험이 발생하기 위한 특수한 요건이 충족되어야 발생할 수 있다는 점이다. 예를 들어 지진이나 해일로 인하여 원자력 발전소 전력 공급이 중단되어 방사능이 유출될 수 있으며, 테러단체에 의한 폭파로 인해서도 그러한 상황이 발생될 수 있으나, 그것은 원자력 발전소라는 특수한 환경 하에서만 가능하다.

이러한 위험 정의에 따라 안전이란 자연적 위험, 인위적 위험, 특수한 위험이 없는 상태라 할 수 있으며, 이러한 위험이 없는 상태를 유지하기 위해서는 사전에 위험 발생을 예방하거나 사후에 제2차 피해가 발생하지 않도록 즉각적 조치를 하는 작용상의 개념으로 보아야 할 것이다.

도시안전과 재난의 특성

도시화란 사람과 경제적 활동이 도시에 집중하는 현상과 도시적 가치, 행태, 제도의 지리적 확산으로 정의하고 있다. 즉, 농촌지역에서 도시지역으로 인구가 이동하는 현상이다.

도시를 구성하는 가장 중요한 인자는 인구규모이다. 최소한의 인구규모가 필요하다는 점은 오랜 세월동안 도시를 정의하는 중요한 기준으로 제시되어 왔다. 도시 중 어떠한 규모이상의 도시를 대도시라고 보느냐가 문제인데, 일반적으로는 인구 50만 이상의 도시를 대도시라고 보고, 인구 100만 이상의 도시를 거대도시라고 본다.

도시안전이란 도시 구성원들이 그 공간 하에서 안전하게 사회 활동을 하기 위해서 어떠한 법익침해를 야기하는 위험을 예방하거나 사후에 제거하는 작용 또는 그 상태라 할 수 있다. 현대적으로 도시안전에 대한 해석은 자연인의 법익 침해를 기반으로 하는 것만을 대상으로 하지 않고, 기업과 같은 법인에 대해서도 적용이 될 수 있으며, 기업의 기밀이 사전에 유출되지 않도록 하기 위한 보안 활동도 이에 포함된다고 할 수 있다. 또한 생활권의 확대와 인구의 고밀도화를 수반하는 사회구조의 변화는 재해발생 요인을 복잡화, 다양화시키고 있고, 특히 도시재난은 고도 정보화 사회의 도래와 고령화 사회로의 변화에 따라 재난이 광역화 및 특수화되면서 인명에 대한 위험이 커지고 사회에 미치는 영향도 현저히 증가하고 있다.

도시재난은 도시본질에 입각한 것으로서 도시란 주거공간을 지배하는 기술이고, 인공적 구축물이지만 이러한 원인으로 파괴되었을 때 주거공간으로서의 기능이 상실되며, 그 고밀도성으로 피해가 확대될 경우를 총칭하는 재난이라고 할 수 있다. 이러한 도시재난에 대하여 과거에는 가스와 위험물의 폭발사고, 대규모 건축물 재난에 따른 많은 사망자의 발생, 혹은 시가지의 대화재 등 도시를 구축하는 기술의 포약성이나 실패에 의한 인적재난을 염두에 두고 도시 주거의 위험을 경고, 계몽하는 수준이었다. 이에 따른 도시재난의 특성은 계속성과 파급성에 있고, 시간경과와 함께 축적된 유량의 피해라는 점에 있다. 이것은 통상의 구축물 피해가 저량 피해인 것과 근본적으로 다른 것인데, 복구방법이 피해총량을 좌우한다는 점에서 상당히 인위적이다. 이 피해는 재난 후의 사회 시스템에 크게 의존하는 점에서 더욱 복잡한 측면을 지니고 있다. 즉, 도시기능은 그 기능을 얼마나 공급할 것인가 뿐만 아니라 사회가 얼마나 그 기능을 수용하는가라는 점에서도 고려되어야 하기 때문이다.

현대사회는 특정 지역에 인구가 집중하여 도시적 특성이 확대되어 가는 과정으로 주거공간은 고밀도화 되고, 건축물은 고도화・대형화・복잡화・심도화 등으로 가는 추세이다. 따라서 현대사회의 대도시에서 재난이 발생하면 이전보다도 엄청난 피해와 충격을 주고, 그 피해와 충격은 국가 전체의 영향을 미칠 것이다.

2

재난관리란 무엇인가?

재난이란 무엇인가?

재난의 개념은 학자들 사이에서 많은 논쟁이 되어 왔으며, 사전적 의미에서 재난(災難, 영어: disaster)은 날씨 등의 자연현상의 변화, 또는 인위적인 사고로 인한 인명이나 재산의 피해를 말한다. 재난 가운데 자연현상과 관련된 천재지변을 재해(災害) 또는 재앙(災殃)이라고 부르기도 한다. 또한 사람의 실수 또는 부주의나 고의로 일어난 사고도 재난으로 보아 인재(人災, 인재 사고)라고 표현하기도 한다.[1] 최근에는 물질문명의 발전과 함께 인위적 요인에 의한 화재, 붕괴, 폭발을 비롯하여 대형 교통사고까지도 재난의 범주에 포함시키고 있다.

이러한 정의는 현대의 환경변화와 함께 사회적 요구를 수용한 것이라 할 수 있다. 즉 기상의 변화를 포함한 지구환경의 변화, 국가사회와 산업의 복잡화 등 방재를 둘러싼 사회구조의 변화에 따라 다양화, 대형화되어 가는 재난과 방재에 대한 욕구의 반영이라고 할 수 있다(조원철, 2004; 4).

재난사태는 대통령령이 정하는 재난이 발생하거나 발생할 것으로 판

1) http://enc.daum.net/dic100

단되면 '재난및안전관리기본법' 제36조에 따라 '재난사태'가 선포된다. 중앙위원회의 심의를 거쳐 극심한 인명 또는 재산피해를 경감하기 위해 긴급한 조치가 필요하다고 인정되면 중앙재난안전대책본부장은 국무총리에게 재난사태를 선포할 것을 건의할 수 있다. 단, 재난사태 선포 대상지역이 2개 시·도 이하인 경우는 중앙재난안전대책본부장이 직접 선포할 수 있다. 재난사태가 선포되면 재난경보 발령과 인력 장비 및 물자 동원, 위험구역 지정 설정과 대피명령 등 법에 의한 응급조치와 함께 해당지역 행정기관 소속 공무원의 비상소집과 이 지역에 대한 여행 자제 권고를 할 수 있다. 재난사태 선포로 발령된 명령을 듣지 않을 경우 최고 200만원의 벌금이 부과된다. 재난사태는 진행중인 재난에 대해 피해 최소화 차원에서 사전에 필요한 조치를 취하기 위해 선포하는 것이다. 따라서 추후 피해규모가 커지면 이를 특별재난지역으로 선포하게 된다. 한편, 2005년 식목일에 발생한 대형 산불로 인해 강원도 양양·고성군에 대해 최초로 재난사태를 선포하였다.[2)]

재난의 유형

전통적으로 재난의 유형은 두 가지로 구별되고 있다. 우선 태풍. 홍수. 지진 등과 같은 자연현상에 의해 발생하는 자연재난과 화재, 가스폭발, 유해 화학물질 유출, 방사능 오염, 구조물 붕괴 등 인간의 부주의, 무관심, 실수 그리고 사후관리의 불충분함 등으로 인한 인위적·기술적 재난이 그것이다. 그러나 어떤 학자들은 자연재난과 인위재난 이외에 사회재난을 추가한다.

사회재난은 종교적·정치적·이념적인 목적달성을 위하여 개인이나 집단이 인간의 생명과 재산을 위협하거나 사회질서를 의도적으로 파괴하려는 고의적인 범죄일 뿐만 아니라 인종적·종교적·지역적 이익을 위한 집단행동으로 인한 재난 상황으로서, 과학·기술의 조작, 운용상

2) http://terms.naver.com/entry.nhn?docId=69796

의 실수나 부주의, 무지와 무관심에서 발생하는 인위적 재난과는 다른 점이 있다. 다음은 재난관리의 유형별 분류에 대한 설명이다.

자연재난이란? 태풍, 홍수, 호우, 폭풍, 지진, 가뭄, 혹설 등과 같이 자연현상에서 기인한 재난으로서 고전적 의미의 재난은 주로 자연재해를 지칭한다. 자연재해는 축적된 시행착오 과정을 거쳐 재해의 발생경로가 알려져 있기 때문에 재해의 발생을 통제 할 수는 없어도 피해를 완화시킬 수 있다고 특징지어지고 있다(Kasperson & Pijawka, 1985: 7). 그리고 자연재해는 그 원인과 결과의 다양성으로 여러 가지로 분류 할 수 있는데, 크게 보면 기상 요인에 의한 기후재해와 지진 화산활동 등에 의한 지질적 재해, 산사태와 염수 토양 등 지형적 재해로 구분 할 수 있다.

인위재난이란? 인간의 부주의로 발생하는 사고성 재해와 고의적으로 자행되는 범죄성 재해 그리고 공업의 발달에 따라 부수되는 제반 재해를 총칭하여 인위적 재난이라고 할 수 있다. 즉, 인위적 재난은 인위적으로 완전히 근절시킬 수 없는 기술의 부족으로 인한 재해와 기술의 활용과정에서 부주의로 인해 나타날 수 있는 재해 등을 총칭하여 인위적 혹은 기술적 재난이라고 한다. 이러한 인위적 재난은 대상에 따라 화학적 재난, 오염재난, 물리적 재난, 붕괴사고 등으로 세분화할 수 있다(임송태, 1997: 14-15).

기반시설 재난이란? 공공성이 큰 국가 사회기반 시설물에서 발생하는 재난으로 건축물(다중 이용시설물, 집단 주거용 건물), 사회기반 시설물(도로, 교량, 터널, 지하도로, 제방, 댐, 철도, 항만, 및 해상교통시설, 공항시설, 정보통신시설 등) 에너지 시설(전력시설, 원자력 발전소, 가스저장 시설, 지역 냉난방 시설), 해상사고, 유조선 사고, 환경시설 사고(폐수처리 시설, 폐기물 처리 시설) 등을 말한다.

특수재난이란? 인위적인 원인에 의한 불특정 다수에 대한 범죄행위로 공공테러(공공파괴, 정보통신시설 테러), 연성테러(전염성 미생물 테러), 컴퓨터 바이러스 테러, 괴질(사람을 포함한 동식물에 대한 질병), 불법 시위 등을 말한다.

〈재난의 유형〉

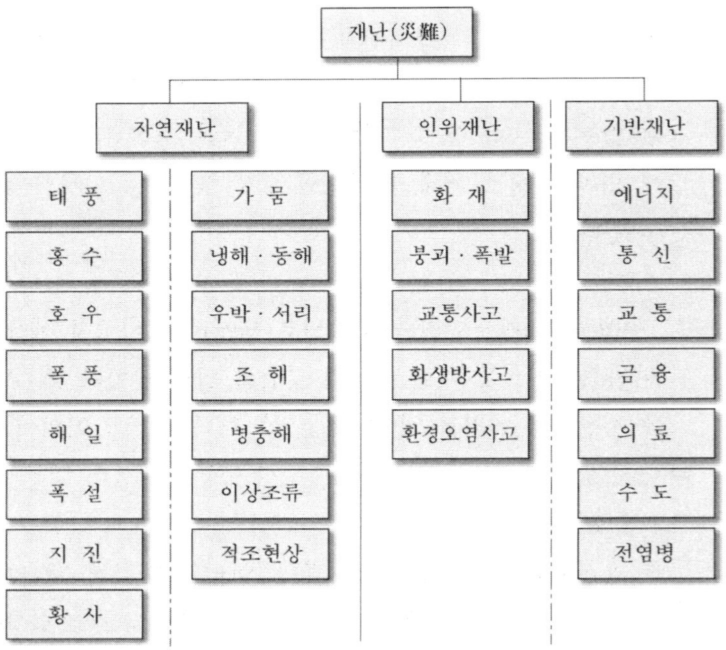

출처: 법제처(2011), 재난 및 안전관리기본법

재난관리의 개념

사회적 위험이나 재난으로부터 안전한 삶을 누리고자 하는 인간의 욕구는 물리적 풍요와 더불어 삶의 질에서 보면 가장 기본적인 구성요소라는 점에서 안전한 삶을 위해 재난과 위험을 회피하거나 방지하고 통제하는 재난관리 행정체계는 풍요로운 사회의 가장 기본적인 행정 체계의 하나이다. 따라서 재난관리 행정 체계는 그러한 기본적인 행정 체계의 하나로서 위험과 재난이 발생하는 복합적인 원인으로 인해 매우 복합적인 내용을 가지게 된다(임현진, 2003: 95). 재난관리는 범위에 따라서 광의의 재난관리와 협의의 재난관리의 개념으로 구분된다. 먼저 광의의 재난관리 개념은 재난통제에 비해 조금 더 넓은 접근방법을 의미하는 것으로 인간에게 피해를 끼칠 수 있는 폭발적 사건의 위험을 통제하는 것으로 이해된다. 이러한 의미에서 사전에 재난을 예방하고, 재난에 대비하며, 재난발생 후 그로 인한 물적 · 인적피해를 최소화하고 본래의 상태로 시설을 복구하기 위한 모든 측면을 포함하는 총체적 용어로 재난에 대한 위협과 재난으로 인한 결과를 관리하는 것을 말한다. 협의의 재난관리 개념은 재난발생 시 피해를 최소화하기 위해 혼란한 위기상황에 질서를 부여하는 대응 및 복구과정으로 일상적 비상대응기관들의 자원을 관리하고, 조직 간의 의사소통을 원활히 하며, 체계적인 사고지휘체계를 구성함으로써 인적, 물적 피해를 최소화하기 위한 일련의 과정을 말한다(류충, 2001: 20). 광의의 재난관리 과정 중 긴급관리의 특징을 갖는 대응단계 및 단기적 복구단계를 일반적으로 협의의 재난관리라 한다.

이러한 논의를 토대로 재난관리의 개념을 정의해 보면, 재난관리란 재난을 사전에 예방하고 재난이 발생하면 즉각적인 대응활동을 전개하여 인적 · 물적 피해를 최소화 하고 신속한 복구활동을 통해 재난지역 내에서 최소한의 생활편의 기능을 제공하여 본래의 일상생활로 복귀시키는 것이라고 할 수 있다(박덕규, 2005: 9).

특별재난지역[特別災難地域]은 복구작업을 위해 재난으로 피해를 본 지역을 선포하는 제도를 말한다. 대형 사고나 재난을 당해 정부차원의 사고수습이 필요한 지역에 선포한다. 한국은 1995년 7월 19일 삼풍백화점 붕괴사고시 당해 지역을 특별재해지역으로 선포한 후, 처음으로 동해안의 고성 · 삼척 · 강릉 · 동해 · 울진 등 산불피해지역을 특별재난지역으로 선포하였다. 그 후 2003년 2월 18일 대구지하철화재참사로 인해 사고 다음날 대구를 특별재난지역으로 선포하였다. 대통령령이 정하는 재난의 발생으로 인하여 국가안녕 및 사회질서 유지에 중대한 영향을 미치거나, 재난으로 인한 피해와 효과적인 수습과 복구를 위하여 특별한 조치가 필요하다고 인정되는 경우에 중앙재난안전대책본부장은 중앙재난안전대책위원회의 심의를 거쳐 재난지역을 특별재난지역으로 선포할 것을 대통령에게 건의할 수 있다(재난 및 안전관리기본법 59조). 특별재난지역의 선포를 건의받은 대통령은 당해 지역을 특별재난지역으로 선포할 수 있다(60조). 특별재난지역으로 선포된 지역에 대하여는 응급대책 및 재난구호와 복구에 필요한 행정·재정·금융·의료상의 특별지원을 할 수 있다(61조). 중앙재난안전대책본부장은 대규모의 재난이 발생한 경우에는 관계 재난관리책임기관과 합동으로 재난합동조사단을 편성하여 재난피해상황에 관한 조사를 실시하고, 재난복구계획을 수립할 수 있다(61조의2)[3].

재난관리체계의 의의와 특징이란?

재난관리는 재난이 발생하지 않도록 사전에 예방하고, 재난이 발생한 경우에 야기될 수 있는 제반 위험을 효율적으로 관리하는 행정인데, 이러한 재난관리를 담당하는 조직으로 구성된 체계가 재난관리체계이며, 재난발생이라는 환경에 대비하여 사람들의 생명과 재산을 보호할 목적으로 상호 관련된 기관들끼리 협조와 조정을 통하여 문제를 해결하려는 체계이다(남궁근, 1995: 959). 이러한 재난관리체계는 재난관리를 담당하고 있는 인력, 예산, 장비, 시설, 조직 등으로 구성된 체계를 의미하고, 각종 재난으로부터 국민의 신체 및 생명, 재산을 보호하는데 주된 목적이 있어서 가장 기본적인 정부의 기능 중의 하나로서 다음과 같은 특성을 가지고 있다.

3) http://100.naver.com/100.nhn?docid=747808

열세성이다. 재난의 특성인 불확실성, 복잡성, 상호작용성으로 인해 모든 재난에 대해서 그 피해규모를 사전에 예측한다는 것은 어려운 일이다. 그리고 재난관리의 특성 중의 하나인 최고의 인력과 장비를 항상 갖추고 있으면서도 재난이 발생하지 않는 것이 가장 성공적인 재난관리로 인정하는 경계성 및 가외성 원리에 의해서 재난관리체계가 운영되어야 하지만 아직까지도 우리나라는 그 논리가 현실적으로 맞지 않는 실정이다. 즉, 재난관리체계의 예산책정 과정에서 우선순위를 차지하지 못하므로 재난관리를 담당하고 있는 인력, 예산, 장비, 시설 등이 다른 조직에 비해서 열세한 것이다. 이러한 열세성으로 인하여 대형재난 시 일상적 대응능력 또한 열세성을 띠므로 이 경우 상설적 대응조직은 관련 기능을 가진 주변자원을 임시로 보충·통합하여 대응하는 임시적 성격을 띤다. 이러한 열세성 때문에 재난대응체계에 있어서 대응계획과 훈련의 중요성이 강조된다(류충, 2001: 33).

연계성이다. 재난의 특성인 복잡성, 상호작용성에 대한 구체적인 관리를 하기 위해서 재난관리체계는 하나의 네트워크체계로서 구성요소들 간의 연계관계를 통하여 재난관리기능을 수행해야 한다. 이러한 네트워크체계는 정부 간의 관계를 포함할 뿐 아니라, 이질적 분야의 조직들이 관여되고, 지방자치단체, 때로는 국제기구와 적십자사 등의 비정부조직까지도 참여하는 정부 간의 관계와 각 수준의 정부 내에서는 재난대책기관과 함께 교통, 경찰, 토목 및 건설, 응급의료서비스 등 이질적 분야의 조직들이 관여한다(Mushkatel & Weschler, 1985: 51). 대형재난이 발생하면 안전관리위원회, 재난안전대책본부, 긴급구조통제단 등이 운영되는데, 정부 부처가 비상설 재난관리체계로 전환되어 대형재난을 극복하기 위한 모든 방법이 동원되어 관계 부처 간의 연계성은 당연히 이루어지기 마련이다. 뿐만 아니라 일반 사람들, 기업, 자원봉사단체 등도 서로 연계해서 대형재난을 극복해야 한다. 특히 현대사회의 재난관리는 재난을 조기에 막는 예방활동이 많은 비중을 차지하고 있어서 상설 재난관리체계의 중심으로 재난관리의 연계성을 이루어져야 한다.

협조성이다. 재난의 발생 이전과 비교해보면 재난발행 이후의 활동영역이 확장된다. 재난이 발생하면 정책결정과 집행에 있어서 다수의 기관이 참여하고 협조가 이루어지게 된다. 또한 재난의 복구활동단계에서 기업, 각종 자원봉사단체 등이 참여하므로 그 활동영역이 더욱 확장된다. 사후관리를 위해 경계가 크게 확장된 재난관리체계는 목적이 완료됨과 동시에 경계가 축소되어 팀이 해체되거나 구성원들이 본래의 조직이나 집단으로 돌아가므로 그 존속기간이 잠정적인 프로젝트 조직의 성격도 가지고 있다(남궁근, 1995: 960). 따라서 재난관리체계의 이러한 복잡성과 재난관리체계의 연계성 때문에 재난관리의 예방 · 대비 · 대응 · 복구 전 과정의 활동단계에서 여러 구성원들 간의 상호협조 및 조정, 정보교환 등은 매우 중요하다(안중석, 2004: 22-23).

보충성이다. 상설 재난관리체계는 대형재난 규모에 비해서 대처할 능력이 떨어지므로 재난이 발생하면 안전관리위원회, 재난안전대책본부, 긴급구조통제단 등 비상설 재난관리체계가 임시적으로 통합 운영되어 재난에 대응하는 보충적인 성격을 지닌다. 이것은 재난의 특성인 불확실성으로 인하여 언제 발생할지 모르는 재난에 대하여 완벽하게 대응할 수 있도록 상설 재난관리조직을 항상 유지한다는 것은 현실적으로 힘들기 때문이다. 따라서 재난 시 대응을 위한 비상설 재난관리체계는 기동력 있고, 정확하고, 신속한 조직으로 운영되어야 하는데, 이를 위해서 보다 구체적인 훈련과 교육이 요구된다(송윤석, 2009: 29).

〈재난관리체계 현황〉

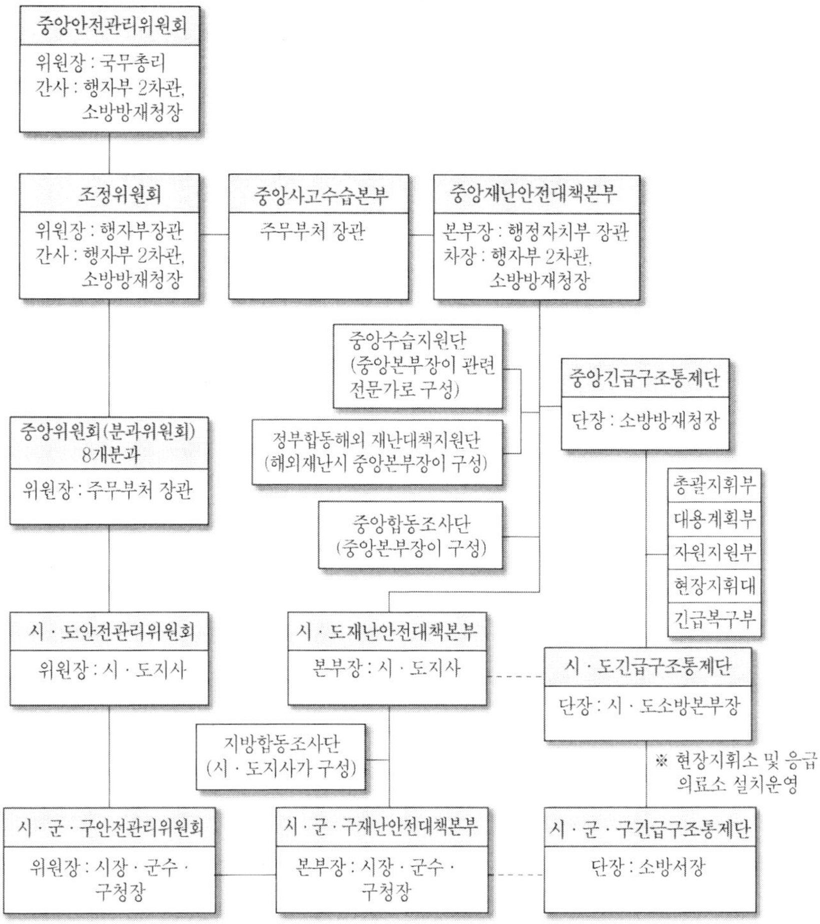

출처 : 행정안전부(2011), 우리나라 재난관리체계 현황

재난관리체계의 운용원칙

재난관리체계의 운용원칙은 다음과 같이 크게 4가지로 구분하여 설명된다.

사전예방주의 원칙이다. 사전예방주의 원칙은 모든 재난관리체제가 재난이 발생한 이후 수습을 하는 입장이 아니라 가능한 한 재난이 발생하지 않도록 대비하는 사전예방적인 재난관리체제를 구축하는 것을 말한다. 대부분의 재난은 갑작스럽게 발생하는 것이 아니라 누적적으로 발생하는 것이므로 재난관리의 기본적인 입장은 재난요인의 누적적인 현상을 저지하는데 주력하여야 할 것이다. 전통적으로 재난관리체제는 재난이 발생한 후에 소극적인 방어와 사후적으로 피해를 최소화시키는데 역점을 두어 운용되어 왔다고 할 수 있다. 현대사회에 있어서 재난관리체제에 요구되는 것은 소극적인 재난관리가 아니라 적극적으로 재난을 관리하려는 자세인 사전예방중심적인 활동을 중심으로 운용되어야 한다(김태윤, 2000: 42-43).

현장중심의 원칙이다. Schneider(1992)가 위기관리조직은 관료적 규범(bureaucratic norm)과 상황적 규범(emergent norm)의 적절한 결합이 필요하다고 강조하고 있듯이 재난관리체제는 실제 상황에서의 기동성과 자율성을 상실한 채 탁상공론적이고 폐쇄적으로 운용되어서는 안되며, 재난관리체제가 위계질서 없이 극대화된 자율성에만 매몰된다면 그 또한 재난대응 활동이 효과적이지 못할 것이다. 따라서 재난현장에서 부처별 이기주의를 자제하고, 현장의 통제관을 중심으로 총체적인 활동이 될 수 있는 재난관리체제가 운용되어야 하며, 현장중심의 운용체제와 더불어 부처별 협조체제가 원활하게 이루어질 수 있어야 한다(김영규, 1995).

신속화·간소화·조직화의 원칙이다. 재난이 발생하면 재난관리체제는 무엇보다도 신속한 대응을 실현해야만 한다. 또한 이를 위해서 재난관리체제는 재난발생에서 관리 인력의 파견까지의 절차를 간소화시켜야만 한다. 그리고 일단 재난관리체제가 인력을 파견한 이후에는 전문성을 갖춘 요원들에 의해 재난현장을 장악하도록 해야만 한다. 재난관리체제는 현장위기상황을 어느 정도 수습한 이후에는 복구를 위해 신속하고 조직적인 활동을 전개해야만 한다. 재난관리체제가 신속한 대응을 하기 위해서는 고도의 지식과 현장조정 능력을 갖춘 정예 요원들에 의해 운용될 수 있도록 조직체제가 조직화되어 있어야 한다.

정보화의 원칙이다. 재난관리체계의 운용원칙이라고 할 수 있는 적극적인 사전예방주의와 현장중심주의 및 신속화, 간소화, 조직화의 원칙을 실질적으로 구현하기 위해서는 체계 전반에 걸쳐 높은 수준의 정보화가 요구된다(김태윤, 2000: 44). 다시 말해서 재난관리체계는 재난관리에 관련된 다양하고 수많은 차원과 정보원으로부터 자료를 통합하여 예측할 수 있는 능력과 재난의 배양기 동안 취약지점과 상황을 도출하고 진행기 동안 진행방향과 규모를 예측할 수 있어야만 한다. 또한 재난관리체계가 재난에 대응하기 위해서는 재난의 신고와 확인, 관련기관의 지휘와 통제, 구조인원 및 장비의 파악, 재해본부, 현장지휘본부, 작업반, 의료본부, 이송 차량 간의 통신확보, 응급의료체제의 구축, 화학물질 취급단체, 전력・가스・상수도 공급소 등에 대한 정확한 정보가 중요하다. 그리고 이러한 정보수요에 효과적으로 대응하기 위해서는 재난관리체계는 거대한 데이터베이스를 갖추어야 함은 물론 이러한 데이터베이스를 효과적으로 활용할 수 있는 전문화된 정보처리 역량을 갖추어야만 한다. 이러한 정보역량이 통합적・유기적・협력적인 재난관리체계의 구축을 실질적으로 가능케 하는 소프트웨어가 된다. 따라서 이러한 정보역량이 결여되어 있다면 효과적인 재난관리체계의 구축은 사실상 불가능하다고 할 수 있다.

3

한국의 재난관리체계

중앙정부 재난관리체계의 변천

1960년대 자연재난은 인간이 존재하기 이전부터 발생된 재난으로 오래된 역사를 가지고 있는데, 우리나라에서 현재와 같은 재난관리체계가 나타나기 시작한 것은 1960년대 이후라고 할 수 있다. 1961년 07월에 전북 남원과 경북 영주지방에 발생한 수해를 위한 복구업무와 1961년 07월에 경제기획원의 국토건설청이 신설되어 재해대책업무를 처음으로 시작하는 발판이 되었다. 또한 1962년에는 국토건설청을 건설부로 확대 개편하였고, 1963년 07월에 건설부 수자원국에 방재과를 설치하여 자영 재난관리를 위한 본격적인 기틀과 1967년 02월에 풍수해대책법[4] 제정을 계기로 조직이 체계화되기 시작하였다.

4) 풍수해대책법은 국토와 국민의 생명·신체 및 재산을 재해로부터 보호하기 위하여 방재계획의 수립과 재해예방·재해응급대책·재해응급대책·재해복구 기타 재해대책에 관하여 필요한 사항을 규정하고 있다. 도시화 및 산업화에 따라 재해취약요인이 증가하고, 세계적인 기상이변 현상으로 인하여 자연재해 발생이 빈발하고 대형화되어 가는 추세에 있어 각종 자연재해에 대한 적극적인 대처와 재해예방을 위하여 필요한 재해 영향평가제도를 도입하고, 지방자치단체의 방재역량을 제고하여, 지진방재를 위한 법적 근거를 마련하기 위해서 1995년 자연재해의 범위에 홍수·호우·폭설·폭풍·해일 등의 재해 외에 지진·가뭄을 추가하여 법명이 자연재해대책법으로 변경되었다(송윤석, 2009).

1970년대 초에 제1차 국토종합개발계획에서 한강, 낙동강, 금강, 영산강 등 4대강 유역 종합개발계획의 완료와 댐건설을 착공하여 광영 상수도권을 조성하였고, 농업·공업용수의 확보하였다. 특히 홍수·가뭄 등 재해예방 대책에 크게 기여하였다. 그러나 경부 축 중심의 인구와 산업집중으로 지역 격차가 심화되었고, 대도시의 급격한 성장으로 도시문제와 환경오염문제 들이 발생되었다.

1980년대 초에 제2차 국토종합개발계획에서 안정적인 경제에 성장과 지역 간의 균형 있는 개발로서 복지 사회를 건설하고, 시로 집중된 인구를 지방으로 분산 및 정착을 유도하였고, 특히 전국에 하천 유역 등 지역의 특성에 맞는 개발을 추진하였고, 5개소의 댐건설과 방조제의 건설로 물 자원을 확보하는 등 제2차 국토종합개발계획의 수립 및 추진으로 많은 성과를 거두었다. 계속된 경제발전을 이룩한 시기였지만 도시를 개발하는 과정에서 방재개념을 무시한 대형 토지개발사업으로 자연재난에 의한 피해 규모도 대형화되기 시작하였다. 1987년 12월에 방재조직 확대개편 및 방재행정 강화로 수자원국 방재과를 방재계획과로 개편하고, 방재시설과를 신설하였다.

1990년 12월에 풍수해대책업무가 건설부에서 내무부로 변경되었고, 1991년 3월에 재해대책업무를 효율적으로 추진하기 위하여 방재조직은 지방행정조직과 민방위조직을 관장하고 있는 내무부로 이관되면서 민방위본부 산하에 방재계획관을 신설하였다. 또한 1994년 12월에 방재계획관이 방재국(방재기획과, 재해대책과, 재해복구과)으로 확대개편되었고, 1999년 10월에 행정자치부 민방위재난통제본부의 방재국이 폐지되고, 민방위방재국으로 조직이 개편되었다. 1990년대에 자연재난을 담당하는 조직이 자주 개편되어 담당공무원의 업무혼란을 가져오는 결과를 초래하였다.

2004년 06월에 자연재난과 인적재난을 완전통합하여 담당하는 행정자치부의 외청으로 소방방재청이 개청되어 그 동안의 재난 시 각 부서의 업무중복으로 인한 문제점이 해결되는 업무의 효율화를 가져왔다.

그 결과 부분적으로 '위기관리기구'가 일원화되었는데, 기존의 중앙안전대책위원회와 재해대책위원회가 국무총리 소속 하의 중앙안전관리위원회로 통합 운영되었다. 또 각 해당부처에 설치되었던 사고대책본부와 재해대책본부를 통합하여 중앙재난안전대책본부를 행정자치부에 설치하였다. 대신 해당부처는 중앙사고수습본부를 설치하여 국가재난관리체계를 개편하였다.

2008년 이명박 정부 이후에는 사전예방 기능 이외에 통합적 긴급대응기능의 강화가 요구되면서 더욱 포괄적 의미의 '재난' 관리를 위한 법령체계 구축을 지향하게 되었다.

〈재난환경과 재난관리시스템 변화 추이〉

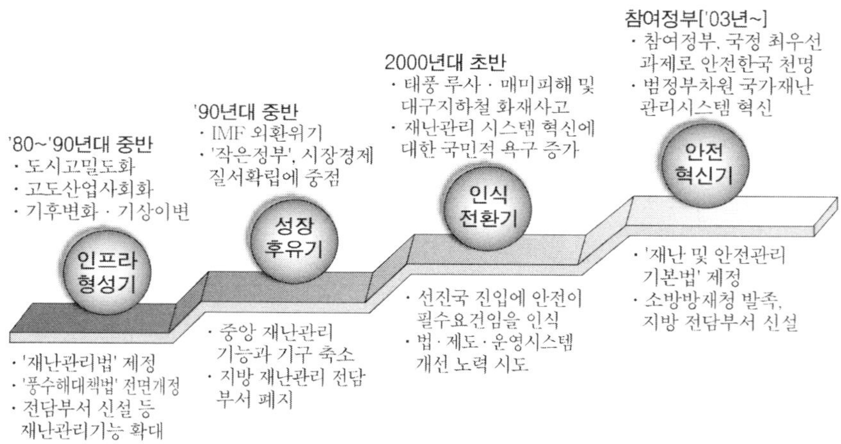

출처 : 소방방재청 내부자료(2008)

정리하면 재난관리의 패러다임 변화는 1980년대~1990년대 중반에는 재난관리법 제정과 풍수해대책법 전면개정, 전담부서 신설 등 재난관리 기능을 대폭 확충하였다. 1990년대 후반은 중앙 재난관리 기능과 기구 축소, 지방 재난관리 전담 부서를 폐지하는 등 성장후유기로 평가된다. 2000년대 초반에는 선진국 진입에 안전이 필수요건임을 인식하고, 법 · 제도 · 운영시스템 등을 개선하는 노력을 시도하였다. 참여정부(2003년)의 출범과 함께 재난 및 안전관리기본법 제정과 소방방재청 개청, 지방

전담부서 신설 등 재난관리시스템 일원화 및 관련법령 정비로 국가재난관리 혁신을 꾀하였다.

지방자치단체 재난관리체계의 변천

각 지방이 대내외적인 행정수요에 대하여 자신의 특성과 사정에 맞는 정책을 개발하고 집행할 수 있도록 하기 위해서는 자치단체의 운영에 가능한 자율권이 부여되어야 하고, 과거 집권시대에는 중앙정부가 대부분의 공공업무에 대한 책임을 독점함으로써 지방자치단체의 책임문제는 부수적일 수 있었으나 지방자치의 시행에 따라 지방자치단체의 자율적 권한으로 수행되는 업무가 증대됨에 따라 지방자치단체는 보다 책임 있는 자치단체가 되기 위하여 노력을 기울이고 있고, 지방자치단체는 한정된 재원으로 증대된 주민욕구에 대응하기 위하여 능률행정을 구현하기 위하여 노력하고 있다(이승종, 2005: 133).

중앙집권의 역사적 전통은 1980년대 중반 이후부터 나타나기 시작한 국민들의 자유민주주의 정치체계의 확립에 대한 열망과 더불어 변화하기 시작하였고, 지속적으로 성장해 온 국민들의 민주의식과 정치참여에 대한 욕구는 사회전반적인 민주화를 요구하였으며, 이에 따라 지방자치의 조속한 실시가 요망되었던 것이다. 1988년과 1989년 두 차례의 지방자치법 개정을 거쳐 1990년 12월에 여·야 합의에 의한 제9차 지방자치법 개정 법률안이 통과됨으로써 지방자치의 실시를 위한 제도적 장치가 마련되었다(안병만, 2002: 315).

1995년 06월 27일 지방선거의 계기로 지방자치가 재개된 후 현재까지 본격적인 지방자치제가 실시되고 있는데, 1990년 이후에 각 지방자치단체에서 발생한 다양한 대형 인적재난을 경험하면서 지방자치단체의 재난관리체계에 대한 변화를 가져왔다.

지방소방조직은 국가소방체계로 유지되었다가 1971-1974년 동안에 있었던 정부조직법의 개정으로 서울과 부산이 자치소방인 소방본부를,

기타 지역은 국가소방인 도의 경찰국 소방과로 개편되었다. 그 이후에 대구 · 인천 · 광주 · 대전 · 울산시도 직할시(현재 광역시)로 승격됨에 따라서 소방본부를 각각 설치하게 되었고, 1992년 01월 01일부터 광역자치소방체계로 전환되면서 1992년 04월에 각 도에 소방본부를 설치하여 국가직과 지방직으로 소방본부장과 지방소방학교장을 제외한 나머지 소방공무원의 신분을 지방직화하고, 이와 더불어 소방사무도 지방사무화 하였다(행정자치부, 1999: 87-94). 또한 초기에는 대부분 광역자치단체의 자연재난업무는 건설방재국의 치수방재과에서, 인적재난업무는 건설방재국의 재난관리과에서 담당하였다. 하지만 인력감축이 원인이 된 조직개편 등으로 건설방재국의 재난관리과로 통합되어 운영되는 조직이 증가하고 있는 실정이다.

이처럼 우리나라 16개 광역자치단체의 재난관리체계는 소방업무는 소방(안전/재난)본부에서 담당하고, 또한 자연재난, 인적재난, 민방위업무는 건설방재국의 재난관리과에서 담담하고, 또한 자연재난, 인적재난, 민방위업무는 건설방재국의 재난관리과에서 담당하는 분산형 재난관리체계로 시작하였다. 그 이후에 광역자치단체는 부분통합형 및 완전통합형 재난관리체계로 개편되기 시작하였다.

중앙정부 재난관리조직

재난의 총괄업무를 담당하는 행정안전부의 재난관리체계를 보면 다음과 같다. 그 연혁을 살펴보면, 1995년 7월에 재난관리법이 제정되었고, 1997년 8월에 재난관리법 1차 개정이 이루어졌으며, 1999년 1월에 재난관리법 2차 개정이 이루어졌다. 2004년 3월에 재난 및 안전관리기본법이 제정되고 같은 해 6월에 행정자치부 안전정책관실이 설치되고 또한 소방방재청이 435명의 인원으로 개청되었다. 최근인 2008년 2월 29일에 행정자치부 안전정책관실과 국가비상기획위원회를 통합하여 행정안전부 '재난안전실'로 통합발족되어 현재에 이르고 있다(한국지방행정연구원, 2008).

행정안전부 재난관리 조직의 일반현황을 살펴보면 먼저, 기존의 자연재해와 인적재난의 총괄기능과 함께 사회적 재난을 담당하는 재난안전관리관 밑에 재난총괄과, 재난대책과, 안전정책협력과, 안전개선과, 위기관리상황과 등이 있고, 국가비상기획위원회의 기능을 통합한 비상대비기획관 밑에 비상비정책과, 자원관리과, 비상대비훈련과 등이 배치되어 있는 것을 확인할 수 있다. 재난안전실 업무에 관련해서는 재난및안전관리기본법을 포함하여 총 11개의 법령에 근거하여 국가 및 지방자치단체의 재난 및 안전관리를 위한 업무를 담당하고 있다.

〈행전안전부 재난관련 조직도(2011)〉

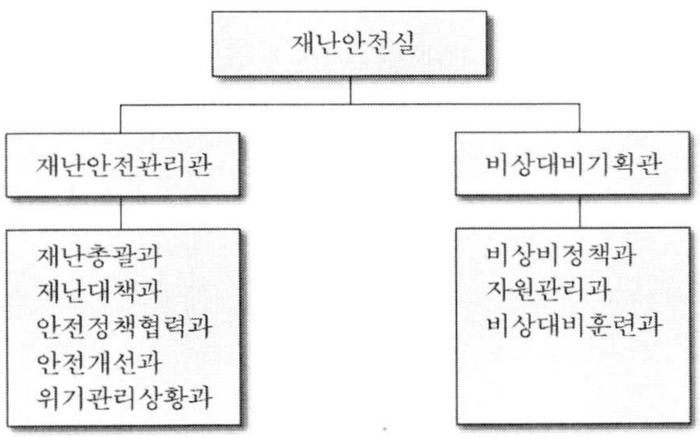

출처 : 행정안전부(2010), 행정안전백서

〈재난관리 보고체계(2011)〉

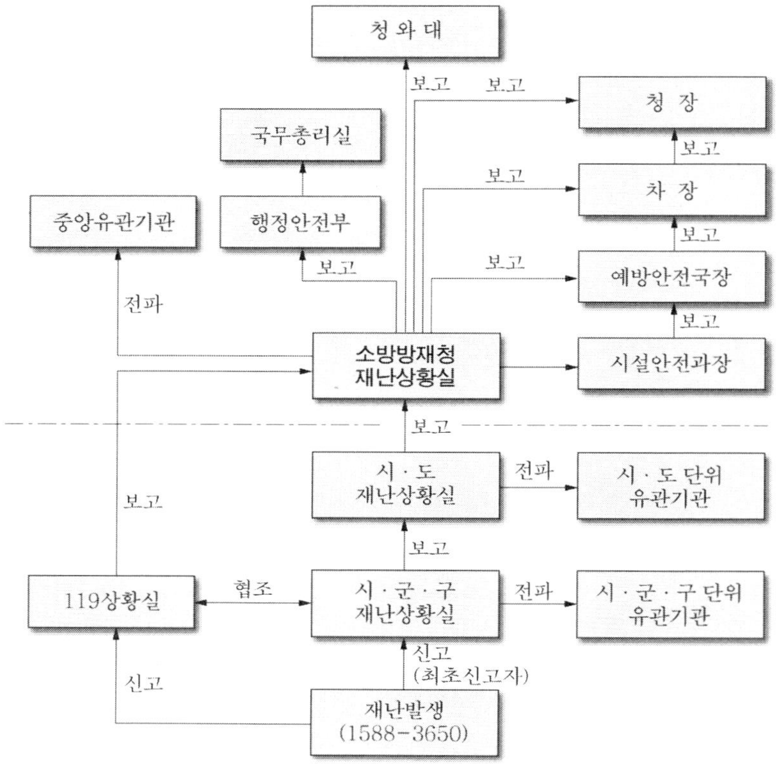

출처: 소방방재청(http://www.nema.go.kr/nema_cms_iba/main/)

지방자치단체 재난관리조직

지방자치단체 중 시 · 도의 경우는 민방위, 방재, 재난이 소방본부, 건설교통국 등으로 분산되어 있고, 시 · 군 · 구의 경우는 대부분이 민방위 업무는 총무과에서, 재난관리 업무는 건설과 방재계에서 담당하고 있으며 소방업무는 소방서에서 수행하는 등 분산되어 있다. 그리고 기타 안전 관련업무도 시 · 도, 시 · 군 · 구 각 실 · 국 또는 지방청 단위로 분산되어 있고, 각종 재난 대응 및 구조 · 구급은 소방서에서 전담하고 있다. 1992년에 각 시 · 도에 소방본부(16개)가 설치되었으며, 소방공무원임용과 예산운용이 시·도지사에게 이관이 완료되었다.

시·도에서는 1998년 이후 민방위재난관리국을 소방본부와 통합하여 소방본부(대전, 충북, 강원, 부산, 대구, 울산, 경남, 경북, 전남, 제주), 소방방재본부(인천, 경기제2청), 소방재난본부(서울, 경기), 소방안전본부(충남, 광주, 전북)로 개편하였으나, 민방위업무는 주로 총무과에서 담당하고 있으며, 여전히 건설국에서 재난관리업무의 일부를 수행하고 있다(김종성, 2008: 20-21). 또한 시·군·구의 경우에는 재난유형별로 분산관리가 이루어지고 있다. 즉 민방위업무는 총무과에서, 재난관리업무는 건설과 등에서 담당하고 있으며, 소방업무는 소방서에서 수행하는 등 분산되어 있다.

이후 소방방재청은 통합위기관리모형에 근거하여, 자연재난·인적재난·소방·민방위 업무를 기능별로 분류하여 예방기획국, 대응관리국, 복구지원국 등의 조직으로 개편하였다. 그러나 지방정부의 재난관리 조직은 시도의 경우, 거의 재난 유형에 따라 '국(局)' 단위로 조직되어, 민방위 업무는 자치지원국(자치행정국 등), 자연재난, 인적재난 업무는 건설도시국(건설교통국 등), 소방 업무는 소방본부 등에서 업무를 담당하는 분산위기관리모형을 채택하고 있다. 시군구의 재난관리 전담조직은 '과(課)' 단위로 조직되어, 민방위 업무는 자치행정과(민원봉사과 등), 자연재난·인적재난 업무는 재난안전관리과(건설과 등), 소방 업무는 시·도 산하기관인 시·군·구 소방서의 소방과와 방호과에서 재난관리 업무를 전담하고 있다.

재난 및 안전관리 기본법 제19조는 시·도지사, 시장·군서·구청장 및 소방서장에게 재난정보의 수집, 전파 신속한 지휘 및 상황관리를 위해 상시 종합상황실을 설치·운영하도록 하고 있다. 따라서 시·도는 자연재난·인적재난·소방 등의 재난에 대한 상황관리를 위해 대부분 소방본부에, 시·군·구는 재난안전관리과(실과명은 시·군·구마다 다름)와 소방서별로 각각의 종합상황실을 설치·운영하고 있다.

결국 광역과 기초자치단체를 포함한 모든 지방자치단체들은 중앙정부의 관련조직의 형태와 유사하게 재난관리 업무를 수행하고 있으나 지방자치단체는 중앙정부에 비하여 재난관리 전담조직이 상대적으로 미약하다고 할 수 있으며, 중앙정부의 지침을 수행하는 소극적인 입장에서 업무를 수행한다고 볼 수 있다.

소방방재청 재난관리조직

소방방재청은 각종 재난으로부터 국민의 생명과 재산을 보호하고, 사회 안전망을 구축하기 위해 2004년 6월 1일 설립된 국가 재난관리 전담기구이다. 중앙정부의 재난관리체계는 기존 여러 조직에 분산되었던 기능을 소방방재청으로 통합하여 운영하게 되어 있다. 소방방재청 개청에 있어 정책환경의 직접적 요인은 대형재난발생의 증가와 2003년 2월 13일에 발생한 대구 지하철 화재참사를 계기로 국민의 생명과 재산을 보호하기 위한 근본적이고 종합적인 범정부적인 재난관리 대책수립의 필요성이 절실히 대두되었고, 간접적인 요인으로는 재난개념정리 미흡에 따른 정책혼선과 국가재난관리정책의 패러다임 변화의 필요성이 제기되고 있었다는 점이다(채진, 2009: 73; 정진기, 2004: 94).

재난의 유형에 관계없이 예방-대비-대응-복구 등 재난의 프로세스별 관리체계에 따라 업무를 수행할 수 있도록 국가재난관리 통합시스템의 구축과 이를 전담하기 위한 조직으로 소방방재청이 있으나 3차례의 조직개편을 거치면서 프로세스별 통합관리를 포기함으로써, 소방방재청의 시설 의미가 퇴색한 측면이 있다. 즉, 소방, 인적·자연재난 등 재난의 유형별로 해당부서에서 분산 관리토록 하여, 종전의 행정자치부 민방위통제본부와 같은 조직으로 회귀한 상황이라고 할 수 있다.

〈소방방재청 조직도〉

[본청]

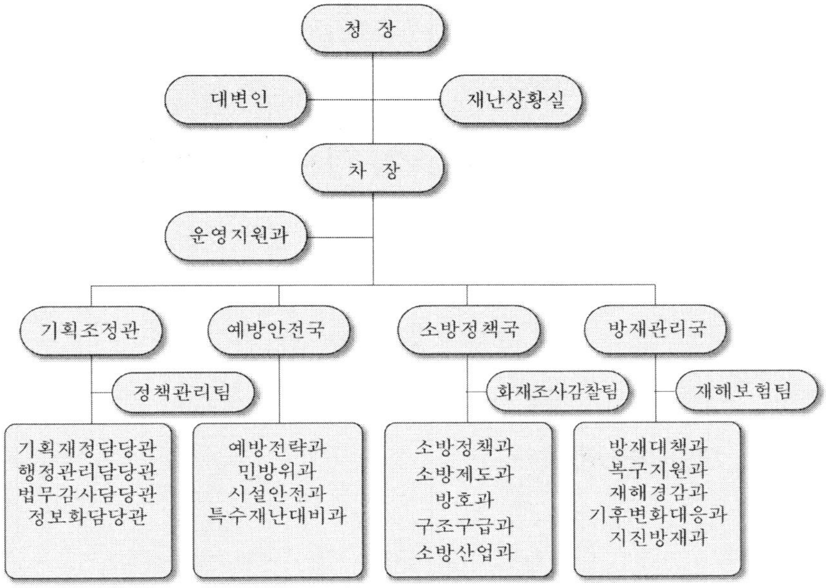

[소속기관]

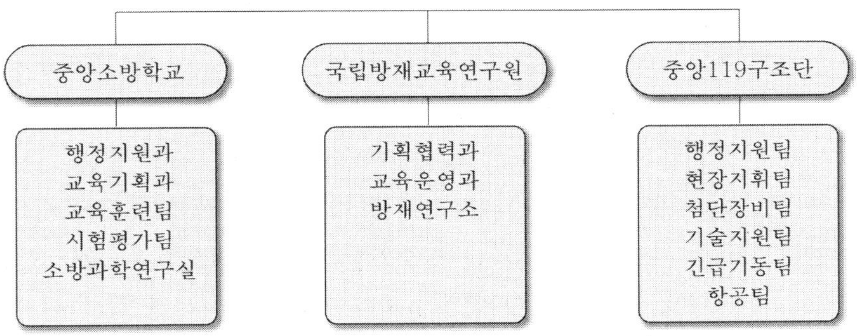

출처 : 소방방제청, http://www.nema.go.kr/nema_cms_iba/show_nema/show_contents.jsp?check_the_num=178&check_the_code=1&check_up_num=169

4

주요국가의 재난관리체계

미국의 재난관리체계

미국의 안전관리체계는 크게 두 가지로 요약될 수 있다. 하나는 연방재난관리청(FEMA)을 중심으로 한 재난대비체계이고, 다른 하나는 산업화의 필수적인 부산물인 인적재난(Technological Disaster), 그 중에서도 특히 화학공장 사고나 화학물질 등의 운반 시 생기는 화학물질 사고 등을 담당하는 연방환경보호청(EPA: Environmental Protection Agency)이 주관하는 재난대비체계이다.

기술적, 인적 재난예방을 위한 안전규제 등의 행정은 미국원자력규제위원회(USNRC), 연방방사능대비협력위원회(FRPCC)등과 같은 각 위험분야별로 독립적인 정부기관에 의해 집행된다. 그리고 연방재난관리청은 자연재해 및 인적재난을 포함한 비상사태 시 인명과 재산의 피해를 최소화하기 위하여 설립된 대통령직속기관의 재해, 재난관리 전담기관이다. 기관의 역할은 재해재난 및 기타 비상사태의 피해경감, 대비, 대응 및 복구 등에 관한 위험기반의 비상관리 시스템을 통하여 국가와 국민 및 기간 시설을 보호함으로써 생명과 재산의 손실을 줄이는 것이다.

또한 국가 태풍 대비 프로그램, 침구 위험지구 관리 프로그램, 관련 기관들과의 재난 대비훈련 프로그램 등 인적재난 및 자연재해 발생 시의 피해를 최소화하기 위한 프로그램을 개발하고 각 지역별로 필요한 활동들을 수행하고 있다. 연방재난관리청은 전통적으로 자연재해(Natural Disaster)와 민방위계획(Civil Defense)이 주임무이나 최근에는 모든 재난을 포괄적으로 취급하고 있다.

〈미국의 재난관리체계 발전과정〉

재난관리법 · 제도 태동기간(1800~1950년대: 재난관리 · 정보안보개념 태동)
1803년 의회법 제정 : 뉴햄프셔주 화재참사 지원을 위한 최초의 재난관련법 1917년 홍수통제법 제정 : 홍수피해 감소를 위해 홍수통제기능 강화 1940년대 연방정부 컴퓨터 및 IT시설 안보기준 · 규정 제정(정보안보개념 태동) 1950년 재난구호법 제정 : 연방정부의 위기관리프로그램과 재난선포권 확립 1950년 연방정부 시민보호법 제정 : 민방위 기관들의 전국적 통합시스템 구축
재난관리 시스템 구축기간(1960-1970년대: 정보안보기능 강화)
1952년 트루먼행정부 National Security Agency 설치(정보안보기능 강화) 1968년 국가홍수보험법 제정 : 주택소유자를 홍수피해에서 보험 도입 허리케인 카일, 아그네스로 1979년 방재관련 연방재난관리청(FEMA)설립
재난관리시스템 기능향상기간(1980-1990년대: REMA이후, CIP태동)
1987년 정부의 컴퓨터 및 정보시스템 안전을 위해 컴퓨터안전법 제정 1988년 Stafford재해구호 및 긴급지원법과 연방정부 44조례 제정 : 자연재해피해 감소를 위해 재해저감을 방재정책의 최우선과제로 강조 1990년 국가안보법령42 제정하여 '국가안보를 위한 통신정부시스템안전위원회' 설치 1996년 대통령 국가기반체계보호위원회(PCCIP) 설치 1998년 PDD-63호로 상무부에 국가기반체계보호실(CIAO) 설치
위기관리시스템으로 전환(2000년대: 방재 및 CIP기능의 국토안보부 이전)
2000년 재해저감법 제정 : Stafford법에 재해저감계획을 강화하여 개정 2003년 1월 국토안보부 설립 : 911테러 이후 미국 안전보장을 위해 위기관리기구 통합

출처: 소방방재청(2006).

일본의 재난관리체계

일본정부는 2002년 1월 '구조 개혁과 경제재정의 증가전망'에서 일본 사회가 안고 있는 중기적 과제를 해결하기 위하여 "민간이 할 수 있는 일은 민간이", "지방이 할 수 있는 일은 지방에서"라는 원칙을 제시하였다. 이에 방재부문에서의 각 주체의 역할을 재인식하고 검토함으로써 주민이나 기업이 평상시부터 재해에 대한 준비를 강화하고, 일단 재해가 발생된 경우에는 자신을 지키고 나아가 서로 협조하는 것을 강조하게 되었다. 즉 향후 방재대책에 있어서 주민 · 기업이 스스로를 재해로부터 지키는 '자조'와 지역사회가 협조하는 '공조'의 적절한 역할분담에 의해 주민, 기업, 지역사회 · NPO 및 행정부문에 상응하는 역할을 담당할 것을 요구하게 되었다.

〈일본의 재난관리체계 발전과정〉

1940-1970년대의 시스템 구축단계
• 1946년 발생한 Nankai지진으로 재난구조법, 농림수산업 시설재해 복구사업비 • 국고보조의 잠정조치에 관한 법, 공공 토목시설 재해복구사업비 국고부담법 제정 • 1959년 Ise-Wan태풍으로 치산치수긴급조치법, 1961년 재해대책기본법 제정 • 1962년 중앙방재회의 설치 • 1963년 방재기본계획 수립 추진 • 1964년 Niigata지진으로 지진보험, 집단이전, 재해조위금 등에 대한 법률 제정 • 1973년 활동화산대책특별조치법, 1976년 대규모 지진대책특별조치법 제정
1980-1990년대의 개선단계
• 1995년 Hanshin Awaji대지진으로 지진방재대책특별법 등 6개 관련법 제 · 개정 • 1999년 발생한 Hiroshima호우로 토사재해 방지대책 추진에 관한 법률제정 • 1999년 발생한 JCO핵사고로 원자력재해대책특별조치법 제정
2000년대 이후의 시스템강화단계
• 2001년 1내각부 10성 7위원회 20청으로 개편하면서 재난관리시스템을 강화 • 내각부에 방재담당 특명대신 신설 : 재난 전 과정 담당 • 내각관방에 내각위기관리감을 두어 내각관방의 위기관리 부서와 내각부의 방재 부서가 서로 긴밀하게 위기와 재난에 대처하도록 조직 개편

출처 : 소방방재청(2006).

일본은 재난관리체계 기본법인 재해대책기본법(1995년 개정)을 기반으로 재난관련법(5개 기본법, 16개 예방관련법, 3개 응급대책 관련법, 24개 복구 및 지원관련법, 5개 조직법)법을 통한 재난관리체계를 구축하였으며, 내각부에 상황관리 기능을 강화(총괄 조정기능 강화)하고 있다. 중장기적 재난 · 위기관리는 방재정보시스템, e-Japan 중점계획 2002 등을 통하여 예방활동에 중점으로 재난관리 업무를 수행하고 있다. 또한 지진 및 화산과 같은 재난 유형에 대하여 매년 9월 1일 재난대비훈련을 실시하고 있으며, 국제재난관리협력체계도 개선하고자 노력하고 있다(채경석, 2004: 135-136).

5

재난관리의 협력체계

재난관리와 경찰역할

우리 나라 경찰은 경찰 고유의 업무라고 할 수 있는 국민의 생명, 신체 및 재산의 보호, 범죄 통제, 질서 유지 이외에 최근 정보산업사회의 급속한 진전, 도시화의 가속화, 여기에서 파생되는 사회적 일탈행동의 증가, 국민들의 경찰에 대한 봉사행정 요구의 증대 등 과거에는 볼 수 없었던 거대한 치안 수요의 변화를 경험하고 있다. 따라서 경찰은 단순한 집행, 관리 기능을 주로 하는 질서 유지, 범죄 통제 등의 안정 유지자로서의 기능뿐만 아니라 급격한 사회 변동에 따르는 환경으로부터의 조건을 해결하며 좀더 적극적, 능동적으로 변화, 발전을 자발적으로 도모하는 변화 담당자로서의 기능까지 담당하게 되었고(이황우, 2002: 18-19), 경찰이 강제력을 행사해서라도 재난으로부터 인명과 재산의 피해를 최소화하면서 국민의 안전 의식을 고취하는 것과 같은 적극적인 활동을 국민들이 요구하기에 이르렀다.

그 동안 우리는 다양한 도시재난을 경험한 바 있으며 현재도 전국 도처에 위험 요인이 산재해 있는 현실에 비추어 재난관리에 대비한 사전 예방 및 사후 수습 체계를 갖추는 것은 무엇보다 급선무이며 재난

관리에 대비한 사전 예방 및 사후 수습 체계를 갖추는 것은 무엇보다 급선무이며 재난관리에 대한 무관심과 안일한 행정 행태가 개선되지 않고서는 실현이 어려운 것 또한 사실이다.

〈경찰의 수해복구 및 방역 활동〉

출처: http://cafe.naver.com/maisan.cafe?iframe_url=/ArticleRead.nhn%3Farticleid=3039&

이와 같은 변화로 인해 사회생활에 대한 위해를 예방 또는 진압하는 소극적, 권력적 작용으로 간주되어 온 경찰 역할 중 경찰법에 명시된 공공의 안녕과 질서 유지, 위험 방지, 치안 서비스에서의 경찰의 직무 범위와 경찰관직무집행법상 위험발생방지조치권과 위험 방지를 위한 출입을 국민의 생명, 재산 보호를 위한 경찰의 고유 업무로 인식을 전환하여 예방적 차원에서 적극적인 행사가 요구된다.

특히 경찰의 재난 예방 및 대응 체계를 체계화하고 강화하여 재난 발생 가능 지역에 대한 사전 재난 예방 활동을 포함하여 재난 발생시 재난 발생의 시점부터 상황 종료시까지 경찰이 수행할 수 있는 역할에 관해 경찰의 재난관리 전담 부서를 중심으로 모든 재난 예방, 대응 활동을 전개하는 등 재난에 적극적으로 대응할 필요가 있다.

〈경찰의 재난예방 및 대응체계〉

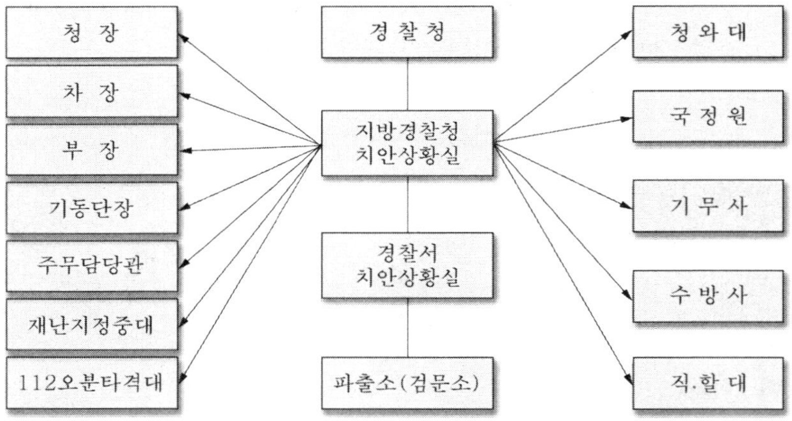

출처 : 경찰청(2010), 경찰백서

재난관리와 소방활동

현대 사회가 산업화·도시화, 건물의 고층화·밀집화·지하심층화 및 가스·위험물의 사용 증가 등 소방환경의 변화에 발맞추어 소방 서비스에 대한 수요는 점점 증가하고 있다. 소방의 업무는 전통적·소극적·고유의 영역인 화재 진압으로부터 각종 재난사고의 수습과 적극적인 대민 서비스 및 봉사 업무인 구조·구급 활동 등으로 그 영역이 확대되어 왔다.

오늘날 세계 각국은 각종 재난을 사전에 예방함으로써 인명 및 재산 피해를 최소화하고 복구를 효율적으로 수행하기 위한 재난관리 체계를 구축하는데 역점을 두어 추진하고 있다. 재난관리에서 가장 중요한 것은 각종 재난을 사전에 예방하여 발생하지 않도록 하는 것이지만 오히려 재난의 발생이 증가하고 그 유형도 다양해지고 있으며, 재난 발생시 인명 및 재산 피해도 증가하고 있다.

소방의 역할은 재난관리과정과 밀접한 연관을 가지고 있다. 일반적으로 재난관리 과정은 예방, 대비, 대응 및 복구의 네 단계로 분류한다.

첫째, 예방(mitigation) 단계는 재난이 실제로 발생하기 전에 위기 촉발 요인을 제거하거나 재난 요인이 표출되지 않도록 억제 또는 예방하는 활동을 의미한다(이재은·김겸훈·김은정·이호동, 2003: 132; mcloughlin, 1985: 166;petak, 1985:3). 재난관리의 예방 활동에는 재난 요인의 사전 제거, 안전 기준의 설정, 위험에의 노출 감소 등이 해당되는데 재난 발생의 가능성이 있는 대상물은 정부 각 부처와 기관별로 예방 책임의 소재를 나누어 시행하고 있다.

소방기관에서는 화재 등 재난이 발생하지 않도록 지속적인 예방 활동을 강화해 시행하고 있다. 특히 재난이 발생하면 대형사고로 이어질 위험이 상존하고 있는 고층건물, 관광호텔, 대규모 공장 등 일정 규모 이상을 대형화재 취약 대상으로 선정해 건축·전기·가스 등 유관 기관 부서와 정기적인 합동 안전 점검을 실시하여 위험 요인을 사전에 제거하고 단란·유흥주점 등 불특정 다수인이 많이 이용하는 다중 이용 업소에 대해서는 재난 발생시 대피할 수 있도록 비상구를 확보하고 취약 시기 및 이상 기온시 예방순찰을 강화하는 등 안전 관리 체계를 구축하고 다각적인 재난 예방 활동을 전개하고 있다.

둘째, 대비(preparedness) 단계는 재난 발생시의 대응 활동을 사전에 준비하기 위한 대응 능력 개발 활동을 의미한다(이재은, 2004: 235; clary, 1985: 20; petak, 1985: 3). 재난이 발생했을 때를 상정하여 재난 상황하에서 수행해야 할 제반 활동을 재난 발생 전에 계획·준비하고, 이에 대한 교육 및 훈련으로 위기 대응 능력 및 대비 태세를 강화시키는 일련의 활동이다(이재은, 2004: 235). 태풍·폭설 등 자연재난과 화재·유독물로 인한 환경오염 사고 등 인적 재난에 대응하기 위해 소방본부 및 소방서 상황실에 매뉴얼을 작성하여 각종 재난 발생에 대한 대응 태세를 유지하고 있으며, 소방대원들의 재난 대체 능력을 향상시키기 위한 도상훈련의 실시 및 각종 훈련을 실시하고 있다. 사고가 발생하면 인명 및 재산 피해가 클 것으로 우려되는 대상의 관계자에 대해 소집 및 방문교육을 실시함으로써 재난 발생에 대비하고 각종 홍보

매체를 통한 주민 안전의식 제고를 위한 활동을 전개하고 있다.

대형 재난사고 발생시 신속한 현장 재난관리를 위한 수송, 통신, 의료, 장비 지원 등 관련 기관과 응원협정 체제를 제도화하고, 시민단체·자원봉사자 등 민간 참여 활성화를 위해 인력 D/B를 구축하고 있다. 또한 효율적인 지방자치 단체의 재난관리를 위해 시청·경찰서·군부대 등 유관 기관 및 실무기관과 정기적인 합동훈련을 실시하는 등 긴밀한 협조 체계를 유지하고 있다.

셋째, 대응(response)단계는 재난 발생 이후 재난관리 기관의 각종 임무 및 기능을 실제 적용하는 활동이다(이재은, 2004: 237).

이상기온 등 자연 현상과 과학과·산업화에 따라 각종 시설의 대규모화로 인한 재난의 발생은 불가피한 현상으로 받아들여지고 있으므로 재난관리 과정에서의 대응 단계는 어느 단계보다도 중요하다고 할 수 있다. 이러한 재난관리 대응 단계에서 가장 중추적인 역할을 담당하고 있는 조직이 24시간 인원과 장비를 보유하고 각종 재난 발생과 대비하는 소방조직이라 할 수 있다.

〈소방관들의 화재진압 현장〉

화재가 발생해 출동한 대원들이 진화작업을 실시하고 있다.

출처 : http://news.naver.com/main/read.nhn?mode=LSD&mid=sec&sid1=102&oid=003&aid=0003910485

소방종합상황실을 설치·운영하고 재난 발생시 피해 지역의 신속한 현장 지원 및 정보를 수집·전파하고 재난 및 안전관리기본법에 의한 현장지휘소를 설치·운영함으로써 중앙 및 지역재난안전대책본부 등과 정보 공유 및 신속한 수습 방안을 강구하고 있다. 또한 지역긴급구조통제단을 설치·운영하여 지방 자치단체와 긴밀한 협조 체계를 통한 현장 대응 및 지휘 체계를 강화하고 신속한 대응으로 인명 및 재산 피해를 최소화하기 위해 경찰·군·보건소·전기안전공사 등 유관 기관과 적극 협조하여 각종 재난 발생에 대처하고 있다.

넷째, 복구(recovery) 단계는 피해 지역이 재난 발생 직후부터 재난 발생 이전 상태로 회복될 때까지의 장기적인 활동 과정이다(이재은, 2004: 237; petak, 1985: 3). 즉 피해 지역이 초기의 재난 발생 상황으로부터 정상 상태로 돌아올 때까지 지원을 제공하는 지속적인 활동을 의미한다.

〈소방방재청의 재난상황 관리체계〉

태풍, 호우 등 자연재난 발생시 재난관리체계	지진 발생시 재난관리체계
○ 재난관리체계는 정보수집과, 상황분석 및 판단, 대응의 3단계 이루진다. ○ 태풍·호우·대설 등 자연재난 발생시에는 방재기상포털정보시스템, 지자체 강우량계, 홍수정보시스템 등 각종 시스템과 지역자율방재단, 현장재난관리관, 마을 이장 등을 통해 태풍 및 강우량 등 재난정보를 수집한다. ○ 강우량, 태풍 예상진로 및 규모, 주요 댐·하천수위의 위험여부를 판단하고 필요시 상황판단회의를 개최하여 단계별 대응계획을 수립한다. ○ 재난상황에 따라 위험지역 예찰 및 점검지시, 방송사 재난방송 요청, 지역별 휴대폰 문자메시지 전송, 관계공무원·자동우량경보시스템 등을 활용하여 해안가, 계곡, 저지대 등 위험지역 주민들을 대피하도록 한다.	○ 지진이 발생하면 기상청에서 지진을 관측하여 진도, 진앙지, 깊이 등이 소방방재청 지진대응시스템 연계된다. ○ 지진재해대응시스템을 통해 인명, 건물, LIFE LINE 등의 피해를 추정하여 단계별 대응 및 수습계획을 수립하고, 규모가 6.0이상일 경우에는 재난사태 선포를 건의 한다 ○ 재난정보를 지자체 등 유관기관에 전파하고 방송사에 재난방송을 요청하는 한편 119구조대 및 소방차량을 현장에 급파하고, 경찰·군부대 등에 협조 요청하고, 지진해일 위험시에는 재난방송, CBS, 민방위재난경보시설 등을 통해 해당지역 주민들이 대피할 수 있도록 한다.

화재 등 재난 발생시 피해조사를 위해 경찰과 협조 과학적인 원인 조사를 실시하고 재난 발생 지역의 조기 지역 복구 · 회복 및 재발 방지를 위한 안전 대책을 마련해 실시하고 있다.

재난관리와 민간협력

'지역'은 '주민이 일상적인 생활의 기반으로 하고 있는 공공 공간'으로 가정할 수 있다. 구체적 영역으로서는 사적인 공간인 가정을 포함하며, 공적으로는 읍 · 면 · 동 정도의 영역으로부터 시 · 군 정도의 크기로 가정할 수 있다.

지역에 거주하는 주민들은 지역이라는 공공 공간을 공유하고 있고 재난은 지역적 집중성 및 국소적 발생 특징이 있어 재난 문제와 지리적 측면의 지역은 불가분의 관계가 있다. 이러한 측면에서 지역주민은 재해발생 직후의 피해자로부터 복구, 부흥단계의 주역으로서 활동하게 된다. 그런데 현대사회에서 이러한 지역을 공유하는 주민간의 결속은 과소화, 고령화 및 생업활동 부담으로 인해 크게 낮아졌고, 이로 인해 지역사회에서의 주민간 교류활동이 위축되면서 지역사회의 재난대응력 또한 크게 낮아진 것으로 평가된다.

우리나라의 공공 중심의 재난관리 조직과 운영 실태를 살펴보면 다음과 같다.

첫째, 지역민방위대이다. 지역 민방위대는 안보적 상황에서의 적성국가의 적 침공이나 전국 또는 지방의 국민들에게 안녕질서를 위태롭게 할 위기상황, 위해, 재난으로부터 국민의 생명과 재산을 보호하기 위하여 정부주도의 민간 자위활동에 참여 조직이다.

지역 단위의 재난관리보다는 국가적 재난위기(戰爭)에 대처하도록 기능이 부여된 조직으로서 주민자율을 바탕으로 평상시 지역사회의 재난에 대한 관심과 대비임무를 수행하기에는 곤란하다.

둘째, 의용소방대이다. 의용소방대는 6 · 25 전후의 혼란기에 빈번한 화재로 인한 주민 자위소방 활동 필요성에 의해 1954년 조직되었으며, 6회에 걸친 소방기본법 개정을 통하여 조직위상과 역할을 공고히 하여 오늘에 이르고 있는, 소방관서의 소방업무를 보조하기 위한 주민조직이다. 그러나 의용소방대는 높은 활동실적에도 불구하고 소방활동에 따른 급여의 지급 및 처우 관련 제도가 있어 일반적 주민자율적 재난관리 조직으로 정의하기 어렵다.

셋째, 지역수방단이다. 지역수방단(개정전 자연재해대책법 제12조에 근거함 ;수방단의 설치 및 운영)은 전국 통·리 단위로 민방위대원(민방위기본법 제18조2항에 근거함)이 중심이 되어 19,226개 단체 902,000명이 구성되었다. 그러나 긴급소집 시 낮은 대원응소율과 수해발생시 참여한 활동실적이 기대에 못 미처 법 개정과 함께 대체조직 확보 필요성이 제기되었다.

우리나라의 민간 중심의 재난관리 조직과 운영 실태를 살펴보면 다음과 같다.

첫째, 지역자율방재단(Citizen Corps Activein Disaster: CAIND)이다. 지역자율방재단은 2003년 국무총리실 수해방지대책기획단에서 발간한 白書에 따르면 '02년 '태풍 루사' 피해 당시 국민 대다수가 수해 예방과 복구를 국가책무로만 인식하고 있어 주민 스스로의 방재대책노력이 미흡하였고 결국 피해확대와 복구비 과다지출로 인해 국가재정 부담이 크게 증가하게 되었다. 이에 따라 범국민적 차원의 재난관리 참여 노력이 필요함을 인식하고 관련 법·제도의 개정을 시행하고 범 주민 참여 정책을 유도 시행하게 되었다.

둘째, 한국 재난안전네트워크(KDSN :Korea Disaster Safety Network)이다. 1986년 (구)소련의 체르노빌 원전누출사고 이후 「국제원자력자문단 INSAG」의 보고서에 안전문화라는 용어를 처음 사용한 이후 '95년 국무총리실 소속의 '안전관리자문위원회'에서 '안전문화'의 정의를 확정, 그 후 '02년 태풍 '루사' 피해 이후 사회단체들과 전문봉사자들은 반복적인 대형재난으로부터 시민의 생명을 보호하고 피해를 최소화할 수 있는 전국 네트워크 구축의 필요성을 인식하고 한국재난안전네트워크를 결성하게 되었다.

〈지역자율방재단과 의용소방대의 활동〉

지역자율방재단원과 의용소방대가 봉사활동을 펼치고 있다.
출처: http://blog.naver.com/parkhs43?Redirect=Log&logNo=10091633480

6

지역문화축제와 안전관리

지역문화축제와 안전관리의 개념

우리나의 경우 본격적인 지방자치제가 실시된 이후 지방분권과 지역 경쟁력 강화수단의 하나로 지역문화축제에 많은 관심과 노력을 기울이고 있으며, 지역문화축제란 현재 우리나라에서 행정용어로 사용되고 있는 소규모 지역을 기반으로 해서 벌어지는 광역시 축제, 문화관광축제 등과 비교되는 의미로 사용되는 것이 아니라 그러한 모든 축제들을 포괄하는 보다 광범위한 의미로 사용되어진다(김광주 · 김용태, 2007: 130).

지역문화축제에 대한 개념 정의는 전통적 의미에서는 지역과의 역사적인 상관성 속에서 생성, 전승된 전통적인 문화유산을 축제화한 것이라 볼 수 있지만, 반면 광의로는 문화적 환경의 변화와 인간의 욕구, 교육수준의 변화로 인하여 생성된 지식과 정보를 축제화하는 것이 포함된다. 즉, 지역축제는 지역의 문화가 종합되고 상징화된 행사로서 한 지역을 관광 상품화하는 것으로서 공익 · 사회적 가치를 촉진시키거나 문화욕구를 충족시키고, 공공관계를 통한 지역의 이미지 제고 등의 목적을 가지고 있다(황종규 · 이명숙, 2008: 97 재인용).

그리고 안전관리란 사람의 생명·신체·재산 등 법익 침해를 사전에 예방하거나 사후에 제거하는 작용이라 할 수 있으며, 여기에서의 사람이란 헌법 상 기본권 주체를 의미한다고 볼 수 있다. 이에 따라 자연인뿐만 아니라 법인도 안전관리의 대상이 된다. 그리고 안전이라는 용어는 '위험이 없는 상태'를 의미하며, 여기에서의 위험이란 앞서의 법익침해라 볼 수 있지만, 구체적으로 그러한 법익 침해는 인위적으로도 일어날 수 있지만 자연적 재해 또한 포함한다고 볼 수 있다.

따라서 지역문화축제에서의 안전관리란 지역문화축제가 이루어지는 장소 즉 경비구역 내에서 시민 등에 대한 인위적 자연적 위험이 사전에 발생되지 않도록 조치하고, 위험이 야기될 경우 생명·신체 등 법익 침해로 나아가지 않도록 즉각적으로 제거하는 활동이라 할 수 있다.

지역문화축제의 안전관리 중요성

일반적으로 대규모 시민이 참여하는 안전관리 업무는 상황에 따라서 변화되는 미조직 군중들의 무질서를 사전에 예방하고 정리하는 업무라고 할 수 있다. 이는 평온한 상태에서 행사가 진행될 경우에는 특별한 문제가 없지만 일단 예상치 못한 상황이 발생하면 심각한 인적, 물적 피해를 초래할 수 있다. 즉 사전 예방적인 안전관리계획이 부실 할 경우 치명적인 압사사고도 발생할 수 있는 것이다(김광주·김용태, 2007: 131).

최근에는 각종 문화행사 및 이벤트 행사장 등 많은 사람들이 모이는 공연행사가 자주 개최되고 있다. 특히, 최근에는 각 지방자치단체마다 지역을 홍보하기 위하여 지역축제가 경쟁적으로 개최되면서 관광객들을 유치하기 위한 대형 이벤트 행사가 폭증하고 있는 실정이다. 그러나 적절한 통제 및 안전관리 대책 없이 행사가 개최되고 있어 행사에 참석한 참가자들의 안전이 위협받고 있는 실정이다(박동균, 2006: 26).

이에 따라 대규모 행사장은 많은 시민들이 참여하는 특수한 경비대상시설로서 고도의 전문성과 총체적 · 통합적 안전관리대책이 마련되지 않으면 막대한 인적재난이 발생할 수 있으며, 시민들의 여가활동이 증가되고 대규모 행사장 등지에서 문화체험이 날로 증대되는 만큼 대규모 행사장에서는 각종 예측 가능한 사고를 방지하고, 시민들이 안전하게 행사에 참가하여 즐길 수 있도록 안전대책이 마련되어야 한다(김태민 · 조성구, 2011: 6).

그리고 사람들이 많이 모인 장소에서는 처음에는 평온하다가 어떤 계기에 의해서 군중들이 흥분하거나 급박한 혼란 상태로 돌입하는 사례가 있다. 집회장에 갑자기 기상이변이 생기거나 관중들이 행사내용에 대하여 지나친 열광으로 과도하게 흥분하거나, 시설물의 붕괴 등으로 인하여 사고가 발생하는 경우를 들 수 있으며, 안전관리 담당자는 이러한 모든 예측 가능한 상황을 사전에 착안하여 안전대책을 수립하여야 한다(박동균, 2006: 27).

이와 같이 지역문화축제의 안전관리는 일반적인 시설경비와는 구별되며, 대규모 시민 참여 행사라는 특성을 고려한 안전관리가 이루어져야 한다. 이러한 특성으로 인해 지역문화축제에 특화된 안전관리체계가 마련되어야 하며, 축제를 통한 안전사고의 발생 시 그 인명피해 등과 같은 대형 참사가 발생할 개연성이 높기 때문에 이를 사전에 방지할 수 있는 대책이 강구되어져 있어야 한다.

지역문화축제 관련 대규모 행사 안전사고 사례와 문제점

2009년 2월 9일 경남 창녕군 창녕읍 화왕산(해발 757m) 억새태우기 행사장에서 4명이 숨지고 50여 명이 다치는 사고가 발생했다. 경찰에 따르면 이날 오후 6시 15분경 화왕산 정상에서 억새태우기 행사에 참가했던 관광객들이 불길을 피하려다 화염에 휩싸이거나 10m 높이의 '배바우'(해발 742m · 배 모양의 바위) 주변에서 추락해 여자 3명, 남자 1명 등 4명이 숨졌다(동아일보 2009-02-10일자). 경찰 조사 결과 9일

저녁 6시20분께 억새 태우기 행사장인 창녕군 화왕산 꼭대기에는 초속 4.5m의 강풍이 불었고, 억새는 바싹 마른 상태였기 때문에 1만5천여명에 이르는 관광객들에게 불길이 번질 수 있다는 것을 예측할 수 있었으나 창녕군과 배바우 산악회는 지난 다섯 차례 행사 때에도 아무런 문제가 없었다는 생각에 억새 태우기를 강행했던 것으로 드러났다. 또한 관광객의 안전을 위해 20일 동안 120명을 동원해 억새를 베어 너비 30m의 방화선을 설치한다는 계획을 세워 두고도, 실제로는 15일 동안 55명만을 동원해 5~24m 너비로 방화선을 설치했으며, 억새 밑 부분을 완전히 베어 내지도 않았던 것으로 밝혀졌다. 방화선 주변 안전요원도 계획보다 78명이 적은 257명만 배치했으며, 행사 시작 전 방화선 부근에 물은 아예 뿌리지도 않은 것으로 드러났다(한겨레 2009-03-26일자).

〈화왕산 정상에서 억새태우기 행사〉

정월대보름을 맞아 경남 창녕 화왕산 정상에서 벌어진 억새 태우기 축제에서 등산객 4명이 추락해 사망. 상당수 등산객이 화상을 입는 등 크게 다치는 사고가 발생했다.
출처 : http://news.jkn.co.kr/article/news/20090209/7421015.htm

그리고 2005년 10월 3일 오후 5시 40분경 경북 상주시 시민운동장에서 제7회 상주시 자전거축제 행사(10.1~3)일환으로 유치한 'MBC 가요 콘서트'(19:00~21:00)를 관람하기 위해 16:00부터 운집하던 군중이 녹화리허설이 끝나야 입장할 수 있다는 방침에 따라 출입문 앞에서 기다리던 중 직3문 일부를 개방하면서 한꺼번에 입장하는 과정에서 발생한 사고 임. 피해상황으로 인명피해 159명(사망 11명, 부상 148명)이 발생했다(김광주 · 김용태, 2007: 135). 사고 직전 운동장 주변에는 10,000여명의 시민들이 모였고, 이 중 5,000명 정도가 입장통로로 사용된 직3문 앞에서 대기 중이었다. 경비를 맡은 안전요원과 경찰 등 모두 130여명이 배치되어 있었지만 용역경비회사 안전요원들은 대부분 전문성이 없는 대학생들이었고, 그나마 출연진 등 귀빈 안전에만 신경을 써 사고를 예방하지 못했다. 상주시와 경찰은 당초 오후 6시에 총 5개의 문 가운데 직1문과 직4문을 열기로 사전 협의를 했으나 예정보다 이른 오후 5시 40분에 직3문이 개방된 것으로 밝혀졌다. 또한, 상주MBC 가요콘서트 사고는 선착순 입장 방식을 이용하여 서로 좋은 좌석을 차지하려는 욕심에서 밀려 넘어지면서 사고가 발생하였고, 또한 입구도 무대와 거리가 먼 문 하나만을 개방하여 피해를 키웠다(박동균, 2006: 32-33).

〈상주 MBC가요 콘서트장 압사사고〉

출처 : http://blog.naver.com/kickthebaby?Redirect=Log&logNo=20017745780

이와 같은 안전사고 사례에서 공통적으로 대두된 문제점이 바로 대규모 행사의 안전관리에 대한 인식이 확립되지 못한 가운데 사전 대비책이 미비하였다는 점이며, 전반적으로 관계 공무원의 안일한 대처와 경찰 및 소방기관의 위기대응이 부족하였다.

특히 상주축제의 경우 행사를 치르려는 상주시와 계약을 따내기에 급급했던 (사)국제문화진흥협회, 경비를 아끼려는 경호업체의 안전관리 의식 부재가 복합적으로 맞물리면서 사고가 일어난 것으로 분석되며, 안전관리대책을 강구하고 미리 잘 훈련된 경비인력에 의해 안전관리업무가 수행되어야 함에도 불구하고, 무자격 경비업체, 이벤트사의 경험이 없는 아르바이트생 등 미숙련 안전요원이 투입되어 질서유지 및 안전관리요원으로서의 기초소양부족과 위기대처 능력저하로 인해 사고가 발생하였으며 그 피해예방에 문제가 발생하였다(김광주 · 김용태, 2007: 137).

이에 따라 지역문화축제와 같은 대규모 행사의 안전관리업무를 민간경비업체에 위탁할 시 그 안전관리 역량에 대한 사전 심사가 철저히 이루어져야 할 필요성이 제기되며, 안전관리업무를 수행하기 위한 전문인력이 투입되도록 제도적 장치가 마련되어야 한다.

7

주요 재난 사례

대구지하철 화재참사

세계적으로 인구의 증가, 경제 및 산업의 발전은 도시화를 촉진하였고 도시화는 좁은 지역에 수많은 건물이 들어섬으로써 토지의 부족 현상이 나타나게 되었다. 그 결과로서 지하공간의 이용이 매년 증가하여 교통관련시설인 지하철, 도로, 터널 등 선진국형 지하구조물이 날로 증가하고 있다. 이러한 시설들은 우리 국민들의 삶에 편리함을 주고 있지만 화재 등 재난으로 우리의 생명을 위협하고 있으며 그 수가 해마다 증가하고 있으므로 인명안전에 심각한 위해 요소가 되고 있다. 지난 2003. 2. 28일 09:58분(경) 대구 지하철공사 중앙로역 구내에서 발생한 대형 인명참사의 결과를 보면 민·관 가릴 것 없이 총체적 안전 불감증에 사로잡혀 있었음이 극명하게 입증되었고, 인명피해 또한 커질 수 밖에 없었던 여러 가지 원인이 복합되어 있음이 드러났다. 이와 같이 안전의식 부재가 만들어낸 부실한 사회구조가 구조적으로 대형 참사를 증가하게 하고 있으며 또한 재난에 대한 준비 미흡으로 작은 사건이 대형재난으로 확산될 수 있다는 현실을 직시하고, 지하공간에서 일어날수 있는 재난에 대하여 시설물 안전대책 및 국민의 안전의식 고양과 위험에 대한 철저한 대응 등 국가적인 대책이 필요한 상황에 놓이게 되었다.

〈대구지하철 중앙로역 화재사고 현장 상황도〉

지하철 방화사건 상황도 I

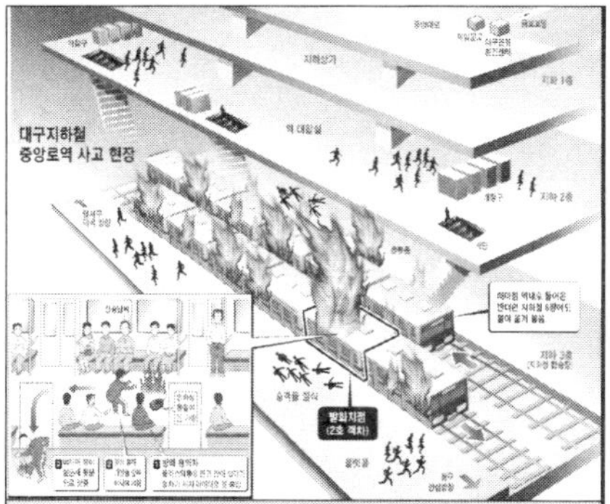

지하철 방화사건 상황도 II

출처 : http://cafe.naver.com/fire1shot.cafe?iframe_url=/ArticleRead.nhn%3Farticleid=8&

대구지하철 사고로 인한 인명피해는 '03. 5. 14 현재 총 339명(사망 192명, 부상자 147명)이다. 사망 192명 중 신원확인 된 사망자는 185명, 신원 미확인 사망자는 6명, 인정사망자는 1명이다. 부상자 147명 중 137명은 퇴원하였고, 현재 10명이 입원 치료중이다. 실종자는 총 619명이 신고·접수되었으나, 이중 생존이나 사망 등으로 사실이 확인된 자는 598명이며, 미확인 자는 21명이다.

물적피해는 전동차를 포함한 270억원, 중앙로 역사 144억원 합계 414억원인 것으로 대구소방본부에서 추산 발표하였다.

숭례문 화재사고

2008년 2월 10일 설 연휴 마지막 날인 저녁 8시 50분경 국보 1호인 숭례문에서 방화로 추정되는 큰 불이 나 1,2층 누각이 전소돼 무너져 내리는 막대한 피해가 발생했다. 소방당국은 5시간 넘게 진행된 진화 작업에도 숭례문 붕괴를 막지 못했다.

◇ **발화 순간** = 서울 중구 남대문 4가 숭례문에서 불길이 치솟기 시작한 것은 10일 오후 8시 50분께. 화재 장면을 목격한 택시기사 이모(44)씨는 "근처에서 손님을 기다리고 있었는데 50대 정도로 보이는 어떤 남성이 쇼핑백을 들고 숭례문 옆 계단으로 올라갔다"며 "불꽃놀이를 하듯이 빨간 불꽃이 퍼져 나와 신고를 했다"고 말했다. 소방 당국은 신고를 받고 펌프차와 고가 사다리차 등 소방차 32대와 소방관 128명을 현장에 출동시켜 진화 작업에 들어갔다. 누각 2층 지붕에서 발생한 불로 목재가 타면서 주변이 온통 하얀 연기로 뒤덮였으나 소방관들은 '국보 1호'라는 문화재 특성상 훼손을 우려한 나머지 일반 건물처럼 적극적인 진화 작업을 펼치지는 못했다.

◇ **초기 진화 실패** = 타오르던 불길이 발화 40여분만인 오후 9시 30분경 거의 사그라지면서 '훈소상태'(연기만 나는 상태)가 되자 현장에 출동한 소방관들은 한때 불이 잡힌 것으로 착각했다. 그러나 기와 안쪽에 남아 있던 불씨가 완전히 꺼지지 않고 남아 있다가 곧 다시 맹렬한 기세로 번져나가기 시작했다. 소방당국은 오후 9시 35분께 문화재청으로부터 "화재진압이 우선이니 국보인 남대문의 일부를 파기해도 된다"는 협조를 얻어낸 뒤 현판 일부를 잘라내고 본격적인 진화에 나섰다. 소방당국은 9시 55분에 화재비상 2호를, 40여분 뒤 이보다 한 단계 높은 화재비상 3호를 각각 발령하는 등 총력을 기울였으나 연기는 좀처럼 줄어들지 않았다. 발화지점으로 추정되는 기와 안쪽의 '적심' 부분이 전통 목조건물의 방수처리 공법으로 처리돼 있어 아무리 물을 뿌려도 소용이 없었다.

화재 진압팀은 오후 11시 20분께 냉각수 대신 거품식 소화 약제를 뿌리기 시작했으나 역시 큰 효과를 보지 못했다.

◇ **결국 붕괴로…** = 숭례문 지붕을 해체해야 한다는 판단에 따라 화재 발생 3시간 만인 오후 11시 50분께부터 전격적인 '마구잡이' 지붕 해체 작업이 시작됐다. 그러나 앞서 진화 작업을 위해 뿌린 물이 얼어 붙는 바람에 소방관들이 지붕에 접근하는 것조차 어려움을 겪는 사이 불길은 점점 더 번져나갔다. 자정을 넘어 불은 2층 전체를 휘감아 누각 곳곳을 뚫고 5~10m 높이에 이르는 거대한 불기둥을 뿜어댔다. 숭례문 2층 누각은 11일 0시 58분께 서울역을 바라보는 뒷면부터 우수수 무너져 내리기 시작해 삽시간에 붕괴로 이어졌다. 결국 발생 5

시간만인 오전 1시 54분께 진화 노력도 헛되이 누각 2층과 1층 대부분이 '와르르' 무너지면서 600년 역사를 자랑하는 국보가 허망하게 사라지고 말았다.[5)]

〈숭례문 화재사고 장면〉

화재 진압중인 국보1호 숭례문

출처 : http://news.naver.com/main/read.nhn?mode=LSD&mid=sec&sid1=102&oid=003&aid=0001955837

태풍 매미

태풍 '매미'는 우리나라 기상관측 100년 이래 가장 강력했던 태풍으로 최대 순간풍속이 60㎧를 기록했다. 이 태풍은 바람뿐만 아니라, 중심 최저기압이 910hPa이었고, 많은 비를 동반한 강한 태풍이었다. 태풍 '매미'는 130명(사망 117, 실종 13)의 인명피해와 4,089세대 10,975명의 이재민과 주택 21,015동, 농경지 37,986ha의 침수피해, 4조 7,810억 원의 엄청난 재산피해를 발생시켰다. 태풍 '매미'는 열대저기압 중에서 최강의 강도인 SSHS 기준의 카테고리 5급까지 발달했던 태풍으로 한반도에 상륙하여 사망·실종 130명, 재산피해 4조 2천억여원이라는 엄청난

5) http://news.donga.com/Total/3//20080210/8542509/1

피해를 안겨주었다. '매미' 이름은 북한에서 제출된 이름이다.

태풍의 진행경로는 2003년 9월 5일, 괌섬 근처의 해상에서 열대저기압이 발생하였다. 이 열대저기압은 북서쪽으로 이동하면서 세력을 키워 나가기 시작, 9월 6일에는 최대풍속이 17m/s가 넘으면서 태풍으로 발달하여 '매미'라는 이름이 주어졌다. 계속 북서쪽으로 이동하던 이 태풍은 당초에 눈에 띄는 발달을 하지 못하면서 각국의 태풍예보기관에서도 그다지 발달하지는 않을 것이라 예측했다. 그러나 태풍은 일본 오키나와 부근 해상에 접근하면서 급속히 발달하기 시작하여 마침내 9월 10일에 이르러서는 중심기압 910hPa, 최대풍속 55m/s 1분 평균으로는 75m/s에 이르는 최강급의 태풍이 되었다. 계속해서 북서진한 태풍 '매미'는 9월 11일에 거의 최성기의 세력을 유지하며 일본의 오키나와현 미야코섬에 이르렀다. 이 때부터 북진하기 시작, 9월 12일 새벽에 북위 30도에 다다르면서 세력은 약간 약화되었으나 그래도 강력한 세력을 유지. 12일 16시경에 제주도를 거쳐 중심기압 945hPa 최대풍속 40m/s의 세력으로 20시경에 한반도 남해안에 상륙하였다. 이후 빠른 속도로 한반도를 통과하여 2시 30분경 울진해안으로 빠져나가 14일에 온대저기압으로 약화되어 태풍으로서의 일생을 마쳤다.

〈'매미'의 진행경로〉

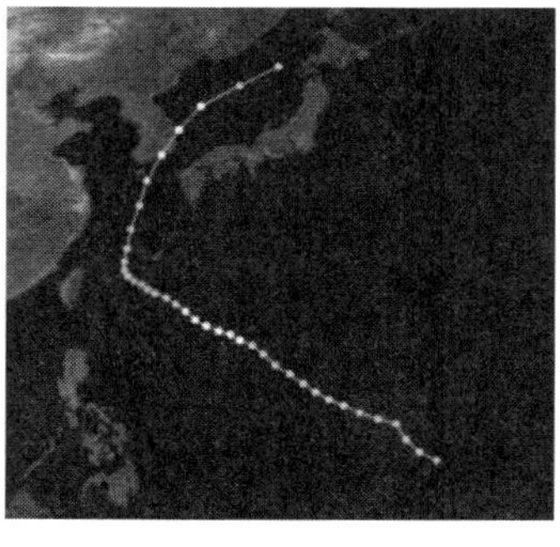

출처 : http://blog.naver.com/wjsxodls333?Redirect=Log&logNo=120134331222

태풍 '매미'는 거의 최성기의 세력으로 중심이 일본 오키나와현 미야코 섬을 통과했다. 이 때문에 미야코 섬에서는 1968년 16호 태풍 이래 35년만의 대재해가 되었다. 맹렬한 바람과 비가 동반되면서 약 2,000여 동의 주택이 파손되거나 침수되었으며 3명이 사망하고 110명이 부상했다. 미야코섬은 태풍에 대한 수준 높은 방재시스템으로 해마다 강력한 태풍이 통과하지만 별다른 피해가 없다. 그럼에도 불구하고 태풍 '매미'에 의한 이 같은 피해는 대단한 것이라고 할 수 있다. 태풍이 직격한 대한민국은 50여년만의 최강의 태풍으로 평가되는 '매미'의 영향으로 치명적인 타격을 입었다. 사망·실종 130여명, 재산피해 4조 2천억여 원, 이재민 2만여 명, 주택 침수·파손 42만동, 농경지침수 4만ha에 이르러, 피해가 극심했던 지역은 특별재해지역으로 선포되었다.

〈부산항 컨테이너 크레인 붕괴현장〉

출처: http://news.naver.com/main/read.nhn?mode=LSD&mid=sec&sid1=102&oid=082&aid=0000188449

아이슬란드 화산폭발

2010년 4월 14일 01시 아이슬란드 수도 레이캬비크에서 150km 떨어진 에이자프프잘라조쿨 빙하에서 화산폭발이 발생했다. 화산폭발로 인한 화산재와 연기가 지상 약 6,000-11,000m 상공에 분포되어 있으며, 용암 분출로 인해 빙하에서 흘러내린 물은 인근지역 수위상승을 유발하여 2

차 피해가 우려된 상황이었다. 아이슬란드 화산폭발의 발생원인은 아이슬란드 화산폭발은 판구조론과 지체구조적 위치에 연관이 있다. 대서양 중앙해령에 위치해 있는 아이슬란드는 발산형 경계부(유라시아판과 북아메리카판이 만나는 지점)에 위치해 있어 지각활동의 위험성이 크다. 이러한 지각운동에 의해 아이슬란드는 화산활동과 천발지진이 자주 발생하였다.

〈대서양 중앙해령 모식도〉

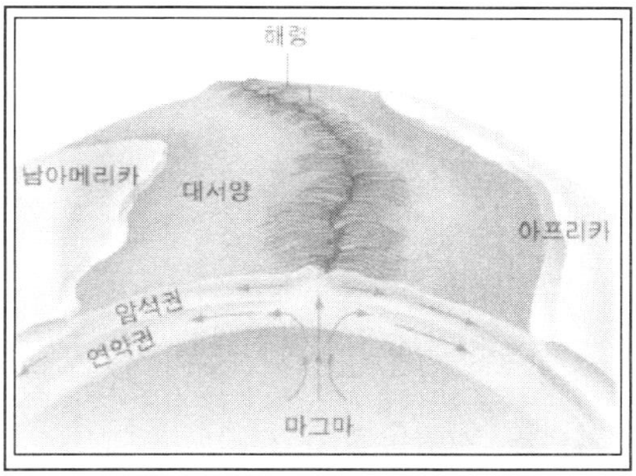

화산가스 방출 모니터링, 지표면 모니터링, 수문학 상태 및 지진활동 관찰 등 화산분화와 관련된 현상을 이용한 사전 예·경보 시스템구축이 필요하다. 국가차원에서의 화산폭발 위험지구의 선정 및 관리를 위한 체계적인 사전조사, 점검을 통한 화산폭발 및 대응 정책수립이 되어야 한다. 그리고, 화산재로 인한 항공안전을 위해 국가 및 국제적 차원에서의 안전 시스템과 대응방안 수립 필요하다.

〈아이슬란드 화산폭발 장면〉6)

출처: http://blog.naver.com/bk9957?Redirect=Log&logNo=80130870175&jumpingVid=D2E5042BB31B061FE68A265290DDE3094D4F

허베이 스피리트호 기름유출사고

2007년 12월 7일 서해안의 태안 앞바다에서 유조선 허베이 스피리트호와 해상 크레인이 충돌하여 대량의 기름이 유출된 해양오염 사고를 말한다. 삼성 예인선단 2척이 인천대교 건설공사에 투입되었던 삼성중공업의 해상크레인을 쇠줄에 묶어 경상남도 거제로 예인하던 도중에 한 척의 쇠줄이 끊어지면서 해상크레인이 유조선과 3차례 충돌을 일으킴으로써 발생되었다. 이로 인하여 총 1만 2,547㎘에 이르는 원유가 유출되사고 발생 후 기름 확산을 막아야 할 방제정은 높은 파도와 강풍속에서 제 기능을 하지 못하였고, 오일펜스를 제때 설치하지도 못하는 등 초기 대응에 실패하여 해양오염이 더욱 확산되었다. 기름유출 한 달만에 수거된 폐유는 유출량의 절반에도 미치지 못하는 4,175㎘였으며,

6) http://blog.naver.com/bk9957?Redirect=Log&logNo=80130870175&jumpingVid=D2E5042BB31B061FE68A265290DDE3094D4F

폐기물 2만 5,482t이 수거되었다. 사고발생 한 달 만에 피해를 입은 양식장 면적만 서산시 3개 읍·면의 112개소 1,071ha, 태안군 8개 읍·면의 361개소 4,088ha에 이르렀으며, 해수욕장·어장 및 증·양식 시설에 많은 피해를 입은 태안·서산·보령·서천·홍성·당진군 등 6개 시·군이 특별재난지역으로 선포되었다. 2008년 1월 8일 1차 해상방제가 마무리되고, 동년 10월 10일 도서지역의 해안방제가 마무리되었다. 이를 기준으로 집계된 폐기물 수거량은 폐유 4,175㎘와 흡착폐기물 3만 2,074t이었다.

〈허베이 스피리트호 기름유출 사고〉

출처: http://www2.pullbbang.com/video.pull?vcode=655082

일본지진 · 후쿠시마 원전사고

일본은 2011년 03월 11일 (금), 오후 2시 46분 규모 9.0 대지진으로 이와테(岩手)현 야마다마치(山田町)와 미야기(宮城)현 이시노마키(石巻)에서 2만2천여 명의 사망자와 실종자가 발생한 것을 비롯하여 총 4만여 명 이상의 인명피해가 발생하였다고 일본의 NHK방송에서는 보도하였다.

〈일본 대지진〉

출처 : http://cafe.naver.com/coursereview.cafe?iframe_url=/ArticleRead.nhn%3Farticleid=2307&

재해원인은 일본동북부지역 도호쿠지방 근처 해저 태평양 판이 북미판으로 파고들어가면서 응력이 생겼고 그 결과 지진이 발생되었다. 진도 9.0의 지진은 진원지의 깊이는 500km(서울에서 부산까지의 거리 426km, 경부고속도로 기준), 폭이 200km인 것으로 밝혀졌고 단층의 파괴가 5분동안 이뤄진 것으로 분석되었다.

〈일본지진주요피해현황〉

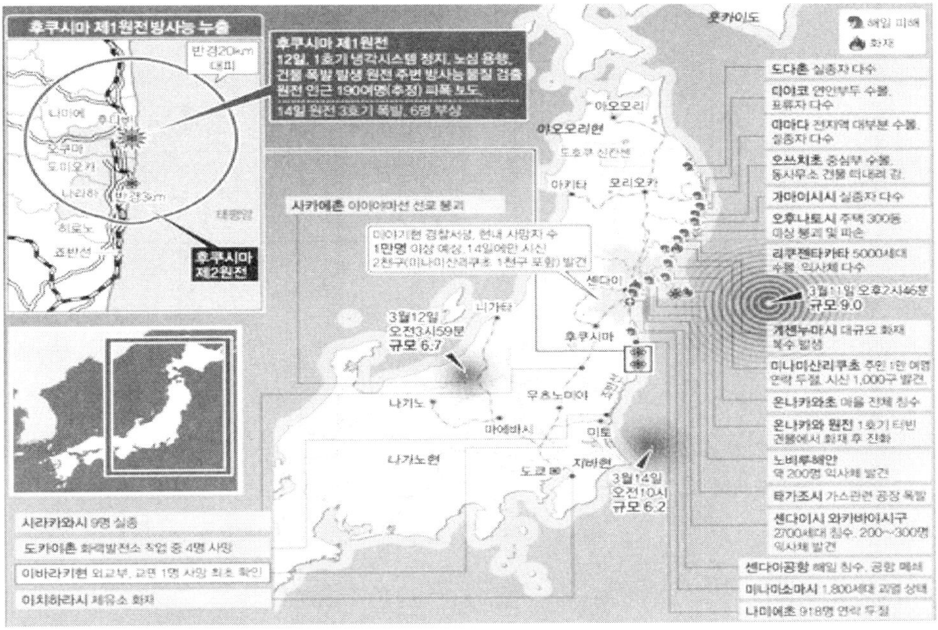

출처 : http://news.naver.com/main/hotissue/read.nhn?mid=hot&sid1=104&gid=662771&cid=663791&iid=311847&oid=001&aid=0004958145&ptype=021

일본동북부지역 지진과 후쿠시마 원전사고는 역대 지진가운데 5번째로 큰 지진으로 최근 뉴질랜드지진과 비교한다면 7,000배에 달하는 위력을 지녔다. 그 결과 사망자가 1만 5,544명에 달하고 대피소 난민만 21만5천명에 달한다. 이런 가운데 70여 차례 여진이 계속되면서 원전까지 폭파되고 피폭자까지 더해진다면 그 피해규모는 상상을 초월한다고 볼 수 있다.

동일본 대지진의 경우 파괴된 원전을 교체하는 데만 50억 달러가 들어갈 것으로 예상되고, 보험금 지급액은 350억 달러에 이를 것으로 전망되고 있다. 레디트스위스와 바클레이스의 초기추산에 따르면 복구작업에는 1,800억 달러가 필요할 것으로 예상되었다.

〈일본지진 인적 및 기타 피해〉

사망자	1만 5,544명
행방불명	5,383명
피난자	9만 9,236명
수도 단수	4만8,000호
교통	국철 및 지방선 334km 불통

자료: 요미우리(2011.7월 10일)

또한 후쿠시마 등의 원자력 발전소의 방사능에 대한 위험이 부각되면서 일본국민은 공포에 떨었으며 일본의 근거리 국가인 중국과 우리나라는 물론 전 세계인들도 지진의 거대한 위험에 대한 경각심이 고조되었다.

우면산 산사태

2011년 7월 25일 저녁의 소나기를 시작으로, 7월 28일 집중호우는 주로 대한민국의 수도권, 강원도 영서, 경상남도와 조선민주주의인민공화국의 황해남도, 황해북도 등을 중심으로 많은 비가 내리면서 강물이 범람하고, 주택이 침수되는 등 많은 피해가 전국적으로 발생하였다. 또한 서울특별시 서초구 우면동에 산사태가 발생하면서 많은 사상자가 발생하였다. 우면산 산사태는 장마철이 시작된 이후 36일 가운데 무려 29일이나 비가 내리면서 지반이 물러진 데다 무차별적인 주변 난개발로 인한 지층 지지구조 약화가 원인인 것으로 분석되고 있다. 이번 사태로 인적 피해는 사망 15, 부상 39, 이재민 2,735세대 9,454명으로 나타났다. 주택·상가 피해는 침수 3,615개소(주택 2,044, 상가 1,555, 공장 16)로 나타났다. 주요시설물 피해는 우면산 산사태(70여개소 49.5ha), 호안 유실 및 하천석축·기초 파손은 4,859㎡, 하수도 파손 11개소 550m, 제방유실 120m의 피해가 발생되었다.

이에 대한 대응으로 서울시는 우면산 산사태 지역 응급복구와 하천

제방 유실 지역 보수, 하수관거 복구 등에 2011년 9월부터 재난관리기금과 예비비 1,500억원을 집중적으로 투입하기로 결정했다. 또 물난리 원인으로 지적됐던 하수관거 용량 확대를 최우선적으로 추진해 저지대 지역의 침수 문제를 해결하기로 했다. 오세훈 서울시장은 이날 기자회견을 열고 "이번 폭우를 계기로 기후환경 변화를 현실로 인정하고 도시방재 패러다임을 바꿔 나가겠다"며 "돌발 강우로 시간당 100㎜가 넘는 비가 내려도 피해가 발생하지 않도록 수해안전망을 전환하겠다"고 하였다. 서울시의 기존 하수관거 용량은 지선 5년(시간당 62㎜), 간선 10년(시간당 75㎜) 기준에 맞춰 설계됐다. 서울시는 상습 침수 지역과 반지하주택 집중 지역, 산사태 위험 지역 등을 중심으로 매년 5,000억원씩 10년간 총 5조원을 투자하기로 했다.

〈우면산 산사태 피해현황〉

- ■ 인적 피해 : 사망 15, 부상 39, 이재민 2,735세대 9,454명
- ■ 주택·상가 피해 : 침수 3,615 개소 (주택 2,044, 상가 1,555, 공장 16)
  - ※ 아파트 단지 지하침수 : 20개 단지 총 92개동
- ■ 주요시설물 피해
  - • 우면산 산사태 (70여개소 49.5ha),
  - • 호안 유실 및 하천석축·기초 파손 : 4,859㎡
  - • 하수도 파손 11개소 550m, 제방유실 120m

〈우면산 산사태 피해액(추계)〉

(단위 : 백만원)

구분 \ 분야	계	공원·녹지	하천, 하수도	도로, 조명시설물	주택	상가, 공장	기타 (군시설 등)
NDMS 산정기준	29,942	4,442	4,579	1,700	1,406		17,815
실제 재산피해	142,333	25,520	23,633	19,000	22,680	25,700	25,800

출처: 행정안전부 내부자료, 2011

〈우면산 산사태 전〉 〈우면산 산사태 후〉

출처: 행정안전부 내부자료, 2011

8

재난 및 안전관리 기본법의 이해

재난 및 안전관리 기본법개요

이 법은 각종 재난으로부터 국토를 보존하고 국민의 생명·신체 및 재산을 보호하기 위하여 국가와 지방자치단체의 재난 및 안전관리체제를 확립하고, 재난의 예방·대비·대응·복구와 그 밖에 재난 및 안전관리에 필요한 사항을 규정함을 목적으로 한다. 그리고 재난을 예방하고 재난이 발생한 경우 그 피해를 최소화하는 것이 국가와 지방자치단체의 기본적 의무임을 확인하고, 모든 국민과 국가·지방자치단체가 국민의 생명 및 신체의 안전과 재산보호에 관련된 행위를 할 때에는 안전을 우선적으로 고려함으로써 국민이 재난으로부터 안전한 사회에서 생활할 수 있도록 함을 기본이념으로 한다.

여기에서의 '재난'이란 국민의 생명·신체·재산과 국가에 피해를 주거나 줄 수 있는 것으로서 태풍, 홍수, 호우(豪雨), 강풍, 풍랑, 해일(海溢), 대설, 낙뢰, 가뭄, 지진, 황사(黃砂), 적조(赤潮), 그 밖에 이에 준하는 자연현상으로 인하여 발생하는 재해, 화재, 붕괴, 폭발, 교통사고, 화생방사고, 환경오염사고, 그 밖에 이와 유사한 사고로 발생하는 대통령령으로 정하는 규모 이상의 피해, 에너지, 통신, 교통, 금융, 의료, 수도 등 국가기반체계의 마비와 「감염병의 예방 및 관리에 관한 법률」에 따른 감염병, 「가축전염병예방법」에 따른 가축전염병 확산 등으로 인한 피해를 말한다.

'재난관리'란 재난의 예방·대비·대응 및 복구를 위하여 하는 모든 활동을 말하며, '안전관리'란 시설 및 물질 등으로부터 사람의 생명·신체 및 재산의 안전을 확보하기 위하여 하는 모든 활동을 말한다. 그리고 '재난관리책임기관'이란 재난관리업무를 하는 중앙행정기관 및 지방자치단체, 지방행정기관·공공기관·공공단체(공공기관 및 공공단체의 지부 등 지방조직을 포함한다) 및 재난관리의 대상이 되는 중요시설의 관리기관 등으로서 대통령령으로 정하는 기관을 말한다.

또한 '긴급구조'란 재난이 발생할 우려가 현저하거나 재난이 발생하였을 때에 국민의 생명·신체 및 재산을 보호하기 위하여 긴급구조기관과 긴급구조지원기관이 하는 인명구조, 응급처치, 그 밖에 필요한 모든 긴급한 조치를 말하며, '긴급구조기관'이란 소방방재청·소방본부 및 소방서를 말한다. 다만, 해양에서 발생한 재난의 경우에는 해양경찰청·지방해양경찰청 및 해양경찰서를 말한다. 그리고 '긴급구조지원기관'이란 긴급구조에 필요한 인력·시설 및 장비, 운영체계 등 긴급구조능력을 보유한 기관이나 단체로서 대통령령으로 정하는 기관과 단체를 말한다.

이 법에 따라 국가와 지방자치단체는 재난으로부터 국민의 생명·신체 및 재산을 보호할 책무를 지고, 재난을 예방하고 피해를 줄이기 위하여 노력하여야 하며, 발생한 재난을 신속히 대응·복구하기 위한 계획을 수립·시행하여야 하며, 국민은 국가와 지방자치단체가 재난 및 안전관리업무를 수행할 때 최대한 협조하여야 하고, 자기가 소유하거나 사용하는 건물·시설 등으로부터 재난이 발생하지 아니하도록 노력하여야 한다.

그리고 누구든지 재난의 발생이나 재난이 발생할 징후를 발견하였을 때에는 즉시 그 사실을 시장·군수·구청장·긴급구조기관, 그 밖의 관계 행정기관에 신고하여야 하며, 신고를 받은 시장·군수·구청장과 그 밖의 관계 행정기관의 장은 관할 긴급구조기관의 장에게, 긴급구조기관의 장은 그 소재지 관할 시장·군수·구청장에게 통보하여 응급대처방안을 마련할 수 있도록 조치하여야 한다. 그리고 행정안전부장관, 소방방재청장, 시·도지사, 시장·군수·구청장 및 소방서장은 재난정보의 수집·전파, 신속한 지휘 및 상황관리를 위하여 상시 종합상황실을 설치·운영하여야 한다. 또한 시장·군수·구청장은 그 관할 구역에서 재난이 발생하거나 발생할 우려가 있으면 대통령령으로 정하는 바에 따라 즉시 그 재난상황과 응급조치 및 수습의 내용을 시·도지사에게 보고하여야 하며, 시·도지사는 이를 행정안전부장관과 관계 중앙행정기관의 장에게 보고하여야 한다. 이 경우 제3조 제1호 가목 및 나목에 해당하는 재난에 관하여는 소방방재청장에게 우선 보고하고, 소방방재청장은 이를 종합하여 행정안전부장관에게 보고하여야 한다. 다만, 대통령령으로 정하는 사항에 대하여는 긴급구조기관의 장이나 시장·군수·구청장이 행정안전부장관 및 소방방재청장에게 직접 보고하여야 하되, 긴급구조활동과 관련한 사항은 소방방재청장에게 우선 보고하여야 한다.

국무총리는 대통령령으로 정하는 바에 따라 국가의 안전관리업무에 관한 기본계획(국가안전관리기본계획)의 수립지침을 작성하여 관계 중앙행정기관의 장에게 시달하여야 하며, 관계 중앙행정기관의 장은 시달받은 국가안전관리기본계획에 따라 그 소관 업무에 관한 집행계획을 작성하여 행정안전부장관과 협의한 후 국무총리의 승인을 받아 확정한다. 이와 더불어 행정안전부장관은 소방방재청장의 의견을 들어 제22조 제4항에 따른 국가안전관리기본계획과 제23조제1항에 따른 집행계획에 따라 시·도의 안전관리업무에 관한 계획(시·도안전관리계획)의 수립지침을 작성하여 이를 시·도지사에게 시달하여야 하며, 시·도지사는 시·도안전관리계획에 따라 시·군·구의 안전관리업무에 관한 계획(시·군·구안전관리계획)의 수립지침을 작성하여 시장·군수·구청장에게 시달하여야 한다.

소방방재청장과 재난관리책임기관의 장은 대통령령으로 정하는 시설 및 지역에 재난이 발생할 우려가 있는 등 대통령령으로 정하는 긴급한 사유가 있으면 소속 공무원으로 하여금 긴급안전점검을 하게 하고, 소방방재청장은 다른 재난관리책임기관의 장에게 긴급안전점검을 하도록 요구할 수 있다. 그리고 긴급안전점검 결과 재난 발생의 위험이 높다고 인정되는 시설 또는 지역에 대하여는 대통령령으로 정하는 바에 따라 그 소유자·관리자 또는 점유자에게 정밀안전진단(시설), 보수(補修) 또는 보강 등 정비, 그리고 재난을 발생시킬 위험요인의 제거를 명할 수 있다.

국가는 재난관리를 원활하게 실시하기 위하여 필요하면 대통령령으로 정하는 바에 따라 그 비용(보상금 포함)의 전부 또는 일부를 국고에서 부담하거나 지방자치단체, 그 밖의 재난관리책임자에게 보조할 수 있다. 그리고 국가와 지방자치단체는 이재민의 생계를 안정시키기 위하여 이재민의 구호, 중학생 및 고등학생의 학자금 면제, 농업·임업·어업 자금의 상환기한 연기 및 그 이자의 감면, 정부양곡의 무상지급, 그리고 그 밖에 중앙재난안전대책본부회의에서 결정한 사항에 대한 지원을 할 수 있으며, 재난 발생 시 긴급구조활동과 응급대책·복구 등에 참여한 자원봉사자, 응급조치 종사명령을 받은 사람 및 긴급구조활동에 참여한 민간 긴급구조지원기관의 긴급구조지원요원이 응급조치나 긴급구조활동을 하다가 부상을 입은 경우에는 치료를 실시하고, 사망(부상으로 인하여 사망한 경우 포함)하거나 신체에 장애를 입은 경우에는 그 유족이나 장애를 입은 사람에게 보상금을 지급한다.

중앙안전관리위원회

중앙안전관리위원회(중앙위원회)는 안전관리에 관한 중요정책의 심의 및 총괄·조정, 안전관리를 위한 관계 부처 간의 협의·조정, 그 밖에 이 법에서 정하는 안전관리에 필요한 사항을 시행하기 위하여 국무총리 소속으로 설치하며, 중앙위원회의 위원장은 국무총리가 되고, 위원은 대통령령으로 정하는 중앙행정기관 또는 관계 기관 · 단체의 장이 된다. 그리고 중앙위원회는 안전관리에 관한 중요정책의 심의 및 총괄 · 조정, 국가안전관리기본계획 및 집행계획의 심의, 중앙행정기관이 수행하는 재난 및 안전관리업무의 협의 · 조정, 국가기반시설의 지정에 관한 사항의 심의, 재난사태 선포 및 특별재난지역 선포에 관한 건의사항의 심의와 재난사태 선포에 대한 승인, 다른 법령에 따라 중앙위원회의 권한에 속하는 사항의 처리, 그 밖에 위원장이 회의에 부치는 사항의 심의에 관한 업무를 수행하며, 이 경우 국가안전보장과 관련된 사무는 국가안전보장회의와 협의하여야 한다. 또한 중앙위원회의 위원장은 재난의 발생 원인과 재난 발생 시 재난관리과정에 관한 조사 · 분석 · 평가(재난조사평가) 등을 효율적으로 수행하기 위하여 재난 관련 분야 전문기관이나 단체 등이 참여하는 중앙재난조사평가협의회(평가협의회)를 구성하여 운영할 수 있다.

지역위원회

지역위원회는 지역별 안전관리에 관한 중요정책의 심의 및 총괄 · 조정, 지역별 안전관리업무의 협의 · 조정, 그 밖에 이 법에서 정하는 지역별 안전관리에 필요한 사항을 시행하기 위한 것으로서 특별시장 · 광역시장 · 도지사 · 특별자치도지사(시 · 도지사) 소속으로 시 · 도 안전관리위원회(시 · 도위원회)를 두고, 시장 · 군수 · 구청장 소속으로 시 · 군 · 구 안전관리위원회(시 · 군 · 구위원회)를 둔다. 그리고 시 · 도위원회의 위원장은 시 · 도지사가 되고, 시 · 군 · 구위원회의 위원장은 시장 · 군수 · 구청장이 된다. 또한 지역위원회는 해당 지역에서의 안전관리정책의 심의 및 총괄 · 조정, 해당 지역에서의 안전관리계획안의 심의, 해당 지역을 관할하는 재난관리책임기관(중앙행정기관과 상급 지방자치단체는 제외한다)이 수행하는 안전관리업무의 협의 · 조정, 다른 법령이나 조례에 따라 해당 지역위원회의 권한에 속하는 사항의 처리, 그리고 그 밖에 지역위원회의 위원장이 회의에 부치는 사항의 심의에 관련된 업무를 수행한다.

중앙재난안전대책본부

중앙재난안전대책본부(중앙대책본부)는 대통령령으로 정하는 대규모 재난의 예방·대비·대응·복구 등에 관한 사항을 총괄·조정하고 필요한 조치를 하기 위하여 행정안전부에 설치한 것으로서 중앙대책본부의 본부장(중앙본부장)은 행정안전부장관이 되며, 중앙본부장은 중앙대책본부의 업무를 총괄하고 필요하다고 인정하면 중앙재난안전대책본부회의를 소집할 수 있다. 그리고 중앙본부장은 재난을 효율적으로 수습하기 위하여 관계 재난관리책임기관의 장에게 행정 및 재정상의 조치, 소속 직원의 파견, 그 밖에 필요한 지원을 요청할 수 있다. 이 경우 요청을 받은 관계 재난관리책임기관의 장은 특별한 사유가 없으면 요청에 따라야 한다. 또한 중앙본부장은 재난의 효율적인 수습을 위하여 국내외에서 발생한 재난 사례 및 수습체계의 분석, 재난유형별 수습 시나리오의 작성, 재난유형별 전문가의 데이터베이스 구축 및 상시 연락체제 구축, 재난유형별 물적 자원의 파악 및 데이터베이스 구축, 재난유형별 사고조사 기법·인력 및 장비의 개발, 그리고 그 밖에 재난수습을 효율적으로 하기 위하여 대통령령으로 정하는 사항에 관한 임무를 수행한다.

중앙본부장은 대통령령으로 정하는 재난이 발생하거나 발생할 우려가 있는 경우 사람의 생명·신체 및 재산에 미치는 중대한 영향이나 피해를 줄이기 위하여 긴급한 조치가 필요하다고 인정하면 중앙위원회의 심의를 거쳐 다음 각 호의 구분에 따라 국무총리에게 재난사태를 선포할 것을 건의하거나 직접 선포할 수 있다. 다만, 중앙본부장은 재난상황이 긴급하여 중앙위원회의 심의를 거칠 시간적 여유가 없다고 인정하는 경우에는 중앙위원회의 심의를 거치지 아니하고 국무총리에게 재난사태를 선포할 것을 건의하거나 직접 선포할 수 있다. 또한 중앙본부장은 대통령령으로 정하는 재난의 발생으로 인하여 국가의 안녕 및 사회질서의 유지에 중대한 영향을 미치거나 그 재난으로 인한 피해를 효과적으로 수습 및 복구하기 위하여 특별한 조치가 필요하다고 인정하면 중앙위원회의 심의를 거쳐 해당 지역을 특별재난지역으로 선포할 것을 대통령에게 건의할 수 있으며, 특별재난지역의 선포를 건의 받은 대통령은 해당 지역을 특별재난지역으로 선포할 수 있다. 그리고 국가나 지방자치단체는 특별재난지역으로 선포된 지역에 대하여는 대통령령으로 정하는 바에 따라 응급대책 및 재난구호와 복구에 필요한 행정상 · 재정상 · 금융상 · 의료상의 특별지원을 할 수 있다.

중앙본부장은 제3조 제1호 나목 및 다목에 해당하는 대규모 재난이 발생하면 관계 재난관리책임기관과 합동으로 재난합동조사단을 편성하여 재난 피해 상황을 조사하고, 재난복구계획을 수립할 수 있다.

지역재난안전대책본부

지역재난안전대책본부는 해당 관할 구역에서 재난관리에 관한 사항을 총괄 · 조정하고 필요한 조치를 하기 위한 것으로서 시 · 도지사는 시 · 도재난안전대책본부(시 · 도대책본부)를 둘 수 있고, 시장 · 군수 · 구청장은 시 · 군 · 구재난안전대책본부(시 · 군 · 구대책본부)를 둘 수 있다. 다만, 해당 재난과 관련하여 제14조에 따라 중앙대책본부를 두는 경우 시 · 도지사나 시장 · 군수 · 구청장은 시 · 도대책본부나 시 · 군 · 구대책본부(지역대책본부)를 두어야 한다. 지역대책본부의 본부장(지역본부장)은 시 · 도지사 또는 시장 · 군수 · 구청장이 되며, 재난의 수습을 효율적으로 하기 위하여 해당 시 · 도 또는 시 · 군 · 구를 관할 구역으로 하는 재난관리책임기관의 장에게 행정 및 재정상의 조치나 그 밖에 필요한 업무협조를 요청할 수 있다. 이 경우 요청을 받은 재난관리책임기관의 장은 특별한 사유가 없으면 요청에 따라야 한다.

중앙본부장과 지역본부장은 대통령령으로 정하는 재난으로 인하여 사람의 생명·신체 및 재산에 대한 피해가 예상되면 그 피해를 예방하거나 줄이기 위하여 재난에 관한 예보 또는 경보를 발령할 수 있다. 다만, 다른 법령에 특별한 규정이 있을 때에는 그러하지 아니하다

시장·군수·구청장과 지역통제단장(대통령령으로 정하는 권한을 행사하는 경우에만 해당)은 재난이 발생하거나 발생할 우려가 있는 경우에 사람의 생명 또는 신체에 대한 위해를 방지하기 위하여 필요하면 해당 지역 주민이나 그 지역 안에 있는 사람에게 대피할 것을 명할 수 있으며, 대피명령을 받은 사람은 즉시 명령에 따라야 한다. 또한 재난이 발생하거나 발생할 우려가 있는 경우에 사람의 생명 또는 신체에 대한 위해 방지나 질서의 유지를 위하여 필요하면 위험구역을 설정하고, 응급조치에 종사하지 아니하는 사람에게 위험구역에 출입하는 행위나 그 밖의 행위의 금지 또는 제한, 위험구역에서의 퇴거 또는 대피를 명할 수 있다. 이 경우 대피명령을 받은 사람 또는 위험구역에서의 퇴거나 대피명령을 받은 사람이 그 명령을 이행하지 아니하여 위급하다고 판단되면, 그 지역 또는 위험구역 안의 주민이나 그 안에 있는 사람을 강제로 대피시키거나 퇴거시킬 수 있다. 이와 더불어 응급조치에 필요한 물자를 긴급히 수송하거나 진화·구조 등을 하기 위하여 필요하면 대통령령으로 정하는 바에 따라 경찰관서의 장에게 도로의 구간을 지정하여 해당 긴급수송 등을 하는 차량 외의 차량의 통행을 금지하거나 제한하도록 요청할 수 있다.

중앙긴급구조통제단

중앙긴급구조통제단(중앙통제단)은 긴급구조에 관한 사항의 총괄·조정, 긴급구조기관 및 긴급구조지원기관이 하는 긴급구조활동의 역할 분담과 지휘·통제를 위하여 소방방재청에 설치한 것으로서 중앙통제단에는 단장 1명을 두되, 소방방재청장이 단장이 된다. 중앙통제단장은 긴급구조를 위하여 필요하면 긴급구조지원기관 간의 공조체제를 유지

하기 위하여 관계 기관 · 단체의 장에게 소속 직원의 파견을 요청할 수 있다. 이 경우 요청을 받은 기관 · 단체의 장은 특별한 사유가 없으면 요청에 따라야 한다. 그리고, 중앙통제단은 다음과 같은 기능을 수행한다. 첫째, 국가 긴급구조대책의 총괄 · 조정, 둘째, 긴급구조활동의 지휘 · 통제, 셋째, 긴급구조지원기관간의 역할분담 등 긴급구조를 위한 현장활동계획의 수립, 넷째, 긴급구조대응계획의 집행, 다섯째, 그 밖에 중앙통제단의 장이 필요하다고 인정하는 사항을 수행하게 된다.

지역긴급구조통제단

또한 지역별 긴급구조에 관한 사항의 총괄 · 조정, 해당 지역에 소재하는 긴급구조기관 및 긴급구조지원기관 간의 역할분담과 재난현장에서의 지휘 · 통제를 위하여 시 · 도의 소방본부에 시 · 도긴급구조통제단을 두고, 시 · 군 · 구의 소방서에 시 · 군 · 구긴급구조통제단을 둔다. 그리고 시 · 도긴급구조통제단과 시 · 군 · 구긴급구조통제단(이하 "지역통제단"이라 한다)에는 각각 단장 1명을 두되, 시 · 도긴급구조통제단의 단장은 소방본부장이 되고 시 · 군 · 구긴급구조통제단의 단장은 소방서장이 된다.

지역통제단장은 긴급구조를 위하여 필요하면 긴급구조지원기관 간의 공조체제를 유지하기 위하여 관계 기관·단체의 장에게 소속 직원의 파견을 요청할 수 있다. 이 경우 요청을 받은 기관 · 단체의 장은 특별한 사유가 없으면 요청에 따라야 한다. 지역통제단의 기능과 운영에 관한 사항은 대통령령으로 정한다.

그리고 지역통제단장은 재난이 발생하면 소속 긴급구조요원을 재난현장에 신속히 출동시켜 필요한 긴급구조활동을 하게 하여야 하며, 재난현장에서는 시 · 군 · 구긴급구조통제단장이 긴급구조활동을 지휘한다. 다만, 치안활동과 관련된 사항은 관할 경찰관서의 장과 협의하여야 한다. 현장지휘는 재난현장에서 인명의 탐색 · 구조, 긴급구조기관 및 긴급구조지원기관의 인력·장비의 배치와 운용, 추가 재난의 방지를 위한 응급조치, 긴급구조지원기관 및 자원봉사자 등에 대한 임무의 부여, 사상자의 응급처치 및 의료기관으로의 이송, 긴급구조에 필요한 물자의 관리, 그리고 현장접근 통제, 현장 주변의 교통정리, 그 밖에 긴급구조 활동을 효율적으로 하기 위하여 필요한 사항에 관하여 하여야 한다.

테러리즘의 이해

제 2 부

9

테러리즘이란 무엇인가?

테러리즘의 어원과 일반적 정의

테러리즘(terrorism)은 오늘날 국제사회가 당면한 가장 심각한 문제 중의 하나임에도 불구하고 지금까지 "테러리즘이란 무엇인가?"에 대한 보편적인 정의가 존재하지 않고 있으며, 법적으로 구속력 있는 형사사법상의 정의 또한 내려져 있지 않다.

일반적으로 테러리즘이란 공포(terror) 또는 두려움을 야기하기 위하여 의도된 폭력적 행위로서 종교적·정치적·이념적 목표를 위해 의도적으로 비전투원 또는 시민들을 대상으로 안전을 침해하여 피해를 발생시키는 비정부단체에 의한 행위를 말한다(http://en.wikipedia.org/wiki/Terrorism).

그 동안 서구의 여러 학자들과 전문가들의 학문적 노력에 의해 테러리즘의 정의에 관한 연구가 많은 진전을 보여 왔지만 아직 모든 학자들이 전적으로 동의하는 테러리즘의 정의는 내려져 있지 않다. 이는 테러리즘 개념 정의 자체가 난제임을 반증하는 것이다. 테러리즘의 동기, 대상, 범위, 주체, 이념 등의 포함여부 그리고 학자들과 테러리즘 전문가들의 시각에 따라 테러리즘이 달리 정의됨으로써, 테러리즘의 정의에 관한 연구와 논쟁은 끊임없이 계속되어지고 있다.

테러리즘이란 말은 1798년 발간된 아카데미 프랑세즈 사전(Dictionnaire of the Academic Francaise)에서 '조직적인 폭력의 사용'으로 최초로 규정하였다. 이를 바탕으로 테러리즘의 정의에 대한 다양한 해석을 내리고 이를 정립하기 위한 노력은 계속되고 있어 왔으며, 그러한 첫 출발점이 바로 1937년 국제연맹(League of Nation)에서 개최된 '테러리즘 방지와 처벌에 관한 회의'라 할 수 있다. 이 회의에서 정립한 테러리즘의 정의에서 도출될 수 있는 테러리즘의 개념적 요소를 파악할 수 있는데, 첫 번째, 정치적 목적이나, 동기, 둘째, 폭력의 사용과 위협, 셋째, 심리적 충격과 공포, 넷째, 소기의 목표나 요구 관철이라는 4가지 요소로 구성되어 있음을 알 수 있다.

이러한 개념 구성요소 중 기존의 테러리즘에 대한 시각이 정치적이었다는 것을 알 수 있으며, 이러한 목적 부분에서 범죄와 구별된다. 이는 테러리즘이 최초로 사용되던 시기인 프랑스 혁명기에서, 1789년에서 1799년 중 가장 난폭했던 시기를 일컫는 '공포시대(The Region of Terror)'에 당시 공화파 혁명정부가 왕권복귀를 꿈꾸던 왕당파를 반혁명분자로 처형하고 명분이 약할 땐 암살하기도 했던 공포정치에서 기인한다. 당시 혁명파의 테러를 '적색테러', 반혁명파의 보복을 '백색테러'라 불렀다.

슈미트와 용만은 그들의 저서 『정치테러리즘(*Political Terrorism*)』(1988)에서 테러리즘 분야의 전문가들과 학자들에 대한 설문조사를 수행하면서 획득한 109개의 제각기 다른 테러리즘에 대한 정의를 인용하여 분석 작업을 하였다. 이러한 정의들 중 특정 단어에 대한 빈도에 대해 통계로 나타내었는데, 폭력 또는 무력(85%), 정치(65%), 테러에 중점을 둔 공포(51%), 위협(47%), 심리적 현상과 예측된 반응(41.5%), 목표물과 희생자 간의 불일치(37%), 고의적 · 계획적 · 체계적 · 조직화된 행동(32%), 전투 · 전략 · 전술의 한 방법(30.5%) 등으로 나타났다. 이를 토대로 슈미트와 용만이 내린 테러리즘의 정의를 살펴보면 다음과 같다.

> 폭력의 희생자 발생이 무작위적이고 상징성을 띠는 조직적인 전투방법이다. 목표달성을 위한 수단이 되는 희생자들은 특정 단체에 소속되어 있거나 계급적인 투쟁에 공격대상이 된다. 희생자들은 이를 단체와 계급에 소속되어 있는 구성원들에 대한 선행 폭력 혹은 폭력에 대한 위협으로 극도의 공포 상태에 빠진다. 폭력 표적의 희생화는 대부분의 목격자들에 의해서 비정상적인 것으로 간주되는데, 이는 폭력의 잔인성, 시간(평화시), 그리고 장소(비전투 지역) 등에 기인한다. 폭력의 수준은 테러리스트의 표적을 넘어서 다수의 대중에게 영향을 미치며, 이들 대중들을 순차적으로 조종하려는 의도를 가지고 있다. 이러한 간접적인 전투 방법의 목적은 순종 혹은 복종을 유도하기 위한 표적을 무력화시키거나, 전투방법 사용자의 장·단기 이익에 유리하도록 제2의 표적(정부) 또는 대중(여론), 즉 공격 대상자들의 태도변화를 유도하거나 그들에게 동조하도록 하는데 있다.

테러와 테러리즘

'테러'라는 용어는 오늘날의 테러리즘과 거의 동의어로 사용하게 되었다. 그러나 테러와 테러리즘이라는 용어는 그 개념상 마땅히 구분되어야 하지만 일상용어로서는 물론이고 전문 용어로서도 구별하지 않고 혼용하는 경우가 많다. 테러리즘의 약어로 '테러'라는 용어를 사용하는 경우가 대부분이다. 하지만 서양에서는 이 두 용어를 엄격히 구분하여 사용하고 있다.

테러는 사전적 의미로 '극단적 공포' 또는 '정치적 목적달성을 위한 폭력의 행사 혹은 위협'으로 정의되어 있다. 테러(terror)라는 용어는 원래 라틴어 'terrere'에서 기원하여, '공포', '공포조성', '커다란 공포' 혹은 '죽음의 심리적 상태'를 의미하며, 이는 곧 '떠는', '떨게 하는 사태' 그리고 '죽음을 이야기하는 행위나 속성'을 뜻하는 것이다. 아울러 심리

학자들에 의하면 테러란 "특정한 위협이나 공포로 인해 모든 인간들이 심적으로 느끼게 되는 극단적인 두려움의 근원이 되는 것"으로 규정하고 있다.

극단적인 두려움은 일상생활의 부산물로 엄청난 인명과 재산상의 피해를 입힌다. 예를 들면 , 홍수, 폭설, 지진, 화산폭발 등과 같은 자연재해, 삼풍백화점 붕괴사고, 성수대교 붕괴사고 등과 같은 대형사고, 그리고 빈번하게 발생하고 있는 강력 살인사건과 대형교통사고를 목격하거나, 뉴스를 통해 알게 됨으로써 경험하기도 한다. 즉 테러란 발생 원인이 무엇이든지 간에 극도로 불안한 심리적 상태를 말하며 자연적인 현상이다.

테러리즘은 테러와는 구별되는 폭력적 행위의 한 형태를 의미하는 것으로 항공기 납치, 요인암살, 공공시설 폭파 등을 통해 사람에게 공포를 일으키게 하는 행위를 의미하는 것이다. 또한 테러와 테러리즘의 차이점에 있어서 테러리즘은 테러와 같은 무차별적으로 행해진 폭력에 정치적 또는 도덕적 측면이 가미된 것으로서 정치적 목적을 달성하기 위하여 일반 시민들을 대상으로 조직화된 단체에 의해 이루어지는 체계화된 무차별적·집중적 폭력의 사용을 말한다(http://en.wikipedia.org/wiki/Terror).

결국 테러는 자연적 현상이며, 테러리즘은 폭력의 조직적, 의도적 이용으로 강압적이며, 희생자 혹은 희생자와 연관된 모든 사람, 그리고 대중들의 의지를 이용하기 위한 목적 지향적인 행위이며, 이를 위해 강제, 협박, 위협을 통해 폭력을 체계적으로 활용하는 것이라고 할 수 있다. 이러한 차이성에 따라 테러는 테러리즘이 없이도 발생이 가능하며, 테러는 테러리즘의 중요한 구성 요소가 되고 있다.

주요 국가별 테러리즘 정의

테러리즘이란 낱말은 18세기말 프랑스 혁명기에 나타난 테러 통치에서 기원한다. 당시 로베스피에르(Robespierre)는 공안위원회와 함께 수천 명에 달하는 반혁명세력을 사형시켰으며, 그 후 러시아에서는 짜르(Tzar)정권과 스탈린 등이 정치이론의 반대파를 제거 혹은 협박할 목적으로 사용한 정치적 수단의 대명사로 출발하였으나 오늘날 세계에서 공민의 자유에 대한 최대위협은 테러리즘이라는 주장이 서방측 전문가들 사이에서 논의되기에 이르렀다(여영무, 1985: 147).

그리고 한 국가내의 부처마다 테러리즘에 대한 정의가 서로 다른 경우도 있다. 미국의 경우 중앙정보부(CIA), 연방 수사국(FBI), 국무부, 법무부 그리고 국방부가 각 다른 테러리즘 정의를 채택하고 있으며 동일 부처 내에서도 시대에 따라 다른 정의를 내리기도 하는 실정이다.

미국의 경우 미 국무부에 따르면 테러리즘이란 "준국가 단체 혹은 국가의 비밀 요원이 다수의 대중에게 영향력을 행사하기 위해 비전투원을 공격 대상으로 하는 사전에 치밀하게 준비된 정치적 폭력"이라 하였으며, 미 국방성의 경우 테러리즘이란 "공포를 주입시키기 위해 비합법적인 폭력이나 이러한 비합법적인 폭력사용의 위협을 고의적으로 사용하는 것으로서 일반적인 정치·종교·이념적인 목적을 달성하기 위하여 정부나 사회를 협박하도록 의도되는 행위"라고 정의하였다. 또한 미 중앙정보부(CIA)에 의하면 "테러리즘이란 개인 혹은 단체가 기존의 정부에 대항하거나 혹은 대항하기 위해서 직접적인 희생자들보다 더욱 광범위한 대중들에게 심리적 충격 혹은 위협을 가함으로써 정치적 목적을 달성하기 위해 폭력을 사용하거나 혹은 폭력의 사용에 대한 협박을 행하는 것"이라 하였다.

이러한 미국의 주요 국가기관별 테러리즘 정의를 분석하면, 테러의 수단, 목적, 대상, 주체에 따라서 4가지로 설명된다. 첫째, 테러의 수단은 충동적인 것이 아니라 사전에 의도된 위협적인 행위이다. 둘째, 테러의 목적은 경제적인 목적이 아니라 현존하는 정치질서의 변화를 가져오기 위한 정치적인 목적이 있다. 셋째, 테러의 대상은 군대시설이나 군부대를 대상으로 하는 것이 아니라 무고한 시민을 대상으로 한다. 넷째, 테러의 주체는 군대가 아니라 군사훈련을 한 준국가단체에 의하여 수행된다.

미국의 이와 같은 테러리즘 정의는 영국의 「테러방지법」에서 규정한 것과 그 맥을 같이 하며, 영국의 테러방지법상의 테러리즘의 정의를 보면, "테러리즘이란 정치적 목적 달성이나 대중 또는 소집단 그룹에게 공포감을 조성하기 위해 폭력을 사용하는 것"을 말한다.

이와 더불어 일본 공안조사청에 따르면 테러리즘이란 "국가의 비밀 공작원 또는 국가 이외의 결사·단체 등이 그 정치목적 수행 상 당사자는 물론 당사자 이외의 주위 사람에 대해서도 그 영향력을 미치기 위해 비전투원 혹은 그에 준하는 목표에 대해 계획적으로 행하는 불법 폭력의 행사"를 의미한다고 하였다.

그러나 독일의 경우 미국이나 영국과 같이 테러리즘에 대한 정의에 있어서 테러리즘을 하나의 사실적 행위로 인식하고 있는 것과는 달리 형사법적 해석을 내리고 있으며, 독일 헌법보호청에 따르면 "테러리즘이란 정치적 목적을 달성하기 위해 형법에 명시된 중범죄 행위(살인·납치·방화·폭파 등) 또는 그 예비행위를 수단으로 지속적으로 수행되는 전투행위"라고 하여, 테러리즘을 형사법 상의 범죄 개념으로 받아들이고 있음을 알 수 있으며, 이와 더불어 그 불법적 폭력 행사를 전투행위에 한정하는 것으로 해석될 수 있다.

※ 한국 「국가대테러지침(대통령 훈령 제47호)」

「국가대테러지침」에서의 '테러'라 함은 국가안보 또는 공공의 안전을 위태롭게 할 목적으로 행하는 다음의 행위를 말한다.

① 국가 또는 국제기구를 대표하는 자 등의 살해·납치 등 「외교관 등 국제적 보호인물에 대한 범죄의 방지 및 처벌에 관한 협약」 제2조에 규정된 행위

② 국가 또는 국제기구 등에 대하여 작위·부작위를 강요할 목적의 인질억류·감금 등 「인질억류 방지에 관한 국제협약」 제1조에 규정된 행위

③ 국가중요시설 또는 다중이 이용하는 시설·장비의 폭파 등 「폭탄테러행위의 억제를 위한 국제협약」 제2조에 규정된 행위

④ 운항 중인 항공기의 납치·점거 등 「항공기의 불법납치 억제를 위한 협약」 제1조에 규정된 행위

⑤ 운항 중인 항공기의 파괴, 운항 중인 항공기의 안전에 위해를 줄 수 있는 항공시설의 파괴 등 「민간항공의 안전에 대한 불법적 행위의 억제를 위한 협약」 제1조에 규정된 행위

⑥ 국제민간항공에 사용되는 공항 내에서의 인명살상 또는 시설의 파괴 등 「1971년 9월 23일 몬트리올에서 채택된 민간항공의 안전에 대한 불법적 행위의 억제를 위한 협약을 보충하는 국제민간항공에 사용되는 공항에서의 불법적 폭력행위의 억제를 위한 의정서」 제2조에 규정된 행위

⑦ 선박억류, 선박의 안전운항에 위해를 줄 수 있는 선박 또는 항해시설의 파괴 등 「항해의 안전에 대한 불법적 행위의 억제를 위한 협약」 제3조에 규정된 행위

⑧ 해저에 고정된 플랫폼의 파괴 등 「대륙붕상에 소재한 고정플랫폼의 안전에 대한 불법적 행위의 억제를 위한 의정서」 제2조에 규정된 행위

⑨ 핵물질을 이용한 인명살상 또는 핵물질의 절도·강탈 등 「핵물질의 방호에 관한 협약」 제7조에 규정된 행위

〈반테러협약 비준/가입 현황〉

협 약 명	당사국 수	발효 일자	우 리 나 라		북 한	
			서명 일자	비준·가입 일자	서명 일자	비준·가입 일자
항공기내 범죄 및 기타 행위 협약	177	69.12.04	65.12.08	71.02.19	-	83.05.09
항공기 불법납치 억제 협약	177	71.10.14	-	73.01.18	-	83.04.28
민간항공의 안전에 대한 불법행위 억제 협약	179	73.01.26	-	73.08.02	-	80.08.13
공항에서의 불법적 폭력행위 억제 의정서	142	89.08.06	88.02.24	90.06.27	89.04.11	95.06.19
인질억류방지 국제협약	136	83.06.03	-	83.05.04	-	01.11.12
외교관 등에 대한 범죄 예방 및 처벌 협약	144	77.02.20	-	83.05.25	-	82.12.01
핵물질 방호 협약	96	87.02.08	81.12.29	82.04.07	-	미가입
가소성폭약의 탐지를 위한 식별조치 협약	102	98.06.21	91.03.01	02.01.02	-	미가입
폭탄테러 억제 협약	118	01.05.23	99.12.03	04.02.17	-	미가입
테러자금조달 억제 협약	109	02.04.10	01.10.09	04.02.17	01.11.12	미가입
항해안전에 대한 불법행위 억제 협약	95	92.03.01	-	03.05.14	-	미가입
플랫폼 안전에 대한 불법행위 억제 의정서	87	92.03.01	-	03.06.10	-	미가입

출처: 외교통상부(http://www.mofat.go.kr/help/search/index.jsp)

테러리즘의 발생원인과 학설

안보상황의 다중적 불확실성 증대는 자본주의와 공산주의를 중심으로 한 이념적 대결 구도의 약화에 기인하고 있으며, 냉전의 구조적 조건이 제거되어 민족, 종교, 인종 등의 정체성 회복요구가 최근 등장하였으며, 이러한 탈냉전 이후 안보환경의 변화를 테러리즘의 원인으로 볼 수 있다. 또한 핵 대결을 초래할 수 있는 군사대결이 불가능하고, 핵무장으로 인한 공포의 균형(Balance of Terror)으로 인하여 테러리즘의 효용성과 경제성 면에서 재래식 전쟁보다 비용이 적게 들고, 책임성 회피가 용이하게 되었다. 그리고 공격 목표의 다양성, 과학기술의 발달, 그리고 현실주의적인 국제정치 사회에서 힘의 우위에 테러리즘의 원인이 있다. 이 외에도 인간심리와 병상심리, 사회경제 구조의 발전과정이나, 정치적 환경과 기술의 발전 등이 그 발생원으로 지목되고 있다.

인간심리와 병상심리에 근거를 둔 학파에 따르면, 돌아드(Dollard)교수는 인간의 폭력적 행위는 좌절감에 연유하고, 또한 좌절감은 항상 폭력적 행위로 발전한다고 주장하였으며, 거(Gurr)교수 인간의 상대적 박탈감(Relative Deprivation)이 정치적 폭력행위를 유발한다고 주장하였다. 또한 프로이드(Freud)는 인간의 침략적 성격은 애정과 증오의 갈등속에서 생겨나며, 이 애정과 증오의 갈등의 관계가 때로는 인간과 사회와의 절연상태를 유발시키므로 이에 따라 나름대로의 나르시스의 세계를 형성한다고 주장했다. 그리고 휴바드(Hubbord)박사는 비행기 납치자의 아버지는 대부분의 경우 가정 폭력적인 알코올중독자이고 어머니는 종교에 빠진 여자들이 많은데, 즉 이성적으로 보고 있던 부모에 대한 실망에 위와 같은 범행의 원인이 있다고 주장했다.

그리고 테러리즘의 원인을 사회경제구조의 발전과정에서 찾아보려는 학파에 따르면 파이어밴드(FreierBand), 네스볼드(Nesvold), 헌팅톤(Huntington) 등 대표적 학자들은 경제 및 사회가 갑자기 비약적으로 발전할 때 심한 폭력이 발생된다고 하였다. 즉 갑작스런 사회나 경제의 발전은 단층 구조를 파괴시키며, 본인들의 상대적 나약함을 느끼게 함으로 인해 테러리즘이나 폭력을 사용하여 이익을 도모하려고 하는 투쟁적인 사회구조를 형성시킨다.

또한 테러리즘이 근본적으로 정치적 환경에 연유한다고 주장하는 학파에 있어서 라케(Laquer)교수는 테러는 전체주의 사회에서는 생기지 않고, 또한 강력한 군사정권 하에서는 테러가 성공하기가 어려우며, 테러리즘은 주로 민주주의 국가나 비능률적인 권위주의 국가에서나 성공할 수 있다고 주장했다. 그러나 실제로는 사회주의 국가에서도 테러는 발생하나 신문이나 TV 등 매스컴에 보도되지 않기 때문에 국민들이 모르는 경우가 거의 대부분인데, 테러가 성공하는 경우는 신문이나 라디오, TV 등 매스컴에서 보도됨으로 해서 오는 사회적 충격에 그 원인이 있다고 할 수 있다. 세그레(Segre) 교수와 알더(Alder)교수는 식민지 통치를 받은 국가는 제국주의에 대한 투쟁은 무엇이든지 정당화되는 경향이 있다고 주장했다. 즉, 과거 제국주의에 의해 식민지 통치를 받은 경험이 있는 국가 중 상당한 국가는 자국 내의 테러리스트들에게 관대한 정책을 쓰고 있는 경우가 많다.

그리고 테러리즘의 원인이 기술의 발전에 있다고 주장하는 학파는 교통과 통신의 발전과 무기의 발전으로 인해 유사시 테러리스트들이 다른 곳으로 도주할 수 있는 수단을 제공할 수 있으며, 소수의 테러리스트라 할지라도 자신들의 도덕적 정당성을 방송망을 통하여 전 세계에 호소할 수 있게 되었다고 한다. 또한 무기의 발전으로 기관총에서 미사일의 소유는 물론 댐의 파괴 및 송전선의 절단에 의한 전력의 마비와 독극물에 의한 급수원에 대한 위협이 가능해져 사회적으로 공포분위기를 조장할 수 있게 되었다고 한다.

그 외 TV와 영화의 발전이 폭력행위를 조장한다는 학파에 따르면 어린아이들이 TV나 영화를 보는 시간이 많아짐에 따라 폭력 행위를 자행하는 사람이 오히려 영웅으로 등장하는 등의 내용으로 인해 청소년들의 가치관에 혼동이 오며, 더 나아가 폭력 행위 등을 자행하게 된다고 정신과 의사인 모세(Mosse)박사가 주장하였다.

테러리즘의 역사

테러리즘 전문가들은 테러리즘이란 용어가 정치적 반대파를 폭압으로 통제하던 프랑스 혁명시기에 태동하였다고 주장한다. 역사적으로는 프랑스 혁명과정에서 자코뱅파의 공포정치, 러시아 나로드니키의 인민의 의지파에 의한 정치적 암살과 차리스트 지배자에 의한 공포정치, 러시아 혁명 이후 1918년부터 1921년간의 국내전(國內戰)시기에 소비에트 정권의 반혁명파에 대한 탄압 등의 적색테러 및 나폴레옹이 몰락한 후 루이 18세의 왕정복고 이후에 나폴레옹파에 가해진 공포정치와

1871년 파리코뮨 패배이후 베르사이유파 등에 의한 백색테러 등이 있었다.

그 후 19세기 후반부터 서유럽, 러시아, 미국 등지의 무정부주의자들에 의해 테러리즘이 채택되어 혁명을 위한 사회적, 정치적 변화를 효과적으로 이루기 위해서는 권력을 잡고 있는 핵심 요인을 암살하는 것이 가장 빠르다고 믿었다. 그 대표적인 사례로는 오스트리아 왕위 계승자 '프란츠 페르디난트(Franz Ferdinand)' 대공을 세르비아 청년 '가브릴로 프린키프(Gavrilo Princip)'가 살해함으로써 제1차 세계대전의 도화선이 되기도 했다. 또, 1919년 1월 독일혁명과 반혁명 과정에서 혁명가 K.리프크네히트, R.룩셈부르크의 피살, 히틀러 권력에 의한 유대인 학살 등이 기록되고 있다.

이러한 역사상의 몇몇 사례를 통해서도 알 수 있듯이 권력을 쥔 지배자 집단이 권력유지를 위해 그에 반대하는 비권력 집단에 대해 행사하는 암살, 탄압 등의 물리적 강제와 그 반대로 피지배자 또는 혁명 집단이 권력지배를 뒤엎기 위해 지배권력 집단과 그 구성원에게 행사하는 암살을 포함한 공포적인 강제가 테러리즘의 구성요소로 되어 있으므로, 테러리즘이라는 말의 의미는 반드시 일원적인 것은 아니다.

1934년에는 유고슬로비아 국왕이 프랑스에서 암살된 사건을 계기로 국제연맹 이사회에서는 국제테러리즘 문제를 수년간 심의한 결과로 1937년 제네바에서 "테러리즘의 방지 및 처벌에 관한 협약"을 채택하기도 했다. 또한, 제2차 세계대전 종전 후 신생독립 국가가 식민제국에 대항하는 방편으로 테러리즘을 이용하였으며, 테러리즘의 전성기인 1960년대에는 신좌익(New Left)에 의한 도시테러가 극성을 부렸고 인질구금, 기업인, 외교관 납치와 같은 초국적 테러리즘이 성행하였다. 1967년 제3차 중동전쟁에서 이스라엘의 승리로 아랍국가의 국력이 무력해지자 세계의 이목을 집중시키기 위해 팔레스타인 테러리스트들이 자행한 테러리즘은 1968년부터 1970년까지 무려 747여건이나 발생하였다.

〈테러리스트의 주요 무기〉

출처: http://blog.naver.com/mig17?Redirect=Log&logNo=150030462651&topReferer=http://cafeblog.search.naver.com&imgsrc=data33/2008/4/19/247/4_12_mig17.jpg

이와 같이 1960년대 하반기에는 대량학살, 비행기 납치, 외교관 암살이 크게 자행됨으로써 대형 국제테러리즘을 간접 지원하는 정책을 실시했다. 1979년에 일어난 이란의 이슬람 혁명을 비롯하여 1991년에 걸프전쟁을 계기로 이슬람 원리주의 운동은 전 아랍국가에 확산되어 민중운동으로 나타나는 경향이 있다. 과거 독립을 위한 투쟁으로 국민적 합의와 정체성을 갖고 있는 이슬람 원리주의 운동은 경제적 빈곤과 장기 집권 정치로 인한 반정부운동으로 방향을 전환하였다. 특히, 걸프전쟁 후에는 반미, 반서구 감정이 이슬람 민족 감정으로 발전하는 아랍 민족주의 성향을 보이면서 과격한 테러리즘 활동을 하고 있다.

이와 같은 보복 테러리즘 중 국내테러리즘은 대부분 후진국 또는 제3세계국가에서 발생되었고, 국제테러리즘과 초국적 테러리즘의 대부분은 선진국에서 발생되었다. 구체적 사례를 보면 1970년 3월 31일 일본항공 소속 항공기가 일본적군테러리스트에 의해서 공중 납치되어 북한으로 비행을 요구한 사건을 비롯하여 같은 해에 70여건의 항공기 납치 사건이 발생하였는데, 그 사건들의 특징은 국제테러리스트 조직 간 긴밀히 협조하여 작전을 감행하였으며, 그 대표적인 테러리즘 단체는 팔레스타인해방인민전선(PFLP)과 일본적군(JRA), 서독의 바더-마인호프 등이다.

테러리즘이 전 세계로 확산되자 세계 주요 국가들이 대책 마련을 위해 주요 발생 테러리즘의 원인을 분석한 랜드(Rand) 보고서를 발표하였다. 그 내용을 보면 계획된 인질납치 성공 가능성은 87%이며, 테러리즘의 성공 혹은 실패에 테러리스트가 체포되거나 살해될 가능성이 21%에 지나지 않았다. 또한, 테러리스트들이 요구한 안전통과 또는 안전출국만 요청시 83% 성공이 가능하다. 또, 협상 결렬시 테러리스트가 체포되거나, 살해되지 않을 가능성은 67%이고, 테러리스트의 목표 중 하나인 홍보선전은 100% 달성되고 있다. 위와 같이 높은 테러리즘 성공률에 자극된 주요 국가에서는 테러리즘 대책을 강구하였으며, 미국에서는 ITERATE(International Terrorism Attributes of Terrorist Events)의 컴퓨터 데이터베이스를 개발하여 테러리스트의 추적관리를 강화하는 계기가 되었다.

뉴테러리즘의 등장

테러리즘의 목적에는 공산혁명·분리 독립·자치권획득·민족권의 옹호·사회제도 개선·종교이념 구현 등의 정치적·사회적 동기 또는 일정한 목적 실현의 의도 등이 있어야 한다. 따라서 순수한 경제적 동기나, 일반 범죄적 동기에 의한 행위는 테러에 포함시키지 않는다. 그러나 과거 개인적 동기에 의해 민간 항공기를 납치한 후 정치적 망명을 요구한 일본의 중국 민항기 사건의 경우 미 국무성은 이를 테러로 보지 않고 있으나, 우리나라의 「국가대테러활동지침」에서 '운항 중인 항공기의 파괴, 운항 중인 항공기의 안전에 위해를 줄 수 있는 항공시설의 파괴 등 「민간항공의 안전에 대한 불법적 행위의 억제를 위한 협약」 제1조에 규정된 행위'를 열거하고 있으므로, 항공기 및 선박의 납치 및 폭파 등은 그 행위 유형이 전형적인 것인지, 정치적인 것인지 불분명한 경우에도 테러리즘으로 간주하고 있다.

그리고 1937년 국제연맹 주최 하에서 주최된 테러리즘 학회에서는 테러리즘은 국제적인 행위이며, 공포를 주려는 목적이 있으며, 목표물에 피해를 가하며, 특히 테러리스트들의 목표물은 주로 공직자를 대상으로 한다고 하였다. 그리고 많은 학자들의 테러리즘에 대한 견해를 종합해 볼 때 테러리즘 개념에 있어 ① 폭력적인 행위, ② 철저한 계획과 정확성, ③ 강제력 사용을 통한 목적 달성 및 복종 요구, ④ 공공 및 개인 소유물 파괴 및 인명 피해 초래, ⑤ 피해 대상에 대한 공포 조성 등을 구성요소로 하고 있다.

그러나 미국에서 발생한 9·11 테러 이후 기존에 정의되어 왔던 이러한 테러리즘의 개념은 뉴테러리즘이라는 새로운 개념으로 확장되어 등장하였다. 뉴테러리즘은 1999년 당시 미 국방부가 후원하는 민간연구소인 '랜드(RAND)연구소'에서 처음으로 사용한 용어로 최근의 테러리즘 경향이 종래의 테러리즘 양상과 달리 무차별적 대형화하는 현상을 지칭하는 것을 의미한다. 1995년 일본 '옴 진리교'의 동경 지하철 사린가스 살포, 미국 9·11 항공기 자살충돌 테러가 대표적인 사례이다(https://www.tiic.go.kr).

이러한 기존의 테러리즘 양상과 비교하여 뉴테러리즘의 특징을 분석하여 살펴보면 기존의 테러주체를 공개하는 것과는 달리 요구조건과 그 주체가 불명하여 그 추적이 어려워졌으며, 대형 재난이나 전쟁수준의 무차별적인 공격으로 그 피해 규모가 크다. 또한 점조직으로 네트워크화 되어 무력화가 곤란하며, 테러의 긴박성으로 대처시간이 부족하다(신성균, 2009: 18-20).

〈9 · 11 테러 장면〉

출처: http://cafe.naver.com/altmxjflcaff.cafe?iframe_url=/ArticleRead.nhn%3Farticleid=456&

과거의 테러리즘 양상을 볼 때 기존의 테러리즘은 테러리즘을 자행한 뒤 성명을 발표하거나 자신들의 얼굴을 알리면서 그 요구조건을 공개하여 그 목적 및 목표를 부각시키는 점과 달리 뉴테러리즘의 경우 극단주의자들의 추상적 대의명분과 정치 · 경제 · 종교 등의 대립되는 대상에 대한 강한 적대감을 근거로 테러리즘을 감행한다. 또한 그 주체가 불명확하며, 이에 따른 공포효과의 극대화와 발원 색출의 곤란성으로 인하여 그 요구조건에 대한 제시 없이 무차별적 공격을 감행하게 된다.

또한 기존의 테러리즘은 그 조직의 목적을 관철시키기 위한 상징적 선전을 하였고, 그 수단 역시 목적 달성에 이르기 위한 요인암살, 항공기 · 인질 납치, 중요시설 점거 등 상징성을 보이는 대상을 공격함으로써 공포심을 유발하는 방법을 선택하였다. 이에 따라 테러조직의 목적을 달성하기 위한 대외적 지지를 유도하기 위한 의사표시의 하나로서 테러리즘을 활용하였지만, 뉴테러리즘의 경우 전쟁의 한 형태로서 자행되며, 그 결과는 대형 재난과 같이 무차별적인 인명살상으로 상대방에게 최대한 타격을 가하여 희생을 최대화하고, 그 공포 유발을 극대화하려는 경향이 강하다.

이와 더불어 기존의 수직적 조직체계와는 달리 뉴테러리즘의 경우 단일화된 조직이 아닌 여러 국가와 지역에 산재되어 네트워크화되어 있다. 이로 인해 과거 절대적 지도자 또는 그 지도부를 제거하면 무력화될 확률성이 높은 것과는 달리 다원화된 조직 구성에 의해 그 구심점이 분산되어 그물망 조직으로 연결된 이념적 결사체의 성격을 지니고 있으므로, 그 무력화가 과거보다 더 어려워졌다. 그리고 조직 연계를 위한 광범위 연락수단 역시 다양화되어 있으며, 특히 인터넷 비밀사이트 · 전자메일 · 채팅방 및 첨단 이동통신 등을 연락수단으로 활용하고 있다.

그리고 9 · 11테러의 경우 초대형 여객기를 납치하고, 빌딩에 충돌하기까지 40-50분 정도밖에 소요되지 않아 그 테러리즘 유발 시간이 테러리즘 감지 및 제거 시간과 비교하여 상대적으로 매우 짧기 때문에 그 대처시간이 절대부족하게 되었다.

이를 통해 볼 때 뉴테러리즘 대응에 있어서는 무엇보다 조기 감시체계가 확립되어 있어야 하며, 그보다 더 중요한 것은 테러리즘 완화 환경 조성을 위한 국제적인 공조체계가 확립되어 있어야 한다. 또한 9.11테러와 같이 대형 참사와 같은 결과를 볼 때 뉴테러리즘의 경우 발생 후 대응 조치보다 그 선행적 예방활동이 더욱 중요하다는 것을 인식하여, 그에 대한 예방 조치를 확립하여야 한다.

10

주요 테러리즘 조직

테러리즘 조직의 변천

60년대 팔레스타인들에 의해 현대적 의미의 테러가 처음 시작된 이후 각 대륙에 걸쳐 이념 · 민족 · 종교 · 제도 및 빈부의 차이에서 비롯된 갈등이 심화되면서 수많은 테러조직들이 부상하였다. 이들은 테러경험의 축적과 무기 및 교통수단의 발달로 점차 국제화 · 조직화 · 과격화함으로써 지난 30여 년 간 세계 정치사의 물줄기를 뒤흔들어 왔다.

60년대 후반 이후 동 · 서 진영 간의 경쟁이 치열해지면서 소련 · 쿠바 등 동구권 국가들이 공산혁명의 수출 차원에서 각 대륙의 극좌(좌익) 단체들을 지원함에 따라 극좌 테러단체가 가장 널리 만연되기 시작하였다. 70~80년대는 이들 극좌 세력에 의해 이탈리아 · 독일 · 일본 등 서방 선진국 내 반제국주의 테러는 물론, 중남미 · 동남아 등 후진국가에서도 빈곤계층을 선동하여 공산화를 부추기는 테러조직이 확산 추세를 보였다. 이탈리아의 '붉은 여단'(BR), 독일과 일본의 '적군파'(RAF), 페루의 '빛나는 길'(SL), 필리핀의 '신인민군'(NPA) 등이 이 시기의 대표적인 테러단체들이다. 이들 극좌세력들은 테러와 비정규전적 방법을 통해 분위기를 조성한 후 공산권의 대규모 무력지원을 받아 베트남 · 캄보디아 · 라오스를 차례로 공산화시켰고, 아프리카에서는 에디오피아 · 앙골라 · 짐바브웨 등에 사회주의 정권을 출범시켰다.

그러나 90년대 들어 세계 공산주의 자체 모순에 의해 해체되면서 구 공산권의 이념적 · 물질적 지원이 대폭 감소함에 따라 극좌단체들도 몰락의 길을 걷게 되었다. 그 대신 이데올로기 투쟁의 와중에서 기를 펴지 못하던 민족주의가 일시에 분출, 테러와 내전이 확산되면서 구소련과 유고가 여러 개의 공화국으로 쪼개지는 등 세계지도를 다시 그려야 하는 상황이 대두되었다. 체첸 · 그루지야 · 아르메니아 · 보스니아 등 구 공산권의 수많은 민족주의 단체, 터키의 '쿠르드 노동자당'(PKK), 스리랑카의 '타밀엘람 해방호랑이'(LTTE) 등이 세계인의 이목을 끌고 있는 대표적인 단체들이다. 뿐만 아니라 중동 일원에서 발원한 회교원리주의 단체들이 유럽 · 아시아 · 미주 등지로 세력을 확장하여 미국 · 프랑스 등 세계 각국에서 현지 지원세력들과 연계, 원정테러를 감행하고 있다. 이중에서 알제리 '무장회교 그룹'(GIA)은 지난 수년간 세계 전 테러조직 중 가장 테러활동이 활발했던 단체로 나타났고 팔레스타인의 '하마스'도 이스라엘에 대항하여 잔혹한 자살폭탄테러를 지속 자행해 왔다.

〈이스라엘과 팔레스타인간 평화협상에 반대하는 기자회견〉

팔레스타인 가자지구 내 가자시티에서 하마스를 포함한 팔레스타인 무장파벌 반군들이 워싱턴에서 개최된 이스라엘과 팔레스타인 간 평화협상에 반대하는 기자회견을 갖고 있다.
출처: http://news.naver.com/main/read.nhn?mode=LSD&mid=sec&sid1=104&oid=

003&aid=0003417943

필리핀의 '모로회교해방전선'(MILF)은 현지에 진출한 우리 기업 사업장을 점거한 적이 있고, 국제적 지원연계망을 갖춘 과격회교도들이 뉴욕의 세계무역센터를 폭파(93.2)하기도 했다. 좌·우 이념대립이 해소된 후 나타난 또 하나의 경향은 극우세력의 부상을 들 수 있다.

처음 극우세력은, 구유고 등 동구권 난민들이 서유럽으로 대거 유입되면서 경제·사회적인 문제가 발생함에 따라 대두되기 시작했고, 지금은 러시아와 동구권 각국에서 배타적 국수주의 성향을 표출하며, 느슨한 응집력을 가진 '스킨헤드' 등이 외국인들을 공격하고 있다. 미국에서도 '신나치주의 그룹'이 활동하고 있는가 하면, 가까이는 일본에서 극우단체 회원이 우리 대사관에 불붙은 차를 돌진시킨 바도 있다. '세계테러조직 총람' 중동·미주·아프리카 지역 완결판에 의하면, 각 대륙에서 민족주의 및 회교원리주의 조직이 여전히 기승을 부리고 있는데도 불구하고 극좌조직의 대거 소멸로 전반적으로 테러 조직수가 크게 감소되었다.

테러리즘 조직의 주체와 객체

테러리즘의 주체에는 정치적·사회적 동기에 의해 결성되었으나 아직 국가단계에까지 이르지 못한 2인 이상의 집단 또는 어떤 국가의 비밀공작원이 이에 해당된다. 또한, 정치적·사회적 동기를 가진 개인도 테러리즘의 주체가 될 수 있다.

그리고 테러리즘의 객체란 비전투 요원인 타인의 신체, 생명 및 재산, 시설 등의 목표물이 해당된다. 그러나 정규전은 테러리즘에 포함되지 않으며, 비정규전은 테러리즘에 포함된다. 테러 발생 시 민간인은 물론 비무장이거나, 비번중인 군인, 휴가 나온 군인은 모두 비전투요원에 해당된다. 또한 군시설이나 무장한 군인에 대한 직접적인 공격이라고 할지라도 이에 대한 공격의 동기가 공격받은 당해 목표물에 대한 적개심에 국한되지 않고 상징성이 높은 경우에는 테러리즘으로 간주한다.

〈세계 대표 테러조직〉

1. 일 본 : 적군파(JRA)
2. 독 일 : 바더 마인 호프만
3. 이탈리아 : 무장 프롤레타리아 조직(NAP)
4. 아일랜드 : 아일랜드 공화군(IRA)
5. 프 랑 스 : 코르시카 부흥운동(ARC)
6. 레 바 논 : 헤즈볼라
7. 터 키 : 인민해방군(TRLA)
8. 아르헨티나 : 인민혁명군(ERP)
9. 콜롬비아 : 콜롬비아 혁명군(FARC)
10. 팔레스타인 : 검은 9월단
11. 미 국 : 극우민병대

이러한 테러리즘의 객체(목표)는 물적 객체와 인적 객체로 대별된다. 물적 객체에는 발전소(원자력, 수력), 방송국(TV, 라디오, 군사통신국 등), 댐(강, 하천), 유류시설(기름 탱크기지 등), 가스시설(가스관, 송유관), 역, 철도, 공항, 항공기, 항구, 선박, 국가 중요 행정 건물(행정자치부 등), 외국 공관(대사관 등), 고층 빌딩(63빌딩 등), 대중교통이 많은 다리(한강다리 등), 주요 고속도로(경부고속도로 등), 다중이용시설(다중편의시설, 다중교통시설), 중요 기업체, 생산 공장, 군수산업체 등이 포함된다. 그리고 인적 객체는 대통령 및 유명 정치인, 경찰 고위간부 및 검찰, 법원 간부, 군 고위 장성 및 중요 직책 간부, 경제인(국가경제 손실 및 이익에 비중 있는 인물 등), 종교지도자(가톨릭, 기독교, 불교 등), 과학자(전자공학, 생물, 유전학, 원자학 등), 문화, 예술 관련 유명인(가수, 배우, 탤런트, 체육인) 등을 말한다.

테러리즘 조직의 구조적 형태

테러리즘 조직은 지속적인 생존을 위하여 동심원적 구조를 형성한다. 원점기준 외곽으로부터 적극적 우호조직 및 수동적 지원조직, 직접적 지원조직, 행동조직 및 지도자 조직으로 이루어진다.

적극적 지원 조직이란 소속 테러리스트들에게 직접적으로 상당한 정도의 지원을 제공해 준 사람들이나 그 조직을 말한다. 이 같은 조직은 선전효과의 증대, 자본 획득, 조직의 확대에 기여함으로써 테러활동에 주요한 역할을 한다. 이러한 조직은 그들의 행위가 테러조직이나 급진적 혁명 등에 관여됨을 느끼지 못하는 것이 그 특징이다.

그리고 소극적 지원 조직은 테러리즘 집단의 생존기반-정치적 전위집단-후원자-주요 지원임무수행 집단 등 테러집단의 생존 기반에 해당되며, 정치적 전위집단이나 후원자가 이에 포함된다. 즉, 기존 정부에 환멸을 느끼거나 불만을 가진 집단으로서 집단행동에서 다수의 위력을 구성하는데 도움을 주어 테러리스트들에게 없어서는 안 될 주요 지원 임무를 수행해 준다.

또한 전문직 지원조직이란 특정 분야에 계속적으로 지원을 제공하는 조직 특정분야에 대해 반복적으로 지원을 제공하는 조직으로서 목표에 대한 참고자료나 정보를 제공하여 주고 체포된 테러리스트들을 비호, 기만, 은닉하거나 유리한 알리바이를 제공하며, 동조자나 고용된 전문인에 의한 법적인 비호 및 의료지원을 제공하는 조직을 말하며, 직접적 지원조직은 핵심요원들에게 직접적·계속적으로 전술작전을 지원하는 중추적인 조직으로서, 폭발물 설치자, 암살범, 또는 납치범과 같은 핵심요원들에게 직접적이며, 계속적인 전술 및 작전지원의 중추를 이루는 사람들로 구성된 조직을 말한다. 이와 같은 지원조직은 대피소, 차고 및 공격용 차량의 준비와 관리 핵심요원의 훈련, 테러대상에 대한 정보 제공과 감시, 무기·탄약지원 등을 담당한다.

이와 더불어 지도자 조직과 행동 조직이 구분되어 있으며, 지도자 조직이란 테러조직의 최고의 지휘본부 조직이자 테러조직의 정치적 또는 전술적 두뇌를 제공하는 그룹으로서 잘 훈련되어 있고 헌신적이다. 그들은 지휘부의 정책수립, 계획, 통제 및 집행임무를 수행하며 모든 테러행위가 정책적으로 타당하며, 반드시 긍정적인 결과를 갖는다는 것을 주지 시켜야 한다. 또한 행동조직은 테러행위를 실행하는 요원조직으로서 핵심요원 조직이며, 공격현장에서 직접 테러행위를 실시하는 요원들로서 핵심요원이라고 할 수 있다. 이와 같은 요원들은 실제적으로 테러행위에 있어서 가장 중요한 요소인 반면, 테러행위를 실시하는 중에 가장 많이 피해를 볼 수 있는 요원들이다. 이들 핵심 요원들은 생명에 대한 위험이 큰 반면, 그들에 의한 순교자적으로 성공이 가져다 줄 잠재적 명예에 대한 궁극적 만족을 찾으려고 노력하고 있다.

주요 테러리즘 조직

검은9월단은 P.L.O최대의 게릴라집단으로서 팔레스타인 민족해방을 통하여 독립된 팔레스타인 국가건설을 목표로 하는 무장조직타파(Al-Fatah)에 소속된 전문테러리스트 단체이다. 1956년 야세르 아라파트(Yasser Arafat)가 결성하였고, 본격적인 게릴라활동은 1965년부터 시작하였다.

검은9월단(Black September)이란 이름은 1970년 9월, 당시 요르단 국왕의 명령으로 요르단에 거주하고 있던 팔레스타인난민을 학살한 사건이 있었는데 P.L.O에서 이 사건을 기념하기 위해 붙인 것이다. 이 단체는 민족주의를 근간으로 이스라엘 정부를 전복시키고 팔레스타인 국가를 건설하는 것을 목표로 하며, 행동대원이 10명 미만으로 구성되어 있다. 행동대원들은 모든 공격을 기습적으로 감행하고 흩어진다. 그렇기 때문에 공격전후 집결에 필요한 본부나 사무실이 필요 없고 행동대원 조차도 같은 조 이외는 서로 알 수 없다. 더구나 이 단체의 병력에 대한 평가는 불가능하다.

이 단체의 지도자들은 테러리즘 공격대상이 결정되면 가용단체들로부터 최상의 행동대원을 선발, 투입한다. 검은9월단은 1961년부터 1967년까지 70여 회에 걸쳐 이스라엘에 관련된 시설을 파괴하였다. 또, 1971년 11월 28일 요르단국 수상 와스필텔(Wasfi Tell)을 이집트 카이로에서 암살하였고, 1972년 5월 9일에 탑승객 100명을 싣고 브뤼셀에서 텔아비브로 비행하던 벨기에 사베나 항공기를 4명의 검은9월단(B.S) 테러리스트가 납치하여 이스라엘 로드공항에 강제 착륙시켰다. 당시 납치범들은 인질석방 조건으로 이스라엘에 수감중인 371명의 동료테러리스트들의 석방을 요구하였다. 이스라엘 당국은 항공기 기술자로 위장한 테러리스트 진압 특공대를 투입시켜 인질구출 작전을 전개하였는데 구출 작전 중 2명의 테러리스트를 사살하고 2명은 생포하였으며, 탑승객 중 1명은 사망하였다.

〈뮌헨 올림픽 참사 당시 선수단 숙소와 테러범〉

1972년 9월5일 뮌헨 올림픽 참사 당시 이스라엘 선두단의 숙소와 테러단체인 검은 9월단의 테러범
출처: http://blog.naver.com/c35h01?Redirect=Log&logNo=90018871200

그리고 1972년 9월 5일에 검은9월단 소속 테러리스트들이 올림픽선

수 복장으로 변장 후 AK-47로 무장하여 뮌헨올림픽 선수촌에 침입했다. 그들은 반항하는 2명의 이스라엘 육상선수를 사살하고 9명을 인질로 억류시켰다. 또한 인질석방 조건으로는 로드공항학살의 주범이었던 '오카모도'를 포함한 234명의 아랍인들을 이스라엘 감옥에서 석방할 것과 독일 형무소에 수감중인 서독적군파(RAF)대원들을 석방할 것을 요구하였다. 그러나 협상과정에서 이스라엘의 강경대응으로 더 이상 협상이 곤란해지자 테러리스트들은 인질 9명과 같이 헬리콥터를 이용해 푸르스텐펠트브룩(Furstenfeldbruck) 군 비행장으로 이동해 보잉항공기를 이용하여 카이로로 탈출할 계획을 추진하였다. 하지만 헬리콥터에서 내리는 순간 독일경찰이 총격을 가해 2명의 테러리스트가 사살되었다. 독일경찰이 9월 6일 새벽 6대의 장갑차를 동원하여 인질을 구출하기 위해 공격을 개시하자 테러리스트들은 인질을 사살하고 헬리콥터를 폭파시켰다.

또한 1972년 12월 28일에 파티가 열리고 있는 방콕 주재 이스라엘 대사관에서 초대 손님으로 가장한 4명의 검은9월단 테러리스트들이 아무런 제지 없이 진입하여 파티에 참석한 인사들을 억류하고 태국정부군과 대치하였다. 대사관 점거 후 태국인들은 모두 석방하고 나머지 이스라엘 대사를 포함한 직원들은 계속 억류하였다. 당시 테러리스트들은 인질석방 조건으로 로드공항 학살의 주범인 '고조 오까모토'를 포함한 동료 테러리스트 36명들의 석방을 요구했다. 결국 태국군 참모장, 이집트대사가 참여해 19시간동안 진행된 협상을 통해 인질들을 석방하고 테러리스트들은 카이로로 탈출하였다. 또, 1973년 8월 5일 검은9월단 소속테러리스트 2명이 아테네공항에서 뉴욕행 TWA기 탑승을 위해 기다리던 승객을 향해 자동소총으로 무차별 총격을 가해 3명을 살상하고 55명을 부상시켰다. 테러리스트 2명은 인질 2명을 잡고 그리스 경찰과 대치 중 체포되었다.

이와 같이 검은9월단은 1971년부터 약 3년 동안 유럽지역에서 살상행위를 자행하였다. 그러나 그들의 살상행위가 P.L.O와 알파타

(Al-Fatah)의 정치적 이미지에 손상이 된다는 것을 감지한 후로는 1974년부터 테러리즘 활동이 중단되었다. 그렇기 때문에 아라파트가 U.N에 참석하여 테러리즘과 무관함을 역설할 수 있었던 것 같다. 그러나 아라파트의 측근이며 알파타 내의 지도자급인 아부이야드(Abu Iyad)는 검은9월단을 지휘하여 테러리즘에 관여하여 있는 것으로 예측된다. 그 근거로는 '리바트'에서 1974년 10월에 열린 아랍정상회담에서 요르단의 후세인 국왕을 암살하려다 실패한 집단이 검은9월단의 지도자급인 아부이야드와 그 추종자들이었다는 것이 판명되었기 때문이다.

검은9월단은 소련, 동독으로부터 무기, 훈련, 군사지원을 제공받았으나 냉전종식으로 소련과 독일 등으로부터 원조가 중단되었다. 그들은 프랑스와 서독에 거주하는 아랍인 노동자와 학생들 사이의 동조자를 교묘하게 활용하고 있다. 그 실례로 1972년 뮌헨 올림픽당시의 이스라엘 선수촌 테러리즘 사건에 중요한 역할을 제공한 사실을 들 수 있다. 한편, 북한과 검은9월단과의 연계가능성은 여러 자료에서 나타나고 있다.

1970년 9월 15일 북한 인민군 참모장 대리가 레바논 내 Fatah 기지를 방문하여 전적인 지원을 약속했다고 Fatah 신문은 Al-Fatah의 발표를 인용 보도하였다. Fatah가 북한에 군사훈련을 위해 파견한 바나(Sabri al-Banna) 등은 마르크스 모택동주의 이데올로기를 주입 받고 게릴라전, 첩보전, 통신파괴 등을 4개월간 배웠다. 그들은 세계에서 가장 두려워하는 테러리스트의 리더가 되었는데 그것은 그들의 뛰어난 능력과 강한 훈련의 결과인 것으로 보인다. 그리고 1972년 뮌헨 올림픽 이스라엘촌 테러리즘 사건에 가담했던 검은9월단 테러리스트 중 '아우다'(Muhamah Da ud Awda)는 북한에서 훈련을 받았던 Fatah단원이었다.

1970년부터 1972년 사이 북한에서 약 200명의 P.L.O단원들이 훈련을 받았다. 팔레스타인과 검은9월단에 대한 북한의 재정적, 군사적 지원은 계속 유지되었으며 장래에도 계속될 전망이다. 결론적으로 P.L.O에 대한 북한의 지원이 약 27년간 계속되었고 P.L.O의 생존을 보장해 주었던 국가는 구소련과 바르샤바조약기구, 중국, 시리아, 리비아 등이었다는 것을 주목할 필요가 있다. 1980년대 이후 P.L.O는 아라파트 의장의 과격한 이미지를 벗기고 국제적 고립을 탈피하기 위해 온건노선으로 바뀐다. 그러나 걸프전 당시 아리파트는 이라크를 지원함으로써 사우디 아라비아, 쿠웨이트 등으로부터 원조가 중단되고 또한 P.L.O내외의 강경파들과 온건파들의 의견대립이 심화되면서 P.L.O가 붕괴될 위기를 경험하였다. 그리고 냉전종식으로 구소련과 같은 후원국가가 사라졌고, 자연히 야세르 아라파트의 힘도 많이 약화되었다. 한편, P.L.O의 온건세력과 과격세력간의 갈등으로 인한 테러리즘 가능성을 배제할 수 없다. 즉, 이스라엘과 평화를 거부하는 아부니달(Abu Nidal)과 아라파트로부터 권력쟁취를 기도했던 아부이야드가 공동으로 테러리즘을 개시할 수도 있을 것이다.

헤즈볼라(신의당 : Hezballah)는 1983년 이슬라믹 아말(Islamic Amal)과 레바론 지구당인 다와 파티(Dawa Patty)가 합쳐서 창설되었다.

호메니옹은 이란을 이슬람 성직자가 통치하는 이슬람공화국으로 만들었으며 시아파 무슬림이 중심이 된다. 그는 이슬람공동체로 전 아랍을 통일하고자 하는 이상을 가지고 있었다. 이러한 영향을 받아 헤즈볼라가 탄생하게 되었다. 활동본부는 레바론 동부쪽 베카계곡(Bekaa Valley)에 위치하고 있다.

시아파 무슬림이 중심이 된 이슬람공동체는 전 중동을 통일할 목적으로 시아파 무슬림(Shia Muslim) 이데올로기와 상반되는 개인, 국가, 민족 등을 대상으로 테러리즘활동을 한다. 이 조직은 이란 정보기관의 배후 조정을 받는 약 3,000여 명의 대원을 보유한 중동 최대의 테러리스트 단체이다. 1983년 10월 23일, 베이루트 소재 미 해병대사령부 건물 정면으로 헤즈볼라 자살특공대가 약 12,000파운드의 폭약을 실은 벤

츠트럭을 몰고 돌진하여 미군 241명을 살상하였다.

〈헤즈볼라 자살특공대의 자살테러〉

1983년 헤즈볼라의 공격으로 파괴된 미해병대 기지와 미대사관 건물
출처: http://cafe.naver.com/1968nam.cafe?iframe_url=/ArticleRead.nhn%3Farticleid=521&

또한 1992년 3월 17일에는 아르헨티나 부에노스아이레스 소재 이스라엘대사관을 헤즈볼락 자살특공대가 폭약을 실은 트럭으로 돌진하여 29명이 사망하고 242명이 부상당하였다. 이렇듯 헤즈볼라는 주로 미국인과 미국자산을 대상으로 테러리즘을 자행하고 있다. 헤즈볼라는 이란의 절대적인 재정과 군사지원을 받고 있다.

최근 미국이 조사한 자료에 의하면 수단도 헤즈볼라에게 거점을 제공하고 있으며 이란은 헤즈볼라 대원에게 군사교육을 시키도록 허용하고 있는 것으로 나타났다.

따라서 미국은 1995년 6월 국제테러리즘 지원국가에 수단을 추가시켰다. 이란과 수단의 지원을 받고 있는 헤즈볼라는 1983년 이후부터는 중동지역에서 상징적인 테러리즘 활동만 하고 있다. 현재 중동지역에서 자행되고 있는 P.L.O와 이스라엘 또는 P.L.O을 지원하는 친 이란계 헤즈볼라간의 보복 작전은 P.L.O의 내부갈등과 주변국인 이란 시리아 레바론 등의 개입으로 새로운 분쟁이 발생될 수도 있겠다.

〈헤즈볼라 지도자의 연설을 듣고 있는 레바논 학생들〉

출처: http://blog.daum.net/dudxo12/1832

하마스(Hamas)는 이슬람 과격단체인 하마스는 1987년 무슬림 형제당(Muslim Brother)에서 분리되어 창설되었으며, 지도자는 아마드 야신(Ahmad Yasin)이다. 이들의 본거지는 이스라엘 점령지인 가자지구와 웨스트뱅크에 위치한다.

이들은 팔레스타인 독립국가 창설을 목표로 한다. 이들은 원래부터 이스라엘 국가설립이 불법이기 때문에 무력투쟁만으로 팔레스타인을 회복할 수 있다고 주장하고 있다. 하마스 집단에는 에즈에딘 알카삼(Ezz Eddin al Qassam)이라는 군사조직이 있는데 이곳에서 테러리즘 계획과 시행을 총괄 지휘 감독하고 있다. 이들의 기구는 3개 위원회와 4개 하위 조직으로 잘 짜여져 있는데 웨스트뱅크(West Bank) 지역과 가자기구에 책임자가 각 3명과 1명으로 조직되어 있다. 그리고 가자기구의 행동대원들은 독립 단위로 임무를 수행하는데 하위조직이 공격을 받더라도 도마뱀이 꼬리를 자르듯 잘라내고 무장투쟁을 계속할 수 있도록 되어 있다. 작게는 수십 명에서 많게는 수백 명 정도의 조직으로 인티파다(Intifada)를 수행한다. 하마스는 가자지구와 요르단 서안지구 내의 경계일부를 장악하고 있는데 스포츠클럽, 탁아소, 병원, 부녀자조직, 코란학교, 청년조직, 학생, 기업노동자, 노조, 상공인협회 등을 운영하고 있다. 하마스의 창설 초기에는 칼, 도끼 같은 원시적인 도구를 가지고 테러리즘 활동을 하였으나 근래에는 정밀화된 무기를 사용하고 있으며 특히 폭탄과 차량을 이용한 자살특공대와 폭탄을 적재한 차량을 목표물에 돌진시켜 파괴시키는 폭탄공격을 자행하고 있다.

〈팔레스타인의 강경무장정파인 하마스〉

팔레스타인의 강경무장정파인 하마스는 이슬람저항운동을 뜻하는 아랍어 단어 첫 글자를 차례로 적은 것이며 아랍어로 '열정'이라는 뜻이다. 1987년에 아흐마드 야신이 조직했으며 그 이전에 이집트의 모슬렘 형제단의 팔레스타인 지부가 모체다.
출처: http://stevenh.tistory.com/818

이 조직은 1992년 한 해 동안 10여 회 이상의 각종 테러리즘을 자행했고, 1994년 10월에는 이스라엘 텔아비브 중심가에서 자살특공대가 버스폭탄 공격을 감행하여 22명이 사망하고 48명이 부상당하기도 했다. 또, 1997년 9월 4일에는 이스라엘의 예루살렘 중심가인 '벤예후다'에서 이들에 의해 3건의 폭발 사건이 연속적으로 발생하여 6명이 사망하고 160여명이 부상당하였다. 그들은 사건 직후 AFP통신사에 이 사건이 바로 하마스 자신들의 소행임을 알려 왔다. 하마스는 이란과 사우디아라비아, 쿠웨이트 등으로부터 연간 6,000만~7,000만 달러에 이르는 재정적 지원을 받고 있다.

1997년 10월 26일 가자기구에서 실시한 하마스 창설 10주년 기념 집회 연설에서 지난 10월 이스라엘 교도소에서 석방된 "야마드야신"은 권리를 되찾을 때까지 성전을 계속할 것이며 조직이 확대되고 강화되었음을 알려 자신의 건재함을 과시했다. 이스라엘과 팔레스타인간의 평화 정착에 커다란 장애가 되고 있는 것 중에서 하마스도 빼놓을 수 없을 것이다. 아라파트가 주도해서 이루어진 이스라엘과 P.L.O의 평화 협정을 반대하는 하마스 조직과의 갈등을 해소하지 못할 때에는 중동지역에 또 다른 분쟁이 일어날 수도 있을 것이다.

알카에다(국제 이슬람 전선: Al Qaeda)는 2001. 9. 11 미국 동시다발(WTC의회, 국방성) 테러리즘의 배후로 지목받고 있으며, 오사마 빈 라덴(Usa Ma Bin Laden)에 의해 1988년 결성되었다. 그들의 목표는 중동지역 국가에 주둔하고 있는 미군을 추방하고, 이스라엘을 무너뜨리는 것이다.

알카에다의 조직은 총수 밑에 최고자문위원회와 4개 위원회(군사, 종교, 법사, 재정공보)로 구성되어 있으며, 3,000여 명의 테러리스트로 편성되어 있다. 또한 세계 34개 국가에 세포조직을 갖고 있는 것으로 알려져 있는데 주요활동 국가는 파키스탄, 아프가니스탄, 방글라데시, 카타르, 사우디아라비아, 예멘, 요르단, 이집트, 리비아, 레바논, 알제리 등이다. 빈 라덴이 알카에다를 흔들림 없이 통솔하고 있는 것은 단단한 경제력과 신앙심, 소박함, 혈족중심 등 여러 가지 원인이 있겠으나, 그의 이념과 군사조직을 실제 지휘하는 최 측근 참모들이 있기 때문이다. 첫 번째 인물은 의사출신인 "알자와 힐리"로 알카에다의 조직, 운영을 총괄하는 빈 라덴의 숨겨진 두뇌로서 풍부한 이슬람 법률 지식을 갖고 있는 게릴라전 전문가이며, 빈 라덴이 1998년 '유대인과 미국십자군에 대한 성전'을 선언한 후 전 이슬람 세력을 모으는데 크게 기여하였으며, 그가 지휘하던 알-지하드 조직을 알카에다에 통합시켰다. 두 번째 인물 '모하메드 아테프'는 이집트 경찰 출신으로 테러리즘 전문이며 빈 라덴의 군사조직 총 지휘자로서 군사훈련과 테러리즘 전략전술훈련을 총괄하고 있다. 1998년 케냐, 탄자니아 미국대사관 폭탄 테러리즘을 직접 지휘했다. 세 번째 인물은 '아부주바이다'로 알카에다의 젊은 피로써 전 세계 젊은이들을 대상으로 대원들을 선발하여 테러리즘 훈련을 시키고, 훈련을 이수한 대원에게는 각자의 임무를 부여하여 전 세계 알카에다 조직에 배치시킨다. 또한 테러리즘 감행 시 구체적인 계획과 실행을 담당한다.

〈알카에다의 조직원과 오사마 빈 라덴〉

출처:http://blog.naver.com/hhhk8055?Redirect=Log&logNo=120129111986&topReferer=http://cafeblog.search.naver.com&imgsrc=20110503__133/hhhk8055__1304385166537tmywr__JPEG/s__00032__00027__00009.jpg

그리고 오사마 빈 라덴에 대해 알아보면 그는 1958년 사우디아라비아의 건설갑부의 52명 중 17번째 아들로 태어났다. 1970년까지 레바논에 거주하면서 결혼도 하고 대학에 입학하여 경영학을 공부하면서 이슬람 근본주의에 눈을 뜨게 된다. 1979년 이슬람 과격파들이 왕정을 무너뜨리고, 소련이 아프가니스탄을 침공하자 이에 충격을 받고 용병으로 아프가니스탄 전투에 참여한다. 이때 세계각지에서 지원한 용병 수 천 명과 10여 년간 반군활동을 통해 그는 아랍세계의 영웅이 되었다. 이후 사우디아라비아로 돌아갔으나 1991년 걸프전 당시 미국의 전쟁거점이 사우디아라비아로 이용되자 미국에 대한 전쟁을 선포하고 수단으로 갔다가 1996년 미국의 압력을 받은 수단이 추방하자 활동무대를 아프가니스탄으로 옮겼다.

오사마 빈 라덴은 3억 달러에 이르는 풍부한 자금으로 극단적 이슬람원리주의자인 텔레반에게 군비를 지원해 주는 조건으로 은신처를 제공받았으며, 그의 은신처는 로켓공격에도 안심할 수 있도록 요새화 되어 있으며, 빈 라덴의 근접한곳에는 2대의 최신형 헬리콥터와 제트기가 항상 대기하고 있다. 그가 이동 중에는 100여 명의 경호원들이 밀착경호를 하고 있으며 한곳에서 이틀 이상 머무는 경우가 없다. 빈 라덴의 일상생활을 아는 사람은 최 측근 4~5명 정도며, 조직통솔은 최첨단 정보통신기술을 이용하고 있다.

그는 특수레이더 장치와 경보시스템을 설치해 놓고, 위험이 다가오면 피신할 수 있는 테러시스템을 만들어 놓았을 것으로 추측되었다. 1998년 미대사관 테러리즘 이후 빈 라덴의 사령부에 집중적인 폭탄공격을 하였지만 아무런 피해가 없었던 것은 최첨단 경보 시스템 덕이라고 보는 경향도 있다. 또한 빈 라덴의 은신처에는 컴퓨터, 위성전화와 모뎀, 팩스 등을 구비해 놓고 세계의 여러 조직에 테러리즘 지시를 내린다.

최근에는 인터넷 유명 음란사이트 게시판에 사진을 띄어 놓고 그 속에 공격명령이나 지시사항들을 암호화하여 넣는 방법으로 조직원과 연락을 취하고 있으며, 9·11테러리즘 준비기간에도 현지에서 인터넷과 전자우편을 이용하며, 9·11테러리즘 준비기간에도 현지에서 인터넷과 전자우편을 이용하여 물품을 구입하고 작전을 논의하였다. 그러나 빈 라덴이 가장 두려워하는 것은 미국의 인공위성 감청 시스템에 자신의 위치가 노출되는 것이다. 그렇기 때문에 부하에게 명령 하달 시에는 정보 통신 장비를 사용치 않고, 메모형식을 이용한다 간혹 어머니와 전화 통화 시에는 은신처에서 하루가 걸리는 거리로 이동하여 전화한 수 바로 그 자리를 떠나는 치밀함을 가지고 있다.

미국 CIA보고 자료에 따르면 아프가니스탄 동부 '자라라바드' 가까이 있는 게릴라 훈련캠프에는 화학물질과 폭발물을 제조하고 게릴라전 문서 위조훈련을 박고 있는 스파이가 있으며 세계 50여 개 국가에 약 5천여 명의 공작원이 은둔하고 있다고 하는 놀라운 사실을 발표하였다. 은둔지역은 중동지역은 물론이고 비교적 입국이 쉬운 캐나다, 몬트리올, 프랑스, 벨기에, 독일, 미국, 보스턴, 뉴욕 등 광범위하다. 공작원들은 보통사람과 똑같이 생활을 하다가 사령부로부터 지령을 기다리고 있다. 빈 라덴은 수단에 여러 개의 건설회사를 갖고 있으며, 제혁공장과 농장도 운영하고 있다. 그는 언제든지 필요한 만큼의 돈을 조달할 수 있고, 1990년 초에 하이재킹 훈련을 시키기 위해 미국애리조나에서 보잉기를 구입하였다.

또한 빈 라덴의 테러리즘 명령도 상상할 수 없을 정도로 지능적이며 간단하다. 그 실 예로 9·11테러사건은 전과 전혀 다른 방법을 사용했다. 즉, 항공기납치에 사용한 플라스틱 칼이며, 폭탄을 사용치 않는 충돌방법으로 더 큰 재앙을 가져왔다. 작은 테러리스트단체도 초강대국에게 치명타를 줄 수 있다는 사실을 전 세계에 증명하는 계기가 되었다. 여기에서 감추어진 그의 무자비함을 그가 지었다는 시를 보면 더욱 섬뜩함을 느낄 것이다. "무신론자들의 몸 조각들이 마치 먼지덩어리처럼 하늘로 날아가 있었다. 그것을 우리 눈으로 봤더라면 우리의 심장은 기쁨으로 가득 찼을 것이다."

이와 같이 잔인한 성격의 소유자인 빈 라덴이 화생방 테러리즘을 감행할 것이라고 세계의 테러리즘 전문가들은 경고하였다. 그들이 생물학작용제, 화학작용제를 살포한다면 돌이킬 수 없는 피해를 감수해야 할 것이다. 예를 들면 탄저균 50kg을 인구 50만 명이 거주하는 지역에 비행기로 살포하면 약 9만 여명이 사망하고 12만 여 명이 부상할 것이라고 추측된다.

빈 라덴이 자행한 테러리즘을 열거해 보면 1993년 제1차 미국 WTC 폭탄 테러리즘으로 6명이 사망하고, 수백 명이 부상하였으며, 1994년에 필리핀 여객기 폭탄 테러리즘으로 1명이 사망하고 10명이 부상하였고 1995년에는 오스니 무바라크 이집트 대통령 암살을 주도했다. 또한, 1996년 사우디아라비아 미군기지 공격으로 미군 19명이 사망하고 1998년 케냐, 탄자니아 미 대사관 폭탄으로 235명이 사망하고 5,500명이 부상, 2000년 예멘항에 정박 중인 미국 구축함 폭탄공격으로 미군 17명이 사망하였다. 또한 2001. 9. 11에는 미국WTC, 의회, 국방성의 동시다발 항공기자살테러리즘으로 수만 명의 사상자와 약 950억 달러(약 114조 원)의 재산피해가 발생하였다.

미국 LA 타임즈는 오사마 빈 라덴이 인도네시아 군사기지를 구축하였다고 보도하였다. 1만 7,000여 개의 섬을 가진 인도네시아 중에서 반미감정이 많은 지역에 기지를 구축하여, 미국의 보복공격을 피할 수도 있기 때문에 불가능하지 않다고 본다.

북아일랜드 공화국군(PIRA : Provisional Irish Republican Army)은 유럽에서 가장 조직적인 '소수민족분리주의 운동'을 하고 있는 테러리스트 단체이다. 아일랜드의 독립운동을 위하여 1919년에 아일랜드의 구교도들이 '아일랜드 공화국군'(IRA : Irish Republican Army)을 조직하여 독립투쟁을 해오고 있다. 그러던 중 1921년 영국과 아일랜드가 조약을 체결하여 남부아일랜드 26개 지역은 아일랜드 자유국가(The Irish Free State)로 독립하였으나 프로테스탄트가 우위인 북아일랜드는 영국의 통치 하에 있게 되었다. 이로써 북아일랜드공화국군(IRA)은 영국으로부터 북구아일랜드를 이루는 과정에서 전략상의 차이로 실패한다. 즉 과격파(PIRA : Provisional IRA)와 온건파 OIRA(Pfficial IRA)로 분열된다. 이후부터 통상 IRA는 테러리즘 행위가 심하고 군사적 승리를 추구하는 북아일랜드의 과격파조직인 PIRA를 지칭한다. PIRA는 북아일랜드와 영국 국민에게 암살과 납치를 자행하고 국가 주요 시설을 파괴시켜 국민들이 정부에 대하여 압력을 행사하도록 하여 영국군이 북아일랜드에서 철수케 한 후 그들이 원하는 사회주의 통일 아일랜드 건설을 목표로 하고 있다.

이 조직의 핵심 조직원은 200~300명 정도인 것으로 알려져 있다. 그러나 이 조직의 지도자들은 약 2,000명의 동조자와 저격 및 폭파전문가 20~30명을 보유하고 있다. PIRA는 1969년에 북아일랜드 민권협회 주관으로 벨파스트에서 데리까지 평화 행진을 하면서 경찰과의 충돌로 3명이 사망하고 16명이 부상당하는 사건으로 영국의회에서 정치사건화 되어 여론화에 성공하는 계기를 마련하였다.

또한 이들은 에이레 주재 영국대사를 베를린에서 살해하였다. 그리고 1972년 7월에는 벨파스트 19개 지역에서 자행한 폭발 사고로 9명이 사망하고 130여 명이 부상했다. 한편 1979년 3월에는 보수당원인 북아일랜드 대변인 Alrey Neave를 런던에서 암살하였으며 8월에는 엘리자베스 여왕의 사촌오빠인 루이스 마운트경을 암살하였다. 이들은 1970년부터 1979년까지 10년 동안 1,800여 명이나 살상하였다. 1981년에는 신교지도자인 John Mcdeague를 벨파스트에서 암살하였고, 1984년에는 전 영국수상 마가렛트 대처를 암살하려다 실패하였다.

또 1988년에는 네덜란드와 서독에서 방화와 폭발물 테러리즘을 자행하여 정치전략을 국제적으로 여론화시켰다. 한편 1988년 8월초에는 가톨릭계 판사인 'Ian Higgins'를 차량폭발로 살상하려 했으나 그들의 정보 분석 잘못으로 무고한 시민인 Robin과 Maureen hanna부부와 6세된 그들의 아들이 희생되었다. 1990년 5월에 네덜란드 Roermond시 광장에서 호주인 2명을 휴가 나온 영국군으로 오인하여 총격을 가해 살해했으며, 6월에는 런던 James Palace 부근 보수당건물이 폭발되어 8명이 부상했다. 그리고 7월에는 런던증권거래소에서 폭발사건이 일어나 큰 피해를 입었으며, County Armagh에서 지뢰가 폭발하여 수녀 1명과 경찰관 3명이 살해되었다. 그해 8월에는 보수당소속 하원의원이며

'Margaret Thatcher'수상의 측근인 'Ian Gow'가 폭살당했다.

〈SAS 특수부대〉

제2차 세계대전 중인 41년 데이비드 스털링(David Stirling)에 의해 창설된 SAS는 현대적 의미의 특수부대의 원조다
출처: http://blog.naver.com/dktkgowjr?Redirect =Log&logNo=130087521497

아일랜드 국민과 영국군민의 갈등 관계로 800년의 긴 역사가 흐르는 동안 구교와 신교의 종교적 갈등이 그들에게 자리 잡고 있었으나 1980년 이후부터는 종교적 의미를 떠나 소수민족 독립을 위한 투쟁으로 IRA는 정책을 수정하여 오고 있다. 이 단체는 리비아의 카다피로부터 재정과 무기를 지원받고 있으며 간단한 재래식 무기와 지대공미사일(SAM) 등의 최첨단 무기를 보유하고 있다. 또한 미국으로 이민 간 아일랜드계 미국인들의 재정지원으로 조직이 운영되고 있다. 1981년 미국에서는 아일랜드계 미국인들은 '아일랜드동지들'이란 공식단체를 결성하여 북아일랜드 비극을 종식시키기 위해 능동적으로 대책을 찾고 있다. 그러나 일부 과격한 아일랜드계 미국인들은 공공연하게 무기를 지

원하고 있으며 미국 내에 PIRA지부를 만들 계획을 추진 중에 있다고 한다. 북한은 PIRA의 정치적 당파인 Sinn Fein과 소규모 접촉을 했다. 또한 소수의 PIRA 단원들이 북한 내에서 훈련을 받았던 것으로 추측된다. PIRA는 영국군과 대항하여 승산 없는 게릴라전을 하고 있다.

영국군이 1970년대 중반부터 북아일랜드에 진주하여 거리 질서를 회복하였고 PIRA의 지도자들이 사망하였거나 체포 구금되어 약세에 몰려있는 것이 사실이다. 그러나 영국 정부가 종교적 이해관계로 해결한다 해도 신교도들을 구교도에 방치할 가능성은 없을 것이다.

앞으로는 영국군의 위협이 점점 더해져 PIRA의 활동이 제한될 것이다. 따라서 그들은 무모한 테러리즘 행위를 자제하고 정치적 활동을 전개할 것으로 보인다. 이러한 예측대로 북아일랜드 8개 정파가 1998년 4월 10일 오후 5시에 북아일랜드 벨파스트 인근 스토먼크성에서 30년에 걸친 북아일랜드 유혈사태를 종식시키는 역사적 평화협정 체결을 선언하였다.

또한 북아일랜드 평화 안에 대한 국민투표를 실시한 결과, 북아일랜드는 71%가 찬성하였고, 아일랜드 공화국은 94%의 지지를 얻었다. 그리하여 1998년 6월 첫 공동의회를 구성한 후, 9월에 자치정부를 수립할 예정이었으나, 1998년 8월 15일 오후 벨파스트 서쪽 100km에 위치한 신 구교도 공동거주지역인 오마시에서 폭탄테러리즘이 발생하여 28명이 사망하였다. 이 사건은 1997년 10월 북아일랜드 평화협정 체결을 반대하여 IRA에서 탈퇴한 진정한 IRA에 의해서 자행되었다. 이로써 북아일랜드의 평화정착이 불투명한 상황이고, IRA의 활동폭도 예측하기 어려운 상황이다.

일본 적군파는 시게노부를 중심으로 해서 팔레스타인의 게릴라조직과 제휴하는 해외 게릴라 단체이다. 1960년대말 일본에서는 월남전을 반대하는 학생데모가 발생하였다. 또 당시 체결 예정이었던 미·일 안보조약을 반대하는 학생시위도 급속하게 확산되었다. 이런 분위기에서 사회

반전에 각종 과격단체가 조직되었는데 1969년 9월에는 '시오미'를 중심으로 '일본적군'의 전신인 '공산동 적군파'가 조직되었다. 그러나 이들의 첫 작품인 동경주재 미국, 소련대사관 테러리즘 폭파작전은 실패로 끝났다. 1969년 11월 당국의 대대적인 소탕작전으로 적군파는 '시오미' 등 250여 명의 조직원이 체포되어 큰 타격을 받았다. 그후 '다미야 다까마'로 지휘체제를 전환하여, 1970년 3월 31일, JAL 727기 납치사건 성공으로 세계의 주목을 받았다. 그러나 시오미의 수감과 다미야가 평양에 있는 동안 조직에 문제가 생겼다. 이 때 오꾸다히라 즈요시와 시게노부 후사코 등에 의해 적군파의 주도권이 장악되었다. 1971년 2월말, PFLP와의 공조를 위해 '시게노부가' 베이루트를 방문했을 때 '우꾸다히라'도 합류하여 국제적인 반제국주의 투쟁활동을 하는 계기가 되었다.

한편 1972년 3월, '경빈안보공투'는 당시 일본 내 잔류 적군파를 합류시켜 연합적군(Rengo Sekigun)을 조직하였다. 조직 결성 후 투쟁을 위해서 훈련을 실시하고 숙청을 단행하였으나 숙청이 잔인하고 혹독했기 때문에 하부조직의 이탈과 다수의 대원이 경찰에 자수하였고 '연합적군' 16명이 체포되거나 해외로 도주하였다. 1972년 5월 30일, 이스라엘 텔아비브공항에서 적군파에 의해서 총격사건이 일어났으며, 1973년 1월 1일, 연합적군의 지도자인 '주네오'가 형무소에서 목메어 자살하고 구속된 단원들은 실형을 선고받음으로써 연합적군의 붕괴위험과 동시에 적군파도 와해되었다. 한편, 붕괴된 일본 내 적군파와는 별도로 새로운 적군파 즉, 현재의 일본적군(The Japanese Red Army : JRA)의 존재가 세계에 알려지게 되었다.

일본적군은 아랍지역을 거점으로 국제 게릴라전을 전개키 위해서 붕괴된 아랍지부의 적군파 세력을 강화하고 있다. 1969년에 정립하였던 「세계당-세계적군-세계혁명통일전선」의 전략을 따르고 있고 이스라엘과의 투쟁이 바로 세계제국주의와의 투쟁이며 팔레스타인 혁명은 자연발생적으로 세계혁명의 회로를 따른다는 일본적군은 시오니스트 이스라엘을 부르주아 계급의 대표적 존재라 믿는다. 일본적군은 팔레스타인 게릴라들과 힘을 모아 이스라엘에 타격을 주는 것이 세계의 반혁명과 투쟁하는 것이라는 이론을 내세우고 있다. 이는 이스라엘이 세계제국주의의 상징이라 믿기 때문이다. 일본적군은 이 같은 이념 하에 서독적군파, PELP, 터키인민해방군 등을 포함한 선진국 및 제3세계의 무장투쟁단체와 연대하여 세계혁명통일전선을 분명히 형성하고자 한다. 그들은 세계동시혁명을 지향한 세계혁명통일전선 일본협회를 일본에서 결성하라고 일본 내의 구성원들에게 강요한다. 즉 세계의 통일전선 주체와 같은 방향으로 나아가라는 것이다.

일본적군은 1972년 5월 30일 이스라엘 로드 공항사건부터 1975년 8월 4일 쿠알라룸푸르 미국영사관 사건까지 팔레스타인 게릴라와 함께 테러리즘을 자행하였다. 그러나 1975년 레바논 내전이 일어나 그 여파로 중동의 정세가 변하고 팔레스타인 게릴라들의 힘이 약해지자 계획을 바꾸었다. 일본적군은 팔레스타인 게릴라와의 궤도수정의 신호탄으로 1977년 5월 "단결을 목표로 단결을 찾으며 단결을 무기로 삼자"라는 성명을 발표하였다. 일본적군의 주요 행동대원은 20여 명으로 파악되었다. 일본적군의 조직은 3개 위원회로 구성되어 있으며 일본 내의 일본적군 지원팀은 조직위원회와 연계되어 있다. 일본 내의 상존하고 있는 일본적군 동조자들이 팀 구성원이 된다면 그 세력은 대단히 클 것이다. 그러나 지금까지의 많은 테러리즘 활동에 비추어 볼 때 일본적군의 인원은 증가되지 않을 것 같다. 그 이유는 첫째로는 1974년 9월 13일 헤이그 주재 프랑스 대사관 침입사건 이후 대 테러리즘 대응 국제공조체제가 긴밀하게 유지되어 일본적군용의자 20여 명을 국외로 추방하고 강제 소환시킴으로써 일본적군의 해외 지원 조직이 무너지고 있다. 둘째로는 일본적군에 대하여 획득한 정보를 국가간 공유하여 적절히 대처함으로써 조직 활동을 어렵게 하였다. 일본적군을 후원하고 있는 국내 그룹은 인민신문사 1980년 행동위원회 등이고 국외로는 시리아, 남예멘, 리비아 등이다.

한편, 북한은 1970년대 초부터 돈과 무기와 훈련을 지원하고 있다.

이 조직의 주요 테러리즘 사건으로는 이스라엘의 로드공항 사건이 있다. 1972년 5월30일 오후 10시 30분 경 파리발 프랑스 항공사 소속 보잉 707기가 이 공항에 도착하였는데 탑승객중 일본인 3명이 그들의 짐속에서 AK-47자동소총과 수류탄을 꺼내서 주위에 있던 약 300여 명의 승객과 공항직원에게 무차별 발사하며 수류탄을 던졌다. 이 사건으로 범인 2명과 승객 등 26명이 사망, 78명이 부상을 당했다. 범인 중 야스다는 동료가 쏜 총에 맞아 죽고 '오꾸다히라'는 수류탄으로 자폭했다. 또, 나머지 1명은 경찰에 체포되었다. 사건발생 후 로드공항 습격은 중동전쟁 5주년 기념과 관련이 있다는 성명을 PELP가 발표하였다.

이 사건은 팔레스타인 테러리스트 단체가 이스라엘 정보기관에 노출되어 성공가능성이 희박해지자 일본적군을 이용한 대리 테러리즘 사건이었다. 또1973년 7월 21일 파리발 동경행 일본 항공사 소속 여객기가 승객 123명과 승무원 22명을 싣고 비행 중 중간 경유지인 암스텔담 공항을 이륙 후 공중납치 되었다.

그 후 비행 중인 기내에서 폭발사고가 발생하여 범인 1명(여자)이 사망하고 승무원 1명이 부상당했다. 범인은 '마루어카'를 포함한 4명이었다. 공중 납치된 비행기는 아라비아반도까지 6800여Km를 비행한 후 아랍에미리트 두바이 공항에 착륙하였다. 범인들은 두바이 공항에 착륙한 후 3일간 기내 승무원과 승객을 억류한 채 아무런 요구도 하지 않았다. 3일 후에야 범인들은 일본에 투옥중인 적군파대원인 '마스다'와 '마스우라'의 석방과 승객 몸값으로 39억 9800만 엔을 요구하는 협박장을 우편으로 일본항고 본사에 보냈다. 일본정부는 정부관리(운수성정무차관)와 일본항공사 사장을 급히 현지로 보내 납치범들과 협상을 하였으나, 범인들은 환자2명만 석방하고는 두바이 공항을 이륙하여, 시리아의 다마스커스에서 재급유하고 리비아의 뱅가지공항에 착륙한 후 인질들을 석방하고는 비행기를 폭파했다. 그리고 리비아 정부에 투항함으로써 공중납치 후 4일만에 사건이 끝났다.

1974년 1월 31일에는 PELP와 일본적군 4명이 싱가폴의 브림섬에 있는 쉘 정유회사를 기습하였다. 범인들은 석유탱크에 프라스틱 폭탄을 설치, 3개를 폭파시키는 등 피해를 입히고 정박 중인 페리보트의 선원 5명을 인질로 잡았다. 범인들은 탈출용 비행기를 요구하였고 싱가폴주재 일본대사와 싱가폴 정부는 인질을 석방하고 무장을 해제하면 무사히 출국시키겠다고 하였으나 범인들은 응하지 않았다.

그러던 중 사건 발생 9일째 되던 날 쿠웨이트주재 일본대사관에 팔레스타인 게릴라 5명이 침입하여 일본대사와 민간인 16명을 인질로 잡았다. 이들의 요구는 싱가폴 테러리스트를 무장해제 시키지 말고 항공기로 쿠웨이트까지 떠나보내라는 것이었다. 일본정부가 이를 받아들여 그대로 시행하자 게릴라 5명은 인질전원을 석방하고 쿠웨이트 공항에서 싱가폴 테러리스트 4명과 합류, 남예멘에 도착 후 종적을 감췄다. 1975년 8월 4일, 말레이시아의 수도 쿠알라룸푸르의 같은 건물에 입주한 미국영사관과 스웨덴대사관에 일본적군 5명이 침입했다. 50여명을 인질로 억류한 범인들은 7명의 동료 석방을 요구하였다. 일본정부가 석방되기를 거부한 2명을 제외한 5명을 석방하자 테러리스트들은 억류되었던 인질을 석방하고 리비아 트리폴리 공항에 도착, 리비아 당국에 투항하였다. 일본적군 소속 테러리스트들은 또 일본항공소속 파리발 동경행 DC-8기를 1977년 9월 28일에 공중납치하였다. 그들은 승객 142명, 승무원 14명을 석방하는 대가로 600만 달러를 일본정부로부터 받아냈고 동료 테러리스트 5명을 석방시켰다.

이 사건 이후 일본적군에 의한 테러리즘은 사라지는 것 같았으나 1987년에 발생한 로마주재 영국대사관 미사일 공격을 계기로 다시 일본적군의 테러리즘 공격이 시작된 것으로 전문가들은 조심스럽게 분석하고 있다. 일본적군은 팔레스타인 게릴라와 힘을 모아 이스라엘에 타격을 주는 것이 세계의 반혁명과 투쟁한다는 이론을 내세우고 있으며 세계 테러리스트 단체의 두 축인 국제혁명기구와 세계혁명평의회에 가입되어 있다.

현재까지의 일본정부는 가능하면 일본 적군과의 정면 충돌을 피하고 그들의 요구를 대부분 소용 하면서, 한편으로는 강력한 대 테러리즘 정책을 추진하여 일본적군 테러리즘 용의자와 동조자를 체포하였다. 그 결과 1987년 이후에는 일본 적군에 의한 테러리즘이 소강상태에 있어 일본정부의 대 테러리즘 정책에 변화가 없는 한 일본적군의 활동은 활발해지지 않을 것 같다. 다만, 중동지역의 정치정세에 따라서 일본적군의 아랍위원회 활동에 영향이 미칠 것으로 판단된다. 만약, PELP 등 팔레스타인 게릴라들의 조직이 약화되면 일본적군도 영향을 받게 될 것이다. 그리고 북한의 지원을 받아 일본 내에서 반한국 테러리즘 활동에 개입할 수 있으므로 이에 대한 대책을 확고히 해야 할 것으로 판단된다.

11

테러리즘 대응 기본방향

테러리즘 예방의 기본방향

테러리즘을 예방하기 위해서는 먼저 간접적으로 사전에 테러범과 조직을 사전에 색출하고, 자금지원 등 배후세력을 봉쇄하여야 하며, 테러범 및 조직의 근거지를 파악하여 제거하는 등 테러리즘 조직을 사전 색출하여 조치하여야 한다. 그리고 국민 복지와 사회 불만요인 제거를 위하여 정치적 배려와 함께 사회보장정책을 시행하여 불만요소를 사전에 제거하여야 한다. 또한 국제 협력 체제를 강화하여야 한다. 교통·통신의 발달로 인하여 테러리즘의 광역화·국제화 양상이 더 뚜렷해지고 있다. 이에 따라 국가 간 정보교환 체제를 형성하고, 출입국관리소의 검문·검색을 강화하여야 하며, 인터폴 등 국제경찰기구를 통하여 공동대처할 수 있는 공조체계를 갖추어야 한다. 그리고 테러 지원국에 대한 국제 공동 제재 수단을 강구하여야 한다. 이와 더불어 테러리즘에 대한 양보를 불허하는 것은 그에 대한 대응책으로 볼 수 있으나, 이는 테러리즘을 향후 기피하도록 하는 요인으로 작용하여 예방책으로서의 의의도 가진다고 볼 수 있다. 이를 위해서는 테러범 현장사살, 엄중한 처벌, 보복, 테러리즘에 대한 비난 여론 형성 등 타협을 불허하는 정책을 고수하여야 한다.

그리고 직접적으로 요인 및 중요시설에 대한 경호경비 강화하여야 한다. 중요산업시설에 대한 경계 및 경비를 강화하고 노출에 따른 용인 경호·경비 및 안전 확보에 전력을 다하여야 한다. 또한 매스컴의 경쟁보도를 이용한 테러리즘 발생 가능성이 있는바 지나친 세부보도를 금지시켜 혼란 가중을 사전에 막는 등 매스컴을 중심으로 한 보도를 제한하여야 한다. 또한 군부대 및 산업시설로부터 무기 또는 폭발물 도난을 방지하고, 폭발물 제조와 그 유통에 대한 통제를 강화하여야 한다. 그리고 각종 탐지 장비를 통한 검문·검색을 강화하여야 한다.

테러리즘 대응의 기본방향

Ross와 Gurr는 정치적 테러리즘의 몰락 요인으로 사전공동화(pre-emption), 제재(deterrence), 무기력화(back lash), 소진(burn out)을 주장하고 있다(D. J. Ross & T. Gurr, 1989: 34-37). 그리고 미 국방성에 따르면 테러리즘의 위험수준을 무시할 수준(Negligible Level), 낮은 수준(Low Level), 중간수준(Medium Level), 높은 수준(High Level), 심각한 수준(Critical Level)으로 단계화 하여 분류하였다(D. J. Whittaker, 2003: 26-32).여기에서 심각한 수준은 테러조직이 국내에 잠입하거나 할 수 있는 상황이며, 높은 수준은 공격능력과 역사 및 의도를 지닌 테러 조직의 존재가 확인되는 단계이다. 또한 중간 수준은 높은 수준에서 그 의도가 확인되지 않은 단계이며, 낮은 수준이란 테러조직이 존재하고 공격할 능력이 있는 상황이지만 그 역사에 대한 인지가 되지 않는 단계이다. 그리고 무시할 수준은 테러 조직의 존재나 능력의 존재가 확인되지 않는 단계이다.

Wandlaw 교수는 대테러 프로그램의 기본 방향과 그 방법을 제시하였으며, 국가별 상황에 맞게 프로그램을 설정할 수 있는 기초자료로 활용될 수 있다(Wandlaw: 127-135). 이를 살펴보면 ① 테러리즘의 내재적 원인들에 대한 장기적 해결방안 추구, ② 안보기관의 규모와 권한의 증대, ③ 테러행위에 대한 사형제도 도입, ④ 집회 권리 제한 및 신분증과 거주등록제 등 통제 강화 입법화, ⑤ 독립·특화된 대테러 기동타격대 및 군부대 창설, ⑥ 테러리즘에 대한 비타협 정책 발표, ⑦ 물리적·절차적 안전 증강, ⑧ 언론매체의 테러보도 역량에 대한 법률적 한계 설정, ⑨ 대테러관련법 제정, ⑩ 사적인 몸값 지불 금지 및 경찰 신고 의무화, ⑪ 테러리즘 방지를 위한 국제협약 서명 증진, ⑫ 인질협상에 대한 연구, ⑬ 모니터링과 감시 등 예방적 조치를 위한 기술 개발 및 배치 등을 그 내용으로 하고 있다.

그리고 테러지원국에 대한 단계별 억제 방법을 살펴보면, 첫째, 테러지원을 중단하도록 경고하고, 둘째, 외교적 보이코트를 하며, 셋째, 경제적 제재를 가한다. 넷째, 법률적 제재를 고려하고, 마지막으로 테러지원국에 대한 형벌과 제재의 최종단계로서 국제공조하의 테러조직 및 군사시설에 대한 공격을 가하게 된다(이황우. 2006: 106).

주요국가 대테러정책

미국은 9. 11 테러사건 이후 기존의 테러 관련법을 강화한 "테러차단 및 방지를 위해 요구되는 적절한 수단제공법"(Uniting and Strengthening America by Providing Appropriate Tools Required to Intercept and Obstruct Terrorism Act of 2001)을 제정하였고, 2004년에는 "정보개혁 및 테러예방법"(Intelligence Reform and Terrorism Prevention Act of 2004)을 제정하였다. 그리고 2005년 12월 31일자로 반테러법의 16개 한시조항의 시효가 만료됨에 따라 16개 한시조항 중 14개 조항을 그 효력에 있어서 영구화 하고, 추적 감청허용 등 2개 조항의 효력을 4년간 연장하는 것을 포함한 "반테러법 보완 및 한시법 조항 재승인에 관한 법률"(USA PATRIOT Improvement and Reauthorization Act of 2005)을 제정함으로써 테러행위에 대한 규제를 종합적 · 포괄적 · 체계적으로 규정한 법률이 마련되었다(김영호, 2009: 86-87).

반테러법을 살펴보면 '테러'를 일반 시민을 협박 또는 강요하거나, 협박 또는 강요를 통해 정부의 정책에 영향을 끼칠 목적으로 자행하는 연방 또는 주 형법에 규정된 범죄행위로써 사람의 생명에 영향을 초래할 수 있는 폭력행위로 정의하고 있다(제802조: 18 U.S.C. 2331). 또한 '연방테러범죄'로써 제808조에서 테러범죄행위유형에 대해서 36개 유형으로 상세하게 규정하고 있다.

또한 9 · 11 테러사건 이후 국가안보국법(Office of Homeland Security Act of 2001)을 제정하여 대통령직속기구로 국가안보국을 설치하여 테러 대응 업무를 총괄하도록 했고 다시 미 의회 '9 · 11 진상위원회'의 권고에 따라 2004년에는 "정보개혁 및 테러예방법(Intelligence Reform and Terrorism Prevention Act of 2004)"을 제정하여 CIA, FBI, 국방정보국, 국가안보국 등 15개 정보기관을 총괄 지휘 · 감독하는 국가정보장(Director of National Intelligence)을 신설하였다.

국가정보장은 개별정보기관의 인사, 예산, 감독권을 부여받았으며, 이를 통해 각 기관이 수집한 모든 국가정보 및 국가안정보장과 관련된 정보에 접근이 용이하도록 하였다. 또한 정부기관 간 정보공유를 촉진할 수 있는 정책, 절차, 지침, 규정 수립의 임무를 담당할 정보공유협의회를 설치하였다. 그리고 정보공유와 테러대응 기구를 정비하는 일환으로 테러 및 테러 대책과 관련하여 미국 정부가 수집 또는 보유한 모든 정보를 분석하고 통합할 수 있도록 국가정보장 소속 하에 국가테러대응센터(National Counter Terroism Center)를 설치하였다. 이를 통해 외교, 재정, 군사, 정보, 국토안보 및 사법 집행활동을 수행하는 모든 국가역량을 통합할 수 있도록 대테러전략운영 계획을 수립하도록 하였다.

미국 사법관할권 내에서 테러를 범한 자에 대해 해외에서 은신처를 제공하거나, 해외소재 미국 시설물에 대해서 미국인에 의한 또는 미국인을 대상으로 행해진 범죄에 대해서 미국사법관할권을 적용할 수 있도록 하고, 미국을 대상으로 국내 또는 국제테러를 계획 또는 실행하려고 하거나 이를 위해 취득 또는 유지되고 있는 개인 또는 단체 소유의 재산, 미국을 대상으로 행해진 국내 또는 국제테러에 의해 얻어진 재산은 국내외를 불문하고 압수대상으로 규정함으로써 미국사법관할권을 확대하고 있다.

〈미 해병대의 해상경비 부대 요원〉

미 해병대의 해상경비 부대 요원들이 대사관 보안 훈련을 하고 있다. 미 해병대 해상 경비 부대원들은 오사마 빈라덴 제거작전 이후 탈레반의 보복 공격 테러에 대한 중동지역 미대사관에 대한 경계근무에 들어갔다.

출처: http://kr.blog.yahoo.com/hanoltextile/8931

이와 더불어 테러혐의자에 대한 감시와 수사권을 강화하고, 출입국 보안업무 강화, 국제자금 세탁 및 테러자금 감시강화, 테러범에 대한 처벌의 강화 등을 내용으로 하고 있다.

그리고 미국의 대테러조직을 살펴보면, 9 · 11 사태 이후 반테러법에 따라 효율적인 집행과 국가차원의 대테러기능을 전면적으로 통합하기 위하여 2002년 11월 22개의 정부기구를 통합한 국토안보부(Department of Homeland)가 출범하였다. 이것은 9 · 11 테러이후 행정부 내의 각 부처에 분산된 대테러기능을 통합할 목적으로 추진되었으며, 기존의 22

개 정부조직에서 세관, 이민귀환국, 국경순찰대, 비밀경찰국, 연방비상계획처리 등으로부터 부처 공무원을 흡수하였고, FBI와 CIA는 제외되었다.

국토안보부는 테러리즘 예방 및 대책에 관한 종합적인 국가전략 수립 및 이에 따른 부처 간의 업무조정권을 갖는다. 또한 테러정보의 수집과 테러리스트 단체의 와해를 목적으로 각종 역할을 수행하는 한편 테러 및 범인색출을 위한 정보를 FBI에 제공하고, FBI의 증거 수집 및 테러범의 체포, 송환활동 등을 지원한다. 그 주된 기능은 ① 테러리즘 관련 정보 분석과 인프라 보호 ②화학·생물·방사능·핵 등에 대한 대응조치 ③ 국경 및 수송부문 보안 ④ 비상 계획 및 대응조치 ⑤ 연방·주·지방 정부부서 및 민간부문과의 공조 등 5가지이다. 국토안보부의 장관은 미국 안의 모든 테러 위협과 관련된 정보에 대한 접근권, 비자발급 및 거부권한을 갖는다(이호용, 2009: 13).

영국은 자국의 북아일랜드 문제와 국제테러 활동에 대비하기 위해 테러혐의자의 수사 및 처벌, 테러자금차단 등을 내용으로 하는 테러에 관한 기본법으로 2000년 7월 20일에 대테러법(Terrorism Act 2000)을 제정하였고, 이후 9·11 테러가 발생하자 2001년 12월 14일에 반테러법(Anti-Terrorism, Crime and Security Act 2001)을 제정하여 기존의 대테러법보다 테러범에 대한 강력한 처벌을 규정하였다.

또한 제재수단과 테러범에 대한 출입국 통제, 자산동결 등 수사권의 강화를 내용을 규정하였으며, 이후 2005년 7월 런던 지하철 테러사건을 계기로 더 이상 일반적인 형사법으로는 테러를 사전에 방지할 수 없다는 공감대가 형성되어 다시 보다 강화된 대테러법(Terrorism Act 2006)을 제정하기에 이르렀다.

대테러법(2006)은 테러를 정치적·종교적·또는 이념적 목적을 달성하기 위해, 정부에 영향을 주거나 일반 대중을 협박하고자 정부에 영향을 주거나 일반 대중을 협박함으로써 사람의 생명·신체에 중대한 위험을 가하거나 심각한 재산상 피해를 유발한 경우로 정의하고 있다(김영호, 2009: 92-93).

그리고 영국의 대테러기관으로는 보안정보부(the Security Service)와 국방부 소속의 군방첩대(the Defence Intelligence Staff), 정부합동테러분석센터(the Joint Terrorism Analysis Centre), 지역경찰의 특별수사대(Special Branch)등이 있다.

여기에서 보안정보부는 국내테러, 방첩 및 중대한 조직범죄에 관한 정보 수집을 담당하며, 군방첩대의 임무 중에도 대테러활동이 있다. 또한 정부합동테러분석센터는 정부기관 합동의 테러정보 분석센터이며, 특별수사대는 테러리즘으로부터 국가안보를 지키는 것을 기본 임무로 한다.

그러나 보안정보부는 감시활동을 수행하지만 수사권한을 가지고 있지는 않다. 수사권한은 지역 경찰내의 특별수사대가 가지고 있으며, 보안정보부의 활동요원이 용의자를 체포하거나 법원에 증거를 제출하고자 할 때에는 지역경찰 특별수사대의 도움을 받게 된다.

그리고 영국의 대표적인 대테러조직은 2003년 6월 신설된 정부합동테러분석센터이다. 이 조직은 보안정보부, 비밀정보부, 국방부, 경찰 등 정부기관 합동의 테러 분석 센터이다. 이 기관은 보안정보부 장의 관할하에서 모든 정보기관 분석가들이 한자리에 모여 분석 작업을 함으로써 정보기관 간 제도적 벽을 허무는데 그 목적이 있다. 이 센터의 장은 보안정보부장에게 책임을 부여하지만 기구상으로는 독자적이며, 11개의 정부부처와 기구 등의 대표로 구성되어 있다. 주요 임무는 국내외의 국제테러리즘과 관련된 정보를 분석하고 평가하여 다른 정보부처와 기구들이 필요로 하는 테러관련 주체나 이들의 위협을 평가하고 정보를 제공하는 것이다(이계수, 2006: 536-540).

독일은 유럽에서 가장 먼저 테러범죄자를 처벌하기 위한 법적 조치를 강구하여 실체법적 측면에서는 테러범죄의 처벌범위를 확대하고 형량을 높이는 한편, 절차법상으로는 테러범죄자인 피의자 또는 피고인의 권리 및 수형자로서의 권리를 현저히 제한하는 특칙을 규정하였다(신의기, 2007: 41-42).

1972년 '검은 9월단'의 뮌헨 올림픽 이스라엘 선수단 테러사건을 계기로 1974년 12월 20일 '제1차 개정형사소송법의 보완법'을 입법화 하여 테러범에 대한 형사소송 특례제도를 도입했으며, 1976년 적군파에 의한 납치, 살인사건을 계기로 테러대책법을 내용으로 하는 '1976년 형법, 형사소송법, 법원조직법, 연방변호사법 및 행형법 개정에 관한 법률'을 제정하였고, 9·11테러 이후에 국제테러리즘에 대처하기 위해 '국제테러대책법'(2002.11)을 제정하였다. 이를 통해 보안기관의 권한을 강화하고 보안심사법, 에너지법 등 개정을 통해 테러분자색출 및 위험물질 안전관리 시스템 등을 구축하였다(김영호, 2009: 104-105).

국제테러대책법은 직접적으로 테러행위를 정의하고 있지 않고 있으며, 1976년 '형법, 형사소송법, 법원조직법, 연방변호사법 및 행형법 개정에 관한 법률'은 테러단체조직구성죄(형법 제129a조)를 신설하여 (1) 모살, 교살 또는 민족 모살 (2) 약취강도 또는 인질 (3) 중요산업수단 등 파괴, 중방화, 폭발물이나 원자력에 의한 폭발 등 공안을 해하는 범죄행위 등을 목적으로 단체를 조직한 자나 구성원으로 가입한 자를 처벌하고 있다.

그리고 대테러 조직에 있어서 독일의 협동대테러센터(GTAZ, Gemeinsames Terrorismus-Abwehrzentrum)는 대테러 조직의 핵심이 된다. 이 센터는 협동 작업의 강화, 개선 및 확대를 통하여 국제테러리즘에 대한 대응의 질적 향상을 확보하기 위하여 설립되었으며, 정보기관과 경찰기관이 협력하여 정보 및 전문지식을 교환하도록 하였다.

또한 이 센터는 연방수사국, 연방헌법보호청, 연방해외정보국, 각 주의 주수사국 및 헌법보호청, 연방국경수비대, 관세수사국, 군 방첩대, 연방검찰청, 연방이민및망명청 등으로 구성되며, 일일 상황분석, 실시간의 작전활동 정보의 교환, 신속하고 목표지향적인 현실적 위험징후의 평가, 국제테러에 대응하는 장기적이고 효과적인 방안의 분석, 작전활동 수단의 교정 그리고 배경 분석 등을 그 임무로 하고 있다(이호용, 2009: 14).

일본은 도쿄 지하철 독가스 테러사건 이후 1999년 '무차별 대량살인 행위를 행한 단체의 규제에 관한 법률'이 제정되어 테러입법이 이루어졌으며, 수사나 처벌 절차에 대해서는 유럽이나 미국과 같은 특칙을 두지 않고, 일반 형사사건과 마찬가지로 취급하였다. 그러나 미국의 9·11 테러 이후 2002년 '공중 등 협박목적의 범죄행위를 위한 자금 제공 등 처벌에 관한 법'을 제정하여 테러리즘에 대한 적극적 대처를 내용으로 하는 입법화가 이루어졌다. 다만 테러방지법과 같은 통합적 법률을 제정하지는 않았다.

'공중 등 협박목적의 범죄행위를 위한 자금 제공 등 처벌에 관한 법률'은 '공중 등 협박 목적의 범죄행위'를 공중 또는 국가 혹은 지방 공공단체 혹은 외국 정보 등(외국의 지방공공단체 또는 조약 또는 국제협약에 의해 설립된 국제기구를 포함)을 협박할 목적을 가지고 행하는 범죄행위를 의미한다고 하였다. 또한 사람을 살해하거나 흉기를 사용하여 중상해를 입히거나 사람을 약취, 유괴 또는 인질로 하는 행위, 항공기, 선박을 추락, 전복, 파괴, 강탈하거나, 안전운항을 위험에 빠뜨리는 행위, 폭발물 폭발, 방화 등으로 공공시설물 또는 장비를 파괴 또는 중대한 손상을 입히는 행위 등을 규정하고 있다(김영호, 2009: 108).

이와 더불어 일본은 종합적 테러대책을 마련하기 위해 관방장관을 본부장으로 외상·방위청장관·경찰청장관 등이 참여하는 "국제조직범죄 및 국제테러대책 추진본부"를 2004년 9월에 설치하였으며, 공안조사청 직속으로 테러대책반을 신설하고, 내각정보조사실에 관계기관 합동대테러반을 설치하였다. 또한 일본은 원칙적으로 경찰청이 테러대응을 담당하며, 경찰청 안에 테러대책실이 있다. 테러대처부대로 SAT와 경찰기동대 내 총기대책부대가 있다. 또한 NBC테러대응전문부대는 화생방테러 대응부대이며, 경찰청 경비국 외사과에 국제테러긴급대응팀(TRT: Terrorism Response Team)을 설치하였다(이황우, 2006: 117-118).

이스라엘은 세계에서 가장 우수한 특공대를 보유하고 있는 국가로 평가 받고 있으며, 테러범들이 억류 또는 납치한 희생자들의 생명과 귀환을 대가로 석방금 지불이나 정치범의 석방 등 어떠한 타협도 불허하는 정책을 고수하고 있다.

이스라엘은 자국민이 인질로 되었을 때에도 그 희생이 아무리 커도 테러범을 소탕하며, 테러조직과 테러지원국에 대하여 보복을 감행하는 정책을 유지하고 있다. 이러한 보복정책을 기본 방침으로 하는 이스라엘은 1968년 이후 항공기 납치방지를 위해 조종실 격리, 무장보안관 탑승, 철저한 화물검색 및 수색, 화물칸의 장갑화, 납치 시 특수비행법 채택 등의 대책을 수립하고 있다.

또한 이스라엘의 테러조직은 정보국 산하에 '사렛트 메트칼(Sayaret Matkal)'이라는 대테러특공대가 있으며, 경찰청 산하 국내 태업, 테러를 포함한 각종 위협에 관한 정보 수집 분석 평가 기관인 '신베드(Shin Beth)'가 있다. 이 외 육군 게릴라 소탕 부대인 '골라니 여단'과, '제269 정보 정찰부대(General Intelligence and Reconnaisance Unit 269)'가 있다(이황우, 2006: 120-121).

한국의 테러리즘 대응체제

국제테러범죄조직과 연계된 위해사범 및 방해책동의 사전차단활동을 위해서 대검찰청 공안기획관이 이를 담당하고 있으며, 법무부 출입국관리국이 출입국관련 대테러 및 경호안전대책지원을 맡고 있다. 그리고 국토해양부 항공국은 항공기의 피납 방지 대책 및 대테러 예방대책 수립을, 관세청 조사감시국은 총기류·폭발물 등 테러관련 물품의 반입방지를, 해양경찰청 경비구난국은 해상에서의 테러예방 및 진압을, 경찰청 경찰특공대는 테러예방 및 진압대책의 수립 및 지도를, 국가정보원은 테러조직에 관한 국내외의 정보 수집·작성 및 배포 업무를 맡고 있다.

그리고 군과 관련해서는 국군 기무사령부가 군사보안 및 군 방첩에 관한 사항, 군사법원법 제44조제2호에 규정된 범죄의 수사에 관한 사항과 군 및 군과 관련이 있는 첩보의 수집·처리에 관한 업무를 수행하는 과정에서 대테러에 관한 업무도 수행할 권한을 가지고 있다(국군기무사령부령 제1조).

한국의 테러대응 조직을 살펴보면, 2005년 1월 국가정보원 산하 테러정보통합센터(Terrorism Information Integration Center; TIIC)를 설치하였으며, 2005년 3월 국가대테러활동지침 개정으로 인하여 테러대책회의, 테러대책상임위원회, 테러정보통합센터, 지역 테러대책협의회, 공항·항만 테러·보안대책협의회가 설치되었다. 또한 테러사건의 대응작전을 위하여 대테러특공대, 협상팀, 지원팀, 합동조사반으로 구성되어 분야별 활동을 하게 된다.

그리고 테러대응운용체제는 예방·대비와 대응활동으로 구분하여 운용되고 있으며, 테러사건 발생 방지를 위한 정보수집 및 전파, 테러징후 포착 시 테러경보 발령(위협 또는 위험의 정도에 따라 관심·주의·경계·심각의 4단계로 구분하여 발령), 국가중요행사에 대한 안전활동, 대테러 전문가 양성 교육·훈련 등이 예방·대비 단계에서 이루어지며, 대응활동으로서 테러사건 발생 또는 징후 인지 후 상황전파, 테러사건 발생 시 현장 보존 등 초동 조치, 사건대응 및 사후처리 활동으로 이루어진다(권정훈, 2008: 106).

테러리즘 대응체제 발전방향

테러리즘과 관련하여 현재 우리나라의 경우 '국가대테러활동지침'이 있으나, 이것은 행정규칙인 훈령으로서 아무런 효력을 발휘하지 못하는 바, '테러방지법안'이 국회에 제출되었지만, 2008년 5월 17대 국회 임기가 종료됨에 따라 자동 폐기되어 아직까지 논의 중에 있다.

이로 인해 현행 테러리즘 관련 법령은 '국가대테러활동지침', '국가정보원법', '통합방위법' 등 23개로 분산되어 있는 실정이다. 이에 따라 테러환경에 적극적으로 대처할 수 있는 법률적 근거가 미비하므로 입법적 정비가 필요하다. 특히 '국가대테러활동지침'이 훈령이기 때문에 테러대응 업무와 관련한 기회 및 조정의 통제, 조직 예산과 인원 편성, 테러대응 교육 부족, 사법적 공조체제 등 많은 영역에 있어서 문제점이 도출되고 있다(권정훈, 2008: 147). 이와 더불어 우리나라의 경우 테러대응 업무의 기획 및 조정기능과 정보수집 기능 그리고 수사기능은 갖추고 있지만, 이러한 기능을 발휘하기 위한 기관 간 상호협력체계는 미흡하며, 분산적 시스템을 갖추고 있는 것이 현실이다(권정훈, 2008: 141).

그리고 9·11테러이후의 테러리즘의 양상은 최첨단화된 대량살상무기와 과학화된 테러기법이 종교, 문화, 정치적으로 다양화, 복잡화되고 있고, 그에 따른 국가기관이 할 수 있는 능력은 한계가 있다. 국가 중요기관이 통제하지 않는 국제적 대기업 시설과 인적자원에 대한 테러의 대응시스템은 국가에서 경호경비를 해 주기에는 능력의 한계가 있을 것이다. 특히 핵물질 및 핵시설 분야, 유해화학물질과 위험물질 분야, 원자력 발전이나 각종 댐 및 전력 공급 분야 등에 테러 표적이 될 경우 그 피해는 막대하다고 할 수 있다. 그 외 다중이용 시설 등 민간시설 또한 그 예라 할 수 있다.

따라서 이러한 문제점들을 해결하기 위해서는 먼저 입법적으로 통합법이 마련되기 전까지는 국제협약이 요구하는 입법조치만이라도 시급히 이루어져야 할 것이다. 즉 '폭탄테러의 억제를 위한 국제협약'에 따라 형법 제119조(폭발물사용), 제172조(폭발성 물건파열)와 관련하여 보완 입법하여야 하며, '화학무기의 금지를 위한 특정 화학물질의 제조 수출입 규제 등에 관한 법률', '위험물안전관리법', '유해화학물질관리법', '총포도검화약류 등 단속법', '전염병예방법', '검역법' 등 산재한 관련법들을 조정하여 보완하여야 할 것이다. 또한 '테러자금 조달의 억제를 위한 국제협약'과 관련하여 현행 '특정 금융거래정보의 보고 및 이용에 관한 법률'을 개정하고, 테러자금조달행위에 대한 혐의 거래 보고의무, 테러자금조달에 대한 고객 주의의무 강화, 금융기관의 실소유자 확인 의무, 그리고 법인의 지배구조 확인 검증 방안 등 입법조치가 있어야 할 것이다(손동권, 2006: 23). 그러나 장기적으로 통일적이고 체계적인 테러리즘 대응체제를 정립하기 위해서는 테러리즘 관련 통합법이 마련되어야 한다. 이를 위해서는 테러방지기구, 테러를 사전에 감지하기 위한 위험인물의 지정절차 및 감시방법, 감청의 범위와 요건, 테러집단에 대한 자금 유입의 방지 방안, 테러발생시 조치방안, 테러집단의 일원이 신고하였을 경우 공범면책제도, 신고자에 대한 포상제도 등 많은 규정이 필요하며, 특히 테러 예방을 위한 정보 사전수입과 이에 근거한 신속한 상황 판단 및 조치가 이루어질 수 있도록 법제화되어야 할 것이다. 또한 테러방지를 위한 기국 설립에 있어서는 기존의 기구와는 별개의 기구로 정보를 취합, 분석하는 기구를 두어 신속하게 이루어지도록 할 필요성도 제기된다(신의기, 2007: 67).

〈한국 육군 특수전사령부 소속의 대테러전 훈련장면〉

한국 육군 특수전사령부 소속의 대테러전 및 그 외 여러 기밀작전 등을 수행하는 특수 부대로 독일이 GSG-9와 미국의 델타포스와 같은 세계적으로 유명한 특수부대와 교환 훈련을 하기도 한다.
출처: http://kkoz98.blog.me/30112991624

그리고 현재 조직·기능적 측면에서 살펴보면 대통령 직속의 테러대책위원회가 있고, 20개 부처에 테러사건 분야별 임무가 주어져 있는데, 각 기관별 연계성에 있어서 문제가 지적되고 있다. 이에 따라 테러발생 시 테러대응기관 간 중복 및 과잉 대응이 일어날 수 있으며, 다수 기관 간 일원화된 행정체계가 이루어지지 않아, 관리 및 대응에 혼선을 야기할 수 있다. 이러한 점을 극복하기 위해서는 선진국과 마찬가지로 재난관리와 연계하여 인적 재난으로서의 테러리즘 대응과의 통합적 운용이 이루어져야 할 것이다. 또한 정부기관은 정보 수집 및 분석에 있어서 다른 기관과의 정보공유를 통해서 효율성을 담보하여야 하며, 이를 위한 통합시스템이 마련되어야 한다. 또한 비상사태별 대비업무를 분석하여, 중복되는 유사업무와 분야별 전문 업무를 구분하여, 조정·통합하여야 하며, 관계기관 간 유기적 공조체계가 확립될 수 있도록 하여야 한다.

마지막으로 생물, 생화학, 원자력 등의 최첨단화된 뉴테러리즘의 수단에 대해서는 시급히 민영화된 경호경비 관련분야와 상호 연계하여 체계적인 전략을 수립하여 단계적으로 발전시켜야 할 것이다. 주요 선진국에서는 각각의 중요행사 및 회의, 국가주도의 행사에도 민영화된 경호경비 시스템을 도입하고 있는 추세이며, 다양화·복잡화·과학화 된 테러리즘 기법 및 대상·범위·수단·주체 등 여러 복합적인 요소를 감안한 개선방안이 수립되어 현실화되어야 한다(박준석, 2008: 210-212). 따라서 테러리즘 예방을 위한 민간경비 위기관리 시스템을 마련하여야 하며, 그에 대한 교육이 우선적으로 이루어져야 한다. 또한 테러리즘 대비를 위한 민영화 방안에 법적 근거를 보완하기 위한 입법화가 이루어져야 하며, 단계적으로 국가정책적 지원이 이루어져야 할 것이다. 특히 다중이용시설에 대한 테러발생 위험성이 높아감에 따라 이에 대한 민간 차원의 대책 마련이 시급하며, 지하철, 공항, 대형 복합상가 등 불특정 다수인이 운집하는 사적 공간에서의 테러리즘 대비활동이 이루어져야 할 것이다.

12

유형별 테러리즘

테러리즘 유형

테러리즘은 그 대상에 따라 국가간 테러리즘, 국가 테러리즘, 국내 테러리즘, 초국가적 테러리즘으로 구분된다. 국가간 테러리즘이란 타국의 국민이나 영토에 대한 테러 행위를 말하여, 국가 테러리즘은 자국 내에서 정부에 의해 자행되는 테러 행위를 말한다. 또한 국내 테러리즘이란 한 국가의 국민과 영토에 대한 테러 행위를 말하며, 초국가적 테러리즘이란 호의적인 정부로부터 지원 또는 독립집단에 의한 불특정 외국인이나 영토에 관련된 테러 행위를 말한다.

그리고 테러리즘 조직의 성격에 따라 민족주의자 및 소수 민족 분리자 조직, 신좌경(New-Left)에 의한 도시 테러조직, 중남미의 혁명적 테러조직, 정치 망명·반정부적 이민에 의한 조직, 이슈 지향적 조직, 범죄 또는 정신 이상자들의 조직에 의한 테러리즘으로 구분된다.

또한 테러 공격전술 유형에 따라 분류될 수 있으며, 최근의 테러공격 전술 유형은 폭발물에 의한 폭탄테러(폭파), 독가스 살포, 납치, 유괴, 암살, 저격, 방화, 습격, 시위, 인질극 등이 있는데, 테러조직은 위의 방법 중 항상 가장 효과적인 방법을 선택하는 특징이 있으며, 사전에 치밀한 계획 하에 실행된다.

여기에서 인질이란 사람이 사용 중인 건물 및 항공기를 공개적으로 강점하는 행위로서 목적은 테러 단체의 선전, 사회의 안전과 질서의 와해, 정부에 대한 보복, 경찰의 분산, 강압조치의 유발 및 요구 관철에 있다. 그리고 납치란 수송수단을 이용한 강점, 금전 및 요구 및 동료 석방 등을 요구하는 것으로, 특징은 인질극과 유사하나 그 요구가 많다. 형태로는 탑승자에 의한 납치, 탈출차단에 의한 납치, 서로 다른 수송수단으로 연행, 직원매수에 의한 납치 등이 있으며, 사례로는 요도호 납치사건, 엔테베 및 모가디슈 작전, 프에블로호 사건, 현대전자 연수단 납치사건 등이 있다. 기업인이 제일 많이 납치되는 지역은 중남미이며, 그 다음은 중동과 아프리카 지역이다. 특히 중남미에서는 기업인의 납치가 전체 테러의 5분의 1에 지나지 않지만 납치 석방금으로 지불된 돈은 테러에 의한 기업 손실액 전체의 63%에 이르는 것으로 나타났다. 그리고 유괴는 비밀리에 사람이나 사물을 강점하는 행위로서 인질극과 유사하나, 비공개적이기를 요구하는 특징이 있다.

암살은 정부의 유능한 고위 공무원을 제거하거나, 불안에 떨도록 선전효과를 기대하려는데 특징이 있으며, 사례로는 미국의 케네디 대통령의 암살, 이스라엘의 라빈 총리 암살 등이 있다. 폭파는 폭발물을 이용하여 경제적 피해와 인원을 살상함으로써 공포감을 조성하여 정부에 대한 불신을 초래케 하는 것으로서, 그 사례로는 대사관 폭파, 여객기 폭파사건, 영국 런던 브리태니아 폭파사건, 오클라호마 폭파 테러사건 등이 있다.

그리고 테러리스트의 정신적 특징[7]에 따른 분류로서 헥커(Hacker)

---

7) 테러리스트의 정신적 특징
① 정의감 : 테러를 행하는 개인 또는 단체는 그들의 행위를 만인을 위한 공익적인 수단으로 간주하고 그들의 행위와 희생을 축원해줄 것으로 믿고 있으며, 따라서 어떠한 희생도 감수할 것을 다짐하고 그 결과로 필연적으로 성공할 것이라는 망상과 신념을 갖고 테러를 자행한다.
② 영웅심: 테러범 자신들의 행위와 동조세력, 그들이 원하는 정치적 분리, 독립 및 이념회복 등을 위하여 폭력 테러로 그들 동조세력의 일대 영웅이 되기를 바란다. 즉, 자기만족을 위한 행동을 취하기도 한다.

교수는 첫째, 정신이상자들로 구성된 테러리스트로서 타인들이 이해할 수 없는 테러를 자행하며, 둘째, 범죄 집단과 비슷한 테러리스트로서 개인의 이득을 얻기 위하여 테러를 사용한다고 하였다. 그리고 셋째, 십자군형의 테러리스트들로서 이상주의형이며, 특정한 이상을 기초로 한 정치적 목적을 달성하기 위하여 테러를 사용한다.

또한 미코러스(Mickolus)박사의 현대사회에 존재해 있는 테러리스트를 살펴보면, ① 영토 복고주의자(Territorialist), ② 민족 혁명가(National Revolutionist), ③ 세계적 무정부주의자(Gloval Anarchists), ④ 범죄 집단(Criminal Gangs), ⑤ 정신착란자(Psychotic Individuals), ⑥ 장난꾼(Hoaxes), ⑦ 전위혁명을 갖는 집단(Cover Names), ⑧ 질서유지를 위한 자경단원(Vigilantes)으로 분류된다. 그리고 테러범죄의 성격에 따라 테러리스트들은 광인형 테러리스트, 전문 범죄형 테러리스트, 순교형 테러리스트로 분류된다.

생화학 테러리즘

대량살상무기 테러리즘(CBRN Terrorism)이 인명을 대량으로 살상할 수 있는 무기를 사용한 테러리즘으로 정의되는 것을 고려해 보면, 생화학테러리즘은 결국 이러한 대량살상테러리즘의 하나의 유형으로써 생화학무기를 테러리즘에 사용하는 것이다.

화학무기금지기구(OPCW)에서도 화학테러리즘을 '테러리스트들이 화학무기를 사용하여 사람을 위협하거나 살상하는 것'(www.opcw.org)으로 정의하고 있으며, 생물테러리즘의 경우도 이와 동일한 방식으로 정의되는 것이 일반적이다. 그러나 화학테러리즘과 생물테러리즘을 혼

③ 무공포: 테러행위의 결과에 대해 흔히 극형이라는 공포감에 사로잡히지 않는다. 오히려 목표물에 대한 테러가 성공하면 기뻐한다. 이것 역시 영웅 또는 순교자가 되기를 원하는 초인간적인 행동으로서 대단히 과감한 행동을 취하는 원동력이 된다. 따라서 목표물에 대한 성공적 테러와 홍보적 효과를 높이기 위하여 매우 무차별적인 공격을 행하기도 한다.

합하여 하나로 호칭할 경우에 있어서는 다소의 용어 혼란을 불러일으키고 있어 명확한 개념 정립이 필요한 실정이다.

실제로 미국에서 9·11사태에 연이어 탄저균 테러사건이 발생한 당시 이에 대한 외신 보도 내용을 국내 언론 및 정부기관이 인용, 사용하는 과정에서 영어적 표현에 대한 이해와 검토 없이 주관적 해석 및 약칭 사용으로 혼란을 야기한 바 있었다. 즉 정부와 언론기관에서는 '생화학테러' 또는 '화생테러'로 호칭하였으며, 군 등 일부에서는 '화생테러'라는 용어를 즐겨 사용하였다.

지금까지 사용된 용어들을 종합하여 용어해석을 하여 보면 첫째, 생화학테러리즘은 생물화학(Biochemister)의 약칭으로써 독소를 이용한 테러리즘이다. 둘째, 화생테러리즘은 화학 및 생물학(Chemical and Biological) 작용제를 이용한 테러리즘으로써 화학테러리즘에는 화학작용제와 유독가스를, 생물학테러리즘에는 미생물과 독소를 포함하는 것이며, 생화학물질인 독소까지를 포함할 수 있다. 셋째, 화생방테러리즘은 화학 및 생물학, 방사능(핵물질 관련)을 이용한 테러리즘으로써 화생테러리즘에 사용되는 무기 외에 방사능무기로써 핵 및 방사능을 포함한다(심의섭, 2005: 6).

생화학테러의 시작은 그리스·로마시대까지 거슬러 올라간다. 로마인들은 전염돼 죽은 동물을 적의 우물에 몰래 빠뜨려 집단 살해하는 수법을 사용하기도 하였다.

12세기 칭기스칸에 의해 몽골제국에 흡수되었던 유목 기마민족인 타타르는 1346년 크림반도의 흑해 연안 항구도시 카파를 공략하던 중 페스트(흑사병)가 발생하자 병으로 사망한 동료 병사의 시체 일부를 투석기로 성(城) 안에 던져 넣었다. 이 후 페스트균(菌)은 무서운 속도로 번져나가 성은 곧 함락되었으며, 이 페스트가 유럽 전역으로 번져나가 4년간 2,500여만 명이 사망하는 대 참극으로 이어졌다(Philip P. Purpura, 2007: 70).

또한 1518년 스페인의 침략자 에르난도 코르테스는 멕시코 원주민인 아즈텍족을 공격하면서 천연두를 퍼뜨려 3년 만에 정복했으며, 1710년 스웨덴과 전쟁을 벌이던 러시아 역시 페스트 희생자의 시체를 이용한 것으로 알려져 있다. 신대륙 점령에 나섰던 영국 사령관 제프리 암허스트는 1767년 프랑스군을 편들며 저항하던 북미(北美) 인디언들을 제압하기 위해 천연두에 오염된 담요를 나눠준 것으로 전해진다.

제1차 세계대전(1914~18년) 중에는 염소(鹽素:chlorin)와 독가스 성분인 이페리트(yperite) 등을 이용한 화학무기가 대량 동원되었다. 1915년 독일군은 벨기에의 이프리스 전투에서 염소가스를 대량 살포해 영국군 5,000여명을 살상하였으며, 이후 프랑스와 영국군도 반격하기 시작하였으며, 1918년에는 포탄 4개 중 1개에 가스가 장착되었을 정도로 화학전이 격렬하였다는 주장도 있다. 독일의 나치 정권은 제2차 세계대전 당시 600만 명의 유태인을 대량 학살할 때 가스를 주로 사용하였다.

2차 세계대전 때 일본은 미국과 구(舊) 소련의 농산물을 겨냥하여, '유니트 731'이라는 식물 병원체 무기를 개발하였으며, 만주에 주둔하고 있던 관동군 731부대는 탄저균을 배양해 세균전을 기도하였으며 실제로 탄저균 외에도 콜레라, 천연두, 선페스트 등 각종 세균을 개발하면서 수 천 명의 전쟁 포로들을 죽였다.

2차 세계대전 중에는 일본뿐 아니라 미국, 독일, 소련, 영국 등도 경쟁적으로 탄저균 등을 이용한 생물학 무기 개발을 시도하였다. 영국은 1942년 스코틀랜드 연안의 한 무인도에서 양(羊)을 대상으로 탄저균 실험을 하였다. 이란・이라크 전쟁(1980~1988) 당시에는 이라크 군이 화학무기를 사용하였으며, 1995년 일본 도쿄 지하철역에 사린(GB)가스를 살포하여 12명이 사망하고 5,000여명이 부상토록 한 일본의 종교단체 옴진리교는 도쿄 시내에 탄저균을 퍼뜨리려다 실패한 바 있다 (http://cafe.daum.net, 2010).

생물테러 시 생물무기는 무기로써 거의 모든 조건을 갖추고 있는데 핵 또는 화학무기와 비교할 때 생물무기의 위력은 핵의 420배, 화학무기의 1천배나 된다. 생물무기는 재래식 무기와 달리 값이 싸고 은닉이 쉽고, 살포가 가능하며, 살포로 인한 인명의 손상이 시간적으로 차이가 있어 초기에 감지하기 어렵고 극미량으로도 치사량이 되며, 한번 오염되면 스스로 번식 확산된다.

생물테러무기 생산설비는 제약회사 생산설비와 유사하기 때문에 위장하기 쉬우며, 그 이동 수단 역시 다양하다. 이러한 무기에 따른 결과는 전염병과 같은 증상을 동반할 수 있으며, 사망을 초래하게 된다. 9·11 테러 이후 2001년 가을 기간 동안에 탄저균(anthrax)이 동봉된 편지가 언론매체 관계자와 의회 공무원들에게 전달되기도 하였으며, 이것은 미국 최초의 의도적 생물테러사건이 되었다(Philip p. Purpura, 2008: 367).

생물테러에 사용될 가능성이 있는 특히 위험한 생물무기는 살포하기 쉽고 사람들에게 감염성이 높으며 치사율이 높고 공중위생에 매우 큰 영향을 끼칠 가능성이 있다. 또한 사람들에게 패닉을 일으키거나 사회 붕괴를 초래할 염려가 있으며, 공중위생 상 준비에 특별한 대응이 요구되는 등의 조건을 갖추어야 생물무기로써의 효력이 있다고 볼 수 있다.

구체적인 생물병균으로는 천연두, 페스트, 콜레라, 이질, 장티푸스, 야토병균 등의 세균과 바이러스가 30여종이 있다(井上忠雄, 2001: 109).

생물무기의 테러 이용 시 살포방법은 에어졸로 살포방법, 식품이나 식수를 통한 방법, 직접적인 주사방법, 동물이나 곤충 등의 병균매개체를 이용하는 방법, 사람과 사람간의 전염에 의한 방법 등이 있다(김두현, 2003: 405).

생물무기의 파괴력은 지리적 조건, 인구밀도, 온도, 풍속 등에 따라 차이가 나며, 특히 육안으로는 보이지도 않으며 즉각 반응을 나타내는 것도 아니기 때문에 오염지역을 확인하기가 매우 어렵다. 또한 세균은 단 한 개체의 몸 안에만 생존하더라도 증식하여 질병, 사망을 초래하며 본인이 감염된 사실을 알았을 때는 이미 넓은 지역으로 많은 사람들에게 전염을 시킨 후일 가능성이 높다.

재래식 무기와 다른 또 하나의 특성은 기간시설의 파괴 없이 오직

생물체, 특히 사람을 공격하는 것이다. 미사일 등 재래식 무기에 의한 공격은 그것을 발사한 장소를 역으로 추적할 수 있고 이에 따라 즉시 반격을 가할 수 있지만 생물무기의 살포는 자연발생적인지 인위적인지 구별하기도 어려울 뿐 아니라 누구의 소행인지를 알아내는 것은 더욱 어렵기 때문에 반격을 가할 만한 표적이나 증거를 남기지 않는 것이다(http://nip.nih.go.kr).

화학테러무기는 즉각적으로 효과가 나타날 수도 있지만, 어느 정도 시기가 지나서 그 반응이 나타날 수도 있다. 이러한 무기들 중 어떤 것들은 무미(無味), 무취(無臭)의 특성으로 인해 탐지하기가 어렵다. 대부분은 효과를 내기 위해 흡입하도록 물방울로 살포될 수 있는 액체형태를 띄고 있다(Philip P. Purpura, 2008: 368).

화학무기운용에 있어서 가장 큰 특징 중의 하나는 기상에 의해 크게 영향을 받는다는 것이다. 일반적으로 화학무기운용에 대한 기상의 영향 요소로는 기온경도, 바람, 습도 등이 있으며, 지표면 부근의 대기 안정 상태를 나타내는 기온경도는 작용제의 흐름과 지속시간에 영향을 주어 오염농도를 형성시킨다. 이러한 기온경도는 역전, 중립, 체감상태로 구분되며 역전 상태는 대기의 안정으로 말미암아 작용제 효과가 증대되며 체감 시는 대기의 불안정으로 작용제의 효과가 감소된다(육군본부, 2002: 5). 또한 기온이 높을수록 작용제의 살상효과는 증가하지만 지속성 작용제는 증발률이 커서 오염 지속시간이 감소하게 된다. 바람은 작용제의 흐르는 방향과 잔류농도에 영향을 주어 살상효과를 증감시키며, 지형과 기상을 고려한 작용제의 선택으로 그 효과를 조절할 수 있고 소량으로도 불특정 다수를 대상으로 대량동시 살상이 가능한 반면 직접적인 테러방법에 비하여 사전 감지 및 흔적을 포착하기가 쉽지 않다. 그러므로 화학무기 유독가스 테러에 대한 경호경비대책은 지역 및 지형과 연계해 종합적으로 평가되어야 한다.

주요 화학작용제 및 유독가스는 대부분의 경우 무색, 무취로써 초기에 식별이 곤란하며 운용되는 화학작용제의 종류에 따라 생물체를 살상시키거나 일시적으로 무능화 시키는 효과를 발휘할 수 있다. 또한 작용제별 물리적, 화학적 성질의 차이점으로 인해 인원 살상이나 무능화 시킬 경우 인체에 작용하는 부분이 상이하고 효과발생 시간이 다른 특성이 있어 다양한 효과를 나타낸다(김재홍, 2003: 13).

인간이나 동식물에게 유해한 미생물이나 독소를 사용하여 적의 전쟁 수행능력을 저하시켜 전황을 유리하게 이끄는 수법은 고대 중세부터 존재해 있었다.

오늘날의 테러리스트들은 대량파괴무기를 사용하여 대량살상을 유발하기 위해서 과거보다 더욱 잔악하면서도 극단적이다. 세계무역센터에 대한 폭탄테러가 바로 그러한 예이다.

북한은 1961년 김일성의 '화학화 산업' 이후 화학무기 정책을 지속적으로 추진하여 현재는 독자적인 화학전 수행능력을 보유하고 있다. 현재 '화학무기금지협약'에도 가입하지 않은 상태이이며 이를 제 3세계 국가로 확산하는데 앞장서고 있지만(심의섭, 2005: 15)

우리나라는 북한의 생화학테러에 대한 완벽한 대비를 갖추지 못하고 있다. 특히 탄저균과 같은 생물학 무기는 보관 및 이동이 쉬워 국제 테러리스트들에 의한 국내 반입이 용이하며 탐지, 식별이 곤란하기 때문에 많은 사람들이 이용하는 경기장, 지하철, 공항, 항만 등에 사용될 경우 많은 사상자가 발생됨과 동시에 극도의 공포감을 조성하고 공황상태를 유발하여 사회적 기능을 마비시킬 위험이 크다. 이처럼 생화학테러에 대한 대비가 그 어느 때 보다도 절실히 요구되어진다.

대량파괴무기인 생화학무기는 현재 제 3세계 국가들 사이에서 급속하게 확산되고 있으며 25개국 이상이 핵 및 생화학무기를 가졌거나 개발하고 있으며 실제 분쟁 시에도 자주 사용하고 있는 실정이다.

또한 분쟁 시에 생화학무기의 적대적 사용은 너무나 빈번하게 일어나고 있는데 소련의 아프카니스탄 침공, 이란-이라크 전쟁, 리비아의 차드 공격에서 사용되어졌으며, 1993년에는 이라크가 바스락 근처 습지에 거주하고 있는 시아파 신도들에 대해 수단정권은 누바산에 거주하고 있는 사람들에게 화학무기 공격을 감행하기도 하였다. 1995년 3월에는 일본의 오움진리교가 도쿄 지하철에서 사린가스를 살포하여 5,000여 명이 중독되어 병원에 입원했으며 그 가운데 12명이 사망하였다(Seth carus, 1997: 368). 이러한 사건들은 생화학무기의 적대적 사용이란 것이 언제, 어디에서나 발생 가능한 것이라는 사실을 경험적으로 뚜렷하게 보여주는 사례들이다. 공격적인 생화학무기 프로그램을 가진 국가들의 숫자는 지난 10여년에 걸쳐 두 배로 증가되었고, 지난 20년간에 걸쳐서는 세 배로 증가되었다(김종하, 2001: 2).

이러한 생화학 테러리즘을 대비하기 위해서는 사전에 정부차원의 체계적인 대응조직을 편성하고, 이들 조직 간의 유기적인 협조체계와 공동연구 및 정보의 교류가 요구된다. 그리고 정부 및 각 시도에 역학조사반을 신설하고 시·군·구에 위치하고 있는 보건소에는 전염병 전담요원을 파견하며, 이들 전담요원들은 주기적인 보수 교육을 통하여 지속적인 관리를 하여야 한다. 또한 실험실 검사요원들은 생물안전수준 및 검사병원체, 담당역할에 따른 교육 및 실습을 강화하여야 한다. 또한 생물테러로 인한 전염병별 예방 및 치료제, 생물테러 대비 실험실 진단 물품 및 방호장비, 생물테러 대비 응급 패키지, 환경제독장비 및 소독약품 등을 비축하여야 하며, 병원체 DB구축 및 그 관리를 강화하여야 한다.

2001년 9월 11일 이후 테러 양상과 그에 대한 전 세계적 상황이 변해왔으며, 예견 가능한 미래에 대한 위험은 여전히 남아 있다. 어떠한 위협 상황 하에서도 테러에 의한 공격을 사전에 탐지하고 그에 대한 대비가 이루어져 있어야 한다. 각 단계별로 낮은 위험 단계(low condition)에서 테러리스트에 의한 심각한 위험을 초래하는 단계(severe condition)에 이르기까지 전담기관 선정과 적절한 방어 조치가 선행되어 있어야 한다(Bill Phillips, 2006: 202-203).

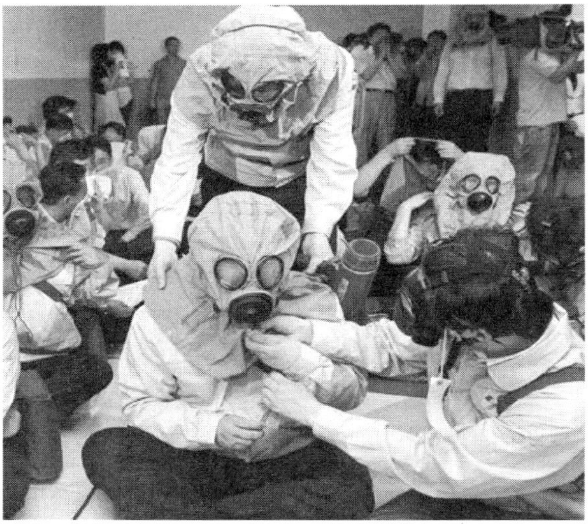

화생방상황에 대비한 민방공대피훈련.
출처: http://blog.naver.com/nemablog?Redirect=Log&logNo=40108643850

이와 더불어 일반적으로 생화학전 방호대책으로 기본적으로 갖추어야 할 요건으로서 첫째, 생화학 무기의 사용여부를 조기에 탐지 및 경보할 수 있는 원거리 조기 경보체계의 구축, 둘째, 생화학 작용제로부터 개인이나 시설을 보호하기 위한 개인 및 집단 보호장비의 성능개선 및 비축, 셋째, 생화학 작용제에 오염되었을 경우 이를 신속히 제독할 수 있는 다기능 제독장치 및 물자 보호, 넷째, 중독된 환자를 신속히 치료할 수 있는 치료시스템을 확보하여야 한다(박홍주, 2005: 104).

이를 위해서는 생화학테러 시 발생장소에서 공기포집 및 의심입자를 용액화 하여 검사할 수 있는 BTA Strip Set를 완비하여야 하며, 화생방 작용제에 대한 원격탐지 및 관련 장비 소형화와 성능 개선이 이루어져야 한다. 또한 생화학테러에 대비하여 방독면, 보호장비, 제독킷, 흡착재, 파이프실링백, 누출방지장치의 준비와 집단보호 시설, 샤워시설 등을 비치하여야 하며, 의료인들에 대한 보호장구 및 방호체계가 선행되어야 한다. 이와 더불어 적절한 제독 기술과 대응 매뉴얼을 사전 마련하여야 하며, 세계 각국이 개발 중에 있는 선진국형 장비 기술을 보유하여야 할 것이다. 그리고 생물학 작용제에 의한 오염 환자는 격리수용 등 치료 체계 마련과 함께 의학적 증상 치료 방안을 마련하고, 새로운 환자에 대한 검색, 격리, 통제와 더불어 위생적인 생활습관 등의 예방책 계몽을 하여야 한다.

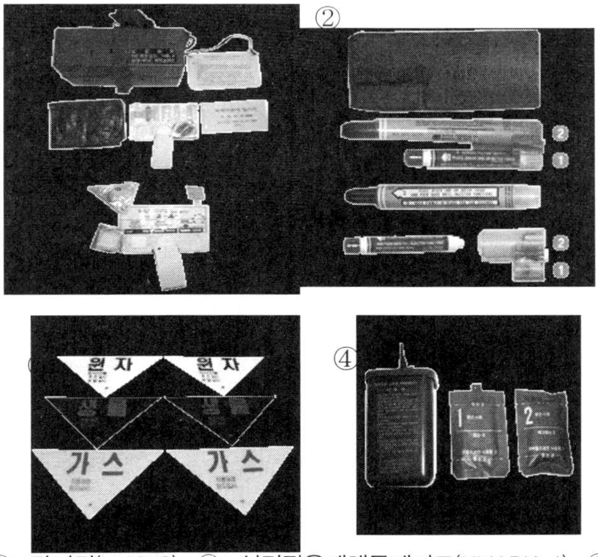

① 탐지킷(KM256) ② 신경작용제해독제키트(KMARK-1) ③ 오염표지판 ④ 피부제독제키트(KM258A1)
출처: http://ssyoga.blog.me/30108926254

생화학전 방호체계에 있어서 향후 테러 양상의 변화와 더불어 방호효과를 극대화하기 위해서는 방공체계, 미사일 방호체계와 상호 연동하여야 하며, 정보, 지휘 및 통제에 있어 관련 조직의 유기적 협력이 필요하다고 볼 수 있다.

특히 비상 대응의 경우 초동조치를 위한 각 기관별 협력적 공조체계가 사전 확립되어 있어야 한다. 미국의 경우 현장지휘체계인 ICS(Incident Command System)의 기본개념에 의해 운영되며, 위기관리나 대응관리

모두에 적용된다. ICS는 대응목적에 상응한 통합된 전략이 시행될 수 있도록 통합된 지휘구조를 갖추어야 한다. 또한 이러한 통합지휘체계는 공통된 조직구조를 가지고 특정 목적을 달성하기 위한 통합된 인력, 정책, 절차, 장비의 집합을 말하며, 비상 대응하는 모든 대응기관을 지휘 통제하기 위한 체제이다(황옹재, 2007: 52).

이와 같이 통합된 지휘체계를 구축하여야 하며, 현실적으로 일선에서는 먼저 고가의 대응장비에 있어서 새로운 기술의 장비를 공동으로 활용하는 방법을 사용하여 이용을 최대화 할 수 있도록 하여야 할 것이다. 이에 따라 각 기관들이 가지고 있는 대응장비를 공동으로 운용하는 상호운영체계를 확립하는 방안이 우선적으로 마련되어야 할 것이다.

화생방상황에 화생방 대비훈련.
출처: http://www.nema.go.kr/nema__cms__iba/show__nema/board/board10s/view.jsp?cNo=96305&c__relation=41&check__the__code=2&check__the__num=161&check__upnum=141&pageNo=1

생화학테러에 대한 방호체계로서 탐지, 개인 및 집단 보호, 제독, 그리고 오염 환자 조치에 있어서 기술적 향상에 대한 필요성과 함께 사전 탐지 및 즉각적인 방호 및 대응이 이루어져야 함이 최우선적으로 이루어져야 하며, 이를 위해서는 유관 기관의 협력을 통한 정보 수집 및 공유, 지휘체계의 통일성과 협력이 요구된다.

현재 각 기관별 테러대응 업무의 특징은 유사한 업무임에도 불구하고 다양한 법령체계로 구성 되어져 있어 개별 부처가 중복된 테러대응 관리 업무를 추진하는 경우도 허다하다. 개별 부처가 중복된 테러대응 관리 업무를 추진하는 것은 국민들의 혈세와 행정력의 낭비를 초래하고 국민들의 생명과 재산을 보호하는 나아가 테러대응 관리행정의 목적달성을 저해하는 요인이 된다.

1995년 일본에서 발생한 동경 지하철 독가스 테러사건과 같이 사회적 공포·불안 심리를 이용하여 공중의 안전을 해하는 물질을 대기 중 또는 수계에 방출함으로써 생명, 신체에 대한 안전을 위협하는 테러가 발생할 수 있다. 일본은 동경 지하철 독가스 테러사건 이후 방사성 물질, 탄저균 등 생물체, 사린 등 화학제, 독소 혼입 등을 이용한 테러행위에 대해서는 「사태대처법」을 제정하여 처벌하고 있다. 독일 형법에서는 환경테러에 대한 별도의 규정은 없으나 이에 준하는 수질과 공기·소음 또는 유해물질의 폐기 등에 관한 죄가 규정되어 있다. 우리나라는 환경테러에 대한 직접적인 처벌규정은 없지만 이러한 행위에 대하여 「전염병예방법」과 「유해화학물질관리법」 등으로 처벌하고 있는 실정이다. 그러나 유해화학물질의 경우 독성이 매우 강한 것과 강하지 않지만 장시간 섭취함에 따라 건강에 영향을 주는 2가지 종류가 있는데 독성이 강하지 않은 유해화학물질을 테러행위의 공격무기에 포함시키기에는 무리가 있다. 또한 매년 200여종이 시장에 신규로 출시되고 있는 상황에서 이들을 독성이 강한 것과 강하지 않은 것을 분별하고 고지하기에는 어려움이 따른다. 따라서 다수인에게 제공되는 음식이나 원료, 음용수, 공기 등에 독물 또는 건강을 해할 물질을 혼합했을 시의 처벌규정을 별도로 마련함이 타당하다고 볼 수 있겠다.

9·11테러 이후 각국에서는 새로운 환경에 맞는 테러 관련법을 제정

하고 있어 우리 역시 '국가대테러활동지침'의 훈령을 상위법으로 제정해야 함은 필수불가결하다.

미국의 경우 국가사건관리체계(NIMS : National Incident Management System)에 입각한 국가비상대응계획(NRP : National Response Plan)이 개발 및 이행에 착수하게 되었으며, NRP는 기존의 개별적 사건관리체계(국토안보, 비상관리, 법집행, 소방, 유해물질유출, 복지, 응급의료, 비상대응요원안전 등)의 규정 및 절차를 종합하였다. 이것은 각각의 요소가 협력적 관계를 이룰 수 있도록 하기 위한 것으로서, 테러위협, 공격, 대규모 재해 및 기타 비상사태와 관련된 제반 요구 사항들을 포함한 통합적 계획이며, 각 연방 행정부처의 구조 · 업무처리과정 · 관련규정 등을 국내 사건의 대응 · 복구에 적합하도록 조율하도록 작용하게 된다(황응재, 2007: 45).

사이버 테러리즘

테러리즘의 본질에는 변화가 없다. 그러나 테러리즘의 유형은 시대에 따라 끊임없이 변화하고 있다. 테러리즘을 자행하는 동기는 여전히 과거와 같지만 과거에는 없었던 새로운 유형의 무기들이 인류를 위협하고 있다. 과거에 테러리즘으로부터 인류를 지켜주었던 정보체계, 전술, 보안절차 등은 새로운 위협에는 거의 무용지물이 되고 있다. 뿐만 아니라 과거의 테러리즘에 대항하여 인류의 평화와 인권을 보호하던 테러리스트 특공대도 이 새로운 유형의 테러리즘에는 효과적으로 대처하지 못하고 있다.

새로운 유형의 대표격인 사이버 테러리즘을 자행하는 테러리스트들은 폭발물을 가득 실은 트럭을 몰고 우리를 공격하지 않는다. 이들은 눈에 보이는 물리적 방법이 아니라 가상공간을 통해 우리를 공격한다. 현재 인류는 첨단 기술의 발달로 대부분의 물리적 세계가 가상공간의 세계로 쉽게 전환되는 시대에 살고 있다. 물리적 세계가 가상공간의 세계로 전환되는 대표적인 예는 주변에서 쉽게 찾아볼 수 있다. 차고의 문을 열고 닫는 것, 전자레인지의 작동, 교통통제, 항공기 관제통제, 금융업무의 처리, 식료품 공정 처리, 의약품 제조공정 처리, 국방관련 통제 처리 등 거의 모든 분야가 물리적 세계에서 가상공간의 세계로 전환되어 있다. 첨단 정보통신기술을 이용해 물리적 세계가 가상의 세계로 전환되어 있는 공간을 무차별적으로 공격하는 행위를 사이버 테러리즘이라고 정의한다.

정보전이라고도 불리는 사이버 테러는 크게 3가지 유형으로 분류할 수 있다. 첫째는 단순히 개인적으로 활동하는 해커들에 의해 자행되는 것이다. 둘째는 네덜란드의 '트라이던트' 그리고 러시아의 '지하 해킹 마피아'등과 같은 범죄 조직화된 집단에 의한 것이다. 마지막으로는 정치적, 민족적 혹은 종교적인 목적을 달성하기 위해 조직된 단체나 혹은 주권국가에 의해 행해지는 것이다. 이중에서 가장 우려가 되는 것은 세 번째 유형의 집단에 의해 저질러지는 사이버 테러리즘이다.

사이버 테러리스트들은 국가 기간산업 통제 시스템, 군사관련 통제 시스템, 철도 통제 시스템 등 국가 전반에 혼란을 자초할 수 있는 공간의 세계를 무차별적으로 공격하고자 하는 것이다. 그들이 노리는 것은 단순한 범죄자들의 그것과는 다른 것이다. 만약 항공기 통제 시스템에 침투하여 민간항공기의 고의적 충돌을 발생케 한다면, 혹은 핵무기 통제 시스템에 침투하여 핵무기가 발사되도록 한다면, 과연 그 결과는 어떻게 되겠는가? 핵발전소 통제 시스템에 침투하여 핵발전소가 파괴된다면, 그리고 도시가스 통제 시스템에 침투하여 평화롭게 잠들어 있는 도시 전체를 화염에 휩싸이게 한다면 그 결과는 어찌될 것인가? 사이버 테러리스트들이 이러한 가상공간에 침투하여 전 세계를 혼란과 죽음의 세계로 만들 것이라고 하는 것은 현실적으로 발생 가능한 시나리오이다. 불행하게도 소설 속의 혹은 영화 속의 이야기가 아니다. 사이버 테러 수법도 점차적으로 고도화되고 있다. 멀리 떨어진 곳에서 사용자의 ID나 비밀번호를 알아내는 '스니핑', 정보 시스템의 운영권을 완전히 장악하는 '스푸핑' 등은 보편화되어 있고 강력한 전파를 발사하여 전산망의 정상적인 작동을 파괴하는 전파무기도 실용화된 상태라는 것이 전문가들의 진단이다.

실제로 아일랜드 공화국군이 이 수법을 사용하여 런던 금융가를 공격하려는 계획을 수립한 적이 있다고 알려져 있다. 전자기 폭탄의 이용도 예상되고 있다. 강한 전자기를 발생하는 이 사이버 폭탄은 국가통신 시스템, 전력, 물류 등의 사회 인프라 구조를 순식간에 무력화시킬 수도 있다는 것이 컴퓨터 전문가들의 지배적인 견해이다. 사이버 테러리즘이 앞으로 인류의 시급한 문제가 되리라고 하는 것을 예상하는 것은 그리 어려운 일이 아니다. 특히, 사이버 테러리즘이 가지고 있는 특성으로 인해 점차적으로 확대될 것이 분명하다. 사이버 테러리스트는 그들의 목적을 달성하기 위해 트럭에 폭탄을 싣고 공격 목표물을 향해 돌진할 필요가 없다. 비행중인 항공기 폭파를 위해 미사일을 발사할 이유도 없다. 국방관련 기관에 침투하기 위해 특공대를 조직하고 중무장하여 침투할 필요도 없다. 테러리즘을 수행하는 동안에 목숨을 잃을 염려도 없고 체포될 염려도 없다. 사이버 테러리스트들은 수천 킬로미터 떨어진 그들의 은거지에서 원하는 공격 목표물을 정하고 공격할 수 있다. 그들의 손에 피를 묻히지 않고 죽음의 그림자를 전 세계에 드리우게 할 수 있다는 것이다. 사이버 테러리즘이 심각한 문제로 등장하자 각국은 대책 마련에 고심하고 있다. 미국은 지난 1995년부터 사이버 테러리즘 전담반을 구성하여 운영하고 있으며, 2002년까지 32억 달러의 예산을 사이버 테러리즘 대책에 책정해 놓고 있다. 특히 하루 평균 80여 차례 이상의 공격을 받고 있는 미국 국방부의 경우 사이버 특수부대를 창설하고 정보전에 대비할 예정이다. 한국정부도 사이버 테러에 대항하기 위한 전담반을 만들 계획을 수립하였다.

수천 만대의 컴퓨터가 네트워크로 연결된 컴퓨터 통신망 시대, 이제 테러리즘의 수단과 대상은 비트(bit)로 운영되는 사이버 세계에서 이루어지고 있다. 대만의 대학생이 뚜렷한 파괴 대상 없이 만들었던 몇 줄

짜리 바이러스 프로그램이 인터넷을 통해 기하급수적으로 퍼져 국내에서만 30만대의 PC를 망가뜨렸고, 수리비와 데이터 복구에 소요된 비용만 20억 원 이상인 것으로 알려지고 있다. 전 세계적인 피해액은 무려 2억 5,000만 달러로 추정된다. 이렇듯 수많은 컴퓨터를 연결하여 손쉽게 파일과 의사를 전달할 수 있는 수단인 인터넷은, 목적을 가진 사람들에 의해 악용되면 무시무시한 전장으로 둔갑한다. 목적을 가진 사람들은 다름 아닌 사이버 테러리스트이다.

유고 사태에서 가상공간의 전쟁이라는 새로운 개념의 국지전이 실제로 벌어졌다. 그 장소는 화약 냄새 진동하는 전장도 민간인이 거주하는 지역도 아닌 비트이나 정부, 군사 등의 웹사이트를 공격해 서비스를 마비시킨 것이다. 또한, NATO의 중국 대사관 오폭으로 중국인들의 피해가 일어나자 일단의 중국인들이 백악관과 국무성을 비롯한 사이트를 해킹한 사례세계 속이었다. 바로 미국과 나토의 유고 침공에 반대하는 개인과 단체들이 관련 기업도 있다. 이로 인해 백악관과 국무성을 비롯한 사이트는 중국어와 영어로 된 각종 낙서로 도배되었으며 24시간 동안 사용 불능 상태까지 이르는 상황까지도 있었다.

전문가들은 해킹이 갈수록 고도화, 개방화되는 정보통신의 가장 큰 위협요소가 될 것으로 전망하고 있다. 이 같은 예측 때문인지 몰라도 국내 정보보안에 대한 인식은 점차 재고되어 가는 추세다. 하지만 국내 정보보호 산업의 현주소는 아직도 정보통신망 치매사고에 안일한 사용자, 정보보호를 국가 기간산업으로 인식하지 못하는 정책당국, 열악한 자금력과 인력으로 단품판매에 급급한 업체 등 총체적 문제를 안고 있는 상황에서 크게 벗어나지 못하고 있다는 게 전문가들의 공통적인 지적이다.

이러한 문제의 심각성은 인터넷 등 개방형 전산환경이 폭발적으로 확산되면서 한 기관의 부실한 정보보호로 인한 피해가 타회사나 기관에까지 영향을 미치고 있는데도 불구하고 이 같은 관행이 일반화되어 가고 있다는 점이다. 어떤 기업은 사내 정보보호 정책이 없는 경우도 상당수 나타나고 있다. 현재 기업들이 운용중인 정보보호 제품의 경우도 각종 정보 통신망 침해기법에 대처하기에는 역부족인 것으로 드러나다. 최근 폭발적인 인기를 누리고 있는 인터넷 증권거래 서비스를 제공 중인 증권사들이 시급히 정보 보호 대책을 마련하지 않을 경우 투자자들에게 막대한 인적 물적 피해를 초래할 수 있다는 우려가 커지고 있다. 현재 대다수의 증권사들의 인터넷 증권 시스템으로는 전문적인 해커가 아니라도 인터넷상에 공개된 해킹 프로그램이나 시스템 관리상의 허점을 활용, 금전상의 피해나 사회적 혼란을 야기할 수 있다. 증권거래가 가능한 PC방 등에서 타인이 PC에 해킹을 시도하는 경우, 악의적인 사용자가 해킹용 프로그램을 특정 PC에 깔아놓은 다음 타인이 그 PC로 인터넷 증권거래를 시도하면 이후에 자신이 타인의 패스워드를 검색해보는 식으로 해킹("스누핑" 기법)을 할 수 있다. 이러한 해킹시도는 주로 금전상의 불법 이익취득에 목적이 있다면 네크워크를 통해 증권사 시스템을 공격하는 유형은 증권 거래서비스 자체를 위협하는 요인이 된다. 만약 해커가 인터넷을 통해 증권사의 웹서버에 「서비스 거부 공격」 등을 시도하면 인터넷 트레이딩 시스템은 사실상 마비상태가 돼 버릴 수도 있다. 바로 이때 시스템이 다운되는 사태가 발생하면 수많은 투자자들의 손해 배상 문제를 둘러싸고 법률소송이 쏟아질 것이다. 지난해 국내 기관에서 발생한 해킹사고 가운데 상당수가 해외에서 국내로 침입을 시도했던 것으로 분석됐다. 또 전체 해킹사고 피해기관 대부분이 개방형 네트워크 환경으로 구성되고 컴퓨터 사용에 대한 통제가 힘든 대학과 중소기업체인 것으로 드러났다.

이러한 해킹은 해외에서 국내로의 해킹사고는 폭발적으로 증가하고 있다. 이 가운데는 국내 기관이 직접적인 해킹 목표가 되는 경우보다는 국내 전산망을 경유해 다시 해외로 침입하는 사례가 다수를 차지해 국내 전산망이 해외 해커들의 거점이 되고 있다.

G8(서방선진 7개국+러시아) 내무·법무장관들은 97년 12월 워싱턴에서 각국의 인터넷범죄 유형과 실태 등을 종합분석하고, 공동대처방안

을 모색하기 위해 사상 첫 인터넷범죄 국제회의를 열었다. 이 때 각국 장관들은 하이테크 범죄에 대처하기 위한 10개항의 공동선언문을 발표했으며,[8] 이를 구체화하기 위해 각국이 관리들에게 제시할 10여 개 항이 구체적 행동계획도 마련했다.[9]

---

8) 원칙선언

① 정보범죄를 남용하는 사람에게는 절대로 안전한 도피처가 있어서는 안 된다.

② 국제적 하이테크 범죄의 수사와 기소는 피해 발생지에 관계없이 모든 관련 국가간에 조화롭게 처리돼야 한다.

③ 수사요원(법 집행요원)은 하이테크 범죄를 다루기 위해 교육훈련을 받고 지식을 갖추어야 한다.

④ 법체계가 불법적인 훼손으로부터 데이터와 시스템의 비밀성, 무결성, 가용성을 보호해야 하며 심각한 남용은 처벌받도록 보증해야 한다.

⑤ 법체계가 성공적인 범죄의 수사에 결정적인 전산 데이터의 보존과 빠른 접근이 가능하도록 허용해야 한다.

⑥ 상호지원 체계가 국제적인 첨단기술 범죄와 관련된 사건에서 시기적절한 증거 수집과 교환이 가능하도록 보증해야 한다.

⑦ 법 집행에 의해 공개적으로 이용 가능한 정보에 대한 국경을 넘는 전자적 접근은 데이터가 존재하는 국가의 인가를 필요로 하지 않는다.

⑧ 범죄수사와 기소에 사용하기 위한 전자적 데이터의 검색과 법적 인증을 위한 과학수사기준이 개발되고 사용되어야 한다.

⑨ 정보통신 시스템은 네트워크 범죄의 방지와 탐지를 도울 수 있도록 설계되어야 하며 범인이 추적과 증거수집을 용이하게 하여야 한다.

⑩ 노력의 중복을 방지하기 위해 이 분야에서의 연구는 다른 관련 국제포럼의 연구와 서로 조화돼야 한다.

9) 행동계획

① 다국간에 걸친 첨단기술 범죄사건에 시기적절하고 효과적인 대응을 하기 위해 기존 네트워크의 지식을 갖춘 요원을 활용하고 24시간 기준에서 활용할 수 있는 범죄신고 연락망을 지정하라.

② 훈련되고 지식을 갖춘 충분한 수의 수사관이 첨단기술 범죄를 다루는 업무와, 타국 사법기관을 지원하는 업무에 배치되도록 보장하기 위한 적절한 조치를 취하라.

③ 수사관들이 통신과 컴퓨터 시스템의 남용을 유죄화하고, 첨단기술 범죄의 수사를 촉진하는 것을 보장할 수 있도록 법적 체계를 재검토하라.

④ 상호 지원협정이나 협약을 협상할 때 관련이 있는 곳에서 첨단기술범죄에 의해 제기될 수 있는 문제들을 고려하라.

⑤ 상호지원 요청의 실행에 앞선 증거의 보존, 국경을 초월한 수색, 증거의 위치가 미확인일 경우 증거를 찾기 위한 컴퓨터의 수색을 하라.

⑥ 통신망에서 모든 통신 반송파로부터 전송데이터를 획득하기 위한 신속한 절차를 개발하고 국제적으로 이 데이터의 전송을 신속히 하는 방법을 연구하라.

⑦ 신기술이 중요한 증거의 보존 수집에 의해서 우리의 첨단기술 범죄 대처노력을 용이하게 해줄 수 있도록 보장하라.

⑧ 긴급하고 적절한 사건들에서 첨단기술 범죄에 대해 음성, 팩스 또는 E-mail

G8 내무·법무장관회의에 이어 98년 1월 EU는 회원국 간 인터넷 범죄 공동대처 방안을 마련했다. 미국은 '군사력으로 미국을 당할 수 없다고 생각하는 테러리스트들이 새로운 파괴 무기를 찾고 있다'는 인식 아래 사이버테러 방지대책을 마련했다. 95년부터 국방부와 관련부처를 중심으로 사이버 해킹 전달팀을 운영해 온 미국의 테러방지용 예산은 재래식 테러방지예산 72억 달러를 포함해 1백억 달러에 이른다. 미국은 98년 6월 NSA산하에 정보작전 기술센터를 창설, 관련기간과 합동으로 가상 적국 또는 테러리스트에 의한 사이버공격에 대비하고 있다. 특히 FBI는 98년 2월 NIPC를 창설했다. 또 미 국방부는 사이버 테러리스트들의 정부기관 또는 민간기업 공격에 대비하기 위해 사이버 특수부대를 창설했다. 그 구성원은 각 군과 정부기관에서 차출한 컴퓨터 전문가들이며 대서양 사령부 관할 아래 설치 '제2의 진주만 공습' 등에 대비한다는 계획이다. 미 국방부는 가장 중요한 핵심정보는 컴퓨터에 보관하지 않는다고 말하고 있다. 사이버 안보는 미국정부가 매우 심각하게 생각하고 있는 부분이다. 일본이 경우 99년 4월 경찰청에 기술대책과를 신설한데 이어 한 달 후 경시청 하이테크 범죄대책 센터를 개설했다. 당시 우울증에 걸린 한 미혼여성이 인터넷 자살 사이트를 통해 독약을 배달 받은 뒤 자살에 성공하는 충격적 사건이 일어나자 경시청이 컴퓨터 해킹범죄를 전담할 13개 특수 대책반과 컴퓨터를 이용한 테러에 대비한 2개 반을 운영하게 됐다.

일본정부는 99년 9월 국가전복 등을 꾀하는 컴퓨터 네트워크 부정액세스 대책을 강화하기 위해 '정보시큐어리티 관계부처 국장 회의'를 열고 기술개발 스케줄을 정한 행동계획을 연내 마무리하고, 별도로 사이

등을 포함하여 신속하지만 신빙성 있는 통신수단에 의한 상호 지원요청을 수용하여 대응할 수 있도록 보장하라.

⑨ 신빙성 있고 안전한 통신과 데이터 처리기술을 공공부문과 민간부문에 계속적으로 공급하는 통신과 정보기술의 분야에서 국제적으로 인정된 표준규격을 만드는 회사들을 지원하라.

⑩ 범죄수사와 기소에서 사용하기 위하여 전자데이터를 검색하고 인증하기 위한 모순이 없는 법정기준을 개발하여 활용하라.

버 테러 대책의 특별 행동계획도 마련키로 결정했다. 일본은 현재 컴퓨터 시스템을 파괴하는 행위를 형법상 전산기 손괴 등 업무방해죄로 처벌하고 있다.

미국 일본 등 선진국에서는 사이버 범죄의 특성을 감안, 24시간 근무 및 국제간 협력체제를 유지하고 있다. 매일 2~3명의 수사요원이 24시간 사이버공간을 순찰하면서 첩보를 수집하고 용의자 추적, 피해상담, 현장출동 등의 임무를 맡고 있는 것이다.

미국 등 선진국과 비교할 때 우리 나라는 지금까지 복잡한 컴퓨터 시스템을 어떻게 하면 제대로 작동시킬 수 있는가에 급급했을 뿐 적의 가상공격에 대비한 보호시스템을 갖추는 노력이 미흡했다. 그만큼 허점이 많다는 이야기다. 사이버테러가 일어난다면 공항 항만을 비롯한 사회 기반시설이 주요 공격목표물이 될 공산이 크다. 국방분야는 상대적으로 나은 편이지만 사회 기반시설의 전산망은 워낙 광범하고 취약점이 많은데다 사회 교란효과가 커 사이버 테러리스트들의 좋은 공격목표가 될 수 있다. 우리 국방당국이 주목하는 사이버테러의 종류는 △외부세력의 컴퓨터망 침입으로 인한 프로그램 파괴와 마비 △컴퓨터바이러스 살포, 역 정보 유포 △비행기에서의 특정정보망에 대한 전자파 발사 등이다. 다만 국방부는 국방부의 정보시스템이 미국처럼 인터넷망으로 갈려 있는 것이 아니라 자체 내에서만 활용할 수 있도록 독립망으로 운영되고 있어 북한이 해킹 가능성은 거의 없다는 입장이다. 국방부 전산망을 인사·업무관리 목적으로 활용 중이므로 해킹을 당하더라도 큰 피해가 없다는 것이다. 그렇다 해도 군수 지원 등 외부와 연계된 전산망은 매우 취약하며 금융전산망 보호장치 역시 전문적 해커에 속수무책이라는 평가를 받고 있다.

사이버 테러리즘의 예방과 단속은 직접적인 대책이 되겠지만 더 근본적으로 유기적인 대책이 마련돼야 할 필요성이 크다.

첫째, 사이버테러의 위험성에 대한 교육이 절실하다. 정보화 사회에서 정보의 가치는 자산이 가치와 동일하며 정보도 재산으로서 보호돼야 한다는 의식과 사이버 공간에서의 방재 의식이 확산되도록 해야 한다. 특히 유·소년시절부터 해킹은 어디까지나 범죄라는 인식을 심어주어야 한다. 그러나 우리의 현실은 정반대이다.

둘째, 전문 인력을 양성해야 한다. 우리나라는 현재 정보보호를 다룰 전문 인력이 턱없이 모자라는 실정이다. 암호화-정보보호기술 개발, 법과 제도 연구, 교육 등을 맡아 수행할 인력양성이 시급하다. 대학교육과정에서는 컴퓨터 시스템에 대한 밀도 있는 기회를 주도록 해야 한다. 각종 형태의 사이버전쟁에 대비하려면 제도적인 교육과정을 통해 체계적 교육을 실시, 전문 인력을 고루 양성해야 할 것이다. 특히 컴퓨터와 사이버공간에 관련된 범죄의 수사는 고도의 하이테크 범죄수사이므로 수사관도 해박한 지식과 전문성이 높은 기술을 갖추어야 한다. 미국의 경우 컴퓨터범죄 수사과에 수사관으로 임명되면 의무적으로 5년 동안 근무해야 하며 그 기간이 지나야 자신이 원하는 보직으로 옮길 수 있게 하고 있다. 그러나 우리나라 컴퓨터범죄 수사기관 종사자들은 길어야 1~2년간 재직하는 형편이다. 따라서 새로운 인사정책이 필요하며 이 분야의 종사자들에 대한 일정한 인센티브 정책이 도입돼야 할 것이다. 99년 3월 적발된 MOV 등 컴퓨터 바이러스 제작·유포사건의 경우 추적하는 데만 년 이상 걸렸다. 사이버테러범의 검거에는 많은 전문 인력과 장기간의 시일이 소요되는 것이다.

셋째, 전 국가적 정보 보호체계 수립이 필요하다. 사이버테러에 대한 소극적 대책 차원을 넘어 정보전쟁에 대비할 수 있어야 한다. 미국에서는 암호화기술을 전략무기로 분류, 수출을 통제하고 있다. 그리고 암호화-정보보호기술 개발이 국가의 기간연구라는 인식 아래 대학의 연구와 교육을 적극적으로 지원하는 노력이 필요하다. 이를 위해서는 항구적 정부기관을 설립해 운영하는 것이 좋을 것이다.

넷째, 범사회적 협조 분위기가 조성돼야 한다. 각 기관의 시스템관리 소홀은 범죄를 부추기는 요인이 된다. 정부와 기업은 시스템 관리·유지에 소요되는 비용을 줄이려고 관리 인력을 최소화하고 있으며, 그나마 보수가 높은 인력은 쓰지 않는다. 새로운 크래킹을 연구할 시간과 기술이 없는 상황에서 시스템이 유린당하는 것은 당연하다. 피해기관의 자발적인 협조도 아쉽다. 한 기관이 테러를 당한 경우 다른 기관에서는 나 몰라라 방관하며, 관련 자료를 요청해도 제대로 제공해 주지 않거나 늦게 보내준다. 그 때는 범죄자들은 이미 도주하고 중요한 증거는 모두 사라진다. 각 기관의 협조체계 구축을 위한 특별대책이 필요하다.

다섯째, 법적 제재를 엄격히 해야 한다. 새로운 법을 만드는 것도 좋지만 있는 법도 제대로 활용하지 못하는 것이 문제다. 컴퓨터나 온라인상의 자료에 대한 삭제·조작행위가 범죄에 관련 있을 경우 1년 남짓한 실형이 선고되는 게 고작이며, 그나마 대부분 집행유예로 석방되는 실정이다. 컴퓨터와 사이버공간의 범죄에 대해 사법당국이 그만큼 무신경한 것이다.

여섯째, 국제적 협력 체제를 강화해야 한다. 일반범죄를 인터폴이 수사하듯이 사이버 테러도 같은 방식으로 처리해야 하며, 국제사회의 합의대로 우리나라도 선진국의 조류와 공동대처방식에 적극적으로 동참해야 한다.

다중이용시설 테러리즘

「다중이용시설 등의 실내공기질관리법」 제2조에 따르면 다중이용시설이란 불특정 다수인이 이용하는 시설을 말하며, 여기에는 구체적으로 지하역사(출입통로·대합실·승강장 및 환승통로와 이에 딸린 시설 포함), 지하도상가(지상건물에 딸린 지하층의 시설 포함), 「여객자동차 운수사업법」에 의한 여객자동차터미널의 대합실, 「항공법」에 의한 공항시설중 여객터미널, 「항만법」에 의한 항만시설중 대합실,「도서관 및 독서진흥법」에 의한 도서관, 「박물관 및 미술관 진흥법」에 의한 박물관 및 미술관, 「의료법」에 의한 의료기관, 실내주차장, 철도역사의 대합실, 「영유아보육법」 제10조의 규정에 따른 보육시설 중 국공립보육시설, 법인보육시설, 직장보육시설 및 민간보육시설 등이 포함된다(동법 제3조 1항).

미국 9·11 테러 사건 이후 최근 일어나고 있는 일련의 국제적 테러 사건은 대부분 불특정 다수의 사람이 모이는 호텔, 역, 극장, 병원 등 사람들이 많이 모이는 다중이용시설에서 집중적으로 발생하였다(이경훈, 2010: 181-182). 이러한 다중이용시설에 대한 테러리즘의 발생 빈도가 큰 이유는 뉴테러리즘의 양상에 따른 불특정 다수에 대한 대량 인명 피해의 효과로 볼 수 있으며, 이와 더불어 민간 다중이용시설에 대한 테러리즘 예방체제가 전혀 구축되어 있지 않다는 것을 반증하기도 한다.

다중이용시설 테러유형은 다중교통이용시설에 대한 공격 형태와 다중편의이용시설 공격 형태로 구분되며, 한국의 경우 다중교통이용시설과 다중편의이용시설이 함께 연계되어 있는 경우가 대부분이다(허태회, 2011: 215). 특히 도심지역 지하철역과 연계된 지하상가의 경우 도시 밀집화의 영향에 따라 테러 공격의 취약성이 높다고 할 수 있으며, 테러 공격에 따른 피해는 매우 심각할 것으로 예상된다.

일반적인 정부의 테러리즘에 대한 대응정책은 사전 예방책 마련과 테러 사건 발생후 대테러리즘으로 대응하는 위기관리로 나눌 수 있다. 정책분류는 테러리즘을 근절시키기 위한 방법으로서 장기적인 안목을 견지하는 의미의 사전적 대테러리즘과, 단기적이며 적극적인 의미로서의 테러리즘 발생 현장에서 대응처리인 사후적 대테러리즘으로 구분한다.

다중이용시설 테러리즘도 마찬가지로 이를 예방하기 위해서 사전에 취약요소를 분석하고, 위험잠재성을 평가하여야 하며, 테러범 또는 테러조직 색출 및 검거·테러조직 자금의 봉쇄·정치적 및 기타 방법에 의한 테러범의 안식처 제거 등의 활동을 하여야 한다.

테러범에 대한 사전 검거를 위해서 테러분자의 입국 거부를 확인하는 것과 다른 증거로 테러행위의 가능성이 있는 인물을 사전에 찾아내야 하며, 이것은 주로 경찰, 보안당국, 세관에서 행하는 통상업무에 해당된다. 특별히 문제가 되는 것은 변장, 여권위조, 가장 등 신분위장과, 사전 통보를 받지 않은 상태에서 갑작스런 테러범의 출현이다. 불과 2~3명으로 승객 200~300명을 인질로 하여 그들이 의도하는 심리적 충격과 효과를 노릴 수 있다는 점에서 테러범들은 항공기의 납치를 가장 손쉬운 수단으로 선택하는 만큼 여기에 대한 대비책의 일환으로 입국자의 감시, 탑승자 및 화물의 검문·검색은 물론 탑승구 경비, 기체 내 방어체제 등 강화가 이루어져야 한다.

그리고 사후 사건 처리에 있어서 즉각 조치 - 계획 - 협상 - 구출의 4단계로 이루어질 수 있으며, 즉각 조치 단계는 사건발생 초기단계에서 테러리스트의 정체를 빨리 파악해서 제반 대응수단을 취하는 것으로, 시민들을 사건 현장에서 격리되고, 대테러 특공대를 즉시 출동시키고 지휘부·전술팀·협상팀·지원팀 등 현장대책 조직을 구성하는 것을 말한다.

계획단계는 사건발생 후 현장의 주도권을 장악하고 테러리스트의 구성과 화력, 요구조건 등을 어느 정도 파악하고, 이에 따라 취해지는 조치로서 협상·설득·작전 등 구체적인 활동에 들어가는 것을 의미하며, 이때에는 전반적인 상황을 판단해서 구체적인 대응 전술을 선택 결정하게 된다.

협상단계에서는 사건종결을 무력에 의지하지 않고 평화적인 대화에 의해 해결하고자 하는 것을 말하며 정치적·이념적으로 철저하게 무장하고 있는 테러리스트와의 협상에서 그들을 설득하기 위해서는 풍부한 전문적 지식과 전술적 기술을 필요로 하며, 협상에 직접 참가하는 전문가는 테러리스트들을 압도하고, 현상을 순조롭게 유도할 수 있을 정도의 상황판단 능력을 유지하고 급변하는 상황을 지속적으로 파악한다.

테러리스트들이 인질을 자진해서 석방하지 않거나 협상이 실패로 끝날 경우에는 마지막 대응수단으로 물리적인 구출작전이 남게 된다. 구출작전을 위해서는 잘 훈련된 대테러리스트 특수부대가 있어야 하며,

작전이 성공적이라 하더라도 인질과 특공대원의 많은 인명은 물론 정부의 정치적 부담까지 감수해야 한다. 특수부대에 의한 구출작전은 마지막 수단으로 사용되는 것이기 때문에, 최대의 성공을 보장받기 위한 공격시기의 선택은 범인이 극도로 지쳐 있을 때, 범인의 주의력이 산만할 때, 범인들이 공격을 전혀 예상치 못하고 있는 시기를 택하여 실시해야함을 인식해야 한다.

13

테러리즘 사례 연구

서독 뮌헨 올림픽 테러사건

1972년 9월 5일 오전 올림픽 선수촌의 이스라엘 선수 숙소에 무장한 '검은9월단' 멤버 8명이 난입하여, 이스라엘 선수 1명과 코치 1명이 살해되었으며, 남은 인원을 인질로 한 사건이 발생하였다.

검은9월단은 범행성명을 발표하였으며, 이스라엘에 수감된 팔레스타인 양심수 234명의 석방을 요구하였으나, 이스라엘 수상은 이를 거절하였다. 대신 이스라엘 군대를 파견하여 사태를 수습하도록 서독에 양해를 구했으나 서독의 법률상 외국군의 국내 활동이 제한되어 서독 독자적으로 대응하겠다고 하였다.

서독 당국은 테러범들과 교섭을 시작하여, 비행기로 이집트 수도 카이로로 탈출하는 것으로 합의를 보았으며, 실제로는 공군기지로 테러범들과 인질들을 공군기지로 이동시키고, 경찰특공대와 저격수를 동원한 진압작전을 계획하였다.

헬리콥터가 퓌어슈텐펠트부르크 공군기지에 착륙한 뒤 테러범들이 헬리콥터에서 물러날 때쯤 저격수가 발포하였으며, 총탄이 테러범들 전원을 사살하지 못하여 총격전이 발생하였다. 테러범들은 총격 도중 수류탄을 헬리콥터에 투척하여 인질 전원이 사망하게 되었다.

서독 뮌헨올림픽 테러사건에 있어서 대응상의 문제점을 살펴보면, 먼저 정확한 정보 수집이 결여되었다. 특히 테러범들의 인원을 처음에는 5명으로 파악하였으나, 공군기지에서의 총격전이 발생된 후 8명인 것으로 파악되어 공항 저격팀은 이를 인지하지 못한 상태에서 테러범들을 전원 사살하지 못하여 구출작전이 실패로 돌아갔다.

또한 올림픽 선수촌에서의 진압시도가 언론에 의해 생중계됨으로써 테러범들이 진압작전에 대해 TV 중계로 모두 파악하게 되어 언론 통제의 미비점이 대두되었다. 이 때문에 진압작전이 노출되었다는 사실을 알아챈 서독 경찰은 작전을 취소할 수밖에 없었다.

이와 더불어 보잉 727기내에서 대기 중이던 위장 경찰들의 경우 비행기를 수류탄으로 폭파시킬 것을 두려워한 나머지 작전지역을 이탈하였으며, 이는 지휘통제 및 책임소재가 불분명하였다는 점을 반증한다고 할 수 있다. 더욱이 대테러 진압부대 및 장비 또한 그 당시 서독에는 존재하지 않았다. 이에 따라 선수촌 진입 작전에 대테러 특수훈련을 받지 못한 일반 경찰이 투입되었으며, 공항 저격수 또한 저격용으로 부적합한 장비를 공급받았다.

성공적인 협상의 요건

협상이란 갈등관계에 있는 사람이나 집단이 상호간에 대화를 통해서 그 갈등관계를 해소하려고 노력하는 과정을 말한다. 협상은 매우 광범위하며 여러 가지로 분류할 수 있다. 협상 대상자의 수에 따라 양자협상, 다자협상으로 분류되며 협상 당사자의 수준에 따라 개인, 조직, 지역, 국가 수준의 협상으로 분류한 수 있다. 또한, 협상은 협상대상의 문제에 따라 분류가 될 수 있는데 경제통상협상, 정치협상, 가정문제협상, 인질석방협상, 휴전협상 등 수 없이 많지만 본 절에는 인질 석방협상에 대해서만 언급하기로 한다.

지구상 곳곳에서는 끊임없이 범죄행위를 자행하고 있는 테러리스트들을 상대로 인질 석방을 위해 협상이 시도되고 있다. 협상을 시도하는 목적은 첫째, 불특정다수의 인질들을 석방하는 것이고, 둘째, 테러리스트들이 범죄행위를 다시는 하지 않도록 설득하고, 인질들의 생명을 위협하는 행동을 자제하게 하기 위함이다. 협상팀의 구성은 대부분 대화진행자, 기록자, 심리 전문가든 3명으로 구성되나 정보판단 및 유관기관과의 업무협조 및 조정 업무를 관장하는 인원이 추가로 필요할 수 있으며 항공전문가, 통역, 소방, 발전, 폭발물 처리 등 전문 인력이 추가로 필요할 수도 있다. 지금까지 수많은 항공기 납치 사건이 발생한 후 인질석방을 위해 협상을 시도하였다. 그 중에서 싱가폴 항공기 납치사건 때 인질석방을 위한 협상이 가장 모범적인 성공사례였다고 한다. 그러나 인질석방 협상이 성공하였다고 해서 테러리스트들을 굴복시켰다고 할 수는 없는 것이다. 테러리스트들과의 협상은 인질을 구출하기 위한 수단일 뿐이다. 테러리스트들이 발생시킨 모든 문제를 깨끗하게 해결해 주는 것은 아니기 때문이다. 그러므로 협상이 궁극적인 목표는 최단 시간에 인질들을 안전하게 구출하는 것이며 만약 협상에 의하여 인질구출이 불가능할 경우 무력공격을 위한 시간을 얻기 위한 것 이다.

인질들의 안전한 석방을 위한 성공적인 협상을 위해서는 협상 전에 다음과 같은 준비를 해야 한다.[10] 인질사건이 발생하면 첫째, 인질범들

10) 영국의 스콧협상연구원(Scot Negotiation Institute)이 제시한 협상전술 8단계는 협상자가 각 단계마다 전술 혹은 기법을 활용하도록 충고하고 있다. 8단계의 내용은 꼭 지켜야 할 지침이라기보다는 협상자가 사전에 충분한 준비를 하라는 뜻으로 받아들이면 된다.
(1) 제1단계(협상준비)
협상시에 상대방으로부터 이끌어 낼 것 등을 구체적으로 기록한다. "얻기를 희망하는 것, 얻도록 노력할 것, 꼭 얻어야 할 것" 등을 메모한다. 그리고 이쪽에서 최대한 양보할 수 있는 것과, 협상팀 각자의 임무를 부여한다.
(2) 제2단계(논쟁개시)
상대방이 흥정을 하도록 유도하는 자가 유능한 협상자이다. 협상시 상대방의 첫 번째 요구사항은 절대 동의하지 말고 다른 사안으로 전환하도록 하라 요구사항을 거절하라는 것이 아니다.
(3) 제3단계(신호)
상대방에게 협상 용의가 있다는 것을 알려라. 인질석방을 위한 협상이라면 우선,

이 눈치 채지 못하도록 주의하면서 인질납치장소의 경계강화의 봉쇄작전을 은밀하고 신속하게 실시해야 한다. 둘째, 인질범들을 통제가 용의하도록 한곳으로 집결시킨다. 셋째, 가장 중요한 것은 언론과 매스컴의 접근을 최대한 차단시키는 것이다. 인질범들의 선전과 홍보의 실현을 위한 이점을 제공하는 결과가 되기 때문이다. 마지막으로 유능하고 경험이 풍부한 협상팀을 구성한다. 협상팀이 구성되면 인질범들에 대한 정보의 수집과 분석을 실시한다. 협상의 주도권을 잡기 위해서는 인질범들에 대한 정보를 세세한 것까지 최대한 수집해야 한다. 먼저 어떠한 정보가 필요하고 현재까지 입수한 정보는 어느 정도이며 협상 전까지 어떤 정보가 입수 가능한지를 고려하여 쟁점별로 체크 리스트를 작성하는 것이 바람직할 것이다. 또한 인질범들의 숨겨진 진실과 요구사항을 확실히 파악하고 그들의 다양한 메시지를 이해하며 해석이 가능하도록 노력해야 된다. 협상자들은 협상전술을 최대한으로 활용하여 협상

"환자와 어린이들을 석방하시오. 당신들의 진의를 믿게 해주시오."와 같은 용의를 전달한다.

(4) 제4단계(제안)

제안사항은 협상상대, 교신방법, 진행방법 그리고 각종 절차에 관한 제안을 말한다.

(5) 제5단계(타결안)

여러 가지 협상안을 한꺼번에 타결하는 것이 아니라, 한가지 내용을 세분화하여 타결한다. 조건, 시간, 장소, 전달방법, 식별방법, 상대방의 요구 조건 등을 일괄하여 합의하는 것이다. "환자는 항공기 뒷문으로 한사람씩, 이쪽편의 의사 1명과 간호사 2명이 인계 받으며, 병원차는 항공기 트랩 밑에 대기한다."와 같은 방식을 말한다.

(6) 제6단계(흥정)

상대의 요구가 바뀌거나, 또, 다른 것을 추가로 요구할 때 이쪽에서는 흥정을 다시 해야 한다. 협상은 교역이다. 양보는 협상이 아니다.

(7) 제7단계(정리)

협상이 합의되면 그 내용을 정리하고 상대방에게 필히 확인을 해야 한다.

(8) 제8단계(타결)

서로의 제의와 그 내용에 대한 합의를 재확인한 후 쌍방간이 약속한 절차에 따라 실제 행동에 옮긴다. 지금까지 알아본 협상의 8단계는 앞에서도 이야기했듯이 꼭 지켜야 한다기보다는 협상자가 참고하여 활용하면 된다. 협상상황에 따라 필요 없는 단계도 있을 수 있고, 중복 내지는 여러 번 사용하는 단계도 있을 수 있다.

시간을 지연시킨다. 그렇게 함으로써 협상 결열시 무력진압에 대비한 저격수 배치 등 공격준비 시간을 최대한 얻을 수 있다.

협상단계에서 협상 당사자들이 자신들의 요구와 주장이 관철되고 자신들에게 유리한 협상이 타결되도록 노력한다. 그러기 위해서는 협상에 응용할 수 있는 갖가지의 전술적 용어를 사용해야 할 것이다. 그런데 전술적 협상 용어는 실제상황과 협상목적 협상상대에 따라 많은 제약을 받는다.

성공적인 협상을 위해서는 범죄자와의 협상 시에는 그들을 격려(Isolate), 칩거(Contain), 대화 (Communication) 할 수 있도록 보장되어야 한다. 또한, 보도진, 일반인들의 출입을 제한하여, 범죄자들의 신원이 노출되지 않도록 보호하고 주변 환경이 소란스러워 대화가 중단되지 않도록 신경을 써야 한다. 그리고 범죄자들의 반응은 대략 두 가지 유형으로 분류할 수 있다. 하나는 거친 성격의 소유자로써 그들은 협상 시.거창하게 나오고 협상이 교착되거나 실패할 경우에도 결코 두려워하지 않는다. 이런 부류의 범죄자에게는 조금씩 양보하는 것도 협상의 한 방법이므로 고려되어야 한다. 또 하나의 유형은 심성이 약한 성격의 소유자다. 이런 약한 범죄자들은 거친 성격의 범죄자들과 반대의 성격을 가지고 있기 때문에 강경은 절대 삼가하고 그들이 양보하면 받고 그들의 지나친 요구는 거절하도록 한다. 또한 범죄자들과의 협상은 침착함과 유연성을 가져야 한다. 그들을 흥분과 긴장, 좌절 등의 변화폭이 깊고 불규칙하게 움직이므로 협상들은 그들의 심리적 변화를 신속하고 정확하게 파악하여 여유 있는 태도로 유연하게 대처해야 한다. 그러나 그 유연성이 결코 협상의 원칙을 무시하는 결과를 초래해서는 안 된다. 이와 더불어 협상 전 상대방의 목표를 아는 것보다 더 중요한 것이 상대방이 필요로 하는 것이 무엇인가를 알아내는 것이다. 상대방의 필요를 이해하면 상대방의 가장 중요한 심리적 목표를 추출하는데 도움이 된다고 한다. 결과적으로 협상을 준비할 때는 상대방에 대한 여러 가지 정보를 수집하여 활용할 충분한 가치가 있다.

무력진압을 통한 대응방안

인질 구출을 위한 테러리스트와의 협상이 타결되거나, 그들이 조건 없이 투항한다면 인질납치 사건은 쉽게 해결되지만, 만약 협상이 결렬되면 무력을 사용하여 테러리스트들을 진압할 수밖에 없으므로, 인질구출을 위한 협상이 진행되고 있는 동안에도 무력진압을 할 수 있는 준비는 항상 되어 있어야 한다.

그러나 인질구출을 위해 무력이 사용된 경우는 많지 않다. 그 이유는 성공한다는 보장이 없으며, 인질의 생명을 쉽게 포기한다는 여론을 무시할 수 없기 때문이다. 그 실례로 랜드 보고서를 보면 인질구출을 위해 특공대가 작전 중일 때 사망한 경우가 전체 인질의 약 80%를 상회한다. 그러나 인질구출의 성공 가능성이 없고 테러리스트와의 협상이 결렬되어 테러리스트들이 인질을 살해할 기미가 보이면 무력진압 작전을 개시해야 하는데 이때는 사전에 빈틈없이 준비를 해야 한다. 테러리스트 진압작전이 성공하더라도 피해는 발생된다. 전문가들에 의하면 인질과 승무원의 약 30%, 진압 대원의 약 15%가 피해를 입는다고 한다.

최근의 세계적 흐름을 보면 테러리즘 사건을 해결하는데 있어 특공대를 투입해 무력 진압하는 경향이 늘어나고 있는 추세다. 이는 테러리스트들의 요구 사항을 '불양보정책'으로 대항하고 있다는 증거이며, 대테러 진압특공대를 신뢰하고 있다는 증거이기도 하다.

진압 작전준비 단계에서는 대테러 특공대원을 선발하고, 진압구조물을 파악하며, 모의훈련을 실시한다. 그리고 테러범들에 대한 정보를 확보하고, 진압작전 계획을 수립한다.

테러리스트 진압 특공대원은 테러리즘 사건의 유형에 맞게 선발되어야 한다. 사건별 유형을 보면, 항공기 납치, 건물 내·외에서의 인질납치, 주요 인사 납치, 대사관저의 인질납치, 외국기업의 직원 납치 등으로 분류된다.

각국의 테러리스트 진압 특공대원은 국가 최고의 정예화된 인원으로 편성하여 훈련을 실시하고 있으며, 크고 작은 테러리스트 진압작전에 투입되어 큰 성과를 거두고 있는데, 세계의 주요 테러리스트 진압특공대의 현황은 제4장 주요 테러리스트 단체와 대 테러리스트 특공대를 참고하기 바란다.

테러리스트 진압 특공대원이 선발되면 인질 납치 장소의 정밀 분석된 내・외부구조를 대원들에게 숙지시켜야 한다. 진압대원들은 건물 내, 외부의 정확한 구조를 파악한 후에 작전을 수행함으로써 인질과 진압대원의 희생을 최대한 줄일 수 있다.

지난, 1996년 12월 17일에 발생한 페루주재 일본대사관 인질억류사건을 126일만에 진압 특공대원을 투입하여 인질들을 성공적으로 구출한 사례를 보더라도 건물의 내, 외부 구조파악은 대단히 중요하다. 구조물의 내, 외부파악은 여러 방법이 있으나 대표적인 방법은 고성능 적외선 감시장치를 장착한 헬리콥터 등을 이용하거나 초소형 도청기를 구조물 내부 깊숙이 밀어 넣어서 그들의 동태와 징후 등을 파악할 수 있다.

만약, 항공기 납치사건이 발생하였다면 동일한 기종의 내・외부 구조를 파악하여 진압 특공대원이 출입할 수 있는 통로를 찾아내야 하는데, 항공기는 대부분 후미의 화물 적재를 위한 출입문이 취약하다.

테러리스트 진압 특공대원들은 테러리즘 대상과 발생유형에 착안하여 평상시에 다양한 모의 훈련을 통해서 진압 작전이 실패하지 않도록 한다. 특히, 야간이나 시야가 어두운 경우를 대비한 모의 훈련을 반복 실시하고, 진압작전에 사용하는 섬광탄이나 연막탄에 의해 시야가 순간적으로 제로 상태가 되므로 충분한 훈련이 필요하다.

모의 훈련을 마친 후에는 필히 결과를 분석하여야 하는데, 정확성과 시간 단축에 중점을 두어야 한다. 세계의 주요 테러리스트 진압 특공대원들은 평상시에 모의 훈련을 반복적으로 실시하고 있어 진압 작전 개시 수분만에 상황을 종료시키는 막강한 전투력을 보유하고 있다.

페루 주재 일본 대사관 인질구출작전이 성공(1997. 4. 24)하게 된 동기의 일부분은 정예화 된 특공대 2개팀이 인질사건이 발생한 직후인 1996년 12월부터 약 5주간 미국의 사막에 일본 대사관저를 본뜬 모형 건물에서 비밀 모의 훈련을 실시한 결과라고 할 수 있다.

1994년 12월 24일 회교원리주의 조직에 의해서 프랑스 소속 항공기가 알제리의 우아리부메디엔 공항에서 납치되었다. 진압작전에 프랑스 GIGN 특공대가 투입되어 테러리스트 4명을 살해하고 인질 170명을 성공적으로 구출하였다.

이 작전이 성공한 이유는 승객 중 한사람이 핸드폰으로 테러리스트들의 숫자와 무장정도 및 위치를 진압 특공대원에게 알려주었기 때문이다. 이와 같은 정보 획득은 인위적 방법의 대표적 사례라고 할 수 있으며, 기계적 정보 획득방법은 적외선 감시 장비, 고성능 도청장치, 지뢰감지 장치 등을 이용하는 편이다.

진압작전계획은 테러리스트들의 수와 성향, 인질 수, 위치 및 장소, 주요 지형지물파악 및 주요 시설배치도 작성, 기상상태 등을 고려하여 작성한다.

또한, 테러리스트들이 점거하고 있는 장소에 어떻게 접근할 것인지 주도 면밀한 계획을 수립함은 물론 사전준비를 철저히 하여 테러리스트에게 노출되지 않도록 신중을 기해야 한다. 그렇게 하기 위해서는 공격원칙에 입각한 기만전술과 적의 허를 찌르는 대담성도 필요로 한다.

진압작전 운영은 보통 3단계로 실시하는데, 제1단계는 저격수배치, 지원팀 배치, 응급구조 및 소방대 배치 등으로 사전준비 단계이며, 제2단계에는 각종화기와 연막, 섬광탄 등을 사용하여 특공대원이 인질 억류 장소에 진입하여 본격적인 진압활동을 실시한다.

제3단계는 인질의 구출, 테러리스트사살(생포), 화재진화, 부상자의 응급조치 및 후송 등을 시행한다. 진압특공대의 지원팀은 예비 공격조, 폭발물 처리반(Bomb Squad) 화재진화반 등으로 구성되는데, 예비공격조는 특공대의 공격임무가 실패하였거나, 테러리스트들의 예상치 못한 돌발 공격에 대비하기 위해 비정예 요원으로 편성되며, 폭발물 처리반

(Bomb Squad)은 테러리스트들이 자신들의 방어와 협상시 유리한 조건을 유지하기 위하여 억류한 항공기나 시설물에 설치한 폭발물을 제거하기 위한 필수 요원들이다.

또, 화재 진화반에게는 진압작전 중 화기류 및 폭발물에 의해 발생한 화재를 진화하는 임무를 부여한다. 한편 저격수배치(Sniper)는 진압작전을 성공하기 위해서 가장 먼저 해야 한다. 저격수는 특등사수로 하여금 테러리스트들의 근거리 주변에 배치하여 도주시 사살하는 임무와 테러리스트들의 상황을 수시로 파악, 보고하는 임무를 맡는다.

진압 작전개시 단계에서 모든 작전준비가 완료된 후 테러리스트들을 진압하기 위하여 공격작전을 개시하는데, 공격개시 명령과 동시에 섬광탄과 연막탄을 살포하면서 진압특공대는 출입구를 확보한다.

이때, 저격수들은 지원사격을 하고, 모든 화력은 출입구에 집중하며, 진압특공대는 출입구에서 경계를 하고 있는 테러리스트들을 즉각 제압한다. 진압특공대가 출입구 확보에 성공한다면 내부에 있는 테러리스트들을 사살해야 하는데 대부분의 테러리스트들은 사격자세를 취하고 있기 때문에 몸체가 노출되어 있는 반면 인질들은 몸체를 낮추어 좌석 밑이나 기타 장소에 은폐되어 있으므로 특공대와 교전 중에 테러리스트들은 대부분 사살되고, 인질들의 피해는 최소로 줄일 수가 있다.

테러리스트들에게 공격이 가해지면 이들의 대응 사격도 무시할 수 없다. 테러리스트들은 대부분 중화기나 자동소총으로 무장하고 있기 때문에 화력이 대단하다. 그러므로 이들의 화력을 분산시키기 위해서는 예비공격조의 계속적인 지원사격이 필요하다. 인질이 있는 장소에 진입할 때는 테러리스트들의 공격이 무력화된 후에 진입을 해야 피해를 최대한으로 줄일 수 있다.

진압작전 중 테러리스트들을 사살하여 무력화시키는 것이 인질들과 진압요원을 보호할 수 있는 최선의 길이다. 그러나, 테러리스트들이 투항하면 철저히 무장을 해제시키고 격리해야 한다.

페루 주재 일본 대사관 인질구출 작전의 공격형태를 보면, 대사관저에 접근하기 위하여 사전에 굴착한 약 200m의 터널을 이용하여 특공대원들이 집결지인 제1목표 지점에 도착하였다. 제1목표 지점에서 특공대원들은 3개조로 된 진압팀을 편성, 공격한다. 제1조는 대사관저 정문으로 공격하고, 제2조는 건물후방 쪽으로 공격, 제3조는 건물 뒷쪽 벽을 타고 건물 옥상으로 올라갔다. 동시에 3개조의 기습공격이 감행되었다. 최루탄과 섬광탄을 투척하면서 건물 내로 진입하여 테러리스트들을 무력화시켰다.

진압 작전종료 단계에서는 잔여 테러리스트들의 존재 여부를 확인해야하며, 그들이 설치해 놓은 폭발물의 잔여량을 확인하여 제거함으로써 위험을 사전에 방지할 수 있다. 테러리즘의 진압은 순식간에 이루어지기 때문에 대개의 경우 수분만에 해결된다.

작전 종료 후 테러리스트들을 진압하는 과정에서 발생된 인명피해를 비롯해서 재산피해, 국제간 선린우호 저해 요소 등을 조사하여 사후처리한다.

또한, 진압작전 과정에서 사살되거나, 생포된 테러리스트들은 정보기관 혹은 수사기관에 인도하여 사건 전반에 대한 재조사가 이루어져야 한다. 그리고 테러리즘 발생에서부터 진압작전 성공까지의 모든 자료를 국가 간 공유하여 테러리즘 예방에 기여하여야 한다.

9 · 11 뉴욕 무역센터 테러분석

세계 최강대국 미국의 심장부인 워싱턴, 뉴욕, 펜실베니아 등에서 동시다발 여객기 자살 테러리즘이 발생하여 엄청난 사상자가 속출하는 사상 초유의 비상사태가 발생했다. 2001. 9. 11 오전 8시 45분 뉴욕 맨해튼의 세계무역센터 110층 쌍둥이 빌딩(417m)가운데 북측 건물 상층부에 유나이티드 항공소속 보잉 767기(보스턴발 로스엔젤레스행)가 충돌하였고, 그 후 18분 후(오전 9시 3분)에는 남측건물에 아메리카 항공소속 보잉 767기(보스턴발 로스엔젤레스행)가 충돌하면서 큰 폭발음과 함께 화재가 발생하였다. 이 건물은 1시간 후에 완전히 붕괴되었다. 남쪽건물이 붕괴된 30분 후에 북쪽 건물도 폭발하면서 무너져 내렸다. 세계무역센터 여객기 충돌사건이 발생한 지 30분 후에는 워싱턴의 국방부 건물과 백악관 서쪽 인근 헬기장에 아메리카 항고소속 보잉 757(델라스발 로스엔젤레스행)가 추락하면서 헬기 1대와 충돌하였다. 이 사고로 헬기가 폭발하고, 보잉 757기는 후미가 국방부 서편 한쪽을 뚫고 들어가 폭발했다. 또 국방부 건물 앞에서 차량 폭탄 테러리즘이 두 차례 발생하였고 국회의사당과 링컨 기념관에 이르는 국립 광장에도 폭발로 보이는 화재가 발생하였다. 그리고, 펜실베니아주의 서미싯에 추락한 여객기는 유나이티드 소속 93기로 뉴욕 인근의 네와크 발 샌프란시스코 행이었다. 알 카에다 테러리스트들이 납치한 4대의 여객기에 탑승하여 희생된 사람은 266명이었다. 이번 테러사건으로 2천 8백여 명이 사망하고 수천 명이 부상하였으며 약 950억 달러(114조-한국의 2003년도 예산 약 114조 5천억)의 재산 피해가 났다.

2001. 9. 11 미국 동시다발 테러리즘의 원인을 보면 대략 다음과 같은 4가지로 분류할 수 있겠다.

첫째, 미국의 일방주의 정책에 따른 반미정서가 전세계로 확산되고 있다. 유혈충돌이 빈번하게 발생하고 있는 중동사태에 관련하여 미국 부시 행정부는 사태 해결의 중재자 역할을 수행하기보다는 노골적으로 이스라엘 편들기에 주력하였다. 미국은 지금까지 이스라엘에 1천억 달러 이상을 원조로 제공하였으며, 지금도 매년 20~30억 달러를 지원하고 있다. 또한, 미국은 지난 10여 년 동안 이라크와 쿠웨이트 분쟁을 중재하기는커녕 일방적으로 쿠웨이트를 두둔하고, 이라크에게는 경제제재로 인하여 궁핍한 생활을 하고 있으며, 무차별 공격으로 무고한 국민을 사망케 하였다고 이슬람 국가들은 믿고 있다.

둘째, 이슬람 근본주의 뿌리는 19C~20C 초 서방 제국주의의 아랍침략에서 출발한다. 이슬람 문화와 종교적 주권을 기독교에 빼앗긴 아랍권은 이슬람의 쇠퇴를 순수한 이슬람으로 회귀하고 종교 개혁을 통해

극복하고자 했는데, 서방 국가들은 수차례 중동전쟁을 일으켜 이슬람 국가들의 분열을 조장하였고, 신성한 이슬람 영토와 주권을 침해하였다고 이슬람 민족은 믿고 있다. 특히 1991년 걸프전 당시 급진 이슬람 근본주의 국가인 이라크를 미국이 공격할 때 사우디아라비아가 미국에게 전쟁거점을 제공하자, 오사마 빈 라덴은 이슬람 종주국의 치욕으로 간주하고 미국과의 전쟁을 선포하고 결사항전하고 있다.

셋째, 미 두 측의 중동정책 중 중동의 기름 창고를 자유롭게 쓸 수 있도록 중동정치에 깊숙이 개입한 모하메드 모사데크 정권을 붕괴시키고 친미성향의 왕정을 복귀시켰으며, 또 사우디아라비아에서도 봉건적인 반민주 정권을 지원해, 그 대가로 영구 군사 주둔권을 얻었다. 1991년 걸프전에서 이라크와 전쟁을 벌인 궁극적인 목적은 석유공급원인 쿠웨이트를 지키기 위해서였다고 보는 것이 타당하다.

넷째, 부시 행정부의 밀어붙이기 식 강경정책은 국제적 고립을 자초한다. 유엔안전보장이사회의 반대에도 불구하고 미국 단독으로 다른 나라의 주권을 침해하는 무력공격을 감행한다면 세계 대다수 국가로부터 냉대를 받을 것이며, 이슬람 원리주의자들과 반 세계화 세력들로부터 저항을 받을 수 있다고 본다.

그러나 9.11 테러리즘은 막을 수 있었다는 것이 테러리즘 전문가들의 공통적 의견이다. 2001년 9월 11일 테러리즘이 지난 후에 나타난 여러 가지 상황을 분석한 결과 다음과 같은 실수를 하였음을 확인할 수 있다.

첫째, 테러리즘에 관련된 정보를 소홀히 다루었다. 1993년 세계무역센타 폭탄 테러리즘의 배후 인물인 뉴 자칼(람지아흐메드 요세프)에 대한 수사결과 알 카에도(Al Qaeda) 테러리스트들이 항공기를 납치하여 CIA 건물에 충돌하는 가미가제식 공격을 계획하고 있다는 정보를 입수하였으나, FBI와, CIA의 정보공유지원체제가 제도로 이루어지지 않아 사전대비를 못했다.

둘째, 항공기 훈련생의 수상한 행동을 묵살하였다. 2001년 7월 5일 미국 애리조나주 피닉스의 FBI 요원 케네스 윌리암스는 엠브리 리들 항공대학에서 훈련중인 이슬람 청년들이 민간항공기 시스템에 침투할지 모른다는 정보를 지휘계통에 보고하였으나, FBI의 국제 테러리즘 책임자인 마이크 롤린스와 CIA, C.S.G(백악관 대 테러리즘 그룹)에 보고되지 않고 묵살되었다.

셋째, 방심과 오만이 테러리즘을 불렀다. 초강대국인 미국 본토에 테러리즘이 발생되리라고는 생각하지 않았다고 전 FBI 관리가 실토하였고, FBI본부는 테러리즘의 세력이 약화되어 국내에서 작전을 벌일 능력이 없다고 판단하였다.

넷째, 테러리즘 용의자에 대한 수사가 미온적이었다. 2001년 8월 16일 미국 미네소타 주 소재 항공학교에 다니던 '자카리아스 무사위'를 이민법 위반으로 구속했다. 수사를 담당한 FBI 요원들은 무상위의 컴퓨터에 대한 압수수색을 FBI에 요청하였으나 거절당했다. 또한 구속 당시 프랑스 정부당국은 무사위가 이슬람 과격분자로 테러리즘 용의자라는 사실을 CIA에 통보하였으나 CIA와 FBI는 이 사실을 CSG에 보고하지 않고 9·11 테러리즘 후 무사위는 테러리즘공범으로 기소되었는데, 그가 항공학교에 다닐 때 9·11 테러리즘 공범 2명이 방문하였던 것으로 조사되었다. 이와 같은 실수 중 단 한 가지라도 범하지 않았더라면 테러리즘 상황은 엄청나게 달라졌을 것이다.

2001. 9. 11 사상 초유의 테러리즘이 발생된 후 세계 여러 나라는 자국의 안보를 강화한다는 명분으로 반 테러리즘 법을 제정하여 시행하고 있는데, 최근 1년간 발생한 인권 침해 사례를 국가별고 간추려 본다.

미국은 9·11 뉴욕 무역센타 테러리즘 후 1년간 테러리즘과의 전쟁이라는 구실로 영장 없이 체포, 구금된 아랍인과 이슬람교도들은 5천명 이상이며, 국적에 관계없는 불법 체류자도 1천 2백 명을 구금하였고, 테러리즘 용의자로 체포 구금된 자들은 변호사 선임권도 박탈되었다고 영국의 시사주간지(이코노미스트 2002. 9월)가 발표하였다. 또한 9·11 테러리즘 후 세계 20여 개 국가가 자국의 안보를 내세워 반 테러리즘

법을 제정하였는데, 국제사면위원회와 각종 인권단체들이 검토한 결과 영국의 반 테러리즘법이 가장 악법이라고 평가하였다.

2001년 12월에 재정, 통과된 영국의 반 테러리즘 법은 테러리즘과 관련된 용의점이 있거나, 국가 안보에 위협이 되는 외국인은 재판 없이 무기한 구금할 수 있는데 9·11 후 1년 동안 25명을 영장없이 체포하여 11명을 구금하였다. 그리고 영국의 중앙자치부는 유·무선 전화, e-메일 등 모든 형태의 통신수단을 수시로 조회할 수 있는 법률을 제정하여 시행하고 있으며, 독일의 헌법보훈청(국내정보기관)은 법원을 경유하지 않고 개인은 물론 기업체, 공공기관 등의 은행거리 내역과 우편, 항공서비스 등의 이용정보를 수시로 조회할 수 있는 법안을 마련 중에 있다.

또한 유럽연합(EU)은 통신업체들의 e-메일과 유·무선 통화 등 개인통신 기록을 1~2년간 보존하는 것을 의무화하는 법안을 2002년 6월에 마련하였고, 프랑스도 반 테러리즘 법을 제정해 도로를 운행 중인 모든 차량을 사전 영장 없이 검문, 검색할 수 있도록 하였다.

호주는 테러리즘을 방지한다는 이유로 아프가니스탄에서 자유를 찾아 온 난민들을 불법구금하고 있는 실정이다.

이와 같이 비인도적 인권침해 사례에 대하여 국제 인권단체인 휴먼라이츠 위치는 한때, 인권 선진국을 자처하던 미국, 영국, 독일, 프랑스, 호주 등의 국가들이 자국의 안보를 지킨다는 명분으로 힘없는 자들의 자유를 제한하고 인권을 침해하는 사례가 부적 늘었다고 개탄하면서 이들 국가들을 "기회주의적 인권 탄압국가"로 지정하였다.

김선일 피살사건

2004년 6월 22일 이라크에서 미군에 각종 물품을 제공하던 한국 군납업체인 가나무역의 직원 김선일이 이라크의 무장단체 알 타우히드 왈 지하드에 납치되어 피살된 사건이다.

같은 해 5월 31일 김선일은 국제적인 이슬람 테러리스트 알 자르카위가 이끄는 무장단체에 의해 납치되었다. 다음 달 21일 아랍계 위성방송 알자지라에 의해 피랍 사실이 처음으로 공개된 뒤, 한국 정부는 납치한 무장단체와 석방을 위한 교섭에 들어갔다.

그러나 무장단체 측은 이라크에 대한 한국군의 2차 파병 철회를 요구하였고, 요구 사항이 수용되지 않자 22일 살해한 것으로 추정된다. 같은 날 알자지라는 무장단체가 김선일을 처형했다고 주장하면서 보내온 비디오테이프의 내용을 방송했는데, 이 화면에는 김선일이 복면을 한 3명의 무장세력 앞에서 두 눈이 가려진 채 무릎을 꿇고 울먹이는 장면이 담겨 있다. 6월 22일 22시 20분, 바그다드에서 팔루자 방향으로 35㎞ 떨어진 지점에서 시신이 발견되었다. 이어 6월 23일 외교통상부도 사망 사실을 공식 확인하였다.

피살된 김선일은 한국외국어대학교 아랍어과를 졸업한 뒤, 가나무역에 입사하였다. 2003년 6월 15일 이라크로 가서 1년 동안 현지 근무를 하던 중, 2004년 5월 31일 이라크 직원 1명과 트럭을 타고 팔루자 지역을 지나다 무장단체에 납치되어 살해되고 말았다.

이 사건은 한국뿐 아니라, 세계 언론의 주목을 받았다. 한국인이 이라크 무장세력에 납치되어 피살된 것은 이 사건이 처음이다. 사건이 발생한 뒤, 한국에서는 이라크 추가 파병을 반대하는 시위가 잇따랐다. 또 살해되기 전 석방 교섭 과정에서 취한 한국 정부의 대응력에 문제점이 있었다는 사실이 알려지면서 전반적인 외교력 부재라는 비난이 쏟아지기도 하는 등 전 국민의 분노를 불러일으켰다.

[출처] http://100.naver.com/100.nhn?docid=782048

아덴만 여명 작전

아덴 만 여명 작전은 2011년 1월, 대한민국 해군 청해부대가 소말리아 해적에게 피랍된 대한민국의 삼호해운 소속 선박 삼호 주얼리호(1만 톤급)를 소말리아 인근의 아덴만 해상에서 구출한 작전이다.

1차 구출 작전은 2011년 1월 18일 오후 8시 9분(KST)에 해적들이 소말리아로 귀환하는 과정에서 이루어졌다. 최영함이 해적들을 뒤쫓는 도중 해적들이 몽골 선박을 추가로 피랍하기 위해 자선(子船)을 내리는 것을 포착하고, 이 때 해적들이 분열된 틈을 타 작전을 시행했다. 링스 헬기로 자선에 위협사격을 가한 뒤 관심이 쏠린 사이 청해부대 소속 해군특수전여단 요원들이 고속정으로 삼호 주얼리호에 접근했고 해적과의 교전이 벌어졌다. 그러나 이것은 속임수 작전으로 적들은 흰기를 들고 항복 하는 척 하다가 바로 AK 소총을 발포하였고 이 과정에서 특수부대원 3명이 총상과 찰과상 등의 부상을 입고 작전을 중지, 최영함으로 복귀했으며 해적의 자선에서 AK 소총 3정과 사다리, 해적 자선(子船)을 확보했다. 또한 경고 사격 과정에서 해적 수 명이 바다에 빠져 실종되었다.

대한민국의 이명박 대통령은 국방부 장관에게 구출 작전을 지시하여,[5] '아덴만 여명작전'이라고 불리는 작전이 개시되었다. 2011년 1월 21일, 대한민국의 최영함과 대한민국의 해군특수전여단(UDT/SEAL)이 투입되어, 약 5시간의 교전을 거쳐, 해적들을 제압하고 21명의 선원들을 전원 구출했다. 8명의 해적을 사살하고 5명을 생포했으며, 대한민국 해군의 사망자는 없었다. 해적 8명이 사망한 것에 대해 대한민국에서는 문제삼는 이들은 거의 없었으나, 진보신당은, "해적 8명이 사살되는 인명 피해가 발생한 것은 유감"이라고 말했다.[6] 대한민국 인질 중에 사망자는 없었으나, 선장이 복부에 관통상을 입었다.

아덴만의 여명작전
출처: :http://ko.wikipedia.org/wiki/%EC%95%84%EB%8D%B4__A7%8C__%EC%97%AC%EB%AA%85__%EC%9E%91%EC%A0%84

농협 해킹사태와 北 사이버테러

농협 전산망 마비 사태는 2011년 4월 12일 농협 전산망에 있는 자료가 대규모로 손상되어 수일에 걸쳐 전체 또는 일부 서비스 이용이 마비된 사건이다. 사건 초기에는 협력 업체에 의한 사고 가능성이 제기되었으나, 이후 농협 측에서는 내부 전문가의 사이버 테러일 가능성이 높다고 발표했다. 그 후 4월 26일에 대한민국 검찰은 조선민주주의인민공화국의 소행이라고 발표했으나 여러 가지 부분에서 의문점이 지적되었다. 농협 측의 사건 처리가 미흡했다는 지적이 있었으며, 농협의 일부 업무는 4월 13일 오후, 모든 업무는 여러 차례 연기 끝에 18일만인 4월 30일에 정상화되었다.

원인: 검찰은 농협해킹이 조선민주주의인민공화국의 사이버 테러에

의한 것으로 결론냈다. 조사결과에 따르면 서버 유지보수를 맡은 외주업체 직원 한국IBM 직원 한모 씨가 지난해 2010년 9월 4일 한 커피숍에서 받은 웹하드 사이트 무료 다운로드 쿠폰으로 서버관리 업무에 쓰는 노트북에 영화를 내려받다가 컴퓨터가 감염된 것이다. 이 노트북이 북한 정찰총국이 심은 악성코드에 감염되었고, 범인들은 노트북을 마음대로 들락거리며 각종 악성프로그램을 심고 다음 공격 실행까지 7달 동안 최고위 관리자의 비밀번호 등 전산망 관리를 위한 각종 정보를 빼냈고, 도청 프로그램을 설치했다. 좀비 PC가 된 노트북에 공격명령 파일이 설치된 건 사태가 발생한 2011년 4월 12일 오전 8시 20분경으로 밝혀졌다. 해커들은 공격명령 파일 설치 후 오후 4시 50분 경 인터넷을 이용한 원격제어로 공격명령 프로그램을 실행했다. 이때부터 서버 운영 시스템 파괴가 시작됐다. 이런 치밀한 준비 끝에 2011년 4월 12일 오후 4시 50분, 노트북으로 '삭제 명령'을 내리자 1차 공격을 받은 전산망 서버들이 좀비 컴퓨터로 변해 다른 서버들을 잇따라 공격하면서, 30분 만에 서버 절반이 파괴됐다고 밝혔다.

농협 전산망 운용에 대한 비판: 금융당국에 따르면 농협의 IT 예산 중 보안 예산 비중은 겨우 1.6%로 나타났으며, 2009년 이후에는 시스템 구축이 완료되었다는 이유로 보안 관련 예산을 71억 원에서 23억 원을 삭감한 것으로 알려졌다. 더군다나 이전에도 금감원 측에서 수차례 사고 가능성을 예견했었으나 농협 측에서는 별다른 조치를 취하지 않았다. 금감원의 이러한 지적에도 불구하고 농협은 그동안 최저가 입찰을 통하여 외부 아웃소싱을 진행해 왔으며, 이 과정에서 외주 직원이 전산점검 도중 중요한 시스템 파일을 삭제한 것으로 밝혀졌다. 검찰은 "한국IBM직원이 7개월간 자신의 노트북이 좀비PC가 된 걸 몰랐다"고 밝혔다. 한 보안관계자는 "금융권 전산 관리자가 7개월이나 백신 프로그램 하나 사용하지 않았다는 얘기"라며 이해가 되지 않는다는 반응을 보였다. "시스템 관리 PC에 보안 프로그램도 깔지 않고, 외부로 반출하는 그런 경우는 상상하기 힘들다. 일반적으로 직원들 PC를 그런 식으로 관리하는 기업은 없다. 게다가 그 PC 관리자가 보안 담당자이지 않았는가"라며 농협도 보안 지침은 다 있었지만 지키지 못해 문제가 됐던것이라고 말했다. 안철수 연구소 관계자는 "이번 악성코드라면 위험성이 높아 현재 인터넷에서 내려받을 수 있는 무료 백신을 설치하는 것만으로도 충분히 감지 · 삭제가 가능하다"라며 치료가 어렵지 않음을 밝혔다. 정순정 산업은행 IT센터장은 "IP가 일치한다는 점에선 정부의 발표가 신뢰할만 하다"면서도 "노트북의 출반입이 이뤄졌던 것, 그리고 내부 망에 들어왔던 것이 문제의 출발점"이라고 분석했다. 정 센터장은 "많은 기업들이 이번 일을 계기로 노트북 출 · 반입에 대한 통제를 강화할 것으로 보이며, 기업 내부망 접속 등에 대한 재설계도 이뤄져야 한다"고 덧붙였다(2011, 위키백과, ko.wikipedia.org).

검찰이 농협 해킹, 북한 관여한 사이버 테러에 대해 설명하고 있다.
출처: http://enc.daum.net/dic100/contents.do?query1=10XX635686

2011년 노르웨이 테러

2011년 노르웨이 테러(노르웨이어: Terrorangrepet i Norge 2011, 뉘노르스크: Terroråtaka 22. juli 2011 영어: 2011 Norway attacks)는 2011년 7월 22일, 노르웨이 노동당 정부와 노동당 청년 캠프의 민간인을 대상으로 발생한 테러 공격이다.

7월 22일 오후 3시 30분 무렵 (CEST) 수도 오슬로 중심부에 있는 17층짜리 정부 청사 건물 부근에서 폭파 사건이 발생하였다. 최상층에는 총리부가 있었으나, 노르웨이 총리 옌스 스톨텐베르그는 집무실에 있지 않고 자택에 있었기 때문에 무사하였다. 이 외 석유 및 에너지 부청사에서 화재가 발생하는 등 부근의 건물이 피해를 받았다. 근처에서는 대파된 자동차가 발견되어 차폭탄이 사용되었다고 보여지며, 현장은 왕궁(Slottet)이나 노르웨이의 주요 신문 베르덴스 강(Verdens Gang) 본사 근처이기도 했다. 사상자폭발로 8명이 현장에서 사망하고 7명의 중상자를 포함한 15명이 부상했다고 발표했다.

아네르스 베링 브레이비크오슬로 근교에 위치한 우퇴위아 섬에서는 노르웨이 노동당 청년부의 집회가 열려 10대 청소년들 약 700명이 참가하고 있었다. 7월 22일 정부 청사 폭파 사건 직후, 경찰관 제복을 입은 위장 경관이 우퇴위아 섬에 상륙해 폭파 테러 수사를 구실로 참가자를 정렬시켰으며, 오후 5시 30분 무렵(CEST)에 총을 난사하였다. 집회는 대혼란에 빠졌으며, 섬으로부터 헤엄쳐 탈출하는 사람도 있었다. 생존자들의 증언에 따르면 그는 매우 침착하게 바다로 헤엄쳐 도망가는 사람들에게 사격을 했으며, 죽은 척하고 있던 사람들에게도 확인 사살까지 한 것으로 알려졌다(2011, 위키백과, ko.wikipedia.org).

노르웨이테러참상

출처: http://blog.naver.com/sinna2251?Redirect=Log&logNo=60135314933&topReferer=http://cafeblog.search.naver.com&imgsrc=20110725__92/sinna2251__1311554545515T5ILy__JPEG/2.jpg

부 록

1. 국가대테러활동지침
2. 테러리즘방지를 위한 국제적 협약
3. 항공안전 및 보안에 관한 법률
4. 항공안전 및 보안에 관한 법률 시행규칙
5. 다중이용업소의 안전관리에 관한 특별법
6. 다중이용업소의 안전관리에 관한 특별법 시행령
7. 다중이용업소의 안전관리에 관한 특별법 시행규칙
8. 국가대테러활동에 관한 기본법안

1. 국가대테러활동지침

1982. 1.21
대통령훈령 제47호

1997. 1. 1 일부개정
1999. 4. 1 일부개정
2005. 3.15 전면개정
2008. 8.18 일부개정
2009. 8.14 일부개정

제1조(목적) 이 훈령은 국가의 대테러 업무수행을 위하여 필요한 사항을 규정함을 목적으로 한다.

제2조(정의) 이 훈령에서 사용하는 용어의 정의는 다음과 같다.

1. "테러"라 함은 국가안보 또는 공공의 안전을 위태롭게 할 목적으로 행하는 다음 각목의 어느 하나에 해당하는 행위를 말한다.

가. 국가 또는 국제기구를 대표하는 자 등의 살해·납치 등 「외교관 등 국제적 보호인물에 대한 범죄의 방지 및 처벌에 관한 협약」 제2조에 규정된 행위

나. 국가 또는 국제기구 등에 대하여 작위·부작위를 강요할 목적의 인질억류·감금 등 「인질억류 방지에 관한 국제협약」 제1조에 규정된 행위

다. 국가중요시설 또는 다중이 이용하는 시설·장비의 폭파 등 「폭탄테러행위의 억제를 위한 국제협약」 제2조에 규정된 행위

라. 운항 중인 항공기의 납치·점거 등 「항공기의 불법납치 억제를 위한 협약」 제1조에 규정된 행위

마. 운항 중인 항공기의 파괴, 운항 중인 항공기의 안전에 위해를 줄 수 있는 항공시설의 파괴 등 「민간항공의 안전에 대한 불법적 행위의 억제를 위한 협약」 제1조에 규정된 행위

바. 국제민간항공에 사용되는 공항 내에서의 인명살상 또는 시설의 파괴 등 「1971년 9월 23일 몬트리올에서 채택된 민간항공의 안전에 대한 불법적 행위의 억제를 위한 협약을 보충하는 국제민간항공에 사용되는 공항에서의 불법적 폭력행위의 억제를 위한 의정서」 제2조에 규정된 행위

사. 선박억류, 선박의 안전운항에 위해를 줄 수 있는 선박 또는 항해시설의 파괴 등 「항해의 안전에 대한 불법적 행위의 억제를 위한 협약」 제3조에 규정된 행위

아. 해저에 고정된 플랫폼의 파괴 등 「대륙붕상에 소재한 고정플랫폼의 안전에 대한 불법적 행위의 억제를 위한 의정서」 제2조에 규정된 행위

자. 핵물질을 이용한 인명살상 또는 핵물질의 절도·강탈 등 「핵물질의 방호에 관한 협약」

제7조에 규정된 행위

2. "테러자금"이라 함은 테러를 위하여 또는 테러에 이용된다는 정을 알면서 제공·모금된 것으로서 「테러자금 조달의 억제를 위한 국제협약」 제1조제1호의 자금을 말한다.

3. "대테러활동"이라 함은 테러 관련 정보의 수집, 테러혐의자의 관리, 테러에 이용될 수 있는 위험물질 등 테러수단의 안전관리, 시설·장비의 보호, 국제행사의 안전확보, 테러위협에의 대응 및 무력 진압 등 테러예방·대비와 대응에 관한 제반활동을 말한다.

4. "관계기관"이라 함은 대테러활동을 담당하는 중앙행정기관 및 그 소속기관을 말한다.

5. "사건대응조직"이라 함은 테러사건이 발생하거나 발생이 예상되는 경우에 그 대응을 위하여 한시적으로 구성되는 테러사건대책본부·현장지휘본부 등을 말한다.

6. "테러경보"라 함은 테러의 위협 또는 위험수준에 따라 관심·주의·경계·심각의 4단계로 구분하여 발령하는 경보를 말한다.

제3조(기본지침) 국가의 대테러활동을 위한 기본지침은 다음과 같다.

1. 국가의 대테러업무를 효율적으로 수행하기 위하여 범국가적인 종합대책을 수립하고 지휘 및 협조체제를 단일화한다.

2. 관계기관 등은 테러위협에 대한 예방활동에 주력하고, 테러 관련 정보 등 징후를 발견한 경우에는 관계기관에 신속히 통보하여야 한다.

3. 테러사건이 발생하거나 발생이 예상되는 경우에는 테러대책기구 및 사건대응조직을 통하여 신속한 대응조치를 강구한다.

4. 국내 외 테러의 예방·저지 및 대응조치를 원활히 수행하기 위하여 국제적인 대테러 협력체제를 유지한다.

5. 국가의 대테러능력을 향상·발전시키기 위하여 전문인력 및 장비를 확보하고, 대응기법을 연구·개발한다.

6. 테러로 인하여 발생하는 각종 피해의 복구와 구조활동, 사상자에 대한 조치 등 수습활동은 「재난 및 안전 관리기본법」 등 관계법령에서 정한 체계와 절차에 따라 수행함을 원칙으로 한다.

7. 이 훈령과 대통령훈령 제28호 통합방위지침의 적용여부가 불분명한 사건이 발생한 경우에는 사건성격이 명확히 판명될 때까지 통합방위지침에 의한 대응활동과 병행하여 이 훈령에 의한 대테러활동을 수행한다.

제4조(적용범위) 이 훈령은 관계기관과 그 외에 테러예방 및 대응조치를 위하여 필요한 정부의 관련 기관에 적용한다.

제2장 테러대책기구

제1절 테러대책회의

제5조(설치 및 구성) ①국가 대테러정책의 심의·결정 등을 위하여 대통령 소속하에 테러대책회의를 둔다.

②테러대책회의의 의장은 국무총리가 되며, 위원은 다음 각호의 자가 된다.

1. 교육과학기술부장관 · 외교통상부장관 · 통일부장관 · 법무부장관 · 국방부장관 · 행정안전부장관 · 지식경제부장관 · 보건복지가족부장관 · 환경부장관 및 국토해양부장관
2. 국가정보원장
3. 국무총리실장
4. 대통령실 경호처장 · 대통령실 외교안보수석비서관 · 관세청장 · 경찰청장 · 소방방재청장 및 해양경찰청장
5. 그 밖에 의장이 지명하는 자

③테러대책회의의 사무를 처리하기 위하여 1인의 간사를 두되, 간사는 제11조의 규정에 의한 테러정보통합센터의 장으로 한다. 다만, 제20조의 규정에 의한 분야별 테러사건대책본부가 구성되는 때에는 해당 테러사건대책본부의 장을 포함하여 2인의 간사를 둘 수 있다.

제6조(임무) 테러대책회의는 다음 각호의 사항을 심의한다.

1. 국가 대테러정책
2. 그 밖에 테러대책회의의 의장이 부의하는 사항

제7조(운영) ①테러대책회의는 그 임무를 수행하기 위하여 의장이 필요하다고 인정하거나 위원이 회의소집을 요청하는 때에 의장이 이를 소집한다.

②테러대책회의의 의장 · 위원 및 간사의 직무는 다음과 같다.

1. 의장

가. 테러대책회의를 소집하고 회의를 주재한다.

나. 테러대책회의의 결정사항에 대하여 대통령에게 보고하고, 결정사항의 시행을 총괄 · 지휘한다.

2. 위원

가. 테러대책회의의 소집을 요청하고 회의에 참여한다.

나. 소관사항에 대한 대책방안을 제안하고, 의결사항의 시행을 총괄한다.

3. 간사

가. 테러대책회의의 운영에 필요한 실무사항을 지원한다.

나. 그 밖의 회의 관련 사무를 처리한다.

다. 제5조제3항 단서의 규정에 의한 분야별 테러사건대책본부의 장은 테러사건에 대한 종합상황을 테러대책회의에 보고하고, 테러대책회의의 의장이 지시한 사항을 처리한다.

③의장이 부득이한 사유로 직무를 수행할 수 없는 때에는 제8조의 규정에 의한 테러대책상임위원회의 위원장이 그 직무를 수행한다.

제 2 절 테러대책상임위원회

제8조(설치 및 구성) ①관계기관 간 대테러업무의 유기적인 협조 · 조정 및 테러사건에 대한 대응대책의 결정 등을 위하여 테러대책회의 밑에 테러대책상임위원회(이하 "상임위원회"라 한다)를 둔다.

②상임위원회의 위원은 다음 각호의 자가 되며, 위원장은 위원 중에서 대통령이 지명한다.

1. 외교안보정책조정회의 상임위원(외교통상부장관·통일부장관·국방부장관, 국가정보원장, 국무총리실장·대통령실 외교안보수석비서관) 및 행정안전부장관
2. 경찰청장
3. 그 밖에 상임위원회의 위원장이 지명하는 자

③상임위원회의 사무를 처리하기 위하여 1인의 간사를 두되, 간사는 제11조의 규정에 의한 테러정보통합센터의 장으로 한다.

제9조(임무) 상임위원회의 임무는 다음 각호와 같다.

1. 테러사건의 사전예방·대응대책 및 사후처리 방안의 결정
2. 국가 대테러업무의 수행실태 평가 및 관계기관의 협의·조정
3. 대테러 관련 법령 및 지침의 제정 및 개정 관련 협의
4. 그 밖에 테러대책회의에서 위임한 사항 및 심의·의결한 사항의 처리

제10조(운영) ①상임위원회의 회의는 정기회의와 임시회의로 구분하며, 위원장이 소집한다.

②정기회의는 원칙적으로 반기 1회 개최한다.

③임시회의는 위원장이 필요하다고 인정하거나 위원이 회의소집을 요청하는 때에 소집된다.

④상임위원회의 위원장·위원 및 간사의 직무에 대하여는 제7조제2항의 규정을 준용한다.

⑤상임위원회의 운영을 효율적으로 지원하기 위하여 관계기관의 국장으로 구성되는 실무회의를 운영할 수 있으며, 간사가 이를 주재한다.

제3절 테러정보통합센터

제11조(설치 및 구성) ①테러 관련 정보를 통합관리하기 위하여 국가정보원에 관계기관 합동으로 구성되는 테러정보통합센터를 둔다.

②테러정보통합센터의 장(이하 "센터장"이라 한다)을 포함한 테러정보통합센터의 구성과 참여기관의 범위·인원과 운영 등에 관한 세부사항은 국가정보원장이 정하되, 센터장은 국가정보원

직원 중 테러 업무에 관한 전문적 지식과 경험이 있는 자로 한다.

③국가정보원장은 관계기관의 장에게 소속공무원의 파견을 요청할 수 있다.

④테러정보통합센터의 조직 및 운영에 관한 사항은 공개하지 아니할 수 있다.

제12조(임무) 테러정보통합센터의 임무는 다음 각호와 같다.

1. 국내외 테러 관련 정보의 통합관리 및 24시간 상황처리체제의 유지
2. 국내외 테러 관련 정보의 수집·분석·작성 및 배포
3. 테러대책회의·상임위원회의 운영에 대한 지원
4. 테러 관련 위기평가·경보발령 및 대국민 홍보
5. 테러혐의자 관련 첩보의 검증
6. 상임위원회의 결정사항에 대한 이행점검
7. 그 밖에 테러 관련 정보의 통합관리에 필요한 사항

제13조(운영) ①관계기관은 테러 관련 정보(징후・상황・첩보 등을 포함한다)를 인지한 경우에는 이를 지체없이 센터장에게 통보하여야 한다.

②센터장은 테러정보의 통합관리 등 업무수행에 필요하다고 인정하는 경우에는 관계기관의 장에게 필요한 협조를 요청할 수 있다.

제4절 지역 테러대책협의회

제14조(설치 및 구성) ①지역의 관계기관 간 테러예방활동의 유기적인 협조・조정을 위하여 지역 테러대책협의회를 둔다.

②지역 테러대책협의회의 의장은 국가정보원의 해당지역 관할지부의 장이 되며, 위원은 다음 각호의 자가 된다.

1. 교육과학기술부・법무부・보건복지가족부・환경부・국토해양부・국가정보원・관세청・대검찰청・경찰청・소방방재청・식품의약품안전청・해양경찰청의 지역기관, 지방자치단체, 지역 군・기무부대의 대테러업무 담당 국・과장급 직위의 자
2. 그 밖에 지역 테러대책협의회의 의장이 지명하는 자

제15조(임무) 지역 테러대책협의회의 임무는 다음 각호와 같다.

1. 테러대책회의 또는 상임위원회의 결정사항에 대한 시행방안의 협의
2. 당해 지역의 관계기관 간 대테러업무의 협조・조정
3. 당해 지역의 대테러업무 수행실태의 분석・평가 및 발전방안의 강구

제16조(운영) ①지역 테러대책협의회는 그 임무를 수행하기 위하여 의장이 필요하다고 인정하거나 위원이 회의소집을 요청하는 때에 의장이 이를 소집한다.

②지역 테러대책협의회의 운영에 관한 세부사항은 제7조의 규정을 준용하여 각 지역 테러대책협의회에서 정한다.

제5절 공항・항만 테러・보안대책협의회

제17조(설치 및 구성) ①공항 또는 항만 내에서의 테러예방 및 저지활동을 원활히 수행하기 위하여 공항・항만별로 테러・보안대책협의회를 둔다.

②테러・보안대책협의회의 의장은 당해 공항・항만의 국가정보원 보안실장(보안실장이 없는 곳은 관할지부의 관계과장)이 되며, 위원은 다음 각호의 자가 된다.

1. 당해 공항 또는 항만에 근무하는 법무부・보건복지가족부・국토해양부・관세청・경찰청・소방방재청・해양경찰청・국군기무사령부 등 관계기관의 직원 중 상위 직위자
2. 공항・항만의 시설관리 및 경비책임자
3. 그 밖에 테러・보안대책협의회의 의장이 지명하는 자

제18조(임무) 테러・보안대책협의회는 당해 공항 또는 항만 내의 대테러 활동에 관하여 다음 각호의 사항을 심의・조정한다.

1. 테러혐의자의 잠입 및 테러물품의 밀반입에 대한 저지대책

2. 공항 또는 항만 내의 시설 및 장비에 대한 보호대책
3. 항공기 · 선박의 피랍 및 폭파 예방 · 저지를 위한 탑승자와 수하물의 검사대책
4. 공항 또는 항만 내에서의 항공기 · 선박의 피랍 또는 폭파사건에 대한 초동(初動) 비상처리대책
5. 주요인사의 출입국에 따른 공항 또는 항만 내의 경호 · 경비 대책
6. 공항 또는 항만 관련 테러첩보의 입수 · 분석 · 전파 및 처리대책
7. 그 밖에 공항 또는 항만 내의 대테러대책

제19조(운영) ①테러 · 보안대책협의회는 그 임무를 수행하기 위하여 의장이 필요하다고 인정하거나 위원이 회의소집을 요청하는 때에 의장이 이를 소집한다.

②테러 · 보안대책협의회의 운영에 관한 세부사항은 공항 · 항만 별로 테러 · 보안대책협의회에서 정한다.

제3장 테러사건 대응조직

제1절 분야별 테러사건대책본부

제20조(설치 및 구성) ①테러가 발생하거나 발생이 예상되는 경우 교육과학기술부장관은 방사능테러사건대책본부를, 외교통상부장관은 국외테러사건대책본부를, 국방부장관은 군사시설테러사건대책본부를, 보건복지가족부장관은 생물테러사건대책본부를, 환경부장관은 화학테러사건대책본부를, 국토해양부장관은 항공기테러사건대책본부를, 경찰청장은 국내일반테러사건대책본부를, 해양경찰청장은 해양테러사건대책본부를 설치 · 운영한다.

②상임위원회는 동일 사건에 대하여 2개 이상의 테러사건대책본부가 관련되는 경우에는 사건의 성질 · 중요도 등을 고려하여 테러사건대책본부를 설치할 기관을 지정한다.

③테러사건대책본부의 장은 테러사건대책본부를 설치하는 부처의 차관급 공무원으로 하되, 경찰청과 해양경찰청은 차장으로 한다.

제21조(임무) 테러사건대책본부의 임무는 다음 각호와 같다.

1. 테러대책회의 또는 상임위원회의 소집 건의
2. 제23조의 규정에 의한 현장지휘본부의 사건대응활동에 대한 지휘 · 지원
3. 테러사건 관련 상황의 전파 및 사후처리
4. 그 밖에 테러대응활동에 필요한 사항의 강구 및 시행

제22조(운영) ①테러사건대책본부의 장은 테러사건대책본부의 운영에 필요한 경우 관계기관의 장에게 전문인력의 파견 등 지원을 요청할 수 있다.

②테러사건대책본부의 편성 · 운영에 관한 세부사항은 테러사건대책본부가 설치된 기관의 장이 정한다.

제2절 현장지휘본부

제23조(설치 및 구성) ①테러사건대책본부의 장은 테러사건이 발생한 경우 사건현장의 대응활동을 총괄하기 위하여 현장지휘본부를 설치할 수 있다.
②현장지휘본부의 장은 테러사건대책본부의 장이 지명하는 자로 한다.
③현장지휘본부의 장은 테러의 양상 · 규모 · 현장상황 등을 고려하여 협상 · 진압 · 구조 · 소방 · 구급 등 필요한 전문조직을 구성하거나 관계기관의 장으로부터 지원받을 수 있다.
④외교통상부장관은 해외에서 테러가 발생하여 정부차원의 현장대응이 필요한 경우에는 관계기관 합동으로 정부현지대책반을 구성하여 파견할 수 있다.

제3절 대테러특공대

제24조(구성 및 지정) ①테러사건에 대한 무력진압작전의 수행을 위하여 국방부 · 경찰청 · 해양경찰청에 대테러특공대를 둔다.
②국방부장관 · 경찰청장 · 해양경찰청장은 대테러특공대를 설치하거나 지정하고자 할 때에는 상임위원회의 심의를 거쳐야 한다.
③국방부장관 · 경찰청장 · 해양경찰청장은 대테러특공대의 구성 및 외부 교육훈련 · 이동 등 운용사항을 대통령경호안전대책위원회의 위원장과 협의하여야 한다.

제25조(임무) 대테러특공대는 다음 각호의 임무를 수행한다.

1. 테러사건에 대한 무력진압작전
2. 테러사건과 관련한 폭발물의 탐색 및 처리
3. 요인경호행사 및 국가중요행사의 안전활동에 대한 지원
4. 그 밖에 테러사건의 예방 및 저지활동

제26조(운영) 대테러특공대는 테러진압작전을 수행할 수 있도록 특수전술능력을 보유하여야 하며, 항상 즉각적인 출동 태세를 유지하여야 한다.

제27조(출동 및 작전) ①테러사건이 발생하거나 발생이 예상되는 경우 대테러특공대의 출동여부는 각각 국방부장관 · 경찰청장 · 해양경찰청장이 결정한다. 다만, 군 대테러특공대의 출동은 군사시설 내에서 테러사건이 발생하거나 테러대책회의의 의장이 요청하는 때에 한한다.
②대테러특공대의 무력진압작전은 상임위원회에서 결정한다. 다만, 테러범이 무차별 인명살상을 자행하는 등 긴급한 대응조치가 불가피한 경우에는 국방부장관 · 경찰청장 · 해양경찰청장이 대테러특공대에 긴급 대응작전을 명할 수 있다.
③국방부장관 · 경찰청장 · 해양경찰청장이 제2항 단서의 규정에 의하여 긴급 대응작전을 명한 경우에는 이를 즉시 상임위원회의 위원장에게 보고하여야 한다.

제4절 협상팀

제28조(구성) ①무력을 사용하지 않고 사건을 종결하거나 후발사태를 저지하기 위하여 국방부·경찰청·해양경찰청에 협상실무요원·통역요원·전문요원으로 구성되는 협상팀을 둔다.

②협상실무요원은 협상 전문능력을 갖춘 공무원으로 편성하고, 협상전문요원은 대테러전술 전문가·심리학자·정신의학자·법률가 등 각계 전문가로 편성한다.

제29조(운영) ①국방부장관·경찰청장·해양경찰청장은 테러사건이 발생한 경우에는 협상팀을 신속히 소집하고, 협상팀 대표를 선정하여 사건현장에 파견하여야 한다.

②국방부장관·경찰청장·해양경찰청장은 테러사건이 발생한 경우에 협상팀의 신속한 현장 투입을 위하여 협상팀을 특별시·광역시·도 단위로 관리·운용할 수 있다.

③국방부장관·경찰청장·해양경찰청장은 협상팀의 대응능력을 향상시키기 위하여 협상기법을 연구·개발하고 필요한 장비를 확보하여야 한다.

④협상팀의 구성·운용에 관한 세부사항은 국방부장관·경찰청장·해양경찰청장이 정한다.

제5절 긴급구조대 및 지원팀

제30조(긴급구조대) ① 테러사건 발생시 신속히 인명을 구조·구급하기 위하여 소방방재청에 긴급구조대를 둔다.

② 긴급구조대는 테러로 인한 인명의 구조·구급 및 테러에 사용되는 위험물질의 탐지·처리 등에 대한 전문적 능력을 보유하여야 한다.

③ 소방방재청장은 테러사건이 발생하거나 발생이 예상되는 경우에는 긴급구조대를 사건현장에 신속히 파견한다.

제31조(지원팀) ① 관계기관의 장은 테러사건이 발생한 경우에는 테러대응활동을 지원하기 위하여 지원팀을 구성·운영한다.

② 지원팀은 정보·외교·통신·홍보·소방·제독 등 전문 분야별로 편성한다.

③ 관계기관의 장은 현장지휘본부의 장의 요청이 있거나 테러대책회의 또는 상임위원회의 결정이 있는 때에는 지원팀을 사건 현장에 파견한다.

④ 관계기관의 장은 평상시 지원팀의 구성에 필요한 전문요원을 양성하고 장비 등을 확보하여야 한다.

제6절 합동조사반

제32조(구성) ①국가정보원장은 국내외에서 테러사건이 발생하거나 발생할 우려가 현저한 때에는 예방조치·사건분석 및 사후처리방안의 강구 등을 위하여 관계기관 합동으로 조사반을 편성·운영한다. 다만, 군사시설인 경우 국방부장관(국군기무사령관)이 자체 조사할 수 있다.

②합동조사반은 관계기관의 대테러업무에 관한 실무전문가로 구성하며, 필요한 경우 공공기

관 · 단체 또는 민간의 전문요원을 위촉하여 참여하게 할 수 있다.

제33조(운영) ①합동조사반은 테러사건의 발생지역에 따라 중앙 및 지역별 합동조사반으로 구분하여 운영할 수 있다.

②관계기관의 장은 평상시 합동조사반에 파견할 전문인력을 확보 · 양성하고, 합동조사를 위하여 필요한 경우에 인력 · 장비 등을 지원한다.

제4장 예방 · 대비 및 대응활동

제1절 예방 · 대비활동

제34조(정보수집 및 전파) ①관계기관은 테러사건의 발생을 미연에 방지하기 위하여 소관업무와 관련한 국내외 테러 관련 정보의 수집활동에 주력한다.

②관계기관은 테러 관련 정보를 입수한 경우에는 지체없이 센터장에게 이를 통보하여야 한다.

③센터장은 테러 관련 정보를 종합 · 분석하여 신속히 관계기관에 전파하여야 한다.

제35조(테러경보의 발령) ①센터장은 테러위기의 징후를 포착한 경우에는 이를 평가하여 상임위원회에 보고하고 테러경보를 발령한다.

②테러경보는 테러위협 또는 위험의 정도에 따라 관심 · 주의 · 경계 · 심각의 4단계로 구분하여 발령하고, 단계별 위기평가를 위한 일반적 업무절차는 국가위기관리기본지침에 의한다.

③테러경보는 국가전역 또는 일부지역에 한정하여 발령할 수 있다.

④센터장은 테러경보의 발령을 위하여 필요한 사항에 대한 세부지침을 수립하여 시행한다.

제36조(테러경보의 단계별 조치) ①관계기관의 장은 테러경보가 발령된 경우에는 다음 각호의 기준을 고려하여 단계별 조치를 취하여야 한다.

1. 관심 단계 : 테러 관련 상황의 전파, 관계기관 상호간 연락체계의 확인, 비상연락망의 점검 등
2. 주의 단계 : 테러대상 시설 및 테러에 이용될 수 있는 위험물질에 대한 안전관리의 강화, 국가중요시설에 대한 경비의 강화, 관계기관별 자체 대비태세의 점검 등
3. 경계 단계 : 테러취약요소에 대한 경비 등 예방활동의 강화, 테러취약시설에 대한 출입통제의 강화, 대테러 담당공무원의 비상근무 등
4. 심각 단계 : 대테러 관계기관 공무원의 비상근무, 테러유형별 테러사건대책본부 등 사건대응조직의 운영준비, 필요장비 · 인원의 동원태세 유지 등

②관계기관의 장은 제1항의 규정에 의하여 단계별 세부계획을 수립 · 시행하여야 한다.

제37조(지도 및 점검) ①관계기관의 장은 소관업무와 관련하여 국가중요시설 · 다중이 이용하는 시설 · 장비 및 인원에 대한 테러예방대책과 테러에 이용될 수 있는 위험물질에 대한 안전관리대책을 수립하고, 그 시행을 지도 · 감독한다.

②국가정보원장은 필요한 경우 관계기관 합동으로 공항 · 항만 등 테러의 대상이 될 수 있는 국가중요시설 · 다중이 이용하는 시설 및 장비에 대한 테러예방활동을 관계법령이 정하는 바

에 따라 지도・점검할 수 있다.

제38조(국가중요행사에 대한 안전활동) ①관계기관의 장은 국내외에서 개최되는 국가중요행사에 대하여 행사특성에 맞는 분야별 대테러・안전대책을 수립・시행하여야 한다.

②국가정보원장은 국가중요행사에 대한 대테러・안전대책을 협의・조정하기 위하여 필요한 경우에는 관계기관 합동으로 대테러・안전대책기구를 편성・운영할 수 있다. 다만, 대통령 및 국가원수에 준하는 국빈 등이 참석하는 행사에 관하여는 대통령경호안전대책위원회의 위원장이 편성・운영할 수 있다.

제39조(교육 및 훈련) ①관계기관의 장은 대테러 전문능력의 배양을 위하여 필요한 인원 및 장비를 확보하고, 이에 따른 교육・훈련계획을 수립・시행한다.

②관계기관의 장은 제1항의 규정에 의한 계획의 운영에 관하여 국가정보원장과 미리 협의하여야 한다.

③국가정보원장은 관계기관 대테러요원의 전문적인 대응능력의 배양을 위하여 외국의 대테러기관과의 합동훈련 및 교육을 지원하고, 관계기관 합동으로 종합모의훈련을 실시할 수 있다.

제2절 대응활동

제40조(상황전파) ①관계기관의 장은 테러사건이 발생하거나 테러위협 등 그 징후를 인지한 경우에는 관련 상황 및 조치사항을 관련 기관의 장 및 국가정보원장에게 신속히 통보하여야 한다.

②테러사건대책본부의 장은 사건 종결시까지 관련 상황을 종합처리하고, 대응조치를 강구하며, 그 진행상황을 테러대책회의의 의장 및 상임위원회의 위원장에게 보고하여야 한다.

③법무부장관과 관세청장은 공항 및 항만에서 발생하는 테러와 연계된 테러혐의자의 출입국 또는 테러물품의 반출입에 대한 적발 및 처리상황을 신속히 국가정보원장 ・경찰청장 및 해양경찰청장에게 통보하여야 한다.

제41조(초동조치) ①관계기관의 장은 테러사건이 발생한 경우에는 사건현장을 통제・보존하고, 후발 사태의 발생 등 사건의 확산을 방지하기 위하여 신속한 초동조치(初動措置)를 하여야 하며, 증거물의 멸실을 방지하기 위하여 가능한 한 현장을 보존하여야 한다.

②제1항의 규정에 의한 초동조치 사항은 다음 각호와 같다.

1. 사건현장의 보존 및 통제
2. 인명구조 등 사건피해의 확산방지조치
3. 현장에 대한 조치사항을 종합하여 관련 기관에 전파
4. 관련 기관에 대한 지원요청

제42조(사건대응) ①테러사건이 발생한 경우에는 상임위원회가 그 대응대책을 심의・결정하고 통합지휘하며, 테러사건대책본부는 이를 지체없이 시행한다.

②테러사건대책본부는 필요한 경우에는 현장지휘본부를 가동하여 상황전파 및 대응체계를 유지하고, 단계별 조치사항을 체계적으로 시행한다.

③법무부장관은 테러사건에 대한 수사를 위하여 필요한 경우에는 검찰·경찰 및 관계기관 합동으로 테러사건수사본부를 설치하여 운영하며, 테러정보통합센터·테러사건대책본부와의 협조체제를 유지한다.

제43조(사후처리) ①테러사건대책본부의 장은 제9조의 규정에 의한 상임위원회의 결정에 따라 관계기관의 장과 협조하여 테러사건의 사후처리를 총괄한다.

②테러사건대책본부의 장은 테러사건의 처리결과를 종합하여 테러대책회의의 의장 및 상임위원회의 위원장에게 보고하고, 관계기관에 이를 전파한다.

③관계기관의 장은 사후대책의 강구를 위하여 필요한 경우에는 관할 수사기관의 장에게 테러범·인질에 대한 신문참여 또는 신문결과의 통보를 요청할 수 있다.

제5장 관계기관별 임무

제44조(관계기관별 임무) 대테러활동에 관한 관계기관별 임무는 다음 각호와 같다.

1. 대통령실

가. 국가 대테러 위기관리체계에 관한 기획·조정

나. 테러 관련 중요상황의 보고 및 지시사항의 처리

다. 테러분야의 위기관리 표준·실무매뉴얼의 관리

2. 금융위원회

가. 테러자금의 차단을 위한 금융거래 감시활동

나. 테러자금의 조사 등 관련 기관에 대한 지원

3. 교육과학기술부

가. 방사능테러 발생시 방사능테러사건대책본부의 설치·운영 및 관련 상황의 종합처리

나. 방사능테러 관련 교육·훈련에 대한 지원

다. 테러에 이용될 수 있는 방사성물질의 대테러·안전관리

4. 외교통상부

가. 국외 테러사건에 대한 대응대책의 수립·시행 및 테러 관련 재외국민의 보호

나. 국외 테러사건의 발생시 국외테러사건대책본부의 설치·운영 및 관련 상황의 종합처리

다. 대테러 국제협력을 위한 국제조약의 체결 및 국제회의에의 참가, 국제기구에의 가입에 관한 업무의 주관

라. 각국 정부 및 주한 외국공관과의 외교적 대테러 협력체제의 유지

5. 법무부(대검찰청을 포함한다)

가. 테러혐의자의 잠입에 대한 저지대책의 수립·시행

나. 위·변조여권 등의 식별기법의 연구·개발 및 필요장비 등의 확보

다. 출입국 심사업무의 과학화 및 전문 심사요원의 양성·확보

라. 테러와 연계된 혐의가 있는 외국인의 출입국 및 체류동향의 파악·전파

마. 테러사건에 대한 법적 처리문제의 검토·지원 및 수사의 총괄

바. 테러사건에 대한 전문 수사기법의 연구·개발

6. 국방부(합동참모본부 · 국군기무사령부를 포함한다)
가. 군사시설 내에 테러사건의 발생시 군사시설테러사건대책본부의 설치 · 운영 및 관련 상황의 종합처리
나. 대테러특공대 및 폭발물 처리팀의 편성 · 운영
다. 국내외에서의 테러진압작전에 대한 지원
라. 군사시설 및 방위산업시설에 대한 테러예방활동 및 지도 · 점검
마. 군사시설에서 테러사건 발생 시 군 자체 조사반의 편성 · 운영
바. 군사시설 및 방위산업시설에 대한 테러첩보의 수집
사. 대테러전술의 연구 · 개발 및 필요 장비의 확보
아. 대테러 전문교육 · 훈련에 대한 지원
자. 협상실무요원 · 전문요원 및 통역요원의 양성 · 확보
7. 행정안전부(경찰청 · 소방방재청을 포함한다)
가. 국내일반테러사건에 대한 예방 · 저지 · 대응대책의 수립 및 시행
나. 국내일반테러사건의 발생시 국내일반테러사건대책본부의 설치 · 운영 및 관련 상황의 종합처리
다. 범인의 검거 등 테러사건에 대한 수사
라. 대테러특공대 및 폭발물 처리팀의 편성 · 운영
마. 협상실무요원 · 전문요원 및 통역요원의 양성 · 확보
바. 중요인물 및 시설, 다중이 이용하는 시설 등에 대한 테러방지대책의 수립 · 시행
사. 긴급구조대 편성 · 운영 및 테러사건 관련 소방 · 인명구조 · 구급활동 및 화생방 방호대책의 수립 · 시행
아. 대테러전술 및 인명구조기법의 연구 · 개발 및 필요장비의 확보
자. 국제경찰기구 등과의 대테러 협력체제의 유지
8. 지식경제부
가. 기간산업시설에 대한 대테러 · 안전관리 및 방호대책의 수립 · 점검
나. 테러사건의 발생시 사건대응조직에 대한 분야별 전문인력 · 장비 등의 지원
9. 보건복지가족부
가. 생물테러사건의 발생시 생물테러사건대책본부의 설치 · 운영 및 관련 상황의 종합처리
나. 테러에 이용될 수 있는 병원체의 분리 · 이동 및 각종 실험실에 대한 안전관리
다. 생물테러와 관련한 교육 · 훈련에 대한 지원
10. 환경부
가. 화학테러의 발생시 화학테러사건대책본부의 설치 · 운영 및 관련 상황의 종합처리
나. 테러에 이용될 수 있는 유독물질의 관리체계 구축
다. 화학테러와 관련한 교육 · 훈련에 대한 지원
11. 국토해양부(해양경찰청을 포함한다)
가. 건설 · 교통 분야에 대한 대테러 · 안전대책의 수립 및 시행
나. 항공기테러사건의 발생시 항공기테러사건대책본부의 설치 · 운영 및 관련 상황의 종합처

리

다. 항공기테러사건의 발생시 폭발물처리 등 초동조치를 위한 전문요원의 양성 · 확보

라. 항공기의 안전운항관리를 위한 국제조약의 체결, 국제기구에의 가입 등에 관한 업무의 지원

마. 항공기의 피랍상황 및 정보의 교환 등을 위한 국제민간항공기구와의 항공통신정보 협력체제의 유지

바. 해양테러에 대한 예방대책의 수립 · 시행 및 관련 업무 종사자의 대응능력 배양

사. 해양테러사건의 발생시 해양테러사건대책본부의 설치 · 운영 및 관련 상황의 종합처리

아. 대테러특공대 및 폭발물 처리팀의 편성 · 운영

자. 협상실무요원 · 전문요원 및 통역요원의 양성 · 확보

차. 해양 대테러전술에 관한 연구개발 및 필요장비 · 시설의 확보

카. 해양의 안전관리를 위한 국제조약의 체결, 국제기구에의 가입 등에 관한 업무의 지원

타. 국제경찰기구 등과의 해양 대테러 협력체제의 유지

13. 관세청

가. 총기류 · 폭발물 등 테러물품의 반입에 대한 저지대책의 수립 · 시행

나. 테러물품에 대한 검색기법의 개발 및 필요장비의 확보

다. 전문 검색요원의 양성 · 확보

14. 국가정보원

가. 테러 관련 정보의 수집 · 작성 및 배포

나. 국가의 대테러 기본운영계획 및 세부활동계획의 수립과 그 시행에 관한 기획 · 조정

다. 테러혐의자 관련 첩보의 검증

라. 국제적 대테러 정보협력체제의 유지

마. 대테러 능력배양을 위한 위기관리기법의 연구발전, 대테러정보 · 기술 · 장비 및 교육훈련 등에 대한 지원

바. 공항 · 항만 등 국가중요시설의 대테러활동 추진실태의 확인 · 점검 및 현장지도

사. 국가중요행사에 대한 대테러 · 안전대책의 수립과 그 시행에 관한 기획 · 조정

아. 테러정보통합센터의 운영

자. 그 밖의 대테러업무에 대한 기획 · 조정

15. 그 밖의 관계기관

소관 사항과 관련한 대테러업무의 수행

제45조(전담조직의 운영) 관계기관의 장은 제44조의 규정에 의한 관계기관별 임무를 효율적으로 수행하고 원활한 협조체제를 유지하기 위하여 해당기관 내에 대테러업무에 관한 전담조직을 지정 · 운영하여야 한다.

제6장 보 칙

제46조(시행계획) 관계기관의 장은 이 훈령의 시행에 필요한 자체 세부계획을 수립·시행하여야 한다.

부 칙

이 훈령은 발령한 날부터 시행한다.

2. 테러리즘 방지를 위한 국제적 협약

1. 외교관 등 국제적 보호인물에 대한 범죄의 방지 및 처벌에 관한 협약

(1973. 12. 14. 제 28차 UN총회채택, 1977. 2. 20. 발효, 1983. 6. 24. 대한민국에 대하여 발효)

본 협약의 당사국은 국제평화의 유지와 국가간의 우호관계 및 협력의 증진에 관한 국제연합헌장의 제목적과 원칙을 유념하고, 외교관 및 기타 국제적 보호인물에 대해 그들의 안전을 위태롭게 하는 범죄가 국가간의 협력에 의한 필요한 정상적 군제관계의 유지에 심각한 위협을 야기함을 고려하고, 동 범죄의 방지와 처벌을 위하여 적절하고 효과적인 조치를 취할 긴급한 필요성이 있음을 확신하여 다음과 같이 합의하였다.

제1조 1. 본 협약의 목적상 국제적 보호인물은 다음을 의미한다.

ⓐ 관계국의 헌법상 국가원수의 직무를 대행하는 국가의 구성원을 포함 국가원수, 정부수반 또는 외무장관으로서 그들이 외국에 체류할 모든 경우 및 그들과 동행하는 가족의 구성원

ⓑ 일국의 대표나 공무원 또는 정부간 성격을 지닌 국제기구의 직원 또는 기타 대리인으로서 범죄가 이들 본인, 그의 공관, 그의 사저 또는 그의 교통수단에 대하여 행해진 그 당시 및 장소에서 국제법에 따라 그의 신체, 자유 또는 존엄에 대한 공격으로부터 특별한 보호를 받을 자격이 있는 자 및 그의 세대의 일부

2. (피의자)란 제2조에 규정된 범죄 중의 하나 또는 그 이상을 범하였거나 이에 가담하였다고 일견 판단할 수 있는 충분한 증거가 있는 자를 의미한다.

제2조 1. 다음 범죄의 고의적 실행은 각 당사국에 의하여 국내법상의 범죄로 규정되어야 한다.

ⓐ 국제적 보호인물의 살해, 납치 또는 그의 신체나 자유에 대한 기타 가해행위.

ⓑ 국제적 보호인물의 신체가 자유를 위태롭게 할 수 있는 그의 공관, 사저 또는 교통수단에 대한 폭력적 가해행위.

ⓒ 그러한 행위를 범죄위협.

ⓓ 동 가해행위의 미수.

ⓔ 동 가해행위의 공범으로서의 가담을 구성하는 행위.

2. 각 당사국은 이들 범죄의 중대성을 감안하는 적절한 형벌로 동 범죄가 처벌되도록 하여야 한다.

3. 본조 1항과 2항은 국제적 보호인물의 신체, 자유 또는 존엄에 대한 기타의 가해행위를 방지하기 위하여 당사국이 모든 적절한 조치를 취할 국제법상 의무를 저해하지 아니한다.

제3조 1. 각 당사국은 다음의 경우에 있어서 제2조에 규정된 범죄에 대한 관할권을 확립하기

위해 필요한 제반조치를 취하여야 한다.

ⓐ 범죄가 자국의 영토 내에서 또는 자국의 등록된 선박이나 항공기내에서 범하여지는 경우.

ⓑ 피의자가 자국 국민의 경우.

ⓒ 범죄가 자국을 대표하여 수행하는 직무에 의하여 제1조에 정의된 국제적 보호인물로서의 지위를 향유하는 자에 대하여 범하여지는 경우.

2. 각 당사국은 또한 피의자가 자국 영토 내에 있고 동인을 제8조에 따라 본조 1항에서 언급된 어느 국가에서 인도하지 않는 경우에 있어서 이들 범죄에 대한 관할권을 확립하기 위해 필요한 제반조치를 취하여야 한다.

3. 본 협약은 국내법에 따라 시행되는 어떠한 형사관할권도 배제하지 아니한다.

제4조 당사국은 제2조에 규정된 범죄의 방지에 특히 다음과 같이 협력하여야 한다.

ⓐ 자국영역 내 또는 영역 외에서 그와 같은 범죄를 범하기 위한 준비를 자국영역 내에서 할 경우 이를 방지하기 위한 모든 실제적 조치를 취함.

ⓑ 정보의 교환 및 범죄방지에 적합한 행정적 및 기타 제반조치의 연구.

제5조 1. 제 2조에 규정된 범죄가 자국 내에서 범하여진 당사국은 피의자가 그 영역을 도주하였다고 믿을 만한 사유가 있는 경우 직접적으로 또는 국제연합 사무총장을 통해 범죄에 관한 모든 관련사실과 피의자의 신원에 관한 입수 가능한 모든 정보를 다른 모든 관련국에 통고하여야 한다.

2. 국제적 보호인물에 대하여 제2조에 규정된 어느 범죄가 범하여진 모든 경우 피해자 및 범행상황에 관한 정보를 보유하고 있는 여하한 당사국도 국내법에 규정된 조건에 따라 완전하게, 그리고 신속하게 동인이 대표로서 직무를 수행하던 당사국에 이를 전달하도록 노력하여야 한다.

제6조 1. 사정이 그와 같이 허용한다고 인정되는 대로 피의자 소재지 국은 소추 또는 인도하기 위한 목적으로 동인의 소재를 확보할 수 있도록 국내법에 따른 적절한 조치를 취하여야 한다. 동조치는 직접으로 또는 국제연합사무총장을 통해 지체없이 다음에 통고되어야 한다.

ⓐ 범행지국.

ⓑ 피의자의 국적국, 복수의 국적국 또한 무국적자일 경우 그의 상주영역국.

ⓒ 관련 국제적 보호인물의 국적국, 복수의 국적국 또는 그가 대표로서 직무를 수행하던 국가 또는 복수국가.

ⓓ 기타 모든 관계국.

ⓔ 관련 국제적 보호인물이 직원 또는 대리인으로 있는 국제기구.

2. 본조 1항에 언급된 조치와 관련된 자는 다음과 같은 자격을 가진다.

ⓐ 피의자의 국적국, 그의 권리를 달리 보호하여 줄 자격을 가진 국가 또는 그가 무국적자들일 경우 그가 요청하고 그의 권리를 보호하여 줄 용어를 가진 국가에 소속한 최인접의 적절한 대표와 지체없이 연락함.

ⓑ 동국 대표의 방문을 받음.

제7조 그 영토 내에 피의자가 소재하고 있는 당사국은 동인을 인도하지 아니할 경우, 소추를 목적으로 예외 없이 그리고 부당한 지체없이 동 국가의 법률에 따른 절차를 통해 동건을 권

한 있는 당국에 제출하여야 한다.

제8조 1. 당사국간에 현존하는 범죄인 인도조약상의 인도범죄로 명기되어 있지 아니한 범죄도 제2조에 규정되어 있는 한, 동 범죄는 인도범죄에 포함되는 것으로 간주된다. 당사국은 그러한 범죄를 그들간에 체결된 장래의 모든 범죄인 인도조약에서 인도범죄로 포함시키도록 한다.

2. 범죄인 인도에 있어 조약의 존재를 조건으로 하는 당사국이 범죄인 인도 조약을 서로 체결치 아니한 타방 당사국으로부터 범죄인 인도요청을 받은 경우에 동국이 인도하기로 결정한다면, 본 협약을 그러한 범죄에 관한 범죄인 인도의 법적 근거로 간주할 수 있다. 범죄인 인도는 피요청국 법률의 소송조항 및 여타 조건에 따라야 한다.

3. 범죄인 인도에 있어 조약의 존재를 조건으로 하지 아니고는 당사국은 그러한 범죄를 피요청국 법률의 소송조항 및 여타 조건에 따른 상호간 인도 범죄로 인정하여야 한다.

4. 당사국간의 범죄인 인도를 위하여 상기 각 범죄는 그것이 발생한 장소에 뿐만 아니라 제2조 1항에 따른 그 관할권확립의 의무를 지는 국가의 영역에서도 범해진 것처럼 취급되어야 한다.

제9조 제2조의 규정된 어느 범죄와 관련하여 진행되고 있는 소송의 대상이 된 어떤 자에 대하여도 동 소송절차의 모든 과정에서 공정한 대우가 보장되어야 한다.

제10조 1. 당사국은 제2조에 규정된 범죄로 인한 형사소송과 관련하여 소송에 필요한 모든 이용 가능한 증거의 제공을 포함한 최대한의 지원을 상호 제공하여야 한다.

2. 본조 1항의 규정은 여타 조약에 규정된 사법공조에 관한 의무에 영향을 미치지 아니한다.

제11조 피의자를 소추한 당사국은 소송의 최종결과를 국제연합사무총장에게 통고하여야 하며 동인은 동 정보를 타 당사국에 전달하여야 한다.

제12조 본 협약의 제규정은 본 협약의 채택일자에 유효한 비호에 관한 제조약의 당사국간에는 동 조약의 적용에 영향을 미치지 아니한다. 그러나 본 협약의 당사국은 비호에 관한 제조약의 당사국이 아닌 본 협약의 여타 당사국에 대해 비호에 관한 제규약을 수용할 수 없다.

제13조 1. 교섭으로 해결되지 않는 본 협약의 해석이나 적용에 관한 2개 당사국 혹은 그 이상 당사국간의 어떠한 분쟁도 그들 중 어느 일방의 요구에 따라 중재에 회부되어야 한다. 중재 요청일자로부터 6개월 이내에 당사국들이 중재구성에 관하여 합의할 수 없을 때는 어느 당사국도 국제사법재판소 규정에 따른 요청에 의하여 동 분쟁을 동재판소에 제소할 수 있다.

2. 각 당사국은 본 조약의 서명 또는 비준시나 이의 가입시에 본 조1항에 구속되지 않음을 선언할 수 있다. 타 당사국은 상기 유보를 한 어느 당사국에 대하여도 본조 1항의 구속을 받지 아니한다.

3. 본조 2항에 따라 유보를 행한 당사국은 국제연합사무총장에 대한 통고로서 언제든지 그 유보를 철회할 수 있다.

제14조 본 협약은 만국의 서명을 위해 뉴욕소재 국제연합본부에서 1974년 12월 21일까지 개방된다.

제15조 본 협약은 비준되어야 한다. 비준서는 국제연합사무총장에게 기탁하여야 한다.

제16조 본 협약은 어떠한 국가에 대하여도 가입을 위해 개방된다. 가입서는 국제연합사무총장에게 기탁하여야 한다.

제17조 1. 본 협약은 22번째 비준서 또는 가입서가 국제연합사무총장에게 기탁된 일자로부터 30일 되는 날에 발효한다.

2. 22번째 비준서 또는 가입서는 기탁 후 본 협약을 비준하거나 가입하는 각국에 대한 본 협약은 동 국가에 의한 비준서 또는 가입서의 기탁일자로부터 30일이 되는 날에 발효된다.

제18조 1. 어느 당사국도 국제연합사무총장에 대한 서면 통고로써 본 협정을 폐기할 수 있다.

2. 폐기는 국제연합사무총장이 통고를 접수한 일자로부터 6개월 후 발효한다.

제19조 국제연합사무총장은 모든 국가에 대해 다음 사항을 통보한다.

ⓐ 본 협약 서명, 제14조, 제15조, 제16조에 의한 비준서 또는 가입서 기탁 및 제18조에 의한 통고.

ⓑ 제17조에 의한 본 협약의 발효일자.

제20조 중국어, 영어, 불어, 노어, 서반아어 본이 동등이 정본인 본 협약의 원본은 국제연합사무총장에게 기탁되며, 사무총장은 인증담본을 모든 국가에 송부한다. 이상의 증거로 각자의 정부에 의해 정당한 권한을 위임받은 서명자들은 1973년 12월 14일 뉴욕에서 서명을 위해 개방된 본 협약에 서명하였다.

2. 인질억류방지에 관한 국제협약

(1979. 12. 17. 제34차 UN총회 채택, 1983. 6. 3. 발효, 1983. 6. 3. 대한민국에 대하여 발효)

본 협약의 당사국은 국제평화와 안전의 유지 및 제국간 우호관계 협력의 증진에 관한 국제연합헌장의 목적과 원칙에 유념하고, 특히 세계인권선언 및 시민적, 정치적 권리에 관한 국제규약에 규정된 바와 같이 만인은 생명, 자유 및 신체안전의 권리를 가지고 있음을 인정하고, 국제연합 헌장과 국제연합헌장에 의거한 제국간 우호관계와 협력에 관한 국제법 원칙의 선언 및 총회의 기타 관련결의안에 의거된 바와 같이 국민의 평등권 및 자결의 원칙을 재확인하고, 인질억류가 국제사회 단체에 대한 중대한 우려가 되는 범행이며 인질억류행위를 방지, 기소 및 처벌하기 위한 실효적 조치를 강구하고 채택함에 있어 제국간의 국제협력의 발전이 절실히 필요함을 확신하여 다음과 같이 합의하였다.

제1조 1. 제3자, 즉 국가, 정부간 국제기구, 자연인, 범인 또는 집단에 대해 인질 석방을 위한 명시적 또는 묵시적 조건으로서 어떠한 행위 또는 부작위를 강요할 목적으로 타인(이하"인질"이라 한다)을 억류 또는 감금하여 살해, 상해 또는 계속 감금하겠다고 협박하는 자는 본 협약상의 의미에서 인질억류범죄를 행하는 것이다.

2. 다음 각 호에 해당하는 자도 마찬가지로 협약의 목적상 범죄를 행하는 것이다.

ⓐ 인질억류 행위를 기도하는 자 또는

ⓑ 인질억류 행위를 하거나 또는 이를 기도하는 자의 공범으로서 가담하는 자.

제2조 각 당사국은 제1조에 규정된 범죄가 동 범죄의 중대성을 고려한 적절한 형벌에 의해 처벌될 수 있도록 하여야 한다.

제3조 1. 인질범에 의해 인질이 자국영토 내에 억류되어 있는 당사국은 인질이 처한 곤경을 경멸하고 특히 인질의 석방을 확보하며, 필요에 따라 석방 후의 출국을 용이하게 하기 위하여 적절하다고 간주되는 모든 조치를 취하여야 한다.

2. 인질범이 인질억류의 결과로 취득한 물건이 어느 당사국의 관리 하에 들어올 경우 동 당사국은 인질 또는 제1조에 언급된 제3자 또는 경우에 따라 그들의 적절한 관계당국에 가능한 한 조속히 이를 반환하여야 한다.

제4조 당사국은 제1조에 규정된 범죄의 방지를 위하여, 특히 다음 방법에 의하여 협력한다.

ⓐ 자국 영토 내에서 인질억류행위를 조장, 사주, 조직 또는 자행하는 개인, 집단 및 단체의 불법적 활동을 금지하기 위한 조치를 포함하여 자국영토 내 또는 외에서 인질억류범죄를 행하기 위하여 자국영토 내에서 준비하는 것을 방지하기 위한 가능한 모든 조치의 강구.

ⓑ 정보교환 그리고 인질억류범죄를 방지하기 위하여 취해야 할 적절한 행정적 조치 및 기타 조치의 조정.

제5조 1. 각 당사국은 제1조에 규정된 것으로서 다음 각 호의 범죄에 대한 관할권 확립을 위한 필요한 조치를 취하여야 한다.

ⓐ 자국영토 내 또는 자국에 등록된 선박 또는 항공기기상에서 행해진 인질억류 범죄.

ⓑ 자국민 또는 적절하다고 간주하는 경우, 자국에 상주하는 무국적자가 행한 인질억류 범죄.

2. 각 당사국은 마찬가지로 인질억류범죄 혐의자가 자국내에 있고 본 조 제 1항에 언급된 어느 국가에도 인도하지 않는 경우에는 제1조에 규정된 범죄에 관한 관할권 확립을 위해 필요한 조치를 위하여야 한다.

3. 본 협약은 국내법에 의해 행사되는 여하한 형사관할권도 배제하지 아니한다.

제6조 1. 어느 당사국이나 인질억류 범죄혐의자가 자국 내에 있는 경우 충분한 근거가 있다고 확신되면 형사 또는 인도소송절차의 제기를 위해 필요한 기간 동안 국내법에 의거하여 동 인질억류범죄혐의자를 구류하거나 또는 신병 확보를 위해 필요한 기타 조치를 취하여야 한다. 동 당사국은 즉시 사실 예비조사를 행하여야 한다.

2. 본 조 제1항에 언급된 구류 또는 기타 조치는 지체없이 직접 또는 국제연합 사무총장을 통해 다음 각 호에 해당하는 국가 또는 기구에 통보하여야 한다.

ⓐ 인질억류범죄가 행해진 국가.

ⓑ 강요행위 또는 강요행위기도의 대상국.

ⓒ 강요행위 또는 강요행위기도의 대상이 된 자연인 또는 범죄인의 국적국.

ⓓ 인질의 국적국 또는 상주국.

ⓔ 인질억류 범죄혐의자의 국적국 또는 동인이 무국적자인 경우 동인의 상주국.

ⓕ 강요행위 또는 강요행위 기도대상이 된 정부간 국제기구.

ⓖ 기타 모든 관계국.

3. 본 조 제1항에 언급된 조치의 대상이 되는 자는 다음 각 호의 권리를 갖는다.

ⓐ 동인의 국적국 또는 달리 연락을 취할 자격을 가진 국가, 무국적자인 경우 동인의 상주국의 적절한 대표로서 최인근지에 있는 자와 지체없이 연락을 취할 수 있는 권리.

ⓑ 본 조 ⓐ에 언급된 국가대표의 방문을 받을 수 있는 권리.

4. 본 조 제3항에 언급된 권리는 인질억류 범죄혐의자가 소재한 국가의 법령이 본 조 제3항하에 부여된 권리가 의도하는 목적을 충분히 이룰 수 있을 것을 조건으로 동 법령에 의거하여 행사되어야 한다.

5. 본 조 제3항 및 제4항의 규정은 제5조 제1항ⓑ에 의거하여 관할권을 갖는 당사국이 인질억류 범죄혐의자와 연락을 취하고 동인을 방문하도록 국제 적십자위원회에 요청할 수 있는 권리를 방해하지 아니한다.

6. 본 조 제1항에 규정된 예비조사를 행하는 국가는 그 조사결과를 본 조 제2항에 언급된 국가 또는 기구에 신속히 통보해야하며 관할권을 행사할 것인지의 여부를 표시하여야 한다.

제7조 인질억류 범죄혐의자를 기소한 당사국은 국내법에 의거한 소송절차의 최종 결과를 국제연합사무총장에게 통보하고 사무총장은 동결과를 여타 관계국과 관련 정부간 국제기구에 전달하여야 한다.

제8조 1. 자국의 영토 내에서 인질억류 범죄혐의자를 적발한 당사국은 동 혐의자를 인도하지 않는 경우 예외 없이 그리고 동 인질억류범죄가 자국영토 내에서 행해졌는가의 여부를 불문하고, 국내법상 절차를 통한 기소를 위하여 자국의 권한 있는 당국에 사건을 회부하여야 한다. 동 당국은 국내법상 일반적인 중죄의 경우와 같은 방식으로 결정을 내려야 한다.

2. 제1조에 규정된 범죄와 관련하여 소송이 진행중인 혐의자는 동인이 소유하고 있는 당사국의 법에 규정된 모든 권리 및 보장의 향유를 포함하여 소송 절차의 모든 단계에서 공정한 대우를 보장받아야 한다.

제9조 1. 본 협약에 의한 인질억류 범죄혐의자의 인도요청은 피요청 당사국이 다음 각 호와 같이 믿을 만한 확실한 근거를 갖고 있을 경우에는 허용되지 아니한다.

ⓐ 제1조에 규정된 인질억류범죄에 대한 인도요청이 동인의 인종, 종교, 국적, 민족적, 기원 또는 정치적 견해를 이유로 동인을 기소 또는 처벌하기 위해 행해졌다는 사실.

ⓑ 동인의 입장이 다음의 이유에서 손상을 입을 수 있다는 사실.

(ⅰ) 본 항 ⓐ에 언급된 이유.

(ⅱ) 보호권 행사의 권리가 있는 국가의 관계당국이 동인과 연락을 취할 수 없다는 이유.

2. 본 협약에 규정된 범죄에 관하여 당사국간에 적용가능한 일체의 인도조약 및 협정의 규정은 동 규정이 각 협약과 양립되지 않는 한 본 협약에 의해 동 당사국간에 개정된다.

제10조 1. 제1조에 규정된 범죄는 당사국간의 기존 범죄인 인도조약상의 인도대상 범죄에 포함되는 것으로 간주된다. 당사국은 인질억류 범죄를 당사국간에 체결될 모든 범죄인 인도조약상의 인도대상범죄로 포함시킬 것을 약속한다.

2. 범죄인 인도를 위해 조약상의 근거를 요하는 당사국이 자국과 범죄인 인도 조약을 체결치 않은 타당사국으로부터 범죄인 인도요청을 접수하면 피요청 당사국은 임의적으로 본 조약을 제1조에 규정된 범죄에 관한 범죄인 인도는 피요청 당사국의 국내법에 규정된 기타 조건에 따른다.

3. 범죄인 인도를 위해 조약상의 근거를 요하지 않는 당사국은 피요청국의 법에 규정된 조건에 따를 것으로 하여 제1조에 규정된 조건에 따를 것으로 하여 제1조에 규정된 범죄를 동국상호간에 인도 대상범죄로 인정하여야 한다.
4. 제1조에 규정된 범죄는 당사국간의 범죄인 인도를 위해 동 범죄가 실체의 발생지에서 행해졌을 뿐만 아니라 제5조 제1항에 의해 관할권 확립이 요청되는 국가의 영토 내에서 발생한 것으로 취급되어야 한다.

제11조 1. 당사국은 자국이 보유하고 있는 소송절차를 위해 필요한 일체의 증거제공을 포함하여 제1조에 규정된 범죄에 관해 제기된 형사소송절차와 관련하여 당사국 상호간 최대한의 협조를 제공하여야 한다.
2. 본 조 제1항의 규정은 타조약에 규정된 사법공조에 관한 의무에 영향을 미치지 아니한다.

제12조 전쟁희생자 보호를 위한 1949년 제네바 제협약 또는 동 협약 추가의정서는 특정인질억류행위에 적용될 수 있고, 또한 본 협약의 당사국이 상기 협약상 인질억류범을 기소 또는 인도해야 할 의무가 있는 범위 내에서 국제연합헌장에 의거한 제국간 우호관계와 협력에 관한 국제법 원칙의 선언에 규정된 바와 같이 민족자결권 행사로서 식민지배, 외국점령 및 인종주의적 정권에 대항하여 항쟁하는 1977년 추가의정서 제1조 4항에 언급된 무력충동을 포함하여 1949년 제네바 제협약 및 동 의정서에 정의된 무력충돌 과정에서 행해진 인질억류행위에 대해서는 본 협약이 적용되지 아니한다.

제13조 본 협약은 인질억류범죄가 일국내에서 행해지고 인질 및 인질억류 범죄 혐의자가 동국 국민이며, 동 혐의자가 동국 영토내에 있는 경우에는 허용되지 아니한다.

제14조 본 협약의 어떠한 규정도 국제연합헌장에 반하여 일국의 영토보전 또는 정치적 독립의 침해를 정당화하는 것으로 해석되어서는 아니 된다.

제15조 본 협약 채택당시 발효성인 비호에 관한 조약이 동 조약 당사국간 적용되는 것에 영향을 미치지 아니한다. 그러나 본 협약의 당사국은 본 협약의 타당사국으로서 상기 비호조약의 당사국이 아닌 국가에 대해서는 동 조약을 수용할 수 없다.

제16조 1. 본 협약의 해석 또는 적용에 관한 2개 또는 그 이상의 당사국간의 분쟁으로서 교섭에 의해 해결되지 않는 일절의 분쟁은 일방당사국의 요청에 따라 중재재판에 회부된다. 중재재판의 요청일로부터 6개월 이내에 동 분쟁당사국이 중재재판부 구성에 관해 합의에 이르지 못하면, 국제사법재판소 규정에 따라 어느 일방 당사국도 분쟁을 동 재판소에 제소할 수 있다.
2. 각 국은 각 협약의 서명, 비준 또는 가입시의 본 조 제1항의 구속을 받지 않음을 선언할 수 있다. 기타 당사국은 이러한 유보를 행한 국가에 대하여는 본 조 제1항의 구속을 받지 않는다.
3. 본 조 제2항에 의하여 유보를 행한 당사국은 어느 때라도 국제연합사무총장에게 통보함으로써 유보를 철회할 수 있다.

제17조 1. 본 협약은 1980년 12월 31일까지 뉴욕소재 국제연합본부에서 모든 국가의 서명을 위해 개방된다.
2. 본 협약은 비준을 받아야 한다. 비준서는 국제연합사무총장에게 기탁하여야 한다.

3. 본 협약은 모든 국가의 가입을 위해 개방된다. 가입서는 국제연합 사무총장에게 기탁하여야 한다.

제18조 1. 본 협약은 22번째 비준서 또는 가입서가 국제연합사무총장에게 기탁되는 날로부터 30일째 되는 날에 발효한다.

2. 본 협약은 22번째 비준서 또는 가입서 기탁후 본 협약을 비준하거나 가입하는 국가에 대해서는 동국의 비준서 또는 가입서 기탁일로부터 30일째 되는 날에 발효한다.

제19조 1. 어느 당사국이나 국제연합사무총장에 대한 서면통고로서 본 협약을 폐기할 수 있다.

2. 폐기는 사무총장이 폐기통고를 접수한 일자로부터 1년 후에 효력을 발생한다.

제20조 아랍어, 중국어, 영어, 불어, 노어, 스페인어 본이 동등이 정본인 본 협약의 원본은 국제연합사무총장에게 기탁되며, 사무총장은 인증담본을 모든 국가에 송부한다. 이상의 증거로서 각자의 정부에 의해 정당한 권한을 위임받은 서명자들은 뉴욕에서 서명을 위해 개방된 본 협약서에 서명하였다.

3. 항공기내에서 범한 범죄 및 기타행위에 관한 협약(동경협약)

(1963. 9. 14. 동경에서 채택, 1969. 12. 4. 발효, 1971. 5. 20. 대한민국에 대하여 발효)

본 조약의 당사국은 다음과 같이 합의하였다.

제1장 협약의 범위

제1조 1. 본 조약은 다음 사항에 대하여 적용된다.

ⓐ 형법에 위반되는 범죄.

ⓑ 범죄의 구성여부를 불문하고 항공기와 기내의 인명 및 재산의 안전을 위태롭게 할 수 있거나 하는 행위 또는 기내의 질서 및 규율을 위협하는 행위.

2. 제3장에 규정된 바를 제외하고 본 협약은 체약국에 등록된 항공기가 비행 중이거나 공해 수면상에 있거나 또는 어느 국가의 영토에도 속하지 않는 지역의 표면에 있을 때에 동 항공기에 탑승한 자가 범한 범죄 또는 행위에 관하여 적용된다.

3. 본 협약의 적용상 항공기는 이륙의 목적을 위하여 시동이 된 순간부터 착륙골주가 끝난 순간까지 비행중인 것으로 간주한다.

4. 본 협약은 군사. 세관 또는 경찰용 업무에 사용되는 항공기에는 적용되지 아니한다.

제2조 제4조 규정에도 불구하고, 또한 항공기와 기내의 인명 및 재산의 안전이 요청되는 경우를 제외하고는, 본 협약의 어떠한 규정도 형법에 위반하는 정치적 성격의 범죄나 또는 인종 및 종교적 차별에 기인하는 범죄에 관하여 어떠한 조치를 허용하거나 요구하는 것으로 해석되지 아니한다.

제2장 재판관할권

제3조 1. 항공기의 등록국은 동 항공기내에서 행하여진 범죄나 행위에 대한 재판관할권을 행사할 권한을 가진다.

2. 각 체약국은 자국에 등록된 항공기내에서 행하여진 범죄에 대하여 등록국으로서의 재판관할권을 확보하기 위하여 필요한 조치를 취하여야 한다.

3. 본 협약은 국내법에 따라 행사하는 어떠한 형사재판 관할권도 배제하지 아니한다.

제4조 체약국으로서 등록국이 아닌 국가는 다음의 경우를 제외하고는 기내에서의 범죄에 관한 형사재판 관할권의 행사를 위하여 발행중인 항공기에 간섭하지 아니하여야 한다.

ⓐ 범죄가 상기 국가의 영역에 영향을 미칠 경우.

ⓑ 상기 국가의 국민이나 또는 영주자에 의하여 또는 이들에 대하여 범죄가 행하여진 경우.

ⓒ 범죄가 상기 국가의 안전에 반하는 경우.

ⓓ 상기 국가에서 효력을 발생하고 있는 비행 및 항공기 조종에 관한 규칙이나 법규를 위반한 범죄가 범하여진 경우.

ⓔ 상기 국가가 다변적인 국제 협정하에 부담하고 있는 의무의 시행을 보장함에 있어서 재판관할권의 행사가 요구되는 경우.

제3장 항공기기장의 권한

제5조 1. 본 장의 규정들은 최종이륙지점이나 착륙예정지점이 등록국 이외의 국가에 위치하거나 또는 범인이 탑승한 채로 동 항공기가 등록국 이외 국가의 공역으로 계속적으로 비행하는 경우를 제외하고는 등록국의 공역이나 공해상공 또는 어느 국가의 영역에도 속하지 아니하는 지역상공을 비행하는 중에 항공기에 탑승한 자가 범하였거나 범하려고 하는 범죄 및 행위에는 적용되지 아니한다.

2. 제1조 제3항에 관계없이 본 장의 적용상 항공기는 승객의 탑승 이후 외부의 문이 폐쇄된 순간부터 승객이 내리기 위하여 상기 문들이 개방되는 순간까지의 어떠한 시간도 비행중인 것으로 간주한다. 강제착륙의 경우에는 본 장의 규정은 당해국은 관계당국이 항공기 및 기상의 인원 및 재산에 대한 책임을 인수할 때까지 기내에서 범하여진 범죄와 행위에 관하여 계속 적용된다.

제6조 1. 항공기 기장은 항공기 내에서 어떤 자가 제1조 1항에 규정된 범죄나 행위를 범하였거나 범하려고 한다는 것을 믿을 만한 상당한 이유가 있을 경우에는 그자에 대하여 다음을 위하여 요구되는 감금을 포함한 조치를 부과할 수 있다.

ⓐ 항공기와 기내의 인명 및 재산의 안전보호

ⓑ 기내의 질서와 규율의 유지

ⓒ 본 장의 규정에 따라 상기자를 관계당국에 인도하거나 또는 항공기에서 하기 조치를 취할 수 있는 기장의 권한 확보.

2. 항공기 기장은 자기가 감금할 권한이 있는 자를 감금하기 위하여 다른 승무원의 지원을 요청하거나 권한을 부여할 수 있으며, 승객의 지원을 요청하거나 권한을 부여할 수 있으나 이를 요구할 수는 없다.

승무원이나 승객은 누구를 막론하고 항공기와 기내의 인명 및 재산의 안전을 보호하기 위하여 합리적인 예방조치가 필요하다고 믿을 만한 상당한 이유가 있는 경우에는 기장의 권한 부여가 없어도 즉각적으로 상기조치를 취할 수 있다.

제7조 1. 제6조에 따라서 특정인에게 가하여진 감금조치는 다음 경우를 제외하고는 항공기가 착륙한다는 지점을 넘어서까지 계속되어선 안 된다.

ⓐ 착륙지점이 비체약국의 영토 내에 있으며, 동 국가의 당국이 상기 특정인의 상륙을 불허하거나, 제6조 제1항 ⓒ에 따라서 관계당국에 대한 동인의 인도를 가능하게 하기 위하여 이와 같은 조치가 취하여진 경우.

ⓑ 항공기가 강제 시착하여 기장이 상기 특정인을 관계당국에 인도할 수 없는 경우.

ⓒ 동 특정인이 감금상태 하에서 계속 비행에 동의하는 경우.

2. 항공기 기장은 제6조의 규정에 따라 기내에 특정인을 감금한 채로 착륙하는 경우, 가급적 조속히 그리고 가능하면 착륙 이전에 기내에 특정인이 감금되어 있다는 사실과 그 사유를 당해국의 당국에 통보하여야 한다.

제8조 1. 항공기 기장은 제6조 제1항의 ⓐ또는 ⓑ의 목적을 위반하여 필요한 경우에는 기내에서 제1조 제1항의 ⓑ의 행위를 범하였거나 범하려고 한다는 믿을 만한 상당한 이유가 있는 자에 대하여 누구임을 막론하고 항공기가 착륙하는 국가의 영토에 그 자를 하기시킬 수 있다.

2. 항공기 기장은 본 조에 따라서 특정인을 하기시킨 국가의 당국에 대하여 특정을 하기시킨 사실과 그 이유를 통보하여야 한다.

제9조 1. 항공기 기장은 자신의 판단에 따라 항공기 등록국의 형사법에 규정된 중대한 범죄를 기내에서 범하였다고 믿을 만한 상당한 이유가 있는 자에 대하여 누구를 막론하고 항공기가 착륙하는 영토국인 체약국의 관계당국에 그자를 인도할 수 있다.

2. 항공기 기장은 전 항의 규정에 따라 인도하려고 하는 자를 탑승시킨 채로 착륙하는 경우, 가급적 조속히 그리고 가능하면 착륙 이전에 동 특정인을 인도하겠다는 의도와 그 사유를 동 체약국의 관계 당국에 통보하여야 한다.

3. 항공기 기장은 본 조의 규정에 따라 범죄인 혐의자를 인수하는 당국에게 항공기 등록국의 법률에 따라 기장이 합법적으로 소지하는 증거와 정보를 제공하여야 한다.

제10조 본 협약에 따라서 제기되는 소송에 있어서 항공기 기장이나 기타 승무원, 승객, 항공기의 소유자나 운항자는 물론 항공기 이용자는 피소된 자가 받은 처우로 인하여 어떠한 소송상의 책임도 부담하지 아니한다.

제4장 항공기의 불법점유

제11조 1. 기내에 탑승한 자가 폭행 또는 협박으로 비행중인 항공기를 방해하거나 점유하는

행위 또는 기타 항공기의 조종을 부당하게 행사하는 행위를 불법적으로 범하였거나 또는 이와 같은 행위가 범하여지려고 하는 경우에는 체약국은 동항공기가 합법적인 기장의 통제 하에 들어가고 그가 항공기의 통제를 유지할 수 있도록 모든 적절한 조치를 취하여야 한다.

2. 전 항에 규정된 사태가 야기되는 경우, 항공기가 착륙하는 체약국은 승객과 승무원이 가급적 조속히 여행을 계속 하도록 허가하여야 하며 또한 항공기와 화물을 각각 합법적인 소유자에게 반환하여야 한다.

제5장 체약국의 권한과 의무

제12조 체약국은 어느 국가를 막론하고 타체약국에 등록된 항공기의 기장에게 제8조 제1항에 따른 특정인의 하기조치를 인정하여야 한다.

제13조 1. 체약국은 제9조 제1항에 따라 항공기 기장이 인도하는 자를 인수하여야 한다.

2. 사정이 정당하다고 인정하는 경우에는 체약국은 제11조 제1항에 규정된 행위를 범한 피의자와 동국이 인수한 자의 신병을 확보하기 위하여 구금 또는 기타 조치를 취하여야 한다. 동 구금과 기타 조치는 동국의 법률이 규정하는 바에 따라야 하나 구금과 기타 조치는 동국의 법률이 규정한 바에 따라야 하나 형사적 절차와 범죄인 인도에 따른 절차와 착수를 가능하게 하는 데에 합리적으로 필요한 기간동안만 계속되어야 한다.

3. 전 항에 따라 구금되고 있는 어떠한 자도 최근거리에 있는 본국의 적절한 대표와 즉시 연락을 취할 수 있도록 도움을 받아야 한다.

4. 제9조 제1항에 따라 특정인을 인수하거나 또는 제11조 제1항에 규정된 행위가 범하여진 후 항공기가 착륙하는 영토국인 체약국은 사실에 대한 예비조사를 즉시 행하여야 한다.

5. 본 조에 따라 특정인을 구금한 사정 등에 관한 사실을 즉시 통보하여야 한다. 본 제4항에 따라 예비 조사를 행하는 국가는 전기 국가에 대하여 조사결과를 즉시 통보해야 하며, 그 관할권을 행사할 의도가 있는지의 여부를 명시하여야 한다.

제14조 1. 제8조 제1항의 규정에 따라 하기 조치를 당하였거나 또는 제9조 제1항에 따라 인도되었거나 제11조 제1항에 규정된 행위를 범한 후 항공기에서 하기조치를 당하였을 경우 또한 동인이 여행을 계속할 의사가 없는 경우에 항공기가 착륙한 국가가 그의 입국을 허가하지 아니할 때에는 동인이 착륙 국가의 국민이거나 영주자가 아니라면, 착륙국가는 동인이 국적을 가졌거나 영주권을 가진 국가의 영토에 송환하거나 동인이 항공여행을 시작한 국가의 영토에 송환할 수 있다.

2. 특정인의 상륙, 인도 및 제13조 제2항에 규정된 구금 또는 기타 조치나 동인의 송환은 당해 체약국의 입국관리에 관한 법률의 적용에 따라 동국 영토에 입국이 허용된 것으로 간주되지 아니하며 본 협약의 어떠한 규정도 자국 영토로부터의 추방을 규정한 법률에 영향을 미치지 아니한다.

제15조 1. 제14조의 규정에도 불구하고 제8조 제1항에 따라 항공기에서 하기조치를 당하였거나 제9조 제1항에 따라 인도되었거나 제11조 제1항에 규정된 행위를 범한 후 항공기에서 내린 자가 여행을 계속할 것을 원하는 경우에는 범죄인 인도나 형사적 절차를 위하여 착륙국

의 법률이 그의 신병 확보를 요구하지 않는 한 그가 선택하는 목적지로 향발할 수 있도록 가급적 조속히 자유롭게 행동할 수 있게 하여야 한다.

2. 입국관리와 자국 영토로부터의 추방 및 범죄인 인도에 관한 법률에도 불구하고 제8조 제1항에 따라 특정인이 하기조치를 당하였거나 제9조 제1항에 따라 인도되었거나 제11조 제1항에 규정된 행위를 범한 것으로 간주된 자가 항공기에서 내릴 경우에는 체약국은 동인의 보호와 안전에 있어 동국이 유사한 상황에서 자국민에게 부여하는 대우보다 불리하지 않는 대우를 부여하여야 한다.

제6장 기타 규정

제16조 1. 체약국에서 등록된 항공기내에서 행하여진 범행은 범죄인 인도 목적을 위해 그 범죄가 실제로 발생한 장소에서뿐만 아니라 항공기 등록국의 영토에서 발생한 것과 같이 취급되어야 한다.

2. 전 항의 규정에도 불구하고 본 협약의 어떤 규정도 범죄인 인도를 허용하는 의무를 창설하는 것으로 간주되지 아니한다.

제17조 항공기 내에서 범하여진 범죄와 관련하여 수사 또는 체포조치를 위하거나 재판관할권을 행사함에 있어서 체약국은 비행의 안전과 이에 관련된 기타 권익에 대하여 상당한 배려를 하여야 하며 항공기, 승객, 승무원 및 화물의 불필요한 지연을 피하도록 노력하여야 한다.

제18조 여러 체약국들이 이들 중 어느 한 국가에도 등록되지 아니한 항공기를 운항하는 공동항공운송 운영기구나 국제적인 운영기관을 설치할 경우에는 이들 체약국은 그때 그때의 상황에 따라서 본 협약의 적용상 등록국으로 간주될 국가를 그들 중에서 지명하고 이 사실을 국제민간항공기구에 통고를 하여야 하며, 동 기구는 본 협약의 모든 체약국에게 동 통고를 전달하여야 한다.

제8장 최종조항

제19조 제21조에 따라 효력을 발생하는 날까지 본 협약은 서명시에 국제연합회원국이거나 또는 전문기구의 회원국인 모든 국가에게 서명을 위하여 개방된다.

제20조 1. 본 협약은 각국의 헌법절차에 따라서 서명국이 비준하여야 한다.

2. 지분서는 국제민간항공기구에 기탁된다.

제21조 1. 본 협약은 12개국 서명국이 본 협약에 대한 비준서를 기탁한 후 12번째의 비준서 기탁일로부터 90일 후에 동 국가들 사이에 발효한다. 이후 본 협약은 이를 비준하는 각 국가에 대하여 비준서 기탁일로부터 90일 후에 발효한다.

2. 본 협약의 발효와 즉시 국제민간항공기구는 본 협약을 국제연합 사무총장에게 등록한다.

제22조 1. 본 협약은 효력발생 후 국제연합회원국이나 전문기구의 회원국이 가입할 수 있도록 개방된다.

2. 상기 국가의 가입은 국제민간항공기구에 가입서를 기탁함으로써 효력을 발생하며, 동 기

탁일로부터 90일 이후에 동국에 대하여 발효한다.

제23조 1. 체약국은 국제민간항공기구에 대한 통고로써 본 협약을 폐기할 수 있다.

2. 상기 국가의 가입은 국제민간항공기구에 가입서를 기탁함으로써 효력을 발생하며, 동 기탁일로부터 90일 이후에 동국에 대하여 발효한다.

제24조 1. 본 협약의 해석이나 적용에 있어서 2개 또는 그 이상의 체약국간에 협상을 통하여 해결할 수 없는 분쟁이 있을 경우에는 이중 어느 국가이든지 중재회부를 요청할 수 있다. 중재 요청일자로부터 6개월 이내에 당사자들이 중재구성에 관한 합의에 도달하지 못하는 경우에는 이중 어느 당사자든지 국제사법재판소의 규정에 따라 동 분쟁을 국제사법재판소에 제소할 수 있다.

2. 각국은 본 협약에 대한 서명, 비준, 또는 가입시에 자국이 전항에 구속되지 아니한다는 것을 선언할 수 있다. 기타 체약국은 상기와 같은 유보를 선언할 체약국과의 관계에서는 전항에 구속되지 아니한다.

3. 전 항에 따라 유보를 선언한 어떠한 체약국도 언제든지 국제민간항공기구에 대한 통고로써 동 유보를 철회할 수 있다.

제25조 제24조 규정 이외에는 본 협약에 대한 유보를 할 수 없다.

제26조 국제민간항공기구는 모든 국제연합회원국과 전문기구의 회원국에 대하여 다음 사항을 통보한다.

ⓐ 본 협약에 대한 서명과 그 일자.

ⓑ 비준서 또는 가입서의 기탁과 그 일자.

ⓒ 제21조 제1항에 따른 선언 또는 본 협약의 발효 일자.

ⓓ 폐기통고의 접수와 그 일자.

ⓔ 제24조에 따른 선언 또는 통고의 접수와 그 일자.

이상의 증거로서 하기 전권위원은 정당히 권한을 위임받고 본 협약에 서명하였다.

1963년 9월 14일 도쿄에서 동등히 정본인 영어, 불어 및 서반아어본의 3부를 작성하였다.

본 협약은 국제민간항공기구에 기탁되고, 제19조에 따라 서명이 개방되며, 동 기구는 모든 국제연합회원국과 전문기구의 회원국에게 협약의 인등잠본을 송부하여야 한다. (서명 생략)

4. 항공기의 불법납치 억제를 위한 협약(헤이그 협약)

(1970. 12. 16. 헤이그에서 채택, 1971. 10. 14. 발효, 1972. 2. 17. 대한민국에 대하여 발효)

(전문)

본 협약의 당사국들은 비행 중에 있는 항공기의 불법적인 납치 또는 점거행위가 인명 및 재산의 안전에 위해를 가하고 항공업무의 수행에 중대한 관심사임을 고려하고, 그와 같은 행위를 방지하기 위하여 범인들의 처벌에 관한 적절한 조치를 규정하기 위한 긴박한 필요성이 있음을 고려하여 다음과 같이 합의하였다.

제1조 비행 중에 있는 항공기에 탑승한 어떠한 자도,

ⓐ 폭력 또는 그 위협에 의하여 또는 그 밖의 어떠한 다른 형태의 협박에 의하여 불법적으로 항공기를 납치 또는 점거하거나 또는 그와 같은 행위를 위하고자 시도하는 경우.

ⓑ 그와 같은 행위를 하거나, 하고자 시도하는 자의 공범자의 경우에는 죄(이하(범죄)라 한다)를 범한 것으로 한다.

제2조 각 체약국은 범죄를 엄중한 형벌로 처벌할 수 있도록 할 의무를 진다.

제3조 1. 본 협약의 목적을 위하여 항공기는 탑승 후 모든 외부의 문이 닫힌 순간부터 하기를 위하여 그와 같은 문이 열려지는 순간까지의 어떠한 시간도 비행 중에 있는 것으로 간주한다. 강제착륙의 경우, 비행은 관계당국이 항공기와 기상이 인원 및 재산에 대한 책임을 인수할 때까지 계속되는 것으로 본다.

2. 본 협약은 군사. 세관 또는 경찰업무에 사용되는 항공기에는 적용되지 아니한다.

3. 본 협약은 기상에서 범죄가 행하여지고 있는 항공기의 등록국가의 영토 외에 위치한 경우에만 적용되며 그 항공기가 국제 혹은 국내 항공에 종사하는지의 여부는 가리지 아니한다.

4. 제5조에서 언급된 경우에 있어서 항공기의 이륙장소 및 실제의 착륙장소가 동조에 언급된 국가 중의 하나에 해당하는 국가의 영토 내에서 발견된 경우에는 그 항공기의 이륙장소 또는 실제 착륙장소 여하를 불문하고 제6조, 제7조, 제8조 및 제10조가 적용된다.

제4조 1. 각 체약국은 범죄 및 범죄와 관련하여 승객 또는 승무원에 대하여 범죄혐의자가 행한 기타 폭력행위에 관하여 다음과 같은 경우에 있어서 관할권을 확립하기 위하여 필요한 제반조치를 취하여야 한다.

ⓐ 범죄가 당해국에 등록된 항공기 기상에서 행하여진 경우

ⓑ 범죄가 기상에서 행하여진 항공기가 아직 기상에 있는 범죄혐의자를 싣고 그 영토 내에 착륙한 경우

ⓒ 범죄가 주된 사업장소 또는 그와 같은 사업장소를 가지지 않은 경우에는 영구 주소를 그 국가 내에 가진 임차인에게 승무원없이 임대된 항공기 기상에서 행하여진 경우.

2. 각 체약국은 또한 범죄혐의자가 그 영토 내에 있으며 제8조에 따라 본 조 제1항에서 언급된 어떠한 국가에도 그를 인도하지 않는 경우에 있어서는 범죄에 관한 관할권을 확립하기 위하여 필요한 제조치를 취하여야 한다.

3. 본 협약은 국내법에 의거하여 행사되는 어떠한 형사관할권도 배제하지 아니한다.

제5조 공동 또는 국제등록에 따라 항공기를 운영하는 공동 항공운수운영기구 또는 국제운영기관을 설치한 체약국들은 적절한 방법에 따라 각 항공기에 대하여 관할권을 행사하고, 본 협약의 목적을 위하여 등록국가의 자격을 가지는 국가를 당해국 중에서 지명하여야 하며, 또한 국제민간항공기구에 대하여 그에 관한 통고를 하여야 하며, 동기구는 본 협약의 전체약국에 동 통고를 전달하여야 한다.

제6조 1. 사정이 정당하다고 인정한 경우, 범인 및 범죄혐의자가 그 영토 내에 있는 체약국은 그를 구금하거나 그의 신변보호를 위한 기타 조치를 취하여야 한다. 동 구금 및 기타 조치는 그 국가의 국내법에 규정된 바에 따라야 하나, 형사 또는 인도절차를 취함에 필요한 시

간 동안만 계속될 수 있다.

2. 그러한 국가는 사실에 대한 예비조사를 즉시 행하여야 한다.
3. 본 조 제1항에 따라 구금 중에 있는 어떠한 자도 최근거리에 있는 본국의 적절한 대표와 즉시 연락을 취하는데 도움을 받아야 한다.
4. 본 조에 의거하여 체약국이 어떤 자를 구금하였을 때, 그 국가는 항공기의 등록국가, 제4조 제1항 ⓒ에 언급된 국가, 피구금자의 국적 국가 및 타당하다고 생각할 경우 기타 이해관계 국가에 대하여 그와 같은 자가 구금되어 있다는 사실과 그의 구금을 정당화하는 사정을 즉시 통고하여야 한다. 본 조 제2항에 규정된 예비조사를 행한 국가는 전기 국가에 대하여 그 조사결과를 즉시 통고하여야 하며 그 관할권을 행사할 의도가 있는지 여부를 명시하여야 한다.

제7조 그 영토 내에서 범죄혐의자가 발견된 체약국은 만약 동인을 인도하지 않는 경우에는 예외 없이 또한 그 영토 내에서 범죄가 행하여진 것인지의 여부를 불문하고 소추를 하기 위하여 권한 있는 당국에 동 사건을 회부하여야 한다. 그러한 당국은 그 국가의 법률상 중대한 성질의 일반 범죄일 경우에 있어서와 같은 방법으로 그 결정을 내려야 한다.

제8조 1. 범죄는 체약국들 사이에 존재하는 인도조약상의 인도범죄에 포함되는 것으로 간주된다. 체약국들은 범죄를 그들 사이에 체결될 모든 인도조약에 인도 범죄로서 포함할 의무를 진다.

2. 인도에 관하여 조약의 존재를 조건으로 하는 체약국이 상호인도조약을 체결하지 않은 타 체약국으로부터 인도요청을 받은 경우에는, 그 선택에 따라 본 협약을 범죄에 관한 인도를 위한 법적 근거로서 간주할 수 있다. 인도는 피요청국의 법률에 규정된 기타 제조건에 따라야 한다.
3. 인도에 관하여 조약의 존재를 조건으로 하지 않는 체약국들은 피요청국의 법률에 규정된 제조건에 따를 것을 조건으로 범죄를 동 국가들 간의 인도범죄로 인정하여야 한다.
4. 범죄는 체약국간의 인도목적을 위하여 그것이 발생한 장소에서뿐만 아니라 제4조 제1항에 따라 관할권을 확립하도록 되어있는 국가들의 영토 내에서 발생하여진 것과 같이 다루어진다.

제9조 1. 제1조 ⓐ에서 언급된 어떠한 행위가 발생하였거나 또는 발생하려고 하는 경우, 체약국은 항공기에 대한 통제를 적법한 기장에게 회복시키거나 또는 그의 항공기에 대한 통제를 보전시키기 위하여 적절한 조치를 취하여야 한다.

2. 전 항에 규정된 경우에 있어서 항공기, 그 승객 또는 승무원이 자국 내에 소재하고 있는 어떠한 체약국도 실행이 가능한 한 조속히 승객 및 승무원의 여행의 계속을 용이하게 하여야 하며, 항공기 및 그 화물을 정당한 점 유권자에게 지체없이 반환하여야 한다.

제10조 1. 체약국들은 범죄 및 제4조에 언급된 기타 행위와 관련하여 제기된 형사 소송절차에 관하여 상호간 최대의 협조를 제공하여야 한다. 피 요청국의 법률은 모든 경우에 있어서 적용된다.

2. 본 조 제1항의 규정은 형사문제에 있어서 전반적 또는 부분적인 상호협조를 규정하거나 또는 규정할 그밖에 어떠한 양자 또는 다자조약상의 의무에 영향을 미치지 아니한다.

제11조 각 체약국은 그 국내법에 의거하여 국제민간항공기 이사회에 그 국가가 소유하고 있는 다음에 관한 어떠한 관계정보도 가능한 한 조속히 보고하여야 한다.

ⓐ 범죄의 상황.

ⓑ 제5조에 의거하여 취하여진 조처.

ⓒ 범인 또는 범죄혐의자에 대하여 취하여진 조치, 특히 인도절차 또는 기타 법적 절차의 결과.

제12조 1. 협상을 통하여 해결될 수 없는 본 협약의 해석 또는 적용에 관한 2개국 또는 그 이상의 체약국들 간의 어떠한 분쟁도 그들 중 1국의 요청에 의하여 중재에 회부된다. 중재요청일로부터 6개월 이내에 체약국들이 중재 구성에 합의하지 못할 경우에는 그들 당사국중의 어느 1국가가 국제사법재판소에 동 재판소 규정에 따라 분쟁을 부탁할 수 있다.

2. 각 국은 본 협약의 서명 또는 비준 또는 가입시에 자국이 전 항 규정에 구속되지 아니하는 것으로 본다는 것을 선언할 수 있다. 타방체약국들은 그러한 유보를 행한 체약국에 관하여 전항 규정에 의한 구속을 받지 아니한다.

3. 전 항의 규정에 의거하여 유보를 행한 어떠한 체약국도 기탁정부에 대한 통고로써 등 유보를 언제든지 철회할 수 있다.

제13조 1. 본 협약은 1970년 12월 1일부터 16일까지 헤이그에서 개최된 항공기 법에 관한 국제회의(이하(헤이그 회의)라 한다)에 참가한 국가들에 대하여 1970년 12월 16일 헤이그에서 서명을 위하여 개방된다. 본 조 제3항에 따라 발효 이전에 본 협약에 서명하지 않은 어떠한 국가도 언제든지 본 협약에 가입할 수 있다.

2. 본 협약은 서명국에 의한 비준을 받아야 한다. 비준서 및 가입서는 이에 기탁정부로 지정된 소비에트 사회주의공화국연방, 영국 및 미합중국 정부에 기탁되어야 한다.

3. 본 협약은 헤이그 회의에 참석한 본 협약의 10개 서명국에 의한 비준서 기탁일로부터 30일 후에 효력을 발생한다.

4. 기타 국가들에 대하여 본 협약은 본 조 제3항에 따른 본 협약의 발효일자 또는 당해국의 비준서 또는 가입서를 기탁한 날로부터 30일 중 나중에 일자에 효력을 발생한다.

5. 기탁정부들은 모든 서명 및 가입국에 대하여 매 서명일자, 매 비준서 또는 당해국의 비준서 또는 가입서의 기탁일자, 본 협약의 발효일자 및 기타 통고사항을 즉시 통보하여야 한다.

6. 본 협약은 발효하는 즉시 국제연합헌장 제102조에 따라 또한 국제민간항공협약(시카고, 1944) 제 83조에 따라 기탁정부들에 의하여 등록되어야 한다.

제14조 1. 어떠한 체약국도 기탁정부들에 대한 서면통고로써 본 협약을 폐기할 수 있다.

2. 폐기는 기탁정부들에 의하여 통고가 접수된 일자로부터 6개월 후에 효력을 발생한다.

이상의 증거로써 하기 전권대표들은 그들 정부로부터 정당히 권한을 위임받아 본 협약에 서명하였다. 1970년 12월 16일, 헤이그에서 각기 영어, 불어, 노어 및 서반아어로 공정히 작성된 원본 3부로 작성하였다. (서명생략)

5. 민간항공의 안전에 대한 불법적 행위의 억제를 위한 협약(몬트리올 협약)

(1971. 9. 23. 몬트리올에서 채택, 1973. 1. 23. 발효, 1973. 9. 1. 대한민국에 대하여 발효)

본 협약의 당사국들은 민간항공기의 안전에 대한 불법적 행위가 인명 및 재산의 안전에 위해를 가하고, 항공업무의 수행에 중대한 영향을 미치며, 또한 민간 항공의 안전에 대한 세계인민의 신뢰를 저해하는 것임을 고려하고, 그러한 행위의 발생이 중대한 관심사임을 고려하고, 그러한 행위를 방지하기 위하여 범인들의 처벌에 관한 적절한 조치를 규정할 긴박한 필요성이 있음을 고려하여, 다음과 같이 합의하였다.

제1조 1. 어떠한 자도 불법적이며 고의적으로,

ⓐ 비행중인 항공기에 탑승한 자에 대하여 폭력행위를 행하고 동 행위가 그 항공기의 안전에 위해를 가할 가능성이 있는 경우.

ⓑ 운항중인 항공기를 파괴하는 경우 또는 그러한 항공기를 훼손하여 비행을 불가능하게 하거나 비행의 안전에 위해를 줄 가능성이 있는 경우.

ⓒ 어떠한 방법에 의하여서라도 운항중인 항공기상에 그 항공기를 파괴할 가능성이 있거나 또는 그 항공기를 훼손하여 비행의 안전에 위해를 줄 가능성이 있는 장치나 물질을 설치하거나 또는 설치되도록 하는 경우.

ⓓ 항공시설을 파괴 혹은 손상하거나 또는 그 운용을 방해하여 그러한 행위가 비행중인 항공기의 안전에 위해를 줄 가능성이 있는 경우.

ⓔ 허위 정보를 교신, 그로 인하여 비행중인 항공기의 안전에 위해를 주는 경우에는 범죄를 범한 것으로 한다.

2. 어떠한 자도

ⓐ 본 조 제1항에 규정된 범죄를 범하려고 시도한 경우.

ⓑ 그러한 범죄를 범하거나 또는 범하려고 시도하는 자의 공범자인 경우에도 또한 범죄를 범한 것으로 한다.

제2조 본 협약의 목적을 위하여,

ⓐ 항공기는 탑승 후 모든 외부의 문이 닫힌 순간부터 하기를 위하여 그러한 문이 열리는 순간까지의 어떠한 시간도 비행 중에 있는 것으로 간주된다. 강제착륙의 경우, 비행은 관계당국이 항공기와 기상의 인원 및 재산에 대한 책임을 인수할 때까지 계속 되는 것으로 본다.

ⓑ 항공기는 일정비행을 위하여 지상원 또는 승무원에 의하여 항공기의 비행 전 준비기 시작된 때부터 착륙 후 24시간까지 운항중인 것으로 본다. 운항의 기간은 어떠한 경우에도 항공기가 본 조 제ⓐ항에 규정된 비행 중에 있는 전기간동안 적용된다.

제3조 각 체약국은 제1조에 규정된 범죄를 엄중한 형벌로 처벌할 수 있도록 할 의무를 진다.

제4조 1. 본 조약은 군사, 세관 또는 경찰업무에 사용되는 항공기에는 적용되지 아니한다.

2. 제1조 제1항의ⓐ, ⓑ, ⓒ 및 ⓔ에 규정된 경우에 있어서 본 협약은 항공기가 국제 또는

국내선에 종사하는지를 불문하고,

ⓐ 항공기의 실제 또는 예정된 이륙 또는 착륙장소가 그 항공기의 등록 국가의 영토 외에 위치한 경우

ⓑ 범죄가 그 항공기 등록국가 이외의 국가영토 내에서 범하여진 경우에만 적용된다.

3. 본 조 제2항에 불구하고 제1조 제1항의 ⓐ, ⓑ, ⓒ 및 ⓔ에 언급된 경우에 있어서, 본 협약은 범인 및 범죄혐의자가 항공기 등록구가 이외의 국가 영토 내에서 발견된 경우에도 적용된다.

4. 제9조에 언급된 국가와 관련하여, 또한 제1조 제1항 ⓐ, ⓑ, ⓒ 및 ⓔ에 언급된 경우에 있어서, 본 협약은 본 조 제2항에 ⓐ에 규정된 장소들이 제9조에 규정된 국가중의 하나에 해당하는 국가의 영토 내에 위치한 경우에는 그 국가 이외의 국가 영토 내에서 범죄가 범하여지거나 또는 범인이나 범죄혐의자가 발견되지 아니하는 한 적용되지 아니한다.

5. 제1조 제1항 ⓓ에 언급된 경우에 있어서 본 협약은 항공시설이 국제항공에 사용되는 경우에만 적용된다.

6. 본 조 제2, 제3, 제4 및 제5항의 규정들은 제1조 제2항에 언급된 경우에도 적용된다.

제5조 1. 각 체약국은 다음과 같은 경우에 있어서 범죄에 대한 관할권을 확립하기 위하여 필요한 제반조치를 취하여야 한다.

ⓐ 범죄가 그 국가의 영토 내에서 범하여진 경우.

ⓑ 범죄가 그 국가에 등록된 항공기에 대하여 또는 기상에서 범하여진 경우.

ⓒ 범죄가 기상에서 범하여진 항공기가 아직 기상에 있는 범죄혐의자와 함께 그 영토 내에 착륙한 경우.

ⓓ 범죄가 주된 사업장소 또는 그러한 사업장소를 가지지 않은 경우에는 영구 주소를 그 국가 내에 가진 임차인에게 승무원 없이 임대된 항공기에 대하여 또는 기상에서 범하여진 경우

2. 각 체약국은 범죄혐의자가 그 영토 내에 소재하고 있으며, 그를 제8조에 따라 본 조 제1항에 언급된 어떠한 국가에도 인도하지 않는 경우에 있어서는 제1조 제1항 ⓐ, ⓑ 및 ⓒ에 언급된 범죄에 관하여 또한 제1조 제2항에 언급된 범죄에 관하여 동조가 그러한 범죄에 효력을 미치는 한 그 관할권을 확립하기 위하여 필요한 제반조치를 취하여야 한다.

3. 본 협약은 국내법에 따라 행사되는 어떠한 형사관할권도 배제하지 아니한다.

제6조 1. 사정이 정당하다고 인정한 경우, 범인 및 범죄혐의자가 그 영토 내에 있는 체약국은 그를 구금하거나 그의 신병확보를 위한 기타 조치를 취하여야 한다. 동 구금 및 기타 조치는 그 국가의 국내법에 규정된 바에 따라야 하나, 형사 또는 인도절차를 취함에 필요한 제반조치를 취하여야 한다.

2. 그러한 국가는 사실에 대한 예비조사를 즉시 행하여야 한다.

3. 본 조 제1하에 따라 구금 중에 있는 어떠한 자도 최근거리에 있는 본국의 적절한 대표와 즉시 연락을 취하는데 도움을 받아야 한다.

4. 본 조에 의거하여 체약국이 어떤 자를 구금하였을 때, 그 국가는 항공기 의 등록구가, 제5조 제1항에 언급된 국가, 피구금자의 국적 국가 및 타당하다고 생각할 경우 기타 이해

관계국가에 대하여 그와 같은 자가 구금되어 있다는 사실과 그의 구금을 정당화하는 사정을 즉시 통고하여야 한다. 본 조 제2항에 규정된 예비조사를 행한 국가는 전기 국가에 대하여 그 조사 결과를 즉시 보고하여야 하며 그 관할권을 행사할 의도가 있는지의 여부를 명시하여야 한다.

제7조 그 영토 내에서 범죄혐의자가 발견된 체약국은 만약 동인을 인도하지 않는 경우에는, 예외없이 또한 그 영토 내에서 범죄가 행하여진 것인지의 여부를 불문하고 소추를 하기 위하여 권한있는 당국에 그 국가의 법률상 중대한 성질의 일반 범죄의 경우에 있어서와 같은 방법으로 그 결정을 내려야 한다.

제8조 1. 범죄는 체약국들 사이에 현존하는 인도조약상의 인도범죄에 포함되는 것으로 간주된다. 체약국들은 범죄를 그들 사이에 체결될 모든 인도조약에 인도 범죄로서 포함할 의무를 진다.

2. 인도에 관하여 조약의 존재를 조건으로 하는 체약국이 상호인도조약을 체결하지 않은 타 체약국으로부터 인도 요청을 받은 경우에는 그 선택에 따라 본 협약을 범죄에 관한 인도를 위한 법적 근거로서 간주할 수 있다. 인도는 피요청국의 법률에 규정된 기타 제조건에 따라야 한다.

3. 인도에 관한 조약의 존재를 조건으로 하지 않는 체약국들은 피체약국의 법률에 규정된 제조건에 따를 것을 조건으로 범죄를 동 국가들 간의 인도 범죄로 인정하여야 한다.

4. 각 범죄는 체약국간의 인도목적을 위하여 그것이 발생한 장소에서뿐만 아니라 제5조 제1항 ⓑ, ⓒ 및 ⓓ에 따라 관할권을 확립하도록 되어 있는 국가들의 영토 내에서 발생하여진 것과 같이 다루어진다.

제9조 공동 또는 국제등록에 따라 항공기를 운영하는 공동 항공운수운영기구 또는 국제운영기관을 설치한 체약국들은 적절한 방법에 따라 각 항공기에 대하여 관할권을 행사하고 본 협약의 목적을 위하여 등록국가의 자격을 가지는 국가를 당해국 중에서 지명하여야 하며, 또한 국제 민간항공기구에 대하여 그에 관한 통고를 하여야 하며, 동 기구는 본 협약의 전 체약국에 동 통고를 전달하여야 한다.

제10조 1. 체약국은 국제 및 국내법에 따라 제1조에 언급된 범죄를 방지하기 위한 모든 실행 가능한 조치를 취하도록 노력하여야 한다.

2. 제1조에 언급된 범죄의 하나를 범함으로서 비행이 지연되거나 또는 중단된 경우 항공기, 승객 또는 승무원이 자국 내에 소재하고 있는 어떠한 체약국도 실행이 가능한 한 조속히 승객 및 승무원의 여행이 계속을 용이하게 하여야 하며, 항공기 및 그 화물을 정당한 점유권자에게 지체없이 반환되어야 한다.

제11조 1. 체약국들은 범죄와 관련하여 제기된 형사소송절차에 관하여 상호간 최대의 협조를 제공하여야 한다. 피요청국들의 법률은 모든 경우에 있어서 적용된다.

2. 본 조 제1항의 규정은 형사문제에 있어서 전반적 또는 부분적인 상호협조를 규정하거나 또는 규정한 그 밖의 어떠한 양자 또는 다자조약상의 의무에 영향을 미치지 아니한다.

제12조 제1조에 언급된 범죄의 하나가 행하여질 것이라는 것을 믿게 할만한 이유를 가지고 있는 어떠한 체약국도 그 국내법에 따라 제5조 제1항에 언급된 국가에 해당한다고 믿어지는

국가들에게 그 소유하고 있는 관계정보를 제공하여야 한다.

제13조 각 체약국은 그 국내법에 의거하여 국제민간항공기구 이사회에 그 국가가 소유하고 있는 다음에 관한 어떠한 관계정보도 가능한 한 조속히 보고하여야 한다.

ⓐ 범죄의 상황.

ⓑ 제10조 2항에 의거하여 취하여진 조치.

ⓒ 범인 또는 범죄혐의자에 대하여 취하여진 조치. 특히, 인도절차 또는 기타 법적 절차의 결과

제14조 1. 협상을 통하여 해결될 수 없는 본 협약의 해석 또는 적용에 관한 2개국 또는 그 이상의 체약국들 간의 어떠한 분쟁도 그들 중 1국의 요청에 의하여 중재에 회부된다. 중재 요청 일로부터 6개월 이내에 체약국들이 중재구성에 합의하지 못할 경우에는 그들 당사국 중의 어느 1국가가 국제 사법재판소의 동재판소 규정에 따라 분쟁을 부탁할 수 있다.

2. 각국은 본 협약의 서명, 비준 또는 가입시에 자국이 전 항 규정에 구속되지 아니하는 것으로 본다는 것을 선언할 수 있다. 타방 체약국들은 그러한 유보를 행한 체약국에 관하여 전 항 규정에 의한 구속을 받지 아니한다.

3. 전항의 규정에 의거하여 유보를 행한 어떠한 체약국도 기탁정부에 대한 통고로서 동 유보를 언제든지 철회할 수 있다.

제15조 1. 본 협약은 1971년 9월 8일부터 23일까지 몬트리올에서 개최된 항공법에 관한 국제회의(이하 몬트리올 회의라 한다)에 참가한 국가들에 대하여 1971년 9월 23일 몬트리올에서 서명을 위하여 개최된다. 1971년 10월 10일 이후 본 협약은 모스크바, 런던 및 워싱턴에서 서명을 위하여 모든 국가에 개방된다.

본 조 제3항에 따라 발효 이전에 본 협약에 서명하지 않은 어떠한 국가도 언제든지 본 협약에 가입할 수 있다.

2. 본 협약은 서명국에 의한 비준을 받아야 한다. 비준서 및 가입서는 이에 기탁정부를 지정된 소비에트 사회주의 공화국연방, 영국 및 미합중국 정부에 기탁되어야 한다.

3. 본 협약은 몬트리올 회의에 참석한 본 협약의 10개 서명국에 의한 비준서 기탁일로부터 30일 후에 효력을 발생한다.

4. 기타 국가들에 대하여 본 협약은 본 조 제3항에 따른 본 협약의 발효일자 또는 당해국의 비준서 또는 가입서 기탁일자 후 30일 중 나중의 일자에 효력을 발생한다.

5. 기탁정부들은 모두 서명 및 가입국에 대하여 매 서명일자, 매 비준서 또는 가입서의 기탁일자, 본 협약의 발효일자 및 기타 통고사항을 즉시 통보해야 한다.

6. 본 협약은 발효하는 즉시 국제연합 헌장 제102조에 따라, 또한 국제민간 항공협약(시카고, 1944) 제83조에 따라 기탁 정부들에 의하여 등록되어야 한다.

제16조 1. 어떠한 체약국도 기탁정부들에 대한 서면통고로서 본 협약을 폐기할 수 있다.

2. 폐기는 기탁정부들에 의하여 통고가 접수된 일자로부터 6개월 후에 효력을 발생한다.

이상의 증거로서 상기 전권대표들은 그들 정부로부터 정당히 권한을 위임받아 본 협약에 서명하였다. 1971년 9월 23일 몬트리올에서 각각 영어, 불어, 노어 및 서반아어로 공정히 작성된 원본 3부로 작성하였다.(서명 생략)

6. 집단살해죄의 방지 및 처벌에 관한 협약

(1948. 12. 9. 제3차 UN총회채택(결의 제206A호), 1951. 1. 12. 발효, 1951. 1. 12. 대한민국에 대하여 발효)

체약국은 집단살해는 국제연합의 정신과 목적에 반하며 또한 문명세계에 죄악으로 단정한 국제법상의 범죄라고 국제연합총회가 1947년 12월 11일부 결의 96(1)에서 행한 선언을 고려하고, 역사상의 모든 시기에서 집단살해가 인류에게 막대한 손실을 끼쳤음을 인식하고, 인류를 이와 같은 고뇌로부터 해방시키기 위하여는 국제협력이 필요함을 확신하고 이에 하기에 규정된 바와 같이 합의한다.

제1조 체약국은 집단살해가 평시에 행하여졌든가 전시에 행하여졌든가를 불문하고 그것을 방지하고 처벌할 것을 약속하는 국제법상의 범죄임을 확인한다.

제2조 본 협약에서 집단살해라 함은 국민적, 인종적, 민족적 또는 종교적 집단을 전부 또는 일부 파괴할 의도로서 행하여진 다음의 행위를 말한다.

ⓐ 집단구성원을 살해하는 것.

ⓑ 집단구성원에 대하여 중대한 육체적 파괴를 초래할 목적으로 의도된 생활 조건을 집단에게 고의로 과하는 것.

ⓒ 전부 또는 부분적으로 육체적 파괴를 초래할 목적으로 의도된 생환조건을 집단에게 고의로 과하는 것.

ⓓ 집단 내에 있어서 출생을 방지하기 위하여 의도된 조치를 과하는 것.

ⓔ 집단의 이동을 강제적으로 타집단에 이동시키는 것.

제3조 다음의 제행위는 이를 처벌한다.

ⓐ 집단살해

ⓑ 집단살해를 범하기 위한 공모

ⓒ 집단살해를 범하기 위한 직접 또는 공연한 교사

ⓓ 집단살해의 미수

ⓔ 집단살해의 공범

제4조 집단살해 또는 제3조에 열거된 기타 행위의 어떤 것이라도 이를 범하는 자는 헌법상 책임있는 통치자이거나 행정관사 또는 사인이거나를 불문하고 처벌한다.

제5조 체약국은 각자의 헌법에 따라서 본 협약의 규정을 실시하기 위하여 특히 집단살해 또는 제3조에 열거된 기타 행위의 어떤 것에 대하여서도 죄가 있는지에 대한 유효한 법률을 제정한 것을 약속한다.

제6조 집단살해 또는 제3조에 열거된 기타 행위의 어떤 것이라도 이로 인하여 고소된 자는 행위가 그 영토 내에서 범행된 국가의 당해 재판소에 의하여 또는 국제형사재판소의 관할권을 수락하는 체약국에 관하여 관할권을 가지는 동재판소에 의하여 심리된다.

제7조 집단살해 또는 제3조에 열거된 기타 행위는 범죄인 인도의 목적으로 정치적 범죄로 인

정치 않는다. 체약국은 이러한 경우에 실시중인 법률 또는 조약에 따라서 범죄인 인도를 허가할 것을 서약한다.

제8조 체약국은 국제연합의 당해기관이 집단행위 또는 제3조에 열거한 기타 행위의 어떤 것이라도 이를 방지 또는 억압하기 위하여 적당하다고 인정하는 국제 연합헌장에 의거한 조치를 취하도록 요구할 수 있다.

제9조 본 협약의 해석, 적용 또는 이행에 관한 체약국간의 분쟁은 집단살해 또는 제3조에 열거된 기타 행위의 어떤 것이라도 이에 대한 국가책임에 관한 분쟁을 포함, 어느 분쟁 당사국 요구에 의하여도 국제사법재판소에 재소된다.

제10조 본 협약은 중국어, 영어, 불어, 노어, 서반아어의 원본을 동등이 정본으로 하여 1948년 12월 9일자로 작성한다.

제11조 본 협약은 국제연합의 가맹국과 총회로부터 서명 초청을 받은 비가맹국을 위하여 1949년 12월 31일까지 개방된다.

본 협약은 비준을 요한다.

비준서는 국제연합사무총장에게 기탁한다. 1950년 1월 1일 이후 본 협약은 국제연합의 가맹국과 전기한 초청을 받은 비가맹국의 가입을 인정할 수 있다. 가입서는 국제연합사무총장에게 기탁한다.

제12조 체약국은 국제연합사무총장 앞으로의 통고로써 자국이 외교관계 수행에 책임을 지고 있는 지역의 전부 또는 일부에 대하여 언제든지 본 협약의 적용을 확장할 수 있다.

제13조 20번째의 비준서 또는 가입서가 기탁된 일자에 사무총장은 경위서를 작성하여 그 사본을 국제연합의 각 가맹국과 제11조에 규정된 비가맹국 각국에 송부한다.

본 협약은 20번째의 비준서 또는 가입서 기탁된 90일 후에 발효한다. 전기일 이후에 행하여진 비준이나 가입은 비준서 또는 가입서 기탁 90일 후에 효력을 발생한다.

제14조 본 협약은 발효일로부터 10년간 계속하여 효력을 갖는다. 전기 기간의 적어도 만료 6개월 전에 본 협약을 폐기하지 아니한 체약국에 대하여는 본 협약은 그 후 5년간씩 계속하여 효력을 가진다. 폐기는 국제연합사무총장 앞으로의 통고서에 의하여 행한다.

제15조 폐기의 결과 본 협약에의 가맹국수가 16개국 이하일 때에는 본 협약 폐기의 최후의 것이 효력이 발생하는 날로부터 효력이 종지된다.

제16조 본 협약의 개정요청은 체약국이 사무총장 앞으로의 통고서에 의하여 언제나 행할 수 있다.

제17조 총회는 전기 요청에 관하여 취해야 할 조치가 있을 때에는 이를 결정한다. 국제연합사무총장은 국제연합의 모든 가맹국과 제11조에 규정된 비가맹국에 대하여 다음 사항을 통고한다.

ⓐ 제11조에 의하여 접수한 서명, 비준 또는 가입.

ⓑ 제12조에 의하여 접수한 통고.

ⓒ 제13조에 의하여 본 협약이 발효하는 일자.

ⓓ 제14조에 의하여 접수한 폐기.

ⓔ 제15조에 의한 협약의 폐지

ⓕ 제16조에 의하여 접수한 통고

第18조 본 협약의 원본은 국제 연합의 문서보관소에 기탁한다. 본 협약의 인증담본은 국제연합의 모든 가맹국과 제 11조에 규정된 비가맹국에 송부한다.

第19조 본 협약은 발효일자에 국제연합사무총장이 등록한다.

7. 고문폐지를 위한 국제 앰네스티선언(1973년)

1972년 3월 28일에 창설되어 PC(확신범)석방 지원, 사형폐지, 고문폐지운동을 벌이고 있는 앰네스티 인터내셔널은 1973년 12월 파리에서 고문반대를 위한 국제회의를 열고 이 선언을 채택했다. 74년도 유엔총회가 고문방지 결의안을 채택한 것도 앰네스티의 활동의 성과이다. 1973년 12월 10-11일 파리에서 열린(고문폐지를 위한 국제회의)에 참석한 우리들 3백여 명의 대표 및 참석자들은 유엔총회의 결의 3059호로 공식적으로 인정된 바와 같이 전세계에 걸친 고문의 점증과 제도화에 주목하고 다음과 같이 엄숙하게 선언한다.

(1) 고문의 사용은 인간의 자유 및 생명 그리고 인간의 존엄성을 침해하는 바로서 인도에 반하는 범죄로 간주되어야 한다.

(2) 고문은 여하한 이유로도 정당화 될 수 없다. 고문을 통한 권력의 폭력은 폭력의 누증적 악순환을 초래한다. 고문은 전염병처럼 이 나라 저 나라로 퍼져나간다. 고문은 고문당한 사람의 정신적, 육체적 건강에 계속적으로 영향을 미치며 고문하는 사람을 야수화한다.

(3) 인류의 양심이 부합하는 견해를 표명하고 이러한 악을 근절하는 것은 우리 인간으로서의 기본적인 의무이다.

우리는 모든 정부가 고문을 금지하는 국내법과 국제법을 존중 이행하고 또한 이를 개선할 것과 유엔결의 3059호를 수락할 것을 요구한다. 우리는 또한, 도덕적, 정치적, 종교적 및 직업상의 책무를 가진 제인사 및 조직들이 전세계적인 고문폐지운동에 대하여 능동적인 지도력을 발휘하기를 요청한다.

8. 테러리즘에 관한 선언

(1978. 7. 17. 제4차 서방선진국 정상회담 (본)채택)

서방선진국 정상들은 테러활동 및 인질 억류를 우려하고, 자국정부가 국제테러활동과 투쟁하기 위한 공동노력을 일층 강화할 것을 선언한다. 이를 위해 항공기를 불법납치한 자에 대한 신병인도와 그 소추를 거절하는 국가 및 항공기를 반환하지 않는 국가가 있을 경우 정상들은 자국정부가 동 국가에 대해 모든 항공기의 운항을 정지시키기 위해 즉각 행동을 취할 것을 공동으로 결의했다.

동시에 해당국 항공기의 당해국으로부터 또는 어떠한 국가로부터 자국으로의 모든 운항을 중지하도록 행동을 개시할 것이다. 타정부에 대해서도 동 약속에 참가할 것을 촉구한다.

9. 외교관인질 억류에 관한 선언

(1980. 6. 23. 제6차 서방선진국 정상회담(베니스) 채택)

서방선진국 정상들은 외교, 영사공관과 그 직원에 대한 인질억류 및 습격 등을 포함한 최근의 테러사건을 심각히 우려하고 이러한 행위의 방지와 대처를 위한 결의를 재확인한다.

정상들은 (인질행위 방지를 위한 국제 협약)의 작업이 완료되었음을 주목하고 모든 국가에 대해 동 협약 및 1973년 (국제적 보호인물에 대한 범죄의 방지와 처벌에 관한 협약)의 당사국이 될 것을 고려하도록 요망한다. 정상들은 국제법 및 국제관행의 기본적 규범에 위반되는 외교, 영사공관과 그 직원에 대한 점거행위 및 인질억류를 강력히 비난한다.

동정상들은 모든 정부가 동 목적의 달성에 기여하는 정책을 채택하고 테러리스트가 상기와 같은 범죄행위로부터 어떠한 이익도 얻지 못하도록 적절한 조치를 취할 필요가 있다고 생각한다. 또한 정상들은 외교, 영상공관과 그 직원이 점거될 경우를 포함한 제상황에서 상호 외교, 영사 사절단에 대한 지지와 지원을 제공키로 결의한다. 정상들은 모든 국가가 타국내에서의 테러행위를 조직, 선동, 지원 또는 동 행위에 가담하거나 자국영토에서 동 행위의 실행을 목적으로 한 조직적 활동을 묵인하는 것을 삼갈 의무를 국제법 하에 지고 있음을 상기하고, 동 의무의 어떠한 불이행에 대해서도 강력한 유감을 표명한다.

10. 하이재킹에 관한 성명

(1980. 6. 23. 제6차 서방선진국 정상회담(베니스)채택)

(1) 서방선진국 정상들은 테러집단에 대한 자금과 무기공급을 통해 국제테러리즘을 적극적으로 지원하고, 테러리스트에 대해 성역과 훈련이 제공되고 있는 사실과 함께 항공기 불법납치, 인질행위와 외교, 영사기관의 직원 및 공관에 대한 습격 등의 폭력행위와 테러행위가 계속 발생하고 있음을 심각히 우려하고 이와 같은 국제법 위반행위에 강력히 대항할 결의를 재확인한다.

기본적 인권을 무시한 테러행위에 모든 국가가 위협받고 있음을 강조하면서 동 정상들은 관련행위를 국제사회에서 강화, 확충할 것을 결정한다.

(2) 정상들은 국제민간항공의 안전을 위협하는 최근의 하이재킹사건을 각별히 관심을 갖고 주시한다. 정상들은 1978년 (본)선언에서 명기된 재원칙을 상기하고 재확인함과 동시에 특정 국가가 국제법상 의무에 따른 해결을 보지 못한 사건의 하이재킹사건이 있었음에 유의한다. 정상들은 관계국 정부에 대해 그 의무를 조속히 이행하는 한편 국제민간 항공의 안전에 공헌하도록 요청한다.

(3) 정상들은 금년 3월 파키스탄국제공항 항공기와 하이재킹사건과 관련, 사건발생 중 및 그 후 하이재킹 범인을 비호한 아프가니스탄 카르말 정권의 행동은 아프가니스탄이 가입한 헤이그 협약상 국제적 의무의 명백한 위반으로서 하공기 안전에 대한 중대한 위협을 준 것이라고 확신한다.

따라서 정상들은 아프가니스탄이 지체없이 그 의무를 이행하는 제조치를 강구하지 않을 경우 (본) 선언의 실시로서 아프가니스탄 향발 및 아프가니스탄 출발의 모든 항공기 운항을 정지할 것을 제안한다. 또 정상들은 항공의 안전에 관심을 가지고 있는 모든 국가에 대해 아프가니스탄에게 그 의무를 준수토록 설득하기 위해 적당한 행동을 취할 것을 요청한다.

(4) 정상들은 외교관 인질문제에 관한 베니스성명을 상기하고, 7개국 정부의 외교, 영사기관의 공관 또는 직원이 습격받을 경우, 계속 협력할 것에 동의한다. 정상들은 관계사건 발생시 7개국·정부가 즉각 적절한 대응에 관한 협의를 행할 것에 합의한다. 또한 정상들은 베니스 성명에서 비난한 테러행위의 수행을 직접 방조 또는 교사하는 어떤 국가에 대해서도 즉각 국제적인 대응조치를 취해야 함을 결의한다.

테러리스트의 위협과 활동에 관한 정보교환을 행하고 테러행위에 대처, 반격하며 현행 테러대책 관련조약들의 일층 효과적인 실시를 추진하고 이들 조약의 보다 광범한 준수를 확보키 위한 협력조치를 모색하기로 합의한다.

12. 국테테러리즘에 관한 선언

(1984. 6. 9. 제10차 서방선진국 정상회담 (런던) 채택)

서방선진국 정상들은 국제테러리즘 문제를 협의하였다. 정상들은 본(1978), 베니스(1980) 및 오와타(1981) 선언 이후, 하이재킹 및 납치행위는 안전조치 개선의 결과 감소되었으나 테러리즘은 마약매매와의 연계 등 새로운 수법을 고안해 내고 있는 것에 유의했다. 정상들은 기존의 조치를 강화하고 효과적인 새로운 조치를 강구하여 가능한 방법으로 이러한 위협과 투쟁할 결의를 표명했다.

정상들은 테러분자들이 용이하게 국경을 넘어서 이동하고 무기, 폭발물, 훈련 및 자금을 획득하고 있는 사실에 우려했다. 정상들은 외교 면책특권의 남용을 포함, 테러행위에 가담하는 국가 및 정부가 증가하고 있는 것에 심각한 우려를 표명했다. 정상들은 외교사절단의 불가침권과 여타 국제법상 제권리를 인정하는 한편 이 법에 수반되는 제의무를 강조했다. 회담에 지지를 받은 제안들은 다음과 같다.

(1) 특히 정보, 첩보 및 기술적 지식의 교환에 있어서 경찰 및 안전기구와 여타 관계당국간의 보다 긴밀한 협력 및 조정.

(2) 테러부자들이 이용할 수 있는 각국 국내법상의 차이점에 대한 세밀한 검토.

(3) 외교사절단의 규모 및 외교면책특권을 누리는 건물 수 등의 문제에 있어서 비엔나 협약에 의거한 접수국의 권리 행사

(4) 테러행위를 지원하는 국가에 대한 무기판매를 재검토하기 위한 각국의 조치.

(5) 테러행위에 관련된 외교관 신분을 포함, 테러분자로 알려진 인물에 대한 자국으로부터의 국외 추방 또는 입국 금지에 관한 협의 및 가능한 범위 내에서의 협력.

정상들은 이것이 모든 문명국가에 영향을 미치는 문제라는 것을 인정했다. 정상들은 테러행위를 방지하고 처벌하기 위해 국제사회전체에서 관련 국제기구를 통하여 활동을 촉진할 것을 결의했다.

13. 테러리즘 억제에 관한 유럽협약

(1976. 11. 10. 구주이사회 채택, 1978. 8. 4. 발효)

본 협약에 서명한 구주이사회 회원국은 구주이사회의 목적이 회원국간 단결강화에 있음을 고려하고 테러행위의 증가로 야기된 우려가 증대되고 있음을 인식하며 테러리스트가 소추와 처벌을 피할 수 없음을 보증하는 효과적 조치가 취해지기를 희망하고 동 성과달성을 위해서는 범죄인 인도가 특히 효과적인 조치임을 확신하며 아래와 같이 합의하였다.

제1조 체약국간 범죄인 인도를 위해서 아래 범죄 중 그 어느 것도 정치범, 정치범과 관련된 범죄 또는 정치적 동기에 의해 사주된 범죄로 간주되어서는 안된다.

ⓐ 1970년 12월 16일 헤이그에서 체결된 (항공기 불법납치 억제를 위한 협약)의 범위에 속한 범죄.

ⓑ 1971년 9월 23일 몬트리올에서 체결된 (민간항공의 안전에 대한 불법적 행위 억제를 위한 협약)의 범위에 속한 범죄.

ⓒ 외교관 등 국제적 보호인물의 생명, 신체안전 또는 자유에 대한 공격을 포함한 중대한 범죄.

ⓓ 유고, 인질억류 또는 중대한 불법구금을 포함한 범죄.

ⓔ 인명을 위태롭게 하는 폭탄, 수류탄, 로켓, 자동소화기 또는 서신, 소포 폭탄을 이용한 범죄.

ⓕ 상기 범죄를 기도하거나 상기 범죄를 행하거나 기도한 자에 공범으로 가담하는 행위

제2조 1. 체제국간 범죄인 인도를 위해서 체제국은 제1조에 규정된 범죄 이외에 사람의 생명, 신체안전 또는 자유에 반하는 폭력행위를 포함한 중대한 범죄를 정치범, 정치범과 관련된 범죄 또는 정치적 동기에 의해 사주된 범죄로 간주하지 않도록 결정할 수 있다.

2. 상기 결정은 제1조에서 규정한 범죄이외에 다수인에 대해 집단적 위해행위를 야기시킬 경우 재산에 대한 위해행위를 포함한 중대한 범죄에 대해서도 동일하게 적용되어야 한다.

3. 상기 결정은 그와 같은 범죄를 기도하거나 공범으로 가담하는 경우에는 동일하게 적용되어야 한다.

제3조 (범죄인 인도에 관한 구주 협약)등 체약국간에 적용 가능한 일체의 범죄인 인도조약과 협약의 재규정에 동 규정이 본 협약과 양립되지 않는 한본 협약에 의해 채약국간에 개정된다.

제4조 본 협약의 목적을 위하여 체약국간에 현존하는 범죄인 인도협약 또는 조약상의 인도범죄로 규정되어 있지 아니한 범죄로 제1조 또는 제2조에 포함되는 것으로 간주된다.

제5조 본 협약은 제1조 또는 제2조에 규정된 범죄에 대한 인도요청이 범죄인의 인종, 종교, 국적 정치적 견해를 이유로 동인을 기소 또는 처벌하기 위하여 행해졌거나 동인의 입장이 이러한 이유에서 손상을 입을 수 있다는 믿을 만한 확실한 근거를 갖고 있을 경우, 범죄인 인조 의무를 지는 것으로 해석될 수 없다.

제6조 1. 각 체약국은 범죄혐의자가 현재 자국 영토 내에 있고 피요청국의 법률과 동등한 관

할권 원칙을 근거로 한 체약국으로부터 범죄인 인도요청을 받은 후 인도하지 않을 경우, 제1조에 규정된 범죄에 관한 관할권을 확립하기 위하여 필요한 제반조치를 취해야 한다.

2. 본 협약은 국내법에 따라 행사되는 어떠한 형사관할권도 배제하지 않는다.

제7조 자국의 영토 내에서 제1조에 규정된 범죄혐의자를 적발하고 제6조 1항의 규정된 조건하에 범죄인 인도요청을 받은 체약국은 동혐의자를 인도하지 않는 경우 예외 없이 그리고 지체없이 기소를 위해 자국의 관계당국에 사건을 회부하여야 한다. 동 당국은 국내법상 중대한 범죄의 경우와 같은 방식으로 결정을 내려야 한다.

제8조 1. 체약국은 제1조 또는 제2조에 규정된 범죄에 관해 기소된 형사소송절차와 관련하여 체제국 상호간 최대한의 협조를 제공하여야 한다. 상호간 협조에 곤란한 피요청국의 형법은 모든 사건에 적용되어야 한다. 또한 동 협조는 정치범, 정치범과 관련된 범죄, 또는 정치적 동기에 의해 사주된 범죄와 관계가 있다는 이유로 거부될 수 없다.

2. 본 협약은 제1조 또는 제2조에 규정된 범죄에 대한 상호협조요청이 범죄인의 인종, 종교, 국적 또는 정치적 견해를 이유로 동인을 기소 또는 처벌하기 위하여 행하여졌거나, 동인의 입장이 이러한 이유에서 손상을 입을 수 있다는 믿을 만한 충분한 근거를 피 요청국이 갖고 있을 경우, 상호협조를 할 의무를 지는 것으로 해석될 수 없다.

3. (형사상 상호협조에 관한 구주협약)등 체약국간에 적용 가능한 일체의 형사상 상호협조에 관한 조약과 협정의 제규정은 동규정이 본 협약과 양립되지 않는 한 본 협약에 의해 체약국간에 개정된다.

제9조 1. 구주이사회의 유럽범죄위원회는 본 협약의 적용에 관해 통보를 받아야 한다.

2. 유럽범죄위원회는 본 협약의 적용으로 야기되는 문제를 원만하게 해결하기 위하여 모든 적절한 조치를 취해야 한다.

제10조 1. 본 협약의 해석 또는 적용에 관한 체약국간의 분쟁으로서 제9조 2항의 체제로 해결되지 않는 일체의 분쟁은 일반 당사국의 요청에 따라 중재재판에 회부된다. 각 당사국은 1인의 중재재판관을 지명하고, 2인의 중재재판관은 1인의 재판장을 선정한다. 중재재판 요청후 3개월 이내에 어느 일방 당사국이 중재재판관을 지명치 않으면 동 중재재판관은 타방 당사국의 요 청에 따라 구주인권재판소 소장에 의해 지명된다. 구주 인권재판소 소장이 당사국 일방의 국민인 경우 상기 지명은 동 재판소 부소장에 의해 이루어지며 동 재판호 부소장이 당사국 일방의 국민인 경우 양 당사국의 국민이 아닌 동 재판소 최연장 재판관에 의해 행하여진다. 중재재판관들이 재판장 선정에 합의하지 못한 경우에도 동일한 절차가 지켜진다.

2. 중재재판소는 자체의 재판절차를 정한다. 결정은 다수결에 의한다. 판결은 최종적이다.

제11조 1. 본 협약은 구주이사회 회원국의 서명을 위하여 개방된다. 본 협약은 비준, 수락 또는 승인을 받아야 한다. 비준, 수락 또는 승인시는 구주이사회 사무총장에게 기탁되어야 한다.

2. 본 협약은 협약 발효 후 비준, 수락 또는 승인을 받은 서명서에 관해서는 동국의 비준, 수락 또는 승인서 기탁일로부터 3개월 후 발효한다.

제12조 1. 각 국가는 서명시 또는 비준, 수락, 승인서 기탁시에 본 협약의 적용될 영토 또는 영역을 명시할 수 있다.

2. 각 국가는 비준, 수락, 승인서 기탁시 또는 그 후에 구주이사회 사무총장에게 선언을 통함

으로써 동 선언에 명시한 기타 영토 또는 영역 그리고 국제관계상 책임을 지고 있거나 대리위임을 인정받고 있는 영토 또는 영역에 대해서 협약의 적용을 확대할 수 있다.

3. 전 항에 따라 행한 선언은 동 선언에서 언급한 영토와 관련, 구주이사회 사무총장에게 발송한 통고로써 철회할 수 있다. 동 철회는 즉시 또는 통고에서 명시한 날로부터 효력을 발생한다.

제13조 1. 각 국가는 서명시 또는 비준, 수락, 승인서 기탁시에 아래 범죄를 포함한 어떠한 중대한 범죄일지라도 그 범죄의 성격을 평가할 때 정치범, 정치범과 관련된 범죄 또는 정치적 동기에 의해 사주된 범죄로 간주될 필요가 있다고 고려되는 범죄에 대하여는 제1조에 규정된 어떠한 범죄 에 관해서도 범죄인 인도 거부권에 대한 유보를 선언할 수 있다.

ⓐ 사람들의 생명, 신체안전 또는 자유에 대한 집단적 위해 행위.

ⓑ 외국인을 사주하여 저지른 범행.

ⓒ 잔인하고 위험한 방법을 이용한 범죄.

2. 각 국가는 구주이사회 사무총장에게 접수일로부터 발효되는 선언을 통고함으로써 전 항에 따라 행한 유보를 전체 또는 부분적으로 철회할 수 있다.

3. 본 조 1항에 따라 유보를 행한 국가는 타국에서 제1조의 적용을 요청할 수 없었다.

제14조 각 체약국은 구주이사회 사무총장에게 대한 서면통고로서 본 협약을 폐기할 수 있다. 동 폐기는 즉각 또는 통고에 명시된 날로부터 효력을 발생한다.

제15조 본 협약은 구주이사회를 탈퇴하거나 회원자격을 중지한 체약국에 대해서 효력을 중지한다.

제16조 구주이사회 사무총장은 구주이사회 회원국에 대하여 다음 사항을 통고하여야 한다.

ⓐ 서명.

ⓑ 비준, 수락 또는 승인서의 기탁.

ⓒ 제11조에 의한 본 협약의 폐기시기.

ⓓ 제12조에 따라 접수된 선언 또는 통고.

ⓔ 제13조 1항 규정에 따라 행한 유보.

ⓕ 제13조 2항 규정에 따른 유보의 철회.

ⓖ 제14조에 따라 접수된 통고와 폐기발효일자.

ⓗ 제15조에 따른 협약의 효력 중지.

14. 테러리즘에 관한 선언

(1978. 11. 23 구주이사회 각료위원회 채택)

구주이사회 각료위원회는 최근, 일부 회원국에서의 테러행위 증가에 유의하고, 테러행위의 방지와 억제가 회원국의 민주조직유지에 절대 필요함을 고려하며, 1978년 8월 4일 발효한 (테러리즘 억제에 관한 구주협약)에 주목하고, 동 협약이 대테러 활동에 크게 기여하고 있음을 고려하며, 이 분야에서 국제협력의 개발과 강화가 보다 필요하다고 확신하면서,

(1) 법에 의지 설립된 민주국가기구로서 인권과 기본적 자유의 수호를 수행한 구주이사회의

대테러 활동에 있어서 중요한 역할을 재확인하고,

(2) 대테러 활동에서의 구주협력을 강화하기 위하여 구주이사회가 수행하고 있는 직업의 중요성을 강조하며,

(3) 동 작업에서 아래문제의 검토에 우선권을 부여해야 함을 결정한다.

ⓐ 현재의 관계당국간 국제적 협력절차를 더욱 단일화, 신속화하는 방안.

ⓑ 테러가 행해진 상황에 관한 정보, 테러리스트에 취한 조치, 테러리스트에 대한 재판결과, 선고 된 형의 시행 등에 대한 정보를 관련 모든 국가에 신속히 통보하는 개선방안.

ⓒ 테러행위가 복수국가의 사법관할권에 속할 때 일어나는 문제.

3. 항공안전 및 보안에 관한 법률

[시행 2010. 9.23] [법률 제10160호, 2010. 3.22, 일부개정]
국토해양부(항공보안과), 02-2669-6371

제1장 총칙 〈개정 2010.3.22〉

제1조(목적) 이 법은 「국제민간항공협약」 등 국제협약에 따라 공항시설, 항행안전시설 및 항공기 내에서의 불법행위를 방지하고 민간항공의 안전 및 보안을 확보하기 위한 기준·절차 및 의무사항 등을 규정함을 목적으로 한다.

[전문개정 2010.3.22]

제2조(정의) 이 법에서 사용하는 용어의 뜻은 다음과 같다. 다만, 이 법에 특별한 규정이 있는 것을 제외하고는 「항공법」에서 정하는 바에 따른다.

1. "운항중"이란 승객이 탑승한 후 항공기의 모든 문이 닫힌 때부터 내리기 위하여 문을 열 때까지를 말한다.
2. "공항운영자"란 다음 각 목의 어느 하나에 해당하는 자를 말한다.
   가. 「인천국제공항공사법」에 따른 인천국제공항공사
   나. 「한국공항공사법」에 따른 한국공항공사
   다. 「항공법」 제105조의2에 따라 공항시설관리권을 설정받아 등록한 자
   라. 그 밖에 국토해양부장관이 공항을 운영하는 자로 지정·고시한 자
3. "항공운송사업자"란 「항공법」 제112조에 따라 면허를 받은 국내항공운송사업자 및 국제항공운송사업자, 같은 법 제132조에 따라 등록을 한 소형항공운송사업자 및 같은 법 제147조에 따라 허가를 받은 외국인 국제항공운송업자를 말한다.
4. "항공기취급업체"란 「항공법」 제137조에 따라 항공기취급업을 등록한 업체를 말한다.
5. "항공기정비업체"란 「항공법」 제137조의2에 따라 항공기정비업을 등록한 업체를 말한다.
6. "공항상주업체"란 공항에서 영업을 할 목적으로 공항운영자와 시설이용 계약을 맺은 개인 또는 법인을 말한다.
7. "항공기내보안요원"이란 항공기 내의 질서 및 안전을 해치는 행위를 방지하는 직무를 담당하는 사법경찰관리 또는 그 직무를 위하여 항공운송사업자가 지명하는 사람을 말한다.
8. "불법방해행위"란 항공기의 안전운항을 저해할 우려가 있거나 운항을 불가능하게 하는 행위로서 다음 각 목의 행위를 말한다.
   가. 지상에 있거나 운항중인 항공기를 납치하거나 납치를 시도하는 행위
   나. 항공기 또는 공항에서 사람을 인질로 삼는 행위

다. 항공기, 공항 및 항행안전시설을 파괴하거나 손상시키는 행위
라. 항공기, 항행안전시설 및 제12조에 따른 보호구역(이하 "보호구역"이라 한다)에 무단 침입하거나 운영을 방해하는 행위
마. 범죄의 목적으로 항공기 또는 보호구역 내로 제21조에 따른 무기 등 위해물품(危害物品)을 반입하는 행위
바. 지상에 있거나 운항중인 항공기의 안전을 위협하는 거짓 정보를 제공하는 행위 또는 공항 및 공항시설 내에 있는 승객, 승무원, 지상근무자의 안전을 위협하는 거짓 정보를 제공하는 행위
사. 그 밖에 이 법에 따라 처벌받는 행위

9. "보안검색"이란 불법방해행위를 하는 데에 사용될 수 있는 무기 또는 폭발물 등 위험성이 있는 물건들을 탐지 및 수색하기 위한 행위를 말한다.
10. "항공보안검색요원"이란 승객, 휴대물품, 위탁수하물, 항공화물 또는 보호구역에 출입하려고 하는 사람 등에 대하여 보안검색을 하는 사람을 말한다.

[전문개정 2010.3.22]

제3조(국제협약의 준수) ① 민간항공의 안전 및 보안을 위하여 이 법에서 규정하는 사항 외에는 다음 각 호의 국제협약에 따른다.

1. 「항공기 내에서 범한 범죄 및 기타 행위에 관한 협약」
2. 「항공기의 불법납치 억제를 위한 협약」
3. 「민간항공의 안전에 대한 불법적 행위의 억제를 위한 협약」
4. 「민간항공의 안전에 대한 불법적 행위의 억제를 위한 협약을 보충하는 국제민간항공에 사용되는 공항에서의 불법적 폭력행위의 억제를 위한 의정서」
5. 「가소성 폭약의 탐지를 위한 식별조치에 관한 협약」

② 제1항에 따른 국제협약 외에 항공안전 및 보안에 관련된 다른 국제협약이 있는 경우에는 그 협약에 따른다.

[전문개정 2010.3.22]

제4조(국가의 책무) 국토해양부장관은 민간항공의 안전 및 보안에 관한 계획 수립, 관계 행정기관 간 업무 협조체제 유지, 공항운영자 · 항공운송사업자·항공기취급업체 · 항공기정비업체 · 공항상주업체 및 항공여객 · 화물터미널운영자 등의 자체 보안계획에 대한 승인 및 실행점검, 항공안전 및 보안 교육훈련계획의 개발 등의 업무를 수행한다.

[전문개정 2010.3.22]

제5조(공항운영자 등의 협조의무) 공항운영자, 항공운송사업자, 항공기취급업체, 항공기정비업체, 공항상주업체, 항공여객 · 화물터미널운영자, 공항이용자, 그 밖에 국토해양부령으로 정하는 자는 항공안전 및 보안을 위한 국가의 시책에 협조하여야 한다.

[전문개정 2010.3.22]

제6조(항공안전조직의 설치 · 운영 등) 국토해양부장관은 이 법 또는 「항공법」에서 정한 항공안전 · 기술 등에 관한 업무를 전담하는 조직을 「정부조직법」 제2조부터 제4조까지의 규정에도 불구하고 대통령령으로 정하는 바에 따라 중앙행정기관의 조직과 다르게 설치 · 운영할

수 있다.
[전문개정 2010.3.22]

제2장 항공안전협의회 등

제7조(항공안전협의회) ① 항공안전 및 보안에 관련되는 다음 각 호의 사항을 협의하기 위하여 국토해양부에 항공안전협의회를 둔다.

1. 항공안전 및 보안에 관한 계획의 협의
2. 관계 행정기관 간 업무 협조
3. 제10조제2항에 따른 자체 보안계획의 승인을 위한 협의
4. 그 밖에 항공안전 및 보안을 위하여 항공안전협의회의 장이 필요하다고 인정하는 사항

② 항공안전협의회의 구성, 운영 및 자체 보안계획 승인의 대상 등에 관하여 필요한 사항은 대통령령으로 정한다.
[전문개정 2010.3.22]

제8조(공항안전운영협의회) ① 지방항공청장은 관할 공항별로 항공안전 및 보안에 관한 사항을 협의하기 위하여 공항안전운영협의회를 둔다.
② 공항안전운영협의회의 구성·임무 및 운영 등에 관하여 필요한 사항은 대통령령으로 정한다.
[전문개정 2010.3.22]

제9조(항공안전 및 보안의 기본계획) ① 국토해양부장관은 항공안전 및 보안에 관한 기본계획(이하 "기본계획"이라 한다)을 수립하고, 그 내용을 공항운영자, 항공운송사업자, 항공기취급업체, 항공기정비업체, 공항상주업체, 항공여객·화물터미널운영자, 그 밖에 국토해양부령으로 정하는 자(이하 "공항운영자등"이라 한다)에게 통보하여야 한다.
② 기본계획에는 항공안전 및 보안에 관한 종합적·장기적인 추진방향 등 대통령령으로 정하는 사항이 포함되어야 한다.
③ 기본계획을 수립하는 경우에는 관련 행정기관과 협의하여야 한다.
[전문개정 2010.3.22]

제10조(국가항공보안계획 등의 수립) ① 국토해양부장관은 항공안전 및 보안업무를 수행하기 위하여 국가항공보안계획을 수립·시행하여야 한다.
② 공항운영자등은 제1항의 국가항공보안계획에 따라 자체 보안계획을 수립하거나 수립된 자체 보안계획을 변경하려는 경우에는 국토해양부장관의 승인을 받아야 한다. 다만, 국토해양부령으로 정하는 경미한 사항의 변경은 그러하지 아니하다.
③ 제1항 및 제2항에 따라 수립하는 국가항공보안계획, 자체 보안계획의 세부 내용 및 수립절차 등에 관하여 필요한 사항은 국토해양부령으로 정한다.
[전문개정 2010.3.22]

제3장 공항 · 항공기 등의 보안

제11조(공항시설 등의 안전 및 보안) ① 공항운영자는 공항시설과·항행안전시설에 대하여 안전 및 보안에 필요한 조치를 하여야 한다.

② 공항운영자는 보안검색이 완료된 승객과 완료되지 못한 승객 간의 접촉을 방지하기 위한 대책을 수립·시행하여야 한다.

③ 공항을 건설하거나 유지·보수를 하는 경우에 불법방해행위로부터 사람 및 시설 등을 보호하기 위하여 준수하여야 할 세부 기준은 국토해양부장관이 정한다.

[전문개정 2010.3.22]

제12조(공항시설 보호구역의 지정) ① 공항운영자는 보안검색이 완료된 구역, 활주로, 계류장(繫留場) 등 공항시설의 보호를 위하여 필요한 구역을 국토해양부장관의 승인을 받아 보호구역으로 지정하여야 한다.

② 공항운영자는 필요한 경우 국토해양부장관의 승인을 받아 임시로 보호구역을 지정할 수 있다.

③ 제1항과 제2항에 따른 보호구역의 지정기준 및 지정취소에 관하여 필요한 사항은 국토해양부령으로 정한다.

[전문개정 2010.3.22]

제13조(보호구역에의 출입허가) ① 다음 각 호의 어느 하나에 해당하는 사람은 공항운영자의 허가를 받아 보호구역에 출입할 수 있다.

1. 보호구역의 공항시설 등에서 상시적으로 업무를 수행하는 사람
2. 공항 건설이나 공항시설의 유지·보수 등을 위하여 보호구역에서 업무를 수행할 필요가 있는 사람
3. 그 밖에 업무수행을 위하여 보호구역에 출입이 필요하다고 인정되는 사람

② 제1항에 따른 출입허가의 절차 등에 관하여 필요한 사항은 국토해양부령으로 정한다.

[전문개정 2010.3.22]

제14조(승객의 안전 및 항공기의 보안) ① 항공운송사업자는 승객의 안전 및 항공기의 보안을 위하여 필요한 조치를 하여야 한다.

② 항공운송사업자는 승객이 탑승한 항공기를 운항하는 경우 항공기내보안요원을 탑승시켜야 한다.

③ 항공운송사업자는 국토해양부령으로 정하는 바에 따라 조종실 출입문의 안전을 강화하고 운항중에는 허가받지 아니한 사람의 조종실 출입을 통제하는 등 항공기에 대한 안전조치를 하여야 한다.

④ 항공운송사업자는 매 비행 전에 항공기에 대한 보안점검을 하여야 한다. 이 경우 보안점검에 관한 세부 사항은 국토해양부령으로 정한다.

⑤ 공항운영자 및 항공운송사업자는 액체, 겔(gel)류 등 국토해양부장관이 정하여 고시하는 항공기 내 반입금지 물질이 항공기 내에 반입되지 아니하도록 조치하여야 한다.

⑥ 항공운송사업자 또는 항공기 소유자는 항공기의 안전을 위하여 필요한 경우에는 「청원경찰법」에 따른 청원경찰이나 「경비업법」에 따른 특수경비원으로 하여금 항공기의 경비를 담당하게 할 수 있다.
[전문개정 2010.3.22]

제15조(승객 등의 검색) ① 항공기에 탑승하는 사람은 신체, 휴대물품 및 위탁수하물에 대한 보안검색을 받아야 한다.
② 공항운영자는 항공기에 탑승하는 사람, 휴대물품 및 위탁수하물에 대한 보안검색을 하고, 항공운송사업자는 화물에 대한 보안검색을 하여야 한다. 다만, 관할 국가경찰관서의 장은 범죄의 수사 및 공공의 위험예방을 위하여 필요한 경우 보안검색에 대하여 필요한 조치를 요구할 수 있고, 공항운영자나 항공운송사업자는 정당한 사유 없이 그 요구를 거절할 수 없다.
③ 공항운영자 및 항공운송사업자는 제2항에 따른 보안검색을 직접 하거나 「경비업법」 제4조제1항에 따른 경비업자 중 공항운영자 및 항공운송사업자의 추천을 받아 제6항에 따라 국토해양부장관이 지정한 업체에 위탁할 수 있다.
④ 공항운영자는 제2항에 따른 보안검색에 드는 비용에 충당하기 위하여 「항공법」 제86조에 따른 사용료의 일부를 사용할 수 있다.
⑤ 제2항에 따른 보안검색의 방법·절차·면제 등에 관하여 필요한 사항은 대통령령으로 정한다.
⑥ 제3항에 따라 보안검색 업무를 위탁받으려는 자는 국토해양부장관의 지정을 받아야 한다. 이 경우 지정기준 및 지정취소에 관하여 필요한 사항은 국토해양부령으로 정한다.
[전문개정 2010.3.22]

제16조(승객이 아닌 사람 등에 대한 검색) ① 공항운영자는 제13조제1항에 따라 허가를 받아 보호구역으로 들어가는 사람 또는 물품에 대하여도 보안검색을 하여야 한다. 이 경우 보안검색에 대하여는 제15조제5항을 준용한다.
② 제1항에도 불구하고 화물터미널 내에 지정된 보호구역으로 들어가는 사람 또는 물품에 대한 보안검색은 화물터미널운영자가 하여야 한다. 이 경우 보안검색에 대하여는 제15조제5항을 준용한다.
[전문개정 2010.3.22]

제17조(통과 승객 또는 환승 승객에 대한 보안검색 등) ① 항공운송사업자는 항공기가 공항에 도착하면 통과 승객이나 환승 승객으로 하여금 휴대물품을 가지고 내리도록 하여야 한다.
② 공항운영자는 제1항에 따라 항공기에서 내린 통과 승객, 환승 승객 및 휴대물품에 대하여 보안검색을 하여야 한다.
③ 제2항에 따른 보안검색에 드는 비용은 공항운영자가 부담하고, 항공운송사업자는 통과 승객이나 환승 승객에 대한 운송정보를 공항운영자에게 제공하여야 한다.
④ 제3항에 따른 운송정보 제공 등에 관한 세부 사항은 국토해양부장관이 정한다.
⑤ 통과 승객, 환승 승객 및 휴대물품에 대한 보안검색에 대하여는 제15조제2항 단서 및 같은 조 제3항부터 제6항까지의 규정을 준용한다.
[전문개정 2010.3.22]

제17조의2(상용화주) ① 국토해양부장관은 검색장비, 항공보안검색요원 등 국토해양부령으로 정하는 기준을 갖춘 화주(貨主) 또는 항공화물을 포장하여 보관 및 운송하는 자를 지정하여 항공화물 및 우편물에 대하여 보안검색을 실시하게 할 수 있다.

② 국토해양부장관은 제1항에 따라 지정된 자[이하 "상용화주"(상용화주)라 한다]가 준수하여야 할 화물보안통제절차 등에 관한 항공화물보안기준을 정하여 고시하여야 한다.

③ 항공운송사업자는 상용화주가 보안검색을 한 항공화물 및 우편물에 대하여 보안검색을 아니할 수 있다.

④ 상용화주의 지정절차 등에 관하여 필요한 사항은 국토해양부령으로 정한다.

[본조신설 2010.3.22]

제17조의3(상용화주의 지정취소) ① 국토해양부장관은 상용화주가 다음 각 호의 어느 하나에 해당하는 경우 그 지정을 취소할 수 있다.

1. 제17조의2제1항의 지정기준에 미달하게 된 경우
2. 제17조의2제2항의 항공화물보안기준을 위반하여 업무를 수행한 경우

② 국토해양부장관은 제1항 각 호의 사항이 발생한 경우에 즉시 항공운송사업자에게 통보하여 항공운송사업자가 보안검색을 하도록 조치하여야 한다.

③ 상용화주 지정취소의 절차 등에 관하여 필요한 사항은 국토해양부령으로 정한다.

[본조신설 2010.3.22]

제18조(기내식 등의 통제) ① 항공운송사업자는 제21조에 따른 위해물품이 기내식(機內食)이나 기내 저장품을 이용하여 항공기 내로 유입되는 것을 방지하기 위하여 필요한 조치를 하여야 한다.

② 기내식 및 기내 저장품 유입·유출의 통제에 대한 세부 사항은 국토해양부령으로 정한다.

[전문개정 2010.3.22]

제19조(보안검색 실패 등에 대한 대책) ① 공항운영자, 항공운송사업자 및 화물터미널운영자는 다음 각 호의 사항이 발생한 경우에는 즉시 국토해양부장관에게 보고하여야 한다.

1. 검색장비가 정상적으로 작동되지 아니한 상태로 검색을 하였거나 검색이 미흡한 사실을 알게 된 경우
2. 허가받지 아니한 사람 또는 물품이 보호구역으로 들어간 경우
3. 그 밖에 항공안전 및 보안에 우려가 있는 것으로서 국토해양부령으로 정하는 사항

② 국토해양부장관은 제1항에 따른 보고를 받은 경우 해당 항공기가 도착하는 국가의 관련 기관에 그 사실을 즉시 통보하여야 한다.

③ 국토해양부장관은 다른 국가로부터 제1항 각 호의 어느 하나에 해당하는 사항을 통보받은 경우에는 해당 항공기를 격리계류장으로 유도하여 보안검색 등 안전조치를 하여야 한다.

[전문개정 2010.3.22]

제20조(비행 서류의 안전 및 보안관리절차 등) ① 항공운송사업자는 탑승권, 수하물 꼬리표 등 비행 서류에 대한 안전 및 보안관리 대책을 수립·시행하여야 한다.

② 비행 서류의 안전 및 보안관리를 위한 세부 사항은 국토해양부령으로 정한다.

[전문개정 2010.3.22]

제4장 항공기 내의 안전 및 보안 〈개정 2010.3.22〉

제21조(무기 등 위해물품 휴대 금지) ① 누구든지 항공기에 무기[탄저균(炭疽菌), 천연두균 등의 생화학무기를 포함한다], 도검류(刀劍類), 폭발물, 독극물 또는 연소성이 높은 물건 등 국토해양부장관이 정하여 고시하는 위해물품을 가지고 들어가서는 아니 된다.

② 제1항에도 불구하고 경호업무, 범죄인 호송업무 등 대통령령으로 정하는 특정한 직무를 수행하기 위하여 대통령령으로 정하는 무기의 경우에는 국토해양부장관의 허가를 받아 항공기에 가지고 들어갈 수 있다.

③ 제2항에 따라 항공기에 무기를 가지고 들어가려는 사람은 탑승 전에 이를 해당 항공기의 기장에게 보관하게 하고 목적지에 도착한 후 반환받아야 한다. 다만, 제14조제2항에 따라 항공기 내에 탑승한 항공기내보안요원은 그러하지 아니하다.

④ 항공기 내에 제2항에 따른 무기를 반입하고 입국하려는 항공안전 및 보안에 관한 업무를 수행하는 외국인 또는 외국국적 항공운송사업자는 항공기 출발 전에 국토해양부장관으로부터 미리 허가를 받아야 한다.

⑤ 제2항 및 제4항에 따른 항공기 내 무기 반입 허가절차 등에 관하여 필요한 사항은 국토해양부령으로 정한다.

[전문개정 2010.3.22]

제22조(기장 등의 권한) ① 기장이나 기장으로부터 권한을 위임받은 승무원(이하 "기장등"이라 한다) 또는 승객의 항공기 탑승 관련 업무를 지원하는 항공운송사업자 소속 직원 중 기장의 지원요청을 받은 사람은 다음 각 호의 어느 하나에 해당하는 행위를 하려는 사람에 대하여 그 행위를 저지하기 위한 필요한 조치를 할 수 있다.

1. 항공기의 안전을 해치는 행위
2. 인명이나 재산에 위해를 주는 행위
3. 항공기 내의 질서를 어지럽히거나 규율을 위반하는 행위

② 항공기 내에 있는 사람은 제1항에 따른 조치에 관하여 기장등의 요청이 있으면 협조하여야 한다.

③ 기장등은 제1항 각 호의 행위를 한 사람을 체포한 경우에 항공기가 착륙하였을 때에는 체포된 사람이 그 상태로 계속 탑승하는 것에 동의하거나 체포된 사람을 항공기에서 내리게 할 수 없는 사유가 있는 경우를 제외하고는 체포한 상태로 이륙하여서는 아니 된다.

④ 기장으로부터 권한을 위임받은 승무원 또는 승객의 항공기 탑승 관련 업무를 지원하는 항공운송사업자 소속 직원 중 기장의 지원요청을 받은 사람이 제1항에 따른 조치를 할 때에는 기장의 지휘를 받아야 한다.

[전문개정 2010.3.22]

제23조(승객의 안전유지 협조의무) ① 항공기 내에 있는 승객은 항공기와 승객의 안전한 운항과 여행을 위하여 다음 각 호의 어느 하나에 해당하는 행위를 하여서는 아니 된다.

1. 폭언, 고성방가 등 소란행위

2. 흡연(흡연구역에서의 흡연은 제외한다)
3. 술을 마시거나 약물을 복용하고 다른 사람에게 위해를 주는 행위
4. 다른 사람에게 성적(性的) 수치심을 일으키는 행위
5. 「항공법」 제61조의2를 위반하여 전자기기를 사용하는 행위
6. 기장의 승낙 없이 조종실 출입을 기도하는 행위

② 승객은 항공기의 안전이나 운항을 저해하는 폭행·협박·위계행위(危計行爲)를 하거나 출입문·탈출구·기기의 조작을 하여서는 아니 된다.

③ 승객은 항공기가 착륙한 후 항공기에서 내리지 아니하고 항공기를 점거하거나 항공기 내에서 농성하여서는 아니 된다.

④ 항공기 내의 승객은 항공기의 안전이나 운항을 저해하는 행위를 금지하는 기장등의 정당한 직무상 지시에 따라야 한다.

⑤ 항공운송사업자는 금연 등 항공기와 승객의 안전한 운항과 여행을 위한 규제로 인하여 승객이 받는 불편을 줄일 수 있는 방안을 마련하여야 한다.

⑥ 기장등은 승객이 항공기 내에서 제1항제1호부터 제5호까지의 어느 하나에 해당하는 행위를 하거나 할 우려가 있는 경우 이를 중지하게 하거나 하지 말 것을 경고하여 사전에 방지하도록 노력하여야 한다.

⑦ 항공운송사업자는 다음 각 호의 어느 하나에 해당하는 사람에 대하여 탑승을 거절할 수 있다.

1. 제15조 또는 제17조에 따른 보안검색을 거부하는 사람
2. 음주로 인하여 소란행위를 하거나 할 우려가 있는 사람
3. 항공안전 및 보안에 관한 업무를 담당하는 국내외 국가기관 또는 국제기구 등으로부터 항공기 안전운항을 해칠 우려가 있어 탑승을 거절할 것을 요청받거나 통보받은 사람
4. 그 밖에 항공기 안전운항을 해칠 우려가 있어 국토해양부령으로 정하는 사람

⑧ 누구든지 공항에서 보안검색 업무를 수행 중인 항공보안검색요원 또는 보호구역에의 출입을 통제하는 사람에 대하여 업무를 방해하는 행위 또는 폭행 등 신체에 위해를 주는 행위를 하여서는 아니 된다.

[전문개정 2010.3.22]

제24조(수감 중인 사람 등의 호송) ① 사법경찰관리 또는 법 집행 권한이 있는 공무원은 항공기를 이용하여 피의자, 피고인, 수형자(受刑者), 그 밖에 기내 안전에 위해를 일으킬 우려가 있는 사람(이하 이 조에서 "호송대상자"라 한다)을 호송할 경우에는 미리 해당 항공운송사업자에게 통보하여야 한다.

② 제1항에 따른 통보사항에는 호송대상자의 인적사항, 호송 이유, 호송방법 및 호송 안전조치 등에 관한 사항이 포함되어야 한다.

③ 제1항에 따라 통보를 받은 항공운송사업자는 호송대상자가 항공기, 승무원 및 승객의 안전에 위협이 된다고 판단되는 경우에는 사법경찰관리 등 호송 공무원에게 적절한 안전조치를 요구할 수 있다.

④ 호송대상자의 호송방법, 호송조건 등에 관하여 필요한 사항은 국토해양부령으로 정한다.

[전문개정 2010.3.22]

제25조(범인의 인도 · 인수) ① 기장등이 항공기 내에서 죄를 범한 범인을 인도할 때에는 직접 또는 해당 관계 기관 공무원을 통하여 해당 공항을 관할하는 국가경찰관서에 인도하여야 한다.

② 기장등이 다른 항공기 내에서 죄를 범한 범인을 인수한 경우에 그 항공기 내에서 구금을 계속할 수 없을 때에는 직접 또는 해당 관계 기관 공무원을 통하여 해당 공항을 관할하는 국가경찰관서에 지체 없이 인도하여야 한다.

③ 제1항 및 제2항에 따라 범인을 인도받은 국가경찰관서의 장은 범인에 대한 처리 결과를 지체 없이 해당 항공운송사업자에게 통보하여야 한다.

[전문개정 2010.3.22]

제26조(예비조사) ① 국가경찰관서의 장은 제25조제1항 및 제2항에 따라 범인을 인도받은 경우에는 범행에 대한 범인의 조사, 증거물의 제출요구 또는 증인에 대한 진술확보 등 예비조사를 할 수 있다.

② 국가경찰관서의 장은 제1항에 따른 예비조사를 하는 경우에 해당 항공기의 운항을 부당하게 지연시켜서는 아니 된다.

[전문개정 2010.3.22]

제5장 항공안전 보안장비 등 〈개정 2010.3.22〉

제27조(항공안전 보안장비) ① 공항운영자, 항공운송사업자, 화물터미널운영자 및 상용화주는 국토해양부장관이 고시하는 항공안전 보안장비를 사용하여야 한다.

② 국토해양부장관은 항공안전 보안장비의 종류, 성능 및 운영방법 등에 관한 기준을 정하여 고시하여야 한다.

[전문개정 2010.3.22]

제28조(교육훈련 등) ① 국토해양부장관은 항공안전 및 보안에 관한 업무수행자의 교육에 필요한 사항을 정하여야 한다.

② 보안검색 업무를 감독하거나 수행하는 사람은 국토해양부장관이 지정한 교육기관에서 검색방법, 검색절차, 검색장비의 운용, 그 밖에 보안검색에 필요한 교육훈련을 이수하여야 한다.

③ 제2항에 따른 교육기관으로 지정받으려는 자가 갖추어야 하는 시설·장비 및 인력 등의 지정기준에 대하여는 국토해양부령으로 정한다.

④ 국토해양부장관은 교육기관으로 지정받은 자가 다음 각 호의 어느 하나에 해당하는 경우에는 그 지정을 취소할 수 있다. 다만, 제1호에 해당하면 지정을 취소하여야 한다.

1. 거짓이나 그 밖의 부정한 방법으로 교육기관의 지정을 받은 경우
2. 제3항의 지정기준에 미달하게 된 경우. 다만, 일시적으로 지정기준에 미달하게 되어 3개월 내에 지정기준을 다시 갖춘 경우에는 그러하지 아니하다.
3. 교육의 전 과정을 2년 이상 운영하지 아니한 경우

⑤ 교육기관의 지정이나 교육훈련에 관하여 필요한 사항은 국토해양부장관이 정한다.
[전문개정 2010.3.22]

제29조(검색 기록의 유지) 공항운영자 및 항공운송사업자 또는 보안검색을 위탁받은 검색업체는 검색요원의 업무, 현장교육훈련 기록 등의 보안검색에 관한 기록을 국토해양부령으로 정하는 바에 따라 작성·유지하여야 한다.
[전문개정 2010.3.22]

제6장 항공안전 위협에 대한 대응

제30조(항공안전을 위협하는 정보의 제공) ① 국토해양부장관은 항공안전을 해치는 정보를 알게 되었을 때에는 관련 행정기관, 국제민간항공기구, 해당 항공기 등록국가의 관련 기관 및 항공기 소유자 등에 그 정보를 제공하여야 한다.
② 제1항에 따른 정보 제공의 절차 및 협력사항 등에 관한 세부 사항은 국토해양부령으로 정한다.
[전문개정 2010.3.22]

제31조(우발계획의 수립) ① 공항운영자등은 민간항공의 안전 및 보안에 위협을 주는 불법행위에 대응하기 위하여 행동요령, 통신체제 구축 및 교육훈련 등을 포함한 우발계획을 수립·시행하여야 한다.
② 제1항에 따라 우발계획을 수립하는 경우에는 국토해양부장관의 승인을 받아야 한다.
③ 제1항 및 제2항에 따른 우발계획의 구체적인 내용, 수립기준 및 승인절차 등에 관하여 필요한 사항은 국토해양부령으로 정한다.
[전문개정 2010.3.22]

제32조(안전조치) 국토해양부장관은 민간항공에 대한 위협에 신속한 대응이 필요한 경우에는 공항운영자등에 대하여 필요한 조치를 할 수 있다.
[전문개정 2010.3.22]

제33조(항공보안 감독) ① 국토해양부장관은 소속 공무원을 항공보안 감독관으로 지정하여 항공안전 및 보안에 관한 점검업무를 수행하게 하여야 한다.
② 국토해양부장관은 대통령령으로 정하는 경우에 해당할 때에는 관계 행정기관과 합동으로 공항 및 항공기 보호상태에 대하여 현장점검을 할 수 있으며, 공항운영자등에 대하여 개선에 필요한 시정조치와 그 밖의 보호대책 수립을 명할 수 있다.
③ 제1항 또는 제2항에 따라 점검을 하는 경우에는 점검 7일 전까지 점검일시, 점검이유 및 점검내용 등에 대한 점검계획을 점검 대상자에게 통지하여야 한다. 다만, 긴급한 경우 또는 사전에 통지하면 증거인멸 등으로 점검 목적을 달성할 수 없다고 인정하는 경우에는 그러하지 아니하다.
④ 항공보안 감독관은 항공안전 및 보안에 관한 점검업무 수행을 위하여 필요한 경우에는 항공기 및 공항시설에 출입하여 검사할 수 있다.
⑤ 제1항, 제2항 및 제4항에 따라 점검을 하는 공무원은 그 권한을 표시하는 증표를 지니고

이를 관계인에게 보여주어야 한다.

⑥ 제1항에 따른 항공보안 감독관의 지정·운영 및 점검업무 등에 대한 세부 사항은 국토해양부령으로 정한다.

[전문개정 2010.3.22]

제7장 보칙

제34조(재정 지원) 국가는 예산의 범위에서 항공안전 및 보안업무 수행에 필요한 비용을 지원할 수 있다.

[전문개정 2010.3.22]

제35조(감독) 국토해양부장관은 이 법 또는 이 법에 따른 명령이나 처분을 위반하는 행위에 대하여는 시정명령 등 필요한 조치를 할 수 있다.

[전문개정 2010.3.22]

제36조(항공기이용 피해구제) ① 승객은 항공운송사업자의 고의·과실로 인한 운송 불이행 또는 지연에 대하여 직접 또는 제2항에 따른 항공기이용 피해구제 접수처를 통하여 「소비자기본법」에 따른 한국소비자원(이하 "한국소비자원"이라 한다)에 피해구제를 청구할 수 있다. 다만, 기상상태, 공항 사정, 항공기 접속관계, 안전운항을 위한 예견하지 못한 정비 등 불가항력적인 사유로 인한 경우에는 그러하지 아니한다.

② 항공운송사업자는 제1항에 따른 피해구제 청구를 접수하기 위하여 공항에 항공기이용 피해구제 접수처를 설치·운영하여야 한다.

③ 항공운송사업자는 제1항에 따라 접수받은 청구서를 5일 이내에 한국소비자원에 이송하여야 한다.

④ 항공기이용 피해구제 접수처의 설치·운영 및 처리절차 등에 관하여 필요한 사항은 국토해양부령으로 정한다.

[전문개정 2010.3.22]

제37조(청문) 국토해양부장관은 다음 각 호의 어느 하나에 해당하는 취소처분을 하려면 청문을 하여야 한다.

1. 제15조제6항에 따른 위탁업체 지정의 취소
2. 제28조제4항에 따른 교육기관 지정의 취소

[전문개정 2010.3.22]

제38조(권한의 위임 · 위탁) ① 이 법에 따른 국토해양부장관의 권한은 대통령령으로 정하는 바에 따라 그 일부를 지방항공청장에게 위임할 수 있다.

② 이 법에 따른 국토해양부장관의 권한은 대통령령으로 정하는 바에 따라 그 일부를 다른 행정청이나 행정청이 아닌 자에게 위탁할 수 있다.

[전문개정 2010.3.22]

제8장 벌칙

제39조(항공기 파손죄) ① 운항중인 항공기의 안전을 해칠 정도로 항공기를 파손한 사람(「항공법」 제157조제1항에 해당하는 사람은 제외한다)은 사형, 무기징역 또는 5년 이상의 징역에 처한다.

② 계류 중인 항공기의 안전을 해칠 정도로 항공기를 파손한 사람은 7년 이하의 징역에 처한다.

[전문개정 2010.3.22]

제40조(항공기 납치죄 등) ① 폭행, 협박 또는 그 밖의 방법으로 항공기를 강탈하거나 그 운항을 강제한 사람은 무기 또는 7년 이상의 징역에 처한다.

② 제1항의 죄를 범하여 사람을 사상(死傷)에 이르게 한 사람은 사형 또는 무기징역에 처한다.

③ 제1항의 미수범은 처벌한다.

④ 제1항 또는 제2항의 죄를 범할 목적으로 예비 또는 음모한 사람은 5년 이하의 징역에 처한다. 다만, 그 목적한 죄를 실행에 옮기기 전에 자수한 사람에 대하여는 그 형을 감경하거나 면제할 수 있다.

[전문개정 2010.3.22]

제41조(항공시설 파손죄) 항공기 운항과 관련된 항공시설을 파손하거나 조작을 방해함으로써 항공기의 안전운항을 해친 사람(「항공법」 제156조에 해당하는 사람은 제외한다)은 2년 이상의 유기징역에 처한다.

[전문개정 2010.3.22]

제42조(항공기 항로 변경죄) 위계 또는 위력으로써 운항중인 항공기의 항로를 변경하게 하여 정상 운항을 방해한 사람은 1년 이상 10년 이하의 징역에 처한다.

[전문개정 2010.3.22]

제43조(직무집행방해죄) 폭행·협박 또는 위계로써 기장등의 정당한 직무집행을 방해하여 항공기와 승객의 안전을 해친 사람은 10년 이하의 징역에 처한다.

[전문개정 2010.3.22]

제44조(항공기 위험물건 탑재죄) 제21조를 위반하여 휴대 또는 탑재가 금지된 물건을 항공기에 휴대 또는 탑재하거나 다른 사람으로 하여금 휴대 또는 탑재하게 한 사람은 2년 이상 5년 이하의 징역에 처한다.

[전문개정 2010.3.22]

제45조(공항운영 방해죄) 거짓된 사실의 유포, 폭행, 협박 및 위계로써 공항운영을 방해한 사람은 5년 이하의 징역 또는 3천만원 이하의 벌금에 처한다.

[전문개정 2010.3.22]

제46조(항공기 안전운항 저해 폭행죄 등) 제23조제2항을 위반한 사람은 5년 이하의 징역에 처한다.

[전문개정 2010.3.22]

第47조(항공기 점거 및 농성죄) 제23조제3항을 위반하여 항공기를 점거하거나 항공기 내에서 농성한 사람은 3년 이하의 징역 또는 2천만원 이하의 벌금에 처한다.

[전문개정 2010.3.22]

第48조(운항 방해정보 제공죄) 항공운항을 방해할 목적으로 거짓된 정보를 제공한 사람은 3년 이하의 징역 또는 2천만원 이하의 벌금에 처한다.

[전문개정 2010.3.22]

第49조(벌칙) 제23조제1항제6호를 위반하여 조종실 출입을 기도하는 행위를 하거나 같은 조 제4항을 위반하여 기장등의 지시에 따르지 아니한 사람은 1년 이하의 징역 또는 1천만원 이하의 벌금에 처한다.

[전문개정 2010.3.22]

第50조(벌칙) ① 다음 각 호의 어느 하나에 해당하는 자는 1천만원 이하의 벌금에 처한다.

1. 제10조제2항을 위반하여 자체 보안계획을 수립하지 아니하거나 승인을 받지 아니한 자
2. 제15조 또는 제17조제2항을 위반하여 보안검색 업무를 하지 아니하거나 소홀히 한 자
3. 제23조제8항을 위반하여 항공보안검색요원의 보안검색을 방해한 사람
4. 제32조에 따른 안전조치를 따르지 아니한 자
5. 제33조제2항에 따른 보안 개선 조치를 이행하지 아니한 자
6. 제35조에 따른 시정명령 등의 조치를 이행하지 아니한 자

② 기장등의 사전 경고에도 불구하고 운항중인 항공기 내에서 제23조제1항제1호부터 제5호까지의 규정에 따른 위반행위를 한 사람은 500만원 이하의 벌금에 처한다.

③ 기장등의 사전 경고에도 불구하고 계류 중인 항공기 내에서 제23조제1항제1호부터 제5호까지의 규정에 따른 위반행위를 한 사람은 200만원 이하의 벌금에 처한다.

④ 제13조제1항을 위반하여 공항운영자의 허가를 받지 아니하고 보호구역에 출입한 사람은 100만원 이하의 벌금에 처한다.

[전문개정 2010.3.22]

第51조(과태료) ① 다음 각 호의 어느 하나에 해당하는 자에게는 1천만원 이하의 과태료를 부과한다.

1. 제17조제1항을 위반하여 통과 승객이나 환승 승객에게 휴대물품을 가지고 내리도록 조치하지 아니한 항공운송사업자
2. 제29조를 위반하여 검색 기록 유지의 의무를 위반한 자

② 제17조제1항에 따른 항공운송사업자의 지시에도 불구하고 휴대물품을 가지고 내리지 아니한 사람에게는 100만원 이하의 과태료를 부과한다.

③ 제1항 및 제2항에 따른 과태료는 국토해양부장관이 부과·징수한다.

[전문개정 2010.3.22]

부칙 〈법률 제6734호, 2002.8.26〉

①(시행일) 이 법은 공포후 3월이 경과한 날부터 시행한다. 다만, 제6조 및 제38조의 개정규정은 공포한 날부터 시행한다.
②(보안검색업무에 관한 경과조치) 이 법 시행 당시 공항에서 보안검색업무를 수행하고 있는 자는 공항운영자 및 항공운송사업자가 보안검색을 인수할 때까지 보안검색업무를 수행한다.
③(다른 법률의 개정) 항공법중 다음과 같이 개정한다.
제61조 제2항 및 제6항을 삭제한다.
제165조 중 "제61조제2항 또는 제3항"을 "제61조제3항"으로 한다.

부칙 〈법률 제7050호, 2003.12.31〉

①(시행일) 이 법은 2004년 4월 1일부터 시행한다.
②(통과 또는 환승 승객 등에 대한 보안검색에 관한 적용례) 제17조 및 제50조제1항제2호 및 제3호의 개정규정은 이 법 시행후 최초로 공항에 도착한 항공기의 통과 또는 환승 승객 및 휴대물품부터 적용한다.
③(보안검색업무에 관한 경과조치) 이 법 시행 당시 공항운영자가 통과 또는 환승 승객 및 휴대물품의 보안검색업무를 인수할 때까지 항공운송사업자가 보안검색업무를 수행한다.

부칙 〈법률 제7472호, 2005.3.31〉

이 법은 공포 후 3월이 경과한 날부터 시행한다.

부칙 〈법률 제7691호, 2005.11.8〉 (항공법)

제1조 (시행일) 이 법은 공포 후 8월이 경과한 날부터 시행한다. 〈단서 생략〉
제2조 내지 제9조 생략
제10조 (다른 법률의 개정) 항공안전 및보안에관한법률 일부를 다음과 같이 개정한다.
제21조제1항 단서를 다음과 같이 한다.
다만, 「항공법」 제59조제1항의 규정에 의하여 건설교통부장관의 허가를 받은 경우 및 특정한 직무를 수행하기 위한 경우 등 건설교통부령이 정하는 경우에는 그러하지 아니하다.

부칙 〈법률 제7849호, 2006.2.21〉 (제주특별자치도 설치 및 국제자유도시 조성을 위한 특별법)

제1조 (시행일) 이 법은 2006년 7월 1일부터 시행한다. 〈단서 생략〉

제2조 내지 제39조 생략

제40조 (다른 법령의 개정) ① 내지 〈35〉생략

〈36〉항공안전 및 보안에 관한 법률 일부를 다음과 같이 개정한다.

제15조제2항 단서, 제25조제1항 내지 제3항 및 제26조제1항·제2항 중 "경찰관서"를 각각 "국가경찰관서"로 한다.

〈37〉 내지 〈47〉생략

제41조 생략

부칙 〈법률 제7926호, 2006.3.24〉

이 법은 공포 후 3개월이 경과한 날부터 시행한다.

부칙 〈법률 제7988호, 2006.9.27〉 (소비자기본법)

제1조 (시행일) 이 법은 공포 후 6개월이 경과한 날부터 시행한다. 〈단서 생략〉

제2조 내지 제11조 생략

제12조 (다른 법률의 개정) ① 내지 ⑩생략

⑪항공안전 및 보안에 관한 법률 일부를 다음과 같이 개정한다.

제36조제1항 본문 중 "소비자보호법에 의한 한국소비자보호원(이하 "소비자보호원"이라 한다)"을 "「소비자기본법」에 의한 한국소비자원(이하 "한국소비자원"이라 한다)"으로 하고, 동조 제3항 중 "소비자보호원"을 "한국소비자원"으로 한다.

⑫생략

제13조 생략

부칙 〈법률 제8129호, 2006.12.28〉

이 법은 공포 후 3개월이 경과한 날부터 시행한다.

부칙 〈법률 제8787호, 2007.12.21〉 (항공법)

제1조 (시행일) 이 법은 공포 후 6개월이 경과한 날부터 시행한다. 〈단서 생략〉

제2조부터 제12조까지 생략

제13조 (다른 법률의 개정) 항공안전 및 보안에 관한 법률 일부를 다음과 같이 개정한다.

제2조에 제4호의2를 다음과 같이 신설한다.

4의2. "항공기정비업체"란 「항공법」 제137조의2에 따라 항공기정비업을 등록한 업체를 말한다.

제4조중 "항공기취급업체"를 "항공기취급업체·항공기정비업체"로 한다.

제5조 및 제10조중 "항공기취급업체"를 각각 "항공기취급업체, 항공기정비업체"로 한다.

부칙 〈법률 제8852호, 2008.2.29〉 (정부조직법)

제1조(시행일) 이 법은 공포한 날부터 시행한다. 다만, …〈생략〉…, 부칙 제6조에 따라 개정되는 법률 중 이 법의 시행 전에 공포되었으나 시행일이 도래하지 아니한 법률을 개정한 부분은 각각 해당 법률의 시행일부터 시행한다.

제2조 부터 제5조까지 생략

제6조(다른 법률의 개정) ①부터 〈624〉까지 생략

〈625〉 항공안전 및 보안에 관한 법률 일부를 다음과 같이 개정한다.

제4조, 제6조, 제7조제1항 각 호 외의 부분, 제9조제1항, 제10조제1항, 제12조제1항·제2항, 제15조제3항·제6항 전단, 제17조제4항, 제19조제1항 각 호 외의 부분·제2항·제3항, 제21조제1항 단서, 제27조제1항·제2항, 제28조제1항·제2항, 제30조, 제31조제2항, 제32조, 제33조제1항·제2항, 제35조, 제37조 및 제38조제1항·제2항 중 "건 설교통부장관"을 각각 "국토해양부장관"으로 한다.

제5조, 제10조제1항, 제12조제3항, 제13조제2항, 제14조제3항, 제15조제6항 후단, 제18조제2항, 제19조제1항제3호, 제20조제2항, 제21조제1항 단서, 제23조제7항, 제24조제4항, 제29조, 제31조제3항, 제33조제5항 및 제36조제4항 중 "건설교통부령"을 각각 "국토해양부령"으로 한다.

제7조제1항 각 호 외의 부분 중 "건설교통부"를 "국토해양부"로 한다.

〈626〉부터 〈760〉까지 생략

제7조 생략

부칙 〈법률 제9074호, 2008.3.28〉

이 법은 공포 후 3개월이 경과한 날부터 시행한다.

부칙 〈법률 제9779호, 2009.6.9〉

①(시행일) 이 법은 공포한 날부터 시행한다. 다만, 제23조제7항의 개정규정은 공포 후 3개월이 경과한 날부터 시행하고, 제17조제3항부터 제5항까지의 개정규정은 2010년 1월 1일부터 시행한다.

②(벌칙에 관한 경과조치) 이 법 시행 전의 행위에 대하여 벌칙을 적용할 때에는 종전의 규정에 따른다.

부칙 〈법률 제9780호, 2009.6.9〉 (항공법)

제1조(시행일) 이 법은 공포 후 3개월이 경과한 날부터 시행한다. 〈단서 생략〉

제2조 부터 제10조까지 생략

제11조(다른 법률의 개정) ①부터 〈17〉까지 생략

〈18〉 항공안전 및 보안에 관한 법률 일부를 다음과 같이 개정한다.

제2조제3호 중 "「항공법」 제112조의 규정에 의하여 면허를 받은 정기항공운송사업자, 동법 제132조의 규정에 의하여 등록한 부정기항공운송사업자 및 동법 제147조의 규정에 의하여"를 "「항공법」 제112조에 따라 면허를 받은 국내항공운송사업자 및 국제항공운송사업자, 같은 법 제132조에 따라 등록을 한 소형항공운송사업자 및 같은 법 제147조에 따라"로 한다.

제11조제1항 중 "「항공법」 제2조제6호 및 제16호의 규정에 의한"을 "「항공법」 제2조제8호 및 제17호에 따른"으로 한다.

〈19〉 생략

제12조 생략

부칙 〈법률 제10160호, 2010.3.22〉

①(시행일) 이 법은 공포 후 6개월이 경과한 날부터 시행한다.

②(경과조치) 이 법 시행 당시 종전의 규정에 따라 공항운영자등이 수립하여 국토해양부장관의 승인을 받은 항공안전 및 보안의 시행계획은 제10조제2항의 개정규정에 따라 수립하여 승인받은 자체 보안계획으로 본다.

4. 항공안전 및 보안에 관한 법률 시행규칙

[시행 2010. 9.23] [국토해양부령 제287호, 2010. 9.20, 일부개정]
국토해양부(항공보안과), 02-2669-6371

제1조(목적) 이 규칙은 「항공안전 및 보안에 관한 법률」 및 같은 법 시행령에서 위임된 사항과 그 시행에 필요한 사항을 규정함을 목적으로 한다.
[전문개정 2010.9.20]

제2조(협조의무자) 「항공안전 및 보안에 관한 법률」 (이하 "법"이라 한다) 제5조에서 "국토해양부령으로 정하는 자"란 다음 각 호의 어느 하나에 해당하는 자를 말한다.

1. 「항공법」 제75조제2항에 따라 국토해양부장관의 허가를 받아 비행장 또는 항행안전시설을 설치한 자
2. 「항공법」 제139조에 따라 도심공항터미널을 경영하는 자

[전문개정 2010.9.20]

제3조(기본계획의 통보) 법 제9조제1항에서 "국토해양부령으로 정하는 자"란 「항공법」 제139조에 따라 도심공항터미널을 경영하는 자를 말한다.
[전문개정 2010.9.20]

제3조의2(국가항공보안계획의 내용 등) ① 법 제10조제1항에 따른 국가항공보안계획(이하 "국가항공보안계획"이라 한다)에는 다음 각 호의 내용이 포함되어야 한다.

1. 법 제9조제1항에 따른 공항운영자등(이하 "공항운영자등"이라 한다)의 항공안전 및 보안에 대한 임무
2. 법 제27조제1항에 따른 항공안전 보안장비(이하 "항공안전 보안장비"라 한다)의 관리
3. 법 제28조제2항에 따른 교육훈련
4. 법 제31조제1항에 따른 우발계획(이하 "우발계획"이라 한다)
5. 법 제33조제1항에 따른 점검업무 등
6. 항공안전 및 보안에 관한 국제협력
7. 그 밖에 항공안전 및 보안에 관하여 필요한 사항

② 국토해양부장관은 국가항공보안계획을 수립하는 경우에는 법 제7조제1항에 따른 항공안전협의회의 협의를 거쳐야 한다.
[본조신설 2010.9.20]

제3조의3(자체 보안계획의 승인 등) 국토해양부장관은 법 제10조제2항에 따라 자체 보안계획을 승인하려 할 때에는 다음 각 호의 사항을 검토하여야 한다.

1. 국가항공보안계획과의 적합성
2. 「국제민간항공협약」 및 그 협약 부속서 17 등 항공 보안에 관련된 국제협약과의 적합성

[본조신설 2010.9.20]

제3조의4(공항운영자의 자체 보안계획) ① 법 제10조제2항에 따라 공항운영자가 수립하는 자체 보안계획에는 다음 각 호의 사항이 포함되어야 한다.

1. 항공안전 및 보안업무 담당 조직의 구성·세부업무 및 보안책임자의 지정
2. 항공안전 및 보안에 관한 교육훈련
3. 항공안전 및 보안에 관한 정보의 전달 및 보고 절차
4. 공항시설의 경비대책
5. 보호구역 지정 및 출입통제
6. 승객·휴대물품 및 위탁수하물에 대한 보안검색
7. 통과 승객·환승 승객 및 그 휴대물품· 위탁수하물에 대한 보안검색
8. 승객의 일치여부 확인 절차
9. 항공보안검색요원의 운영계획
10. 법 제12조에 따른 보호구역 밖에 있는 공항상주업체의 항공안전 및 보안관리 대책
11. 항공안전 보안장비의 관리 및 운용
12. 법 제19조제1항에 따른 보안검색 실패 등에 대한 대책 및 보고·전달체계
13. 법 제29조에 따른 보안검색 기록의 작성·유지
14. 공항별 특성에 따른 세부 보안기준

② 공항운영자는 자체 보안계획을 승인 받은 경우 관련 기관, 항공운송사업자 등에게 관련 사항을 통보하여야 한다.

[본조신설 2010.9.20]

제3조의5(항공운송사업자의 자체 보안계획) ① 법 제10조제2항에 따라 항공운송사업자가 수립하는 자체 보안계획에는 다음 각 호의 사항이 포함되어야 한다.

1. 항공안전 및 보안업무 담당 조직의 구성·세부업무 및 보안책임자의 지정
2. 항공안전 및 보안에 관한 교육훈련
3. 항공안전 및 보안에 관한 정보의 전달 및 보고 절차
4. 항공기 정비시설 등 항공운송사업자가 관리·운영하는 시설에 대한 보안대책
5. 항공기 보안에 관한 다음 각 목의 사항
   가. 항공기에 대한 경비대책
   나. 비행 전·후 항공기에 대한 보안점검
   다. 계류(繫留)항공기에 대한 탑승계단, 탑승교, 출입문, 경비요원 배치에 관한 보안 및 통제 절차
   라. 항공기 운항중 보안대책
   마. 법 제23조에 따른 안전유지 협조의무를 위반한 사람에 대한 처리절차
   바. 법 제24조에 따른 수감 중인 사람 등의 호송 절차
   사. 법 제25조에 따른 범인의 인도·인수 절차

아. 항공기내보안요원의 운영 및 무기운용 절차
자. 국외취항 항공기에 대한 보안대책
차. 항공기에 대한 위협 증가 시 항공안전 및 보안대책
카. 조종실 출입절차 및 조종실 출입문 안전강화대책
타. 기장의 권한 및 그 권한의 위임절차
파. 기내 보안장비 운용절차
6. 기내식 및 저장품에 대한 보안대책
7. 항공보안검색요원 운영계획
8. 법 제19조제1항에 따른 보안검색 실패 대책보고
9. 항공화물 보안검색 방법
10. 법 제29조에 따른 보안검색기록의 작성·유지
11. 항공안전 보안장비의 관리 및 운용
12. 화물터미널 보안대책(화물터미널을 관리 운영하는 항공운송사업자만 해당한다)
13. 법 제17조제3항에 따른 운송정보의 제공 절차
14. 위해물품 탑재 및 운송절차
15. 보안검색이 완료된 위탁수하물에 대한 항공기에 탑재되기 전까지의 보호조치 절차
16. 승객 및 위탁수하물에 대한 일치여부 확인 절차
17. 승객 일치 확인을 위해 공항운영자에게 승객 정보제공
18. 법 제23조제7항에 따른 항공기 탑승 거절절차
19. 항공기 이륙 전 항공기에서 내리는 탑승객 발생 시 처리절차
20. 비행서류의 안전 및 보안관리 대책
21. 보호구역 출입증 관리대책
22. 그 밖에 항공안전 및 보안에 관하여 필요한 사항

② 외국국적 항공운송사업자가 수립하는 자체 보안계획은 영문 및 국문으로 작성되어야 한다.

[본조신설 2010.9.20]

제3조의6(항공기취급업체등의 자체 보안계획) 법 제10조제2항에 따라 항공기취급업체·항공기정비업체·공항상주업체(보호구역 안에 있는 업체만 해당한다),항공여객·화물터미널 운영자 및 도심공항터미널을 경영하는 자가 수립하는 자체 보안계획에는 다음 각 호의 사항이 포함되어야 한다.

1. 항공안전 및 보안업무 담당 조직의 구성·세부업무 및 보안책임자의 지정
2. 항공안전 및 보안에 관한 교육훈련
3. 항공안전 및 보안에 관한 정보의 전달 및 보고 절차
4. 보호구역 출입증 관리 대책
5. 해당 시설 경비보안 및 보안검색 대책
6. 항공안전 보안장비 관리 및 운용
7. 그 밖에 항공안전 및 보안에 관한 사항

[본조신설 2010.9.20]

제3조의7(자체 보안계획의 변경 등) ① 법 제10조제2항 단서에서 "국토해양부령으로 정하는 경미한 사항"이란 다음 각 호의 사항을 말한다.

1. 공항 일반현황의 변경
2. 기관 및 부서의 명칭 변경
3. 항공안전 및 보안에 관한 법령, 고시 및 지침 등의 변경사항 반영

② 공항운영자등은 제1항에 따라 자체 보안계획을 변경한 경우에는 국토해양부장관에게 그 사실을 즉시 통보하여야 한다.

[본조신설 2010.9.20]

제4조(보호구역의 지정) 법 제12조제1항에 따른 보호구역에는 다음 각 호의 지역이 포함되어야 한다.

1. 보안검색이 완료된 지역
2. 출입국심사장
3. 세관검사장
4. 관제탑 등 관제시설
5. 활주로 및 계류장
6. 항행안전시설 설치지역
7. 화물청사
8. 제4호부터 제7호까지의 규정에 따른 지역의 부대지역

[전문개정 2010.9.20]

제5조(보호구역등의 지정승인 · 변경 및 취소) ① 공항운영자는 법 제12조에 따라 보호구역 또는 임시보호구역(이하 "보호구역등"이라 한다)의 지정승인을 받으려는 경우에는 다음 각 호의 서류를 첨부하여 국토해양부장관에게 제출하여야 한다.

1. 보호구역등의 지정목적
2. 보호구역등의 도면
3. 보호구역등의 출입통제 대책
4.지정기간(임시보호구역을 지정하는 경우만 해당한다)

② 공항운영자는 지정된 보호구역등의 변경승인을 받으려는 경우에는 다음 각 호의 서류를 첨부하여 국토해양부장관에게 제출하여야 한다.

1. 보호구역등의 변경사유
2. 변경하려는 해당 보호구역등의 도면
3. 변경하려는 해당 보호구역등의 출입통제 대책

③ 공항운영자는 보호구역등의 지정을 취소하려는 경우에는 국토해양부장관의승인을 받아야 한다.

[전문개정 2010.9.20]

제6조(보호구역에의 출입허가 등) ① 법 제13조에 따라 보호구역등을 출입하려는 사람은 공항운영자가 정하는 출입허가신청서를 공항운영자에게 제출하여야 한다. 이 경우 차량을 운행

하여 출입하려는 사람은 그 차량에 대하여 따로 차량출입허가신청서를 제출하여야 한다.

② 공항운영자는 보호구역등의 출입허가를 한 경우에는 신청인에게 공항운영자가 정하는 출입증 또는 차량출입증을 발급하여야 한다. 이 경우 공항운영자가 관할하지 않는 지역의 출입허가를 하려면 관할 행정기관의 장과 미리 협의하여야 한다.

③ 제2항에 따라 출입허가를 받은 사람이 보호구역등으로 출입하는 경우에는 출입증을 달아야 하며, 차량을 운행하여 출입하는 경우에는 해당 차량의 운전석 앞 유리창에도 차량출입증을 붙여야 한다.

④ 공항운영자 및 화물터미널운영자는 보호구역등을 출입하는 사람 또는 차량에 대하여 기록하고 이를 작성한 날로부터 1년 이상 보존하여야 한다.

⑤ 이 규칙에 규정된 사항 외에 보호구역등의 출입허가 및 기록의 작성·보존 등에 필요한 세부사항은 공항운영자 및 화물터미널운영자가 정한다.

[전문개정 2010.9.20]

제7조(항공기 안전조치) ① 항공운송사업자는 법 제14조제3항에 따라 여객기의 보안 및 안전강화 등을 위하여 조종실 출입문에 다음 각 호의 안전조치를 하여야 한다.

1. 조종실 출입통제 절차를 마련할 것
2. 객실에서 조종실 출입문을 임의로 열 수 없는 견고한 잠금장치를 설치할 것
3. 조종실 출입문열쇠 보관방법을 정할 것
4. 운항중에는 조종실 출입문을 잠글 것
5. 국토해양부장관이 법 제32조에 따라 안전조치한 항공안전 보안시설을 설치할 것

② 항공운송사업자는 법 제14조제4항에 따라 승객의 안전 및 항공기의 보안을 위하여 매 비행 전에 다음 각 호의 보안점검을 하여야 한다.

1. 항공기의 외부 점검
2. 객실, 좌석, 화장실 및 조종실 등에 대한 점검
3. 항공기의 정비 및 서비스 업무 감독
4. 항공기에 대한 출입 통제
5. 위탁수하물, 화물 및 물품 등의 선적 감독
6. 승무원 휴대물품에 대한 보안조치
7. 특정 직무수행자 및 항공기내보안요원의 좌석 확인 및 안전조치
8. 보안 통신신호 절차 및 방법
9. 비행 정보의 검토 및 확인
10. 기장의 객실승무원에 대한 통제, 명령 절차 및 확인

③ 항공운송사업자는 제2항제4호에 따른 항공기에 대한 출입통제를 위하여 다음 각 호에 대한 대책을 수립하여야 한다.

1. 탑승계단의 관리
2. 탑승교 출입통제
3. 항공기 출입문 보안조치
4. 경비요원의 배치

[전문개정 2010.9.20]

제8조(보안검색위탁업체 지정기준) 법 제15조제3항 및 제6항에 따른 보안검색위탁업체의 지정기준은 다음과 같다.

1. 승객·휴대물품 및 위탁수화물 보안검색위탁업체의 지정기준
   가. 인천공항의 경우
      1) 「경비업법」 제4조에 따라 경비업 허가를 받은 법인일 것
      2) 자본금이 10억원 이상일 것
      3) 상시고용직원인 보안검색인력이 100명 이상일 것
   나. 김포·김해 및 제주공항의 경우
      1) 「경비업법」 제4조에 따라 경비업 허가를 받은 법인일 것
      2) 자본금이 10억원 이상일 것
      3) 상시고용직원인 보안검색인력이 50명 이상일 것
   다. 가목 및 나목 외의 공항의 경우
      1) 「경비업법」 제4조에 따라 경비업 허가를 받은 법인일 것
      2) 자본금이 5억원 이상일 것
      3) 상시고용직원인 보안검색인력이 10명 이상일 것
2. 화물 보안검색위탁업체의 지정기준
   가. 「경비업법」 제4조에 따라 경비업 허가를 받은 법인일 것
   나. 자본금이 5억원 이상일 것
   다. 상시고용직원인 보안검색인력이 5명 이상일 것

[전문개정 2010.9.20]

제9조(보안검색위탁업체의 지정취소) 국토해양부장관은 법 제15조제6항에 따라 다음 각 호의 어느 하나에 해당하는 경우 보안검색위탁업체의 지정을 취소할 수 있다.

1. 거짓이나 그 밖의 부정한 방법으로 지정받은 경우
2. 제8조에 따른 지정기준에 미달하게 된 경우. 다만, 일시적으로 지정기준에 미달하게 되어 3개월 이내에 지정기준을 다시 갖춘 경우에는 그러하지 아니하다.
3. 「경비업법」에 따른 경비업의 허가가 취소되거나 영업이 정지된 경우
4. 보안검색업무 수행 중 고의 또는 중대한 과실로 인하여 인명피해가 발생한 경우

[전문개정 2010.9.20]

제9조의2(상용화주의 지정기준) ① 법 제17조의2제1항에서 "국토해양부장관이 정하는 기준"이란 다음 각 호와 같다.

1. 다음 각 목에 해당하는 검색장비를 갖출 것
   가. 여객기에 탑재하는 화물의 보안검색을 위한 엑스선 검색장비
   나. 화물기에 탑재하는 화물의 보안검색을 검색장비로 하는 경우에는 엑스선 검색장비, 폭발물 탐지장비 또는 폭발물 흔적탐지장비
2. 항공보안검색요원을 2명 이상 확보할 것
3. 항공화물의 보안을 위해 다음 각 목의 시설을 모두 갖출 것

가. 화물을 포장 또는 보관할 수 있는 시설로서 일반구역과 분리되어 항공화물에 대한 보안통제가 이루어질 수 있는 시설
나. 보안검색이 완료된 항공화물이 완료되지 않은 항공화물과 섞이지 않도록 분리할 수 있는 시설

4. 상용화주 지정 신청일 이전 6개월 이내의 기간 중 총 24회 이상 항공화물을 운송 의뢰한 실적이 있을 것
5. 그 밖에 국토해양부장관이 정하여 고시하는 항공화물 보안기준에 적합할 것

② 제1항에도 불구하고 「경비업법」 제4조제1항에 따른 경비업자에게 항공화물의 보안검색을 위탁하여 실시하는 경우에는 제1항제1호 또는 제2호를 적용하지 아니할 수 있다.

[본조신설 2010.9.20]

제9조의3(상용화주의 지정절차 등) ① 법 제17조의2제4항에 따른 상용화주의 지정절차는 다음 각 호와 같다.

1. 상용화주로 지정받으려는 자는 별지 제1호서식의 상용화주 지정신청서에 다음 각 호의 사항을 첨부하여 국토해양부장관에게 제출할 것
   가. 보안검색장비 및 항공보안검색요원 등에 관한 사항을 포함한 항공화물 보안프로그램
   나. 「물류정책기본법」 제43조제1항 및 같은 법 시행규칙 제6조제2항에 따른 국제물류주선업등록증(국제물류주선업자만 해당한다)
   다. 사업자 등록증
   라. 등기부등본
   마. 화물운송 거래실적
   바. 항공화물의 보안통제를 담당하는 사람의 명단 및 신원조회 의뢰서
   사. 보안통제 취급직원의 교육이수 증명서
2. 지정신청서를 접수한 국토해양부장관은 제9조의2제1항에 따라 상용화주의 지정을 위해 법 제33조제1항의 항공보안 감독관(이하 "감독관"이라 한다) 등 관계 공무원으로 하여금 심사하도록 할 것. 다만, 필요한 경우 전문가를 위촉하여 심사할 수 있다.
3. 국토해양부장관이 심사를 완료하고 상용화주로 지정하려는 경우에는 별지 제2호서식의 상용화주 지정서를 발급할 것

② 국토해양부장관이 상용화주를 지정한 경우에는 항공운송사업자에게 통보하여야 한다.

[본조신설 2010.9.20]

제9조의4(상용화주지정취소의 절차) ① 국토해양부장관은 법 제17조의3제1항에 따라 상용화주의 지정을 취소하려는 경우에는 청문을 실시하여야 한다.

② 지정취소를 통보받은 상용화주는 10일 이내에 국토해양부장관에게 상용화주 지정서를 반납하여야 한다.

[본조신설 2010.9.20]

제10조(기내식 등의 통제) ① 항공운송사업자는 법 제18조에 따라 위해물품이 기내식 또는 기내저장품을 이용하여 기내로 유입되지 아니하도록 기내식 또는 기내저장품을 운반하는 사람·차량 및 기내식 제조시설에 대하여 보안대책을 수립하여야 한다.

② 항공운송사업자는 다음 각 호의 어느 하나에 해당하는 경우에는 기내식 또는 기내저장품 등이 기내로 유입되게 하여서는 아니 된다.

1. 외부의 침입흔적이 있는 경우
2. 항공운송사업자가 지정한 사람에 의하여 검사·확인되지 아니한 경우
3. 기내식 용기 등에 위해물품이 들어있다고 의심이 되는 경우

[전문개정 2010.9.20]

제11조(보안검색 실패 등에 대한 보고) 법 제19조제1항제3호에 따라 공항운영자·항공운송사업자·화물터미널운영자는 다음 각 호의 어느 하나에 해당하는 경우 국토해양부장관에게 보고하여야 하며, 제1호의 사항에 대하여는 관련 행정기관에 지체 없이 통보하여야 한다.

1. 법 제2조제8호의 가목부터 바목까지의 불법방해행위가 발생한 경우
2. 「항공안전 및 보안에 관한 법률 시행령」(이하 "영"이라 한다) 제10조부터 제12조까지 및 제16조에 따른 보안검색방법에 따라 보안검색이 이루어지지 아니한 경우
3. 법 제28조에 따른 교육훈련을 이수하지 아니한 사람에 의하여 보안검색이 이루어진 경우
4. 무기·폭발물 등에 의하여 항공기에 대한 위협이 증가하는 경우

[전문개정 2010.9.20]

제12조(비행 서류의 안전 및 보안관리) ① 항공운송사업자는 법 제20조에 따른 비행 서류를 다음 각 호와 같이 관리하여야 한다.

1. 비행 서류의 취급절차 등 안전 및 보안관리를 위한 지침을 마련할 것
2. 비행 서류의 안전 및 보안관리를 위한 보안담당자 및 취급자를 지정할 것
3. 비행 서류의 보관장소를 지정할 것

② 항공운송사업자는 탑승권·수하물꼬리표·승객탑승명세서·화물탑재명세서·위험물보고서·무기운송 보고서 등 비행 서류를 작성한 날부터 1년 이상 보존하여야 한다.

③ 제2항에 따라 비행 서류를 보존할 때 컴퓨터 등의 정보처리장치에 의하여 생산·관리되는 기록정보 자료(이하 "전자기록물"이라 한다)로 보존할 수 있다.

[전문개정 2010.9.20]

제12조의2(기내 무기 반입 허가절차) ① 법 제21조제5항에 따라 항공기 내에 무기를 가지고 들어가려는 사람은 항공기 탑승 최소 3일 전에 다음 각 호의 사항을 국토해양부장관에게 신청하여야 한다. 다만, 긴급한 경호 업무 및 범죄인 호송업무는 탑승 전까지 그 사실을 유선 등으로 미리 통보하여야 하고, 항공기 탑승 후 3일 이내에 서면으로 제출하여야 한다.

1. 무기 반입자의 성명
2. 무기 반입자의 주민등록번호
3. 무기 반입자의 여권번호(외국인만 해당한다)
4. 항공기의 탑승일자 및 편명
5. 무기 반입 사유
6. 무기의 종류 및 수량
7. 그 밖에 기내 무기반입에 필요한 사항

② 국토해양부장관은 항공기 내 무기 반입의 허가 신청을 받은 경우 영 제18조의2에 따른

특정한 직무에 해당하고 영 제19조에 따른 무기의 종류에 적합한 경우에는 허가하여야 한다.
③ 국토해양부장관은 제2항에 따라 항공기 내 무기 반입을 허가한 경우 이를 관련기관에 통보하여야 한다.
④ 외국국적 항공기 내에 무기를 반입하여 우리나라로 운항하는 경우에도 제1항부터 제3항까지의 규정을 준용한다.
[전문개정 2010.9.20]

제13조(탑승거절 대상자) ① 항공운송사업자는 법 제23조제7항제4호에 따라 다음 각 호의 어느 하나에 해당하는 사람에 대하여 탑승을 거절할 수 있다.
1. 법 제14조제1항에 따른 항공운송사업자의 승객의 안전 및 항공기의 보안을 위하여 필요한 조치를 거부한 사람
2. 법 제23조제1항제3호에 따른 행위로 승객 및 승무원 등에게 위해를 가할 우려가 있는 사람
3. 법 제23조제2항의 행위를 한 사람
4. 법 제23조제4항에 따른 기장 등의 정당한 직무상 지시를 따르지 아니한 사람
5. 탑승권 발권 등 탑승수속 시 위협적인 행동, 공격적인 행동, 욕설 또는 모욕을 주는 행위 등을 하는 사람으로서 다른 승객의 안전 및 항공기의 안전운항을 해칠 우려가 있는 사람

② 항공운송사업자가 제1항에 따라 탑승을 거절하는 경우에는 그 사유를 탑승이 거절되는 사람에게 고지하여야 한다.
[전문개정 2010.9.20]

제14조(수감 중인 사람 등에 대한 호송방법 등) ① 법 제24조제1항에 따른 통보를 받은 항공운송사업자는 호송대상자가 탑승하는 항공기의 기장에게는 호송사실을, 호송대상자를 호송하는 사법경찰관리 또는 법 집행 권한이 있는 공무원에게는 호송대상자의 좌석 및 안전조치 요구사항 등을 각각 통보하여야 한다.
② 법 제24조제4항에 따라 항공운송사업자는 호송대상자가 항공기에 탑승하는 경우 승객의 안전을 위하여 다음 각 호의 필요한 조치를 하여야 한다.
1. 호송대상자의 탑승절차를 별도로 마련할 것
2. 호송대상자의 좌석은 승객의 안전에 위협이 되지 아니하도록 배치할 것
3. 호송대상자에게 술을 제공하지 아니할 것
4. 호송대상자에게 철제 식기류를 제공하지 아니할 것

[전문개정 2010.9.20]

제15조(보안검색교육기관의 지정 등) ① 법 제28조제2항에 따라 보안검색교육기관으로 지정받으려는 자는 별지 제3호서식의 보안검색교육기관 지정신청서에 다음 각 호의 사항이 포함된 교육계획서를 첨부하여 국토해양부장관에게 제출하여야 한다.
1. 교육과정 및 교육내용
2. 교관의 자격·경력 및 정원 등의 현황
3. 교육시설 및 교육장비의 현황
4. 교육평가방법

5. 연간 교육계획
6. 교육규정

② 법 제28조제2항에 따른 보안검색교육기관의 시설·장비 및 인력 등의 지정기준은 별표와 같다.

③ 국토해양부장관은 제1항에 따라 제출된 신청서류를 심사하여 그 내용이 제2항에 따른 지정기준에 적합한 경우에는 보안검색교육기관으로 지정하여야 한다.

④ 보안검색교육기관은 제1항 각 호의 사항에 변경이 있는 경우에는 그 변경내용을 국토해양부장관에게 보고하여야 한다.

[전문개정 2010.9.20]

제16조(보안검색기록의 작성 등) ① 법 제29조에 따라 공항운영자·항공운송사업자 또는 보안검색을 위탁받은 검색업체는 다음 각 호의 사항이 포함된 보안검색에 관한 기록을 작성하여 1년 이상 보존하여야 한다.

1. 보안검색업무를 수행한 항공보안검색요원·감독자의 성명 및 근무시간
2. 항공안전보안장비의 점검 및 운용에 관한 사항
3. 그 밖에 보안검색업무 수행 중에 발생한 특이사항

② 제1항에 따른 보안검색 기록은 전자기록물로 보존할 수 있다.

[전문개정 2010.9.20]

제17조(정보의 제공) 법 제30조에 따라 국토해양부장관이 정보를 제공하여야 할 대상은 다음 각 호와 같다.

1. 영 제2조제2항제1호에 따른 행정기관
2. 해당 항공기 등록국가 및 운영국가의 관련 기관
3. 항공기 승객이 외국인인 경우 해당 국가의 관련 기관
4. 국제민간항공기구(ICAO)

[전문개정 2010.9.20]

제18조(공항운영자등의 우발계획수립) ① 공항운영자등이 법 제31조제1항에 따라 수립하는 우발계획에는 다음 각 호의 구분에 따른 사항이 포함되어야 한다.

1. 공항운영자의 우발계획
   가. 관련 행정기관의 역할
   나. 공항시설 위협시의 대응대책
   다. 항공기 납치시의 대응대책
   라. 폭발물 또는 생화학무기 위협시의 대응대책
2. 항공운송사업자의 우발계획
   가. 공항시설 위협시의 대응대책
   나. 항공기납치 방지대책
   다. 폭발물 또는 생화학무기 위협시의 대응대책
3. 항공기취급업체, 항공기정비업체, 공항상주업체의 우발계획
   가. 공항시설 위협시의 대응대책

나. 폭발물 또는 생화학무기 위협시의 대응대책

② 공항운영자등은 우발계획을 법 제10조제2항에 따른 자체 보안계획에 포함하여 국토해양부장관의 승인을 받을 수 있다.

[전문개정 2010.9.20]

제19조(감독관 운영 등) ① 감독관은 국토해양부장관의 명에 따라 공항운영자등의 항공안전 및 보안에 관한 업무를 점검하여야 한다.

② 제1항에 따른 감독관이 항공 보안 점검을 하는 경우에는 공항운영자등의 정상적인 업무 수행을 방해하여서는 아니 된다.

③ 감독관은 점검결과 항공안전 및 보안에 관한 법령에 위반한 사실을 발견한 때에는 지체 없이 국토해양부장관에게 보고하여야 한다. 다만, 긴급한 조치가 필요한 때에는 현장조치 지시를 하고 국토해양부장관에게 보고하여야 한다.

④ 이 규칙에서 정한 사항 외에 감독관의 지정·운영 및 점검활동 등의 필요한 사항은 국토해양부장관이 정한다.

[전문개정 2010.9.20]

제20조(피해구제접수처의 설치 · 운영) ① 항공운송사업자는 법 제36조제2항에 따른 항공기이용 피해구제 접수처를 공항을 이용하는 승객의 눈에 잘 보이는 곳에 설치하고, 매일 그 공항에 해당 항공운송사업자의 항공기가 처음 도착하는 시간부터 마지막 도착한 후 1시간이 경과한 때까지 운영하여야 한다.

② 항공운송사업자는 법 제36조제1항에 따른 피해구제신청을 받은 경우에는 「소비자기본법」에 따른 한국소비자원에 피해구제신청서를 이송한 사실 등 그 피해구제신청의 처리 내용을 신청을 받은 날부터 8일 이내에 신청인에게 통보하여야 한다.

[전문개정 2010.9.20]

부칙 〈건설교통부령 제340호, 2002.11.30〉

이 규칙은 공포한 날부터 시행한다.

부칙 〈건설교통부령 제4호, 2008.3.14〉 (정부조직법의 개정에 따른 감정평가에 관한 규칙 등 일부 개정령).

이 규칙은 공포한 날부터 시행한다.

부칙 〈국토해양부령 제28호, 2008.6.27〉

이 규칙은 2008년 6월 29일부터 시행한다.

부칙 〈국토해양부령 제125호, 2009.5.11〉 (국토해양부와 그 소속기관 직제 시행규칙)

제1조(시행일) 이 규칙은 공포한 날부터 시행한다.
제2조(다른 법령의 개정) ① 및 ② 생략
③ 항공안전 및 보안에 관한 법률 시행규칙 일부를 다음과 같이 개정한다.
제5조제1항 각 호 외의 부분, 제2항 각 호 외의 부분 · 제3항, 제7조제5호, 제9조 각 호 외의 부분, 제11조 각 호 외의 부분, 제12조제2항, 제15조제1항 각 호 외의 부분 · 제3항부터 제5항까지, 제17조 각 호 외의 부분, 제18조제2항 · 제19조제1항 · 제3항 · 제4항 및 별지 서식 앞면의 서명란 중 "항공안전본부장"을 각각 "국토해양부장관"으로 한다.
별지 서식 뒷면의 처리기관(부서)란 중 "항공안전본부"를 "국토해양부"로 한다.

부칙 〈국토해양부령 제159호, 2009.8.19〉

이 규칙은 2009년 9월 10일부터 시행한다.

부칙 〈국토해양부령 제374호, 2010.6.30〉 (소음 · 진동관리법 시행규칙)

제1조(시행일) 이 규칙은 2010년 7월 1일부터 시행한다. 〈단서 생략〉
제2조 및 제3조 생략
제4조(다른 법률의 개정) ①부터 〈18〉까지 생략
〈19〉 항공안전 및 보안에 관한 법률 시행규칙 일부를 다음과 같이 개정한다.
별표 제1호나목5) 중 "「소음 · 진동규제법」"을 "「소음 · 진동관리법」"으로 한다.
〈20〉 및 〈21〉 생략
제5조 생략

부칙 〈국토해양부령 제287호, 2010.9.20〉

제1조(시행일) 이 규칙은 2010년 9월 23일부터 시행한다.
제2조(상용화주의 지정에 관한 경과조치) 이 규칙 시행 당시 국토해양부 고시 제2009-341호 항공화물보안기준에 따라 국토해양부장관의 인정을 받은 상용화주는 제9조의3의 개정규정에 따라 상용화주로 지정을 받은 것으로 본다.

5. 다중이용업소의 안전관리에 관한 특별법

[시행 2011.12. 1] [법률 제10750호, 2011. 5.30, 일부개정]
소방방재청(소방제도과), 02-2100-5050

제1장 총칙

제1조(목적) 이 법은 화재 등 재난이나 그 밖의 위급한 상황으로부터 국민의 생명·신체 및 재산을 보호하기 위하여 다중이용업소의 소방시설 및 안전시설 등의 설치·유지 및 안전관리와 화재위험평가에 필요한 사항을 정함으로써 공공의 안전과 복리 증진에 이바지함을 목적으로 한다.

[전문개정 2011.5.30]

제2조(정의) ① 이 법에서 사용하는 용어의 뜻은 다음과 같다.

1. "다중이용업"이란 불특정 다수인이 이용하는 영업 중 화재 등 재난 발생 시 생명·신체·재산상의 피해가 발생할 우려가 높은 것으로서 대통령령으로 정하는 영업을 말한다.
2. "소방시설등"이란 소방시설과 비상구, 그 밖의 소방 관련 시설로서 「소방시설설치유지 및 안전관리에 관한 법률」 제2조제1항제2호에 따른 시설을 말한다.
3. "실내장식물"이란 건축물 내부의 천장 또는 벽에 설치하는 것으로서 대통령령으로 정하는 것을 말한다.
4. "화재위험평가"란 다중이용업의 영업소(이하 "다중이용업소"라 한다)가 밀집한 지역 또는 건축물에 대하여 화재 발생 가능성과 화재로 인한 불특정 다수인의 생명·신체·재산상의 피해 및 주변에 미치는 영향을 예측·분석하고 이에 대한 대책을 마련하는 것을 말한다.

② 이 법에서 사용하는 용어의 뜻은 제1항에서 규정하는 것을 제외하고는 「소방기본법」, 「소방시설공사업법」, 「소방시설설치유지 및 안전관리에 관한 법률」 및 「건축법」에서 정하는 바에 따른다.

[전문개정 2011.5.30]

제3조(국가 등의 책무) ① 국가와 지방자치단체는 국민의 생명·신체 및 재산을 보호하기 위하여 불특정 다수인이 이용하는 다중이용업소의 소방시설등 및 안전시설 등의 설치·유지 및 안전관리에 필요한 시책을 마련하여야 한다.

② 다중이용업을 운영하는 자(이하 "다중이용업주"라 한다)는 국가와 지방자치단체가 실시하는 다중이용업소의 안전관리 등에 관한 시책에 협조하여야 하며, 다중이용업소를 이용하는 사람들을 화재 등 재난이나 그 밖의 위급한 상황으로부터 보호하기 위하여 노력하여야

한다.
[전문개정 2011.5.30]

제4조(다른 법률과의 관계) 다중이용업소의 화재 등 재난에 대한 안전관리에 관하여는 다른 법률에 우선하여 이 법을 적용한다.
[전문개정 2011.5.30]

제2장 다중이용업소의 안전관리기본계획 등

제5조(안전관리기본계획의 수립 · 시행 등) ① 소방방재청장은 다중이용업소의 화재 등 재난이나 그 밖의 위급한 상황으로 인한 인적·물적 피해의 감소, 안전기준의 개발, 자율적인 안전관리능력의 향상 등을 위하여 5년마다 다중이용업소의 안전관리기본계획(이하 "기본계획"이라 한다)을 수립·시행하여야 한다.
② 기본계획에는 다음 각 호의 사항이 포함되어야 한다.
1. 다중이용업소의 안전관리에 관한 기본 방향
2. 다중이용업소의 자율적인 안전관리 촉진에 관한 사항
3. 다중이용업소의 화재안전에 관한 정보체계의 구축 및 관리
4. 다중이용업소의 안전 관련 법령 정비 등 제도 개선에 관한 사항
5. 다중이용업소의 적정한 유지·관리에 필요한 교육과 기술 연구·개발
6. 다중이용업소의 화재위험평가의 연구·개발에 관한 사항
7. 그 밖에 다중이용업소의 안전관리에 관하여 대통령령으로 정하는 사항
③ 소방방재청장은 기본계획에 따라 매년 연도별 안전관리계획(이하 "연도별계획"이라 한다)을 수립·시행하여야 한다.
④ 소방방재청장은 제1항 및 제3항에 따라 수립된 기본계획 및 연도별계획을 관계 중앙행정기관의 장과 특별시장·광역시장·도지사 또는 특별자치도지사(이하 "시·도지사"라 한다)에게 통보하여야 한다.
⑤ 소방방재청장은 기본계획 및 연도별계획을 수립하기 위하여 필요하면 관계 중앙행정기관의 장 및 시·도지사에게 관련된 자료의 제출을 요구할 수 있다. 이 경우 자료 제출을 요구받은 관계 중앙행정기관의 장 또는 시·도지사는 특별한 사유가 없으면 요구에 따라야 한다.
[전문개정 2011.5.30]

제6조(집행계획의 수립 · 시행 등) ① 소방본부장은 기본계획 및 연도별계획에 따라 관할 지역 다중이용업소의 안전관리를 위하여 매년 안전관리집행계획(이하 "집행계획"이라 한다)을 수립하여 소방방재청장에게 제출하여야 한다.
② 소방본부장은 집행계획을 수립하기 위하여 필요하면 해당 시장·군수·구청장(자치구의 구청장을 말한다. 이하 같다)에게 관련된 자료의 제출을 요구할 수 있다. 이 경우 자료 제출을 요구받은 해당 시장·군수·구청장은 특별한 사유가 없으면 요구에 따라야 한다.
③ 집행계획의 수립 시기, 대상, 내용 등에 관하여 필요한 사항은 대통령령으로 정한다.

[전문개정 2011.5.30]

제3장 허가관청의 통보 등

제7조(관련 행정기관의 통보사항) ① 다른 법률에 따라 다중이용업의 허가·인가·등록·신고수리(이하 "허가등"이라 한다)를 하는 행정기관(이하 "허가관청"이라 한다)은 허가등을 한 날부터 14일 이내에 행정안전부령으로 정하는 바에 따라 다중이용업소의 소재지를 관할하는 소방본부장 또는 소방서장에게 다음 각 호의 사항을 통보하여야 한다.

1. 다중이용업주의 성명 및 주소
2. 다중이용업소의 상호 및 주소
3. 다중이용업의 업종 및 영업장 면적

② 허가관청은 다중이용업주가 다음 각 호의 어느 하나에 해당하는 행위를 하였을 때에는 그 신고를 수리(受理)한 날부터 30일 이내에 소방본부장 또는 소방서장에게 통보하여야 한다.

1. 휴업·폐업 또는 휴업 후 영업의 재개(再開)
2. 영업 내용의 변경
3. 다중이용업주 성명 또는 주소의 변경
4. 다중이용업소 상호 또는 주소의 변경

[전문개정 2011.5.30]

제8조(소방안전교육) ① 다중이용업주와 종업원은 소방방재청장, 소방본부장 또는 소방서장이 실시하는 소방안전교육을 받아야 한다. 다만, 그 해에 「소방시설설치유지 및 안전관리에 관한 법률」 제41조에 따른 방화관리자 강습·실무교육 또는 「위험물 안전관리법」 제28조에 따른 위험물안전관리자 교육을 받은 경우에는 그러하지 아니하다.

② 다중이용업주는 소방안전교육 대상자인 종업원이 소방안전교육을 받도록 하여야 한다.

③ 소방방재청장, 소방본부장 또는 소방서장은 제1항에 따라 소방안전교육을 받은 사람에게는 교육 이수를 증명하는 서류를 발급하여야 한다.

④ 제1항에 따른 소방안전교육의 대상자, 교육의 횟수 및 시간, 그 밖에 교육에 필요한 사항은 행정안전부령으로 정한다.

[전문개정 2011.5.30]

제9조(다중이용업소의 안전관리기준 등) ① 다중이용업주 및 다중이용업을 하려는 자는 영업장에 대통령령으로 정하는 소방시설등, 영업장 내부 피난통로, 그 밖의 안전시설(이하 "안전시설등"이라 한다)을 행정안전부령으로 정하는 기준에 따라 설치·유지하여야 한다. 이 경우 대통령령으로 정하는 숙박을 제공하는 형태의 다중이용업소 영업장에는 소방시설 중 간이스프링클러설비를 행정안전부령으로 정하는 기준에 따라 설치하여야 한다.

② 소방본부장이나 소방서장은 안전시설등이 행정안전부령으로 정하는 기준에 맞게 설치 또는 유지되어 있지 아니한 경우에는 그 다중이용업주에게 안전시설등의 보완 등 필요한 조치를 명할 수 있다.

③ 다중이용업을 하려는 자(다중이용업을 하고 있는 자를 포함한다)는 다음 각 호의 어느 하나에 해당하는 경우에는 안전시설등을 설치하기 전에 미리 소방본부장이나 소방서장에게 행정안전부령으로 정하는 안전시설등의 설계도서를 첨부하여 행정안전부령으로 정하는 바에 따라 신고하여야 한다.

1. 안전시설등을 설치하려는 경우
2. 영업장 내부구조를 변경[영업장 면적의 증감, 영업장의 구획된 실(室)의 증감 및 내부통로 구조의 변경을 말한다]하려는 경우
3. 안전시설등의 공사를 마친 경우

④ 소방본부장이나 소방서장은 제3항제1호 및 제2호에 따라 신고를 받았을 때에는 설계도서가 행정안전부령으로 정하는 기준에 맞는지를 확인하고, 그에 맞도록 지도하여야 한다.

⑤ 소방본부장이나 소방서장은 제3항제3호에 따라 공사완료의 신고를 받았을 때에는 안전시설등이 행정안전부령으로 정하는 기준에 맞게 설치되었다고 인정하는 경우에는 행정안전부령으로 정하는 바에 따라 안전시설등 완비증명서를 발급하여야 하며, 그 기준에 맞지 아니한 경우에는 시정될 때까지 안전시설등 완비증명서를 발급하여서는 아니 된다.

[전문개정 2011.5.30]

제10조(다중이용업의 실내장식물) ① 다중이용업소에 설치하거나 교체하는 실내장식물(반자돌림대 등의 너비가 10센티미터 이하인 것은 제외한다)은 불연재료(부연재료) 또는 준불연재료로 설치하여야 한다.

② 제1항에도 불구하고 합판 또는 목재로 실내장식물을 설치하는 경우로서 그 면적이 영업장 천장과 벽을 합한 면적의 10분의 3(스프링클러설비 또는 간이스프링클러설비가 설치된 경우에는 10분의 5) 이하인 부분은 「소방시설설치유지 및 안전관리에 관한 법률」 제12조 제3항에 따른 방염성능기준 이상의 것으로 설치할 수 있다.

[전문개정 2011.5.30]

제11조(피난시설, 방화구획 및 방화시설의 유지 · 관리) 다중이용업주는 해당 영업장에 설치된 「건축법」 제49조에 따른 피난시설, 방화구획과 같은 법 제50조부터 제53조까지의 규정에 따른 방화벽, 내부 마감재료 등(이하 "방화시설"이라 한다)을 「소방시설설치유지 및 안전관리에 관한 법률」 제10조제1항에 따라 유지하고 관리하여야 한다.

[전문개정 2011.5.30]

제12조(피난안내도의 비치 또는 피난안내 영상물의 상영) ① 다중이용업주는 화재 등 재난이나 그 밖의 위급한 상황의 발생 시 이용객들이 안전하게 피난할 수 있도록 피난계단·피난통로, 피난설비 등이 표시되어 있는 피난안내도를 갖추어 두거나 피난안내에 관한 영상물을 상영하여야 한다.

② 제1항에 따라 피난안내도를 갖추어 두거나 피난안내에 관한 영상물을 상영하여야 하는 대상, 피난안내도를 갖추어 두어야 하는 위치, 피난안내에 관한 영상물의 상영시간, 피난안내도 및 피난안내에 관한 영상물에 포함되어야 할 내용과 그 밖에 필요한 사항은 행정안전부령으로 정한다.

[전문개정 2011.5.30]

제13조(다중이용업주의 안전시설등에 대한 정기점검 등) ① 다중이용업주는 다중이용업소의 안전관리를 위하여 정기적으로 안전시설등을 점검하고 그 점검결과서를 1년간 보관하여야 한다. 이 경우 다중이용업소에 설치된 안전시설등이 건축물의 다른 시설·장비와 연계되어 작동되는 경우에는 해당 건축물의 소유자?점유자 등 관련 시설·장비를 관리하는 관계인(방화관리자를 포함한다)은 다중이용업주의 안전점검에 협조하여야 한다.

② 다중이용업주는 제1항에 따른 정기점검을 행정안전부령으로 정하는 바에 따라 「소방시설설치유지 및 안전관리에 관한 법률」 제29조에 따른 소방시설관리업자에게 위탁할 수 있다.

③ 제1항에 따른 안전점검의 대상, 점검자의 자격, 점검주기, 점검방법, 그 밖에 필요한 사항은 행정안전부령으로 정한다.

[전문개정 2011.5.30]

제4장 다중이용업소 안전관리를 위한 기반조성

제14조(다중이용업소의 방화관리) 다중이용업주는 「소방시설설치유지 및 안전관리에 관한 법률」 제20조제6항제3호 및 제5호부터 제7호까지의 규정에 따른 방화관리업무를 수행하여야 한다.

[전문개정 2011.5.30]

제15조(다중이용업소에 대한 화재위험평가 등) ① 소방방재청장, 소방본부장 또는 소방서장은 다음 각 호의 어느 하나에 해당하는 지역 또는 건축물에 대하여 화재를 예방하고 화재로 인한 생명·신체·재산상의 피해를 방지하기 위하여 필요하다고 인정하는 경우에는 화재위험평가를 할 수 있다.

1. 2천제곱미터 지역 안에 다중이용업소가 50개 이상 밀집하여 있는 경우
2. 5층 이상인 건축물로서 다중이용업소가 10개 이상 있는 경우
3. 하나의 건축물에 다중이용업소로 사용하는 영업장 바닥면적의 합계가 1천제곱미터 이상인 경우

② 소방방재청장, 소방본부장 또는 소방서장은 화재위험평가 결과 그 위험유발지수가 대통령령으로 정하는 기준 이상인 경우에는 해당 다중이용업주에게 「소방시설설치유지 및 안전관리에 관한 법률」 제5조에 따른 조치를 명할 수 있다.

③ 소방방재청장, 소방본부장 또는 소방서장은 제2항에 따른 명령으로 인하여 손실을 입은 자가 있으면 대통령령으로 정하는 바에 따라 이를 보상하여야 한다. 다만, 법령을 위반하여 건축되거나 설비된 다중이용업소에 대하여는 그러하지 아니하다.

④ 소방방재청장, 소방본부장 또는 소방서장은 화재위험평가의 결과 그 위험유발지수가 대통령령으로 정하는 기준 미만인 다중이용업소에 대하여는 안전시설등의 일부를 설치하지 아니하게 할 수 있다.

⑤ 소방방재청장, 소방본부장 또는 소방서장은 화재위험평가를 제16조제1항에 따른 화재위험평가 대행자로 하여금 대행하게 할 수 있다.

[전문개정 2011.5.30]

제16조(화재위험평가 대행자의 등록 등) ① 제15조제5항에 따라 화재위험평가를 대행하려는 자는 대통령령으로 정하는 기술인력, 시설 및 장비를 갖추고 행정안전부령으로 정하는 바에 따라 소방방재청장에게 화재위험평가 대행자(이하 "평가대행자"라 한다)로 등록하여야 한다. 등록 사항 중 대통령령으로 정하는 중요 사항을 변경할 때에도 또한 같다.

② 다음 각 호의 어느 하나에 해당하는 자는 평가대행자로 등록할 수 없다.

1. 금치산자 또는 한정치산자
2. 파산선고를 받고 복권되지 아니한 사람
3. 제17조제1항에 따라 등록이 취소된 후 2년이 지나지 아니한 자
4. 이 법, 「소방기본법」, 「소방시설공사업법」, 「소방시설설치유지 및 안전관리에 관한 법률」, 「위험물 안전관리법」을 위반하여 징역 이상의 실형을 선고받고 그 형의 집행이 끝나거나 집행을 받지 아니하기로 확정된 후 2년이 지나지 아니한 사람
5. 임원 중 제1호부터 제4호까지의 어느 하나에 해당하는 사람이 있는 법인

③ 평가대행자는 다음 각 호의 사항을 준수하여야 한다.

1. 평가서를 거짓으로 작성하지 아니할 것
2. 다른 평가서의 내용을 복제(複製)하지 아니할 것
3. 평가서를 행정안전부령으로 정하는 기간 동안 보존할 것
4. 등록증이나 명의를 다른 사람에게 대여하거나 도급받은 화재위험평가 업무를 하도급하지 아니할 것

④ 평가대행자는 업무를 휴업하거나 폐업하려면 소방방재청장에게 신고하여야 한다.

⑤ 제4항에 따른 휴업 또는 폐업 신고에 필요한 사항은 행정안전부령으로 정한다.

[전문개정 2011.5.30]

제17조(평가대행자의 등록취소 등) ① 소방방재청장은 평가대행자가 다음 각 호의 어느 하나에 해당하는 경우에는 그 등록을 취소하거나 6개월 이내의 기간을 정하여 업무의 정지를 명할 수 있다. 다만, 제1호부터 제4호까지의 어느 하나에 해당하는 경우에는 그 등록을 취소하여야 한다.

1. 제16조제2항 각 호의 어느 하나에 해당하는 경우. 다만, 제16조제2항제5호에 해당하는 경우 6개월 이내에 그 임원을 바꾸어 임명한 경우는 제외한다.
2. 거짓이나 그 밖의 부정한 방법으로 등록한 경우
3. 최근 1년 이내에 2회의 업무정지처분을 받고 다시 업무정지처분 사유에 해당하는 행위를 한 경우
4. 다른 사람에게 등록증이나 명의를 대여한 경우
5. 제16조제1항 전단에 따른 등록기준에 미치지 못하게 된 경우
6. 제16조제3항제2호를 위반하여 다른 평가서의 내용을 복제한 경우
7. 제16조제3항제3호를 위반하여 평가서를 행정안전부령으로 정하는 기간 동안 보존하지 아니한 경우
8. 제16조제3항제4호를 위반하여 도급받은 화재위험평가 업무를 하도급한 경우
9. 평가서를 거짓으로 작성하거나 고의 또는 중대한 과실로 평가서를 부실하게 작성한 경우

10. 등록 후 2년 이내에 화재위험평가 대행 업무를 시작하지 아니하거나 계속하여 2년 이상 화재위험평가 대행 실적이 없는 경우

② 제1항에 따라 등록취소 또는 업무정지 처분을 받은 자는 그 처분을 받은 날부터 화재위험평가 대행 업무를 수행할 수 없다.

③ 제1항에 따른 행정처분의 기준과 그 밖에 필요한 사항은 행정안전부령으로 정한다.

[전문개정 2011.5.30]

제17조의2(청문) 소방방재청장은 제17조제1항에 따라 평가대행자의 등록을 취소하려면 청문을 하여야 한다.

[전문개정 2011.5.30]

제18조(평가서의 작성방법 및 평가대행 비용의 산정기준) 소방방재청장은 평가서의 작성방법 및 화재위험평가의 대행에 필요한 비용의 산정기준을 정하여 고시하여야 한다.

[전문개정 2011.5.30]

제19조(안전관리에 관한 전산시스템의 구축 · 운영) ① 소방방재청장은 허가등 또는 그 변경 사항과 관련 통계 등 업무 수행에 필요한 행정정보를 다중이용업소의 안전관리에 관한 정책 수립, 연구·조사 등에 활용하기 위하여 전산시스템을 구축·운영하여야 한다.

② 소방방재청장은 제1항에 따른 전산시스템의 구축·운영을 위하여 허가관청에 필요한 자료 또는 정보의 제공을 요청할 수 있다.

③ 소방방재청장은 허가관청이 제1항에 따른 전산시스템을 다중이용업소의 안전관리에 관한 업무에 활용할 수 있도록 하여야 한다.

[전문개정 2011.5.30]

제20조(법령위반업소의 공개) ① 소방방재청장, 소방본부장 또는 소방서장은 다중이용업주가 제9조제2항 및 제15조제2항에 따른 조치 명령을 2회 이상 받고도 이행하지 아니하였을 때에는 그 조치 내용(그 위반사항에 대하여 수사기관에 고발된 경우에는 그 고발된 사실을 포함한다)을 인터넷 등에 공개할 수 있다.

② 제1항에 따라 위반업소를 공개하는 경우 그 내용·기간 및 방법 등에 필요한 사항은 대통령령으로 정한다.

[전문개정 2011.5.30]

제21조(안전관리우수업소표지 등) ① 소방본부장이나 소방서장은 다중이용업소의 안전관리업무 이행 실태가 우수하여 대통령령으로 정하는 요건을 갖추었다고 인정할 때에는 그 사실을 해당 다중이용업주에게 통보하고 이를 공표할 수 있다.

② 제1항에 따라 통보받은 다중이용업주는 그 사실을 나타내는 표지(이하 "안전관리우수업소표지"라 한다)를 영업소의 명칭과 함께 영업소의 출입구에 부착할 수 있다.

③ 소방본부장이나 소방서장은 제1항에 해당하는 다중이용업소에 대하여는 행정안전부령으로 정하는 기간 동안 제8조에 따른 소방안전교육 및 「소방시설설치유지 및 안전관리에 관한 법률」 제4조에 따른 소방검사를 면제할 수 있다.

④ 안전관리우수업소표지에 필요한 사항은 행정안전부령으로 정한다.

[전문개정 2011.5.30]

제5장 보칙 〈개정 2011.5.30〉

제22조(권한의 위탁 등) ① 소방방재청장, 소방본부장 또는 소방서장은 제8조제1항에 따른 다중이용업주 및 그 종업원에 대한 소방안전교육 업무를 대통령령으로 정하는 바에 따라 관련 법인 또는 단체에 위탁할 수 있다.

② 제1항에 따라 위탁받은 업무에 종사하는 법인 또는 단체의 임원 및 직원은 「형법」 제129조부터 제132조까지의 규정을 적용할 때에는 공무원으로 본다.

③ 제1항에 따라 위탁받은 법인 또는 단체의 장은 행정안전부령으로 정하는 바에 따라 위탁받은 업무의 수행에 드는 경비를 교육 대상자로부터 징수할 수 있다.

④ 제1항에 따라 소방안전교육을 위탁받은 자가 갖추어야 할 시설기준, 교수요원의 자격 등에 필요한 사항은 행정안전부령으로 정한다.

[전문개정 2011.5.30]

제6장 벌칙 〈개정 2011.5.30〉

제23조(벌칙) 제16조제1항을 위반하여 평가대행자로 등록하지 아니하고 화재위험평가 업무를 대행한 자는 1년 이하의 징역 또는 1천만원 이하의 벌금에 처한다.

[전문개정 2011.5.30]

제24조(양벌규정) 법인의 대표자나 법인 또는 개인의 대리인, 사용인, 그 밖의 종업원이 그 법인 또는 개인의 업무에 관하여 제23조의 위반행위를 하면 그 행위자를 벌하는 외에 그 법인 또는 개인에게도 해당 조문의 벌금형을 과(科)한다. 다만, 법인 또는 개인이 그 위반행위를 방지하기 위하여 해당 업무에 관하여 상당한 주의와 감독을 게을리하지 아니한 경우에는 그러하지 아니하다.

[전문개정 2008.12.26]

제25조(과태료) ① 다음 각 호의 어느 하나에 해당하는 자에게는 200만원 이하의 과태료를 부과한다.

1. 제8조제1항 및 제2항을 위반하여 소방안전교육을 받지 아니하거나 종업원이 소방안전교육을 받도록 하지 아니한 다중이용업주
2. 제9조제1항을 위반하여 안전시설등을 기준에 따라 설치·유지하지 아니한 자
3. 제10조를 위반하여 실내장식물을 기준에 따라 설치·유지하지 아니한 자
4. 제11조를 위반하여 피난시설, 방화구획 또는 방화시설에 대하여 폐쇄·훼손·변경 등의 행위를 한 자
5. 제12조제1항을 위반하여 피난안내도를 갖추어 두지 아니하거나 피난안내에 관한 영상물을 상영하지 아니한 자
6. 제13조제1항 전단을 위반하여 정기점검결과서를 보관하지 아니한 자
7. 제14조를 위반하여 방화관리업무를 하지 아니한 자

② 제1항에 따른 과태료는 대통령령으로 정하는 바에 따라 소방방재청장, 소방본부장 또는 소방서장이 부과·징수한다.

[전문개정 2011.5.30]

제26조(이행강제금) ① 소방방재청장, 소방본부장 또는 소방서장은 제9조제2항 및 제15조제2항에 따라 조치 명령을 받은 후 그 정한 기간 이내에 그 명령을 이행하지 아니하는 자에게는 1천만원 이하의 이행강제금을 부과한다.

② 소방방재청장, 소방본부장 또는 소방서장은 제1항에 따른 이행강제금을 부과하기 전에 제1항에 따른 이행강제금을 부과·징수한다는 것을 미리 문서로 알려 주어야 한다.

③ 소방방재청장, 소방본부장 또는 소방서장은 제1항에 따라 이행강제금을 부과할 때에는 이행강제금의 금액, 이행강제금의 부과 사유, 납부기한, 수납기관, 이의 제기 방법 및 이의 제기 기관 등을 적은 문서로 하여야 한다.

④ 소방방재청장, 소방본부장 또는 소방서장은 최초의 조치 명령을 한 날을 기준으로 매년 2회의 범위에서 그 조치 명령이 이행될 때까지 반복하여 제1항에 따른 이행강제금을 부과·징수할 수 있다.

⑤ 소방방재청장, 소방본부장 또는 소방서장은 조치 명령을 받은 자가 명령을 이행하면 새로운 이행강제금의 부과를 즉시 중지하되, 이미 부과된 이행강제금은 징수하여야 한다.

⑥ 소방방재청장, 소방본부장 또는 소방서장은 제1항에 따라 이행강제금 부과처분을 받은 자가 이행강제금을 기한까지 납부하지 아니하면 국세 또는 지방세 체납처분의 예에 따라 징수한다.

⑦ 제1항에 따라 이행강제금을 부과하는 위반행위의 종류와 위반 정도에 따른 금액과 이의 제기 절차, 그 밖에 필요한 사항은 대통령령으로 정한다.

[전문개정 2011.5.30]

부칙 〈법률 제7906호, 2006.3.24〉

제1조 (시행일) 이 법은 공포 후 1년이 경과한 날부터 시행한다.

제2조 (처분 등에 관한 경과조치) 이 법 시행당시 「소방시설설치유지 및 안전관리에 관한 법률」 제8조·제12조 또는 제23조의 규정에 따라 행한 행정기관의 행위 또는 행정기관에 대한 행위는 그에 해당하는 이 법 제8조 내지 제10조의 규정에 따른 행정기관의 행위 또는 행정기관에 대한 행위로 본다.

제3조 (소방시설등 설치 · 유지 및 관리에 관한 경과조치) 이 법 시행당시 「소방시설설치유지 및 안전관리에 관한 법률」에 의하여 적합하게 설치·유지 및 관리되어 온 다중이용업소의 소방시설등은 이 법 제9조제1항 규정에 적합한 소방시설등으로 본다.

제4조 (벌칙 등에 관한 경과조치) 이 법 시행 전 「소방시설설치유지 및 안전관리에 관한 법률」 제8조제1항·제2항 및 제23조제2항의 규정에 위반한 자에 대한 벌칙 또는 과태료의 적용에 있어서는 종전의 규정에 의한다.

제5조 (다른 법령과의 관계) 이 법 시행당시 다른 법령에서 「소방시설설치유지 및 안전관리

에 관한 법률」 제8조·제12조 또는 제23조의 규정을 인용한 경우 이 법 가운데 그에 해당하는 규정이 있는 때에는 종전의 규정에 갈음하여 이 법의 해당규정을 인용한 것으로 본다.

제6조 (다른 법률의 개정) 소방시설설치유지 및 안전관리에 관한 법률 일부를 다음과 같이 개정한다.

제8조를 삭제한다.

제12조제1항 단서를 삭제한다.

제23조제2항을 삭제한다.

제48조제1호중 "제8조제2항·제9조제2항"을 "제9조제2항"으로 한다.

제53조제1항제1호중 "제8조제1항·제9조제1항"을 "제9조제1항"으로 하고, 동항제4호를 삭제한다.

부칙 〈법률 제8852호, 2008.2.29〉 (정부조직법)

제1조(시행일) 이 법은 공포한 날부터 시행한다. 다만, …〈생략〉…, 부칙 제6조에 따라 개정되는 법률 중 이 법의 시행 전에 공포되었으나 시행일이 도래하지 아니한 법률을 개정한 부분은 각각 해당 법률의 시행일부터 시행한다.

제2조 부터 제5조까지 생략

제6조(다른 법률의 개정) ①부터 〈715〉까지 생략

〈716〉 다중이용업소 의 안전관리에 관한 특별법 일부를 다음과 같이 개정한다.

제7조제1항 각 호 외의 부분, 제8조제4항, 제9조제1항부터 제5항까지, 제12조제2항, 제13조제2항·제3항, 제16조제1항 전단·제3항제3호·제5항, 제17조제1항제7호·제3항, 제21조제3항·제4항 및 제22조제3항·제4항 중 "행정자치부령"을 각각 "행정안전부령"으로 한다.

〈717〉부터 〈760〉까지 생략

제7조 생략

부칙 〈법률 제8974호, 2008.3.21〉 (건축법)

제1조(시행일) 이 법은 공포한 날부터 시행한다. 〈단서 생략〉

제2조 부터 제12조까지 생략

제13조(다른 법률의 개정) ①부터 〈17〉까지 생략

〈18〉 다중이용업소의 안전관리에 관한 특별법 일부를 다음과 같이 개정한다.

제11조 중 "제39조제1항"을 "제49조제1항"으로, "동법 제40조 · 제41조 · 제43조 및 제44조"를 "같은 법 제50조부터 제53조까지"로 한다.

〈19〉부터 〈70〉까지 생략

제14조 생략

부칙 〈법률 제9195호, 2008.12.26〉

이 법은 공포한 날부터 시행한다.

부칙 〈법률 제9330호, 2009.1.7〉

①(시행일) 이 법은 공포 후 6개월이 경과한 날부터 시행한다.
②(적용례) 제9조제1항 후단의 개정규정은 이 법 시행 후 최초로 영업을 개시하는 대통령령으로 정하는 숙박을 제공하는 형태의 다중이용업소의 영업장부터 적용한다. 다만, 기존의 대통령령으로 정하는 숙박을 제공하는 형태의 다중이용업소 중 이 법 시행 후에 영업장의 내부구조 · 실내장식물 · 안전시설등 또는 영업주를 변경하는 경우에도 같은 항 후단의 개정규정을 적용한다.

부칙 〈법률 제10015호, 2010.2.4〉

①(시행일) 이 법은 공포 후 6개월이 경과한 날부터 시행한다.
②(경과조치) 이 법 시행 전에 이의가 제기된 이행강제금에 대한 이의 제기 절차에 관하여는 제26조의 개정규정에도 불구하고 종전의 규정에 따른다.

부칙 〈법률 제10750호, 2011.5.30〉

이 법은 공포 후 6개월이 경과한 날부터 시행한다.

6. 다중이용업소의 안전관리에 관한 특별법 시행령

[시행 2011. 3.29] [대통령령 제22724호, 2011. 3.29, 일부개정]
소방방재청(소방제도과), 02-2100-5050

제1조(목적) 이 영은 「다중이용업소의 안전관리에 관한 특별법」에서 위임된 사항과 그 시행에 필요한 사항을 규정함을 목적으로 한다.

제2조(다중이용업) 「다중이용업소의 안전관리에 관한 특별법」(이하 "법"이라 한다) 제2조제1항제1호에 따른 "대통령령이 정하는 영업"이라 함은 다음 각 호의 어느 하나에 해당하는 영업을 말한다. 〈개정 2008.12.24, 2009.7.1, 2009.8.6, 2010.8.11〉

1. 「식품위생법 시행령」 제21조제8호에 따른 식품접객업 중 다음 각 목의 어느 하나에 해당하는 것
   가. 휴게음식점영업·제과점영업 또는 일반음식점영업으로서 영업장으로 사용하는 바닥면적(「건축법 시행령」 제119조제1항제3호에 따라 산정한 면적을 말한다)의 합계가 100제곱미터(영업장이 지하층에 설치된 경우에는 그 영업장의 바닥면적 합계가 66제곱미터) 이상인 것. 다만, 영업장(내부계단으로 연결된 복층구조의 영업장을 제외한다)이 지상 1층 또는 지상과 직접 접하는 층에 설치되고 그 영업장의 주된 출입구가 건축물 외부의 지면과 직접 연결되는 곳에서 하는 영업을 제외한다.
   나. 단란주점영업과 유흥주점영업
2. 「영화 및 비디오물의 진흥에 관한 법률」 제2조제10호, 같은 조제16호가목 및 나목에 따른 영화상영관·비디오물감상실업·비디오물소극장업
3. 「학원의 설립·운영 및 과외교습에 관한 법률」 제2조제1호에 따른 학원(이하 "학원"이라 한다)으로서 다음 각 목의 어느 하나에 해당하는 것
   가. 「소방시설 설치유지 및 안전관리에 관한 법률 시행령」 별표 3에 따라 산정된 수용인원(이하 "수용인원"이라 한다)이 300인 이상인 것
   나. 수용인원 100명 이상 300명 미만으로서 다음의 어느 하나에 해당하는 것. 다만, 학원으로 사용하는 부분과 다른 용도로 사용하는 부분(학원의 운영권자를 달리하는 학원과 학원을 포함한다)이 「건축법 시행령」 제46조에 따른 방화구획으로 나누어진 경우는 제외한다.
      (1) 하나의 건축물에 학원과 기숙사가 함께 있는 학원
      (2) 하나의 건축물에 학원이 둘 이상 있는 경우로서 학원의 수용인원이 300명 이상인 학원
      (3) 하나의 건축물에 제1호·제2호 및 제4호부터 제12호까지에 규정된 다중이용업 중

어느 하나 이상의 다중이용업과 학원이 함께 있는 경우

4. 목욕장업으로서 다음 각 목에 해당하는 것
   가. 하나의 영업장에서 「공중위생관리법」 제2조제1항제3호가목에 따른 목욕장업 중 맥반석이나 대리석 등 돌을 가열하여 발생하는 열기나 원적외선 등을 이용하여 땀을 배출하게 할 수 있는 시설을 갖춘 것으로서 수용인원(물로 목욕을 할 수 있는 시설부분의 수용인원은 제외한다)이 100명 이상인 것
   나. 「공중위생관리법」 제2조제1항제3호나목의 시설을 갖춘 목욕장업
5. 「게임산업진흥에 관한 법률」 제2조제6호·제6호의2·제7호 및 제8호의 게임제공업·인터넷컴퓨터게임시설제공업 및 복합유통게임제공업. 다만, 게임제공업 및 인터넷컴퓨터게임시설제공업의 경우에는 영업장(내부계단으로 연결된 복층구조의 영업장은 제외한다)이 지상 1층 또는 지상과 직접 접하는 층에 설치되고 그 영업장의 주된 출입구가 건축물 외부의 지면과 직접 연결된 구조에 해당하는 경우는 제외한다.
6. 「음악산업진흥에 관한 법률」 제2조제13호에 따른 노래연습장업
7. 「모자보건법」 제2조제12호에 따른 산후조리업

7의2. 고시원업[구획된 실(室) 안에 학습자가 공부할 수 있는 시설을 갖추고 숙박 또는 숙식을 제공하는 형태의 영업]

7의3. 「사격 및 사격장 단속법 시행령」 제2조제1항에 따른 권총사격장(옥내사격장에 한정하며, 같은 조 제2항에 따른 종합사격장에 설치된 경우를 포함한다)

7의4. 「체육시설의 설치·이용에 관한 법률」 제10조제1항제2호에 따른 골프 연습장업(실내의 구획된 실에 스크린과 영사기 등의 시설을 갖추고 골프를 연습할 수 있도록 공중의 이용에 제공하는 영업에 한정한다)

7의5. 「의료법」 제82조제4항에 따른 안마시술소

8. 법 제15조제2항에 따른 화재위험평가결과 위험유발지수가 제11조제1항에 해당하거나 화재발생시 인명피해가 발생할 우려가 높은 불특정다수인이 출입하는 영업으로서 소방방재청장이 관계 중앙행정기관의 장과 협의하여 행정안전부령으로 정하는 영업

제3조(실내장식물) 법 제2조제3호에서 "대통령령이 정하는 것"이라 함은 건축물 내부의 천장이나 벽에 붙이는(설치하는) 것으로서 다음 각 호의 어느 하나에 해당하는 것을 말한다. 다만, 가구류(옷장, 찬장, 식탁, 식탁용 의자, 사무용 책상, 사무용 의자 및 계산대, 그 밖에 이와 비슷한 것을 말한다)와 너비 10센티미터 이하인 반자돌림대 등과 「건축법」 제52조에 따른 내부마감재료는 제외한다. 〈개정 2008.10.29〉

1. 종이류(두께 2밀리미터 이상인 것을 말한다)·합성수지류 또는 섬유류를 주원료로 한 물품
2. 합판이나 목재
3. 실(室) 또는 공간을 구획하기 위하여 설치하는 칸막이 또는 간이 칸막이
4. 흡음(吸音)이나 방음(防音)을 위하여 설치하는 흡음재(흡음용 커튼을 포함한다) 또는 방음재(방음용 커튼을 포함한다)

제4조(안전관리기본계획의 수립절차 등) ① 소방방재청장은 법 제5조제1항에 따라 다중이용업소의 안전관리기본계획(이하 "기본계획"이라 한다)을 관계 중앙행정기관의 장과 협의를 거

쳐 5년마다 수립해야 한다.

②소방방재청장은 관계 중앙행정기관의 장과 협의를 거쳐 기본계획 수립지침을 작성하고 이를 관계 중앙행정기관의 장에게 통보해야 한다.

③소방방재청장은 기본계획을 수립하면 국무총리에게 보고하고 관계 중앙행정기관의 장과 특별시장·광역시장·도지사 또는 특별자치도지사(이하 "시·도지사"라 한다)에게 통보한 후 이를 공고해야 한다.

제5조(안전관리기본계획 수립지침) 제4조제2항에 따른 기본계획 수립지침에는 다음 각 호의 내용을 포함시켜야 한다.

1. 화재 등 재난 발생 경감대책
   가. 화재피해 원인조사 및 분석
   나. 안전관리정보의 전달·관리체계 구축
   다. 화재 등 재난 발생에 대비한 교육·훈련과 예방에 관한 홍보
2. 화재 등 재난 발생을 줄이기 위한 중·장기 대책
   가. 다중이용업소 안전시설 등의 관리 및 유지계획
   나. 소관법령 및 관련기준의 정비

제6조(안전관리기본계획 등에 관한 사항) 법 제5조제2항제7호에 따른 "대통령령이 정하는 사항"이란 다음 각 호의 사항을 말한다.

1. 안전관리 중·장기 기본계획에 관한 사항
   가. 다중이용업소의 안전관리체제
   나. 안전관리실태평가 및 개선계획
2. 시·도 안전관리기본계획에 관한 사항

제7조(연도별 안전관리계획의 통보 등) ① 소방방재청장은 법 제5조제3항에 따라 매년 연도별 안전관리계획(이하 "연도별 계획"이라 한다)을 전년도 12월 31일까지 수립해야 한다.

②소방방재청장은 제1항에 따라 연도별 계획을 수립하면 지체 없이 관계 중앙행정기관의 장과 시·도지사 및 소방본부장에게 통보해야 한다.

제8조(집행계획의 내용 등) ① 소방본부장은 제4조제3항에 따라 공고된 기본계획과 제7조제2항에 따라 통보된 연도별 계획에 따라 안전관리집행계획(이하 "집행계획"이라 한다)을 수립해야 하며, 수립된 집행계획과 전년도 추진실적을 매년 1월 31일까지 소방방재청장에게 제출해야 한다.

②소방본부장은 법 제6조제1항에 따라 관할지역의 다중이용업소에 대한 집행계획을 수립할 때에는 다음 각 호의 사항을 포함시켜야 한다.

1. 다중이용업소 밀집 지역의 소방시설 설치, 유지·관리와 개선계획
2. 다중이용업주와 종업원에 대한 소방안전교육·훈련계획
3. 다중이용업주와 종업원에 대한 자체지도 계획
4. 법 제15조제1항 각 호의 어느 하나에 해당하는 다중이용업소의 화재위험평가의 실시 및 평가
5. 제4호에 따른 평가결과에 따른 조치계획(화재위험지역이나 건축물에 대한 안전관리와 시

설정비 등에 관한 사항을 포함한다)

③법 제6조제3항에 따른 집행계획의 수립시기는 해당 연도 전년 12월 31일까지로 하며, 그 수립대상은 제2조의 다중이용업으로 한다.

제9조(소방시설과 영업장 내부피난통로) ① 법 제9조제1항에 따른 "안전시설등"(이하 "안전시설등"이라 한다)이라 함은 다음 각 호와 같다. 〈개정 2008.12.24, 2009.7.1, 2010.8.11〉

1. 소방시설 등

가. 소화설비 : 수동식 또는 자동식 소화기, 자동확산소화용구 및 간이스프링클러설비(캐비닛형 간이스프링클러설비를 포함한다). 간이스프링클러설비의 경우에는 제2조제7호의3에 따른 권총사격장과 지하층 또는 무창층(「소방시설 설치유지 및 안전관리에 관한 법률 시행령」 제2조제1호에 따른 무창층을 말한다. 이하 같다)에 설치된 영업장에 설치한다.

나. 피난설비 : 유도등·유도표지·비상조명등·휴대용비상조명등 및 피난기구

다. 경보설비 : 비상벨설비·비상방송설비·가스누설경보기 및 단독경보형감지기

라. 방화시설(防火施設) : 방화문과 비상구

2. 영업장 내부 통로와 창문(행정안전부령으로 정하는 영업의 경우에만 적용한다)

3. 그 밖의 안전시설 : 영상음향차단장치·누전차단기·피난유도선

② 법 제9조제1항 후단에서 "대통령령으로 정하는 숙박을 제공하는 형태의 다중이용업소의 영업장"이란 다음 각 호의 영업장을 말한다. 다만, 영업장이 지상 1층에 있거나 지상과 직접 맞닿아 있는 층(영업장의 주된 출입구가 건축물 외부의 지면과 직접 연결된 경우를 포함한다)에 있는 경우는 제외하되, 무창층에 있는 경우는 그러하지 아니하다. 〈신설 2009.7.1, 2010.8.11〉

1. 제2조제7호에 따른 산후조리업의 영업장

2. 제2조제7호의2에 따른 고시원업의 영업장

제10조(화재위험평가의 대상기준) 법 제15조제1항제1호에 따른 화재위험평가대상은 도로로 둘러싸인 일단(一團)의 지역의 중심지점을 기준으로 한다.

제11조(화재위험유발지수) ① 법 제15조제2항에 따른 "위험유발지수가 대통령령이 정하는 기준 이상인 경우"라 함은 별표 1의 디(D) 등급 또는 이(E) 등급인 경우를 말한다.

②제1항에 따른 위험유발지수의 산정기준·방법 등은 소방방재청장이 정하여 고시한다.

제12조(손실보상) ① 법 제15조제3항에 따라 소방방재청장·소방본부장 또는 소방서장이 손실을 보상하는 경우에는 법 제15조제2항에 따른 명령으로 인하여 생긴 손실을 시가로 보상해야 한다.

②제1항에 따른 손실보상에 관하여는 소방방재청장·소방본부장 또는 소방서장과 손실을 입은 자가 협의해야 한다.

③제2항에 따른 보상금액에 관한 협의가 성립되지 아니한 경우에는 소방방재청장·소방본부장 또는 소방서장은 그 보상금액을 지급하여야 한다. 다만, 보상금액의 수령을 거부하거나 수령할 자가 불분명한 경우에는 그 보상금액을 공탁하고 이 사실을 통지하여야 한다.

④제3항에 따른 보상금의 지급 또는 공탁의 통지에 불복하는 자는 지급 또는 공탁의 통지를

받은 날부터 30일 이내에 행정안전부령으로 정하는 바에 따라 「공익사업을 위한 토지 등의 취득 및 보상에 관한 법률」 제49조에 따른 중앙토지수용위원회에 재결(裁決)을 신청할 수 있다. 〈개정 2008.12.24〉

⑤제1항에 따른 손실보상의 범위, 협의절차, 방법 등에 관하여 필요한 사항은 「공익사업을 위한 토지 등의 취득 및 보상에 관한 법률」이 정하는 바에 따른다.

제13조(소방시설 등 일부적용배제) 법 제15조제4항에 따른 "화재위험평가의 결과 그 위험유발지수가 대통령령이 정하는 기준 미만"인 경우라 함은 별표 1의 에이(A) 등급인 경우를 말한다.

제14조(화재위험평가대행자의 등록신청 등) 법 제16조제1항에 따라 화재위험평가를 대행하려는 자가 갖추어야 할 기술인력·시설 및 장비는 별표 2와 같다.

제15조(화재위험평가대행자의 등록사항 변경신청) ① 법 제16조제1항에서 "대통령령이 정하는 중요사항"이라 함은 다음 각 호의 사항을 말한다.

1. 대표자
2. 사무소의 소재지
3. 평가대행자의 명칭이나 상호
4. 기술인력의 보유현황

②평가대행자는 제1항 각 호의 어느 하나에 해당하는 변경사유가 발생하면 변경사유가 발생한 날부터 30일 이내에 행정안전부령으로 정하는 서류를 첨부하여 행정안전부령으로 정하는 바에 따라 소방방재청장에게 변경등록을 해야 한다. 〈개정 2008.12.24〉

제16조(화재위험평가대행자의 등록 등의 공고) 소방방재청장은 다음 각 호의 어느 하나에 해당하는 경우에는 이를 소방방재청 인터넷 홈페이지 등에 공고해야 한다.

1. 법 제16조제1항에 따라 화재위험평가대행자로 등록한 경우
2. 법 제16조제4항에 따른 업무의 폐지신고를 받은 경우
3. 법 제17조제1항에 따라 등록을 취소한 경우

제17조(조치명령 미이행업소 공개사항의 제한) 법 제20조제1항에 따른 조치명령 미이행업소의 공개가 제3자의 법익을 침해하는 경우에는 제3자와 관련된 사실을 공개하여서는 아니 된다.

제18조(조치명령 미이행업소의 공개사항 등) ① 법 제20조제1항에 따라 소방방재청장·소방본부장 또는 소방서장이 조치명령 미이행업소를 공개하려면 공개내용과 공개방법 등을 그 업소의 관계인(영업주와 소속 종업원을 말한다)에게 미리 알려야 한다.

②법 제20조제1항에 따라 조치명령 미이행업소를 공개할 때에는 다음 각 호의 사항을 포함해야 하며, 공개기간은 그 업소가 조치명령을 이행하지 아니한 때부터 조치명령을 이행할 때까지로 한다.

1. 미이행업소명
2. 미이행업소의 주소
3. 소방방재청장·소방본부장 또는 소방서장이 조치한 내용
4. 미이행의 횟수

③소방방재청장·소방본부장 또는 소방서장은 제2항에 따른 사항을 다음 각 호의 2개 이상의

매체에 공개한다.

1. 관보 또는 시·도의 공보
2. 소방방재청, 시·도 소방본부 또는 소방서의 인터넷 홈페이지
3. 중앙일간지 신문 또는 해당 지역 일간지 신문
4. 유선방송
5. 반상회보(班常會報)
6. 시·군·구청 소식지(시·군·구청에서 지역 주민들에게 무료로 배포하는 소식지를 말한다)

④소방방재청장, 소방본부장 또는 소방서장은 제3항제2호에 따라 소방방재청, 소방본부 또는 소방서의 인터넷 홈페이지에 공개한 경우로서 다중이용업주가 사후에 법 제9조제2항 또는 법 제15조제2항에 따른 조치명령을 이행한 경우에는 이를 확인한 날부터 2일 이내에 공개내용을 해당 인터넷 홈페이지에서 삭제해야 한다.

제19조(안전관리우수업소) 법 제21조제1항에 따른 안전관리우수업소(이하 "안전관리우수업소"라 한다)의 요건은 다음 각 호와 같다.

1. 공표일 기준으로 최근 3년 동안 「소방시설 설치유지 및 안전관리에 관한 법률」 제10조제1항 각 호의 위반행위가 없을 것
2. 공표일 기준으로 최근 3년 동안 소방·건축·전기 및 가스 관련 법령 위반 사실이 없을 것
3. 공표일 기준으로 최근 3년 동안 화재 발생 사실이 없을 것
4. 자체계획을 수립하여 종업원의 소방교육 또는 소방훈련을 정기적으로 실시하고 공표일 기준으로 최근 3년 동안 그 기록을 보관하고 있을 것

제20조(안전관리우수업소의 공표절차 등) ① 소방본부장이나 소방서장은 법 제21조제1항에 따라 안전관리우수업소를 인정하여 공표하려면 제19조 각 호의 내용을 제18조제3항제1호부터 제3호까지의 규정에서 정한 매체에 안전관리우수업소 인정 예정공고를 해야 한다.

②제1항의 공고에 따른 안전관리우수업소 인정 예정공고의 내용에 이의가 있는 사람은 안전관리우수업소 인정 예정공고일부터 20일 이내에 소방본부장이나 소방서장에게 전자우편이나 서면으로 이의신청을 할 수 있다.

③소방본부장이나 소방서장은 제2항에 따른 이의신청이 있으면 이에 대하여 조사·검토한 후, 그 결과를 이의신청을 한 당사자와 해당 다중이용업주에게 알려야 한다.

④소방본부장이나 소방서장은 법 제21조제1항에 따라 안전관리우수업소를 인정하여 공표하려는 경우에는 공표일부터 2년의 범위에서 안전관리우수업소표지 사용기간을 정하여 공표해야 한다.

제21조(안전관리우수업소의 표지 등) ① 소방본부장이나 소방서장은 안전관리우수업소에 대하여 안전관리우수업소 표지를 내준 날부터 2년마다 정기적으로 심사를 하여 위반사항이 없는 경우에는 안전관리우수업소표지를 갱신하여 내줘야 한다.

②제1항에 따른 정기심사와 안전관리우수업소표지 갱신절차에 관하여 필요한 사항은 행정안전부령으로 정한다. 〈개정 2008.12.24〉

제22조(다중이용업주의 신청에 의한 안전관리우수업소 공표 등) ① 다중이용업주는 그 영업장이 제19조의 안전관리우수업소 요건에 해당되면 소방본부장이나 소방서장에게 안전관리우수

업소로 인정해 줄 것을 신청할 수 있다.

②소방본부장이나 소방서장은 제1항에 따라 신청을 받은 다중이용업소를 안전관리우수업소로 인정하려면 제20조 및 제21조에 따라 해당 업소에 그 사실을 통보하고 공표해야 한다.

③제1항에 따른 안전관리우수업소의 공표 신청절차 등에 관하여 필요한 사항은 행정안전부령으로 정한다. 〈개정 2008.12.24〉

제23조(과태료 부과기준) 법 제25조제1항에 따른 과태료의 부과기준은 별표 3과 같다.

[전문개정 2008.12.24]

제24조(이행강제금의 부과 · 징수) ① 법 제26조제2항에 따른 이행강제금의 부과기준은 별표 4와 같다.

②이행강제금의 부과·징수절차는 행정안전부령으로 정한다.

부칙 〈대통령령 제19954호, 2007.3.23〉

제1조 (시행일) 이 영은 2007년 3월 25일부터 시행한다.

제2조 (영업장 내부 통로 및 창문 설치에 관한 적용례) 제9조제2호의 영업장 내부 통로 및 창문에 관한 사항은 2007년 3월 25일 이후 영업을 시작하거나 세무서에 사업자등록을 신청하는 영업부터 적용한다.

제3조 (다중이용업소의 안전시설등의 설치에 관한 경과조치) 대통령령제18404호 소방시설 설치유지 및 안전관리에 관한 법률 시행령중개정령 시행 당시 영업허가 등을 받아 제2조에 따른 다중이용업을 하던 그 영업의 관계인은 2007년 5월 30일까지 안전시설등(제9조제2호의 영업장 내부 통로 및 창문은 제외한다)을 설치해야 한다. 다만, 소방방재청장이 건축물의 구조상 비상구를 설치할 수 없다고 인정하여 고시하는 경우로서 다음 각 호의 어느 하나에 해당하는 시설을 설치한 경우에는 비상구를 설치한 것으로 본다.

1. 법 제10조제1항에 따라 실내장식물을 불연재료(부연재료)나 준불연재료로 설치해야 하는 다중이용업소가 그 실내장식물 면적(천장과 벽을 합한 면적을 말한다)의 10분의 9 이상을 불연재료나 준불연재료로 설치한 경우
2. 법 제9조제1항에 따라 행정자치부령으로 정하는 기준에 맞추어 간이스프링클러설비를 설치한 경우

제4조 (재건축 · 재개발 및 도시계획에 의한 수용지역에 있는 다중이용업에 대한 안전시설등의 설치에 관한 경과조치) 「도시 및 주거환경정비법」 제2조제2호 각 목에 따른 주거환경개선사업·주택재개발사업·주택재건축사업·도시환경정비사업의 수용지역에 있는 다중이용업소가 2007년 12월 31일까지 철거가 확정된 경우로서 구획된 실(室)이 있는 경우 각 실(室)마다 자동확산소화기 및 단독경보형감지기를 설치한 경우에는 부칙 제3조 본문에 불구하고 다음 각 호의 설비 등의 설치를 철거 시까지 유예할 수 있다.

1. 비상구
2. 간이스프링클러설비
3. 방염물품(방염물품)에 대한 방염 처리

제5조 (다른 법령의 개정) ①건축법 시행령 일부를 다음과 같이 개정한다.

제61조제6호중 "「소방시설설치유지 및 안전관리에 관한 법률 시행령」 제13조"를 "「다중이용업소의 안전관리에 관한 특별법 시행령」 제2조"로 하고, 제119조제1항제2호 단서중 "「소방시설 설치유지 및 안전관리에 관한 법률 시행령」 제14조"를 "「다중이용업소의 안전관리에 관한 특별법 시행령」 제9조"로 한다.

②다중이용시설 등의 실내공기질 관리법 시행령 일부를 다음과 같이 개정한다.

제2조제2항제5호 및 제6호를 각각 다음과 같이 한다.

5. 「다중이용업소의 안전관리에 관한 특별법 시행령」 제2조제4호나목에 따른 목욕장업 중 영업시설의 연면적이 1천 제곱미터 이상인 시설
6. 「다중이용업소의 안전관리에 관한 특별법 시행령」 제2조제7호에 따른 산후조리원업 중 영업시설의 연면적이 500제곱미터 이상인 시설

③소방시설 설치유지 및 안전관리에 관한 법률 시행령 일부를 다음과 같이 개정한다.

제2조제3호·제4호, 제4조, 제13조, 제14조 및 대통령령 제18404호 소방시설 설치유지 및 안전관리에 관한 법률 시행령중개정령 부칙 제2조를 각각 삭제하고, 제19조제3호중 "법 제8조제1항"을 "「다중이용업소의 안전관리에 관한 특별법」 제2조제1항제1호"로 한다.

④소방기본법 시행령 일부를 다음과 같이 개정한다.

별표 1 난로 내용란 제3호가목중 "「소방시설 설치유지 및 안전관리에 관한 법률」 제8조"를 "「다중이용업소의 안전관리에 관한 특별법」 제2조제1항제1호"로 한다.

제6조 (다른 법령과의 관계) 이 영 시행 당시 다른 법령에서 「소방시설 설치유지 및 안전관리에 관한 법률 시행령」 또는 그 규정을 인용한 경우에 이 영 가운데 그에 해당하는 규정이 있으면 종전의 규정을 갈음하여 이 영 또는 이 영의 해당 규정을 인용한 것으로 본다.

부칙 〈대통령령 제21098호, 2008.10.29〉 (건축법 시행령)

제1조(시행일) 이 영은 공포한 날부터 시행한다. 〈단서 생략〉

제2조 및 제3조 생략

제4조(다른 법령의 개정) ①부터 ⑤까지 생략

⑥ 다중이용업소의 안전관리에 관한 특별법 시행령 일부를 다음과 같이 개정한다.

제3조 각 호 외의 부분 단서에서 "「건축법」 제43조"를 "「건축법」 제52조"로 한다.

⑦부터 〈38〉까지 생략

부칙 〈대통령령 제21176호, 2008.12.24〉

제1조(시행일) 이 영은 공포한 날부터 시행한다.

제2조(경과조치) 이 영 시행 전의 행위에 대하여 과태료를 적용할 때에는 종전의 규정에 따른다.

부칙 〈대통령령 제21600호, 2009.7.1〉

이 영은 2009년 7월 8일부터 시행한다.

부칙 〈대통령령 제21676호, 2009.8.6〉 (식품위생법 시행령)

제1조(시행일) 이 영은 2009년 8월 7일부터 시행한다. 〈단서 생략〉
제2조 및 제3조 생략
제4조(다른 법령의 개정) ① 및 ② 생략
③ 다중이용업소의 안전관리에 관한 특별법 시행령 일부를 다음과 같이 개정한다.
제2조제1호 각 목 외의 부분 중 "「식품위생법 시행령」 제7조제8호"를 "「식품위생법 시행령」 제21조제8호"로 한다.
④부터 〈16〉까지 생략
제5조 생략

부칙 〈대통령령 제22331호, 2010.8.11〉

제1조(시행일) 이 영은 공포 후 3개월이 경과한 날부터 시행한다.
제2조(간이스프링클러설비 설치 대상 확대에 따른 적용례) 제9조제1항제1호가목 후단 및 같은 조 제2항 단서의 개정규정은 이 영 시행 후 영업을 개시하기 위하여 안전시설등의 설치를 신고하거나, 실내장식물을 설치 · 교체하거나 내부구조를 변경(영업장의 면적의 증감, 영업장의 구획된 실의 증감 또는 내부통로 구조의 변경을 말한다. 이하 같다)하는 영업장부터 적용한다. 다만, 이 영 시행 당시 권총사격장업을 하던 업주 또는 관계인에 대해서는 부칙 제3조제1항에 따른다.
제3조(안전시설등의 설치와 실내장식물 변경에 관한 경과조치) ① 이 영 시행 당시 제2조제7호의3에 따른 권총사격장을 하던 업주 또는 관계인은 2011년 3월 31일까지 제9조제1항에 따른 안전시설등을 설치하여야 하며, 법 제10조에 따라 실내장식물을 설치 또는 교체하여야 한다.
② 이 영 시행 당시 제2조제7호의4에 따른 골프 연습장 및 같은 조 제7호의5에 따른 안마시술소에 설치된 실내장식물은 법 제10조에 따라 적합하게 설치된 것으로 본다.
③ 이 영 시행 당시 제2조제7호의4에 따른 골프 연습장업 및 같은 조 제7호의5에 따른 안마시술소업을 하던 업주 또는 관계인은 이 영 시행일까지 제9조제1항에 따른 안전시설등을 설치하여야 한다. 다만, 제9조제1항제1호가목에 따른 간이스프링클러설비는 이 영 시행 후 최초로 실내장식물을 설치 · 교체하거나 내부구조를 변경하는 때에, 제9조제1항제1호라목에 따른 방화시설은 이 영 시행 후 최초로 내부구조를 변경하는 때에 설치할 수 있다.
④ 제1항 및 제3항에 불구하고 소방방재청장이 건축물의 구조상 제9조제1항제1호라목에 따

른 비상구를 설치할 수 없다고 인정하여 고시하는 경우로서 다음 각 호의 어느 하나에 해당하는 시설을 설치하는 경우에는 비상구를 설치한 것으로 본다.

1. 법 제10조제1항에 따라 실내장식물을 불연재료 또는 준불연재료로 설치(천장과 벽을 합한 실내장식물의 면적이 10분의 9 이상인 경우에 한정한다)한 경우
2. 법 제9조제1항에 따라 행정안전부령으로 정하는 기준에 맞추어 간이스프링클러설비를 설치한 경우

부칙 〈대통령령 제22724호, 2011.3.29〉

제1조(시행일) 이 영은 공포한 날부터 시행한다.

제2조(과태료에 관한 경과조치) ① 이 영 시행 전의 위반행위에 대하여 과태료의 부과기준을 적용할 때에는 별표 3의 개정규정에도 불구하고 종전의 규정에 따른다.

② 이 영 시행 전의 위반행위로 받은 과태료 부과처분은 별표 3의 개정규정에 따른 위반행위 횟수 산정에 포함하지 아니한다.

7. 다중이용업소의 안전관리에 관한 특별법 시행규칙

[시행 2010.10.20] [행정안전부령 제164호, 2010.10.20, 일부개정]
소방방재청(소방제도과), 02-2100-5050

제1조 (목적) 이 규칙은 「다중이용업소의 안전관리에 관한 특별법」 및 같은 법 시행령에서 위임된 사항과 그 시행에 필요한 사항을 규정함을 목적으로 한다.

제2조 (다중이용업) 「다중이용업소의 안전관리에 관한 특별법 시행령」(이하 "영"이라 한다) 제2조제8호에서 "행정자치부령이 정하는 영업"이란 다음 각 호의 어느 하나에 해당하는 영업을 말한다.

1. 고시원업 : 구획된 실(室) 안에 학습자가 공부할 수 있는 시설을 갖추고 숙박 또는 숙식을 제공하는 형태의 영업
2. 전화방업·화상대화방업 : 구획된 실(室) 안에 전화기·텔레비전·모니터 또는 카메라 등 상대방과 대화할 수 있는 시설을 갖춘 형태의 영업
3. 수면방업 : 구획된 실(室) 안에 침대·간이침대 그 밖에 휴식을 취할 수 있는 시설을 갖춘 형태의 영업
4. 콜라텍업 : 손님이 춤을 추는 시설 등을 갖춘 형태의 영업으로서 주류판매가 허용되지 아니하는 영업

제3조 (안전관리기본계획의 공고) 소방방재청장은 영 제4조제3항에 따라 안전관리기본계획을 수립한 경우에는 이를 관보에 공고한다.

제4조 (관련 행정기관의 허가등의 통보) ① 「다중이용업소의 안전관리에 관한 특별법」(이하 "법"이라 한다) 제7조제1항에 따른 다중이용업의 허가·인가·등록·신고수리(이하 "허가등"이라 한다)를 하는 행정기관(이하 "허가관청"이라 한다)은 허가등을 한 날부터 14일 이내에 다음 각 호의 사항을 별지 제1호서식의 다중이용업 허가등 사항(변경사항)통보서에 따라 관할 소방본부장 또는 소방서장에게 통보하여야 한다.

1. 영업주의 성명·주소
2. 다중이용업소의 상호·소재지

3. 다중이용업의 종류·영업장 면적

4. 허가등 일자

②허가관청은 법 제7조제2항제1호에 따른 휴·폐업과 휴업 후 영업재개신고를 수리한 때에는 별지 제1호서식의 다중이용업 허가등 사항(변경사항)통보서에 따라 30일 이내에 소방본부장 또는 소방서장에게 통보하여야 한다.

③허가관청은 법 제7조제2항제2호부터 제4호까지의 규정에 따른 변경사항의 신고를 수리한 때에는 수리한 날부터 30일 이내에 별지 제1호서식의 다중이용업 허가등 사항(변경사항)통보서에 따라 그 변경내용을 관할 소방본부장 또는 소방서장에게 통보하여야 한다.

④소방본부장 또는 소방서장은 허가관청으로부터 제1항 및 제2항의 내용을 통보받은 경우에는 별지 제2호서식의 다중이용업 허가등 사항 처리 접수대장에 그 사실을 기재하여 관리하여야 한다.

제5조 (소방안전교육의 대상자 등) ① 소방방재청장·소방본부장 또는 소방서장은 법 제8조제1항에 따른 소방안전교육(이하 "소방안전교육"이라 한다)을 실시하려는 때에는 교육일시·장소 등 교육에 필요한 사항을 교육일 10일전까지 교육대상자에게 통보하여야 한다.

②소방방재청장·소방본부장 또는 소방서장이 소방안전교육을 실시하려는 때에는 다중이용업과 관련된 「직능인 경제활동지원에 관한 법률」 제2조에 따른 직능단체 및 민법상의 비영리법인과 협의하여 다른 법령에서 정하는 다중이용업 관련 교육과 병행하여 실시할 수 있다.

③소방안전교육을 받아야 할 대상자는 다음 각 호에 해당하는 자로 한다.

1. 영 제2조에 따른 영업을 영위하는 다중이용업주

2. 해당 다중이용업주를 대리하여 영업장을 관리하는 종업원 1인 이상 또는 「국민연금법」 제8조제1항에 따라 국민연금 가입의무대상자인 종업원 1인 이상

④소방안전교육의 횟수 및 시기는 다음 각 호와 같다.

1. 신규교육 : 영 제2조에 따른 다중이용업을 새로이 하려는 영업주는 영업을 시작하기 전에, 제3항제2호에 따라 교육을 받아야 하는 종업원은 그 영업에 종사하기 전에 소방안전교육을 받아야 한다. 다만, 국외여행 등 부득이한 사유로 미리 교육을 받을 수 없는 경우에는 영업

개시 또는 영업에 종사 후 3개월 이내에 소방방재청장이 정하는 바에 따라 교육을 받을 수 있다.

2. 수시교육 : 법 제8조제1항 및 제2항, 법 제9조제1항·제10조·제11조·제12조제1항·제13조제1항 또는 법 제14조를 위반한 다중이용업소의 영업주와 해당 업소에 종사하는 제3항제2호에 따른 종업원 1인 이상

⑤소방안전교육시간은 4시간 이내로 한다.

⑥제4항제1호에 따라 신규로 교육을 받은 자가 교육받은 날부터 2년 이내에 다중이용업을 하려는 경우 또는 다중이용업에 종사하려는 경우에는 신규교육을 받은 것으로 본다.

⑦소방방재청장·소방본부장 또는 소방서장은 소방안전교육을 이수한 자에 대하여 별지 제3호서식의 소방안전교육이수증명서를 교부하고 그 내용을 별지 제5호서식의 소방안전교육이수증명서 교부(재교부)대장에 기재하여 관리하여야 한다.

⑧제7항에 따라 교부받은 소방안전교육이수증명서를 잃어버리거나 소방안전교육이수증명서가 헐어 못쓰게 된 경우에는 소방본부장 또는 소방서장에게 별지 제4호서식의 소방안전교육이수증명서 재교부신청서에 따라 재교부를 신청할 수 있다. 이 경우 소방본부장 또는 소방서장은 소방안전교육이수증명서를 즉시 재교부하고 별지 제5호서식 소방안전교육이수증명서 교부(재교부) 대장에 그 사실을 기재하여 관리하여야 한다.

제6조 (인터넷 홈페이지를 이용한 사이버 소방안전교육) ① 소방본부장 또는 소방서장은 다중이용업주와 종업원에 대한 자율안전관리 책임의식을 높이고 화재발생시 초기대응능력을 향상하기 위하여 인터넷 홈페이지를 이용한 사이버 소방안전교육(이하 "사이버교육"이라 한다)을 위한 환경을 조성하여야 한다.

②소방본부장 또는 소방서장은 제1항에 따른 사이버교육을 위하여 해당 소방본부와 소방서 인터넷 홈페이지에 누구나 쉽게 접속하여 사이버교육을 받을 수 있도록 시스템을 구축·운영하여야 한다.

③제2항의 사이버교육을 위한 시스템 구축과 그 밖에 필요한 사항은 소방방재청장이 정한다.

제7조 (소방안전교육의 교과과정 등) ① 법 제8조제1항에 따른 소방안전교육의 교과과정은 다음 각 호와 같다.

1. 화재안전과 관련된 법령 및 제도

2. 다중이용업소에서 화재가 발생한 경우 초기대응 및 대피요령

3. 소방시설 및 방화시설(防火施設)의 유지·관리 및 사용방법

4. 심폐소생술 등 응급처치 요령

②그 밖에 다중이용업소의 안전관리에 관한 교육내용과 관련된 세부사항은 소방방재청장이 정한다.

제8조 (소방안전교육에 필요한 교육인력 및 시설 · 장비기준 등) 소방방재청장·소방본부장 또는 소방서장은 소방안전교육의 내실화를 위하여 별표 1의 교육인력 및 시설·장비를 갖추어야 한다.

제9조 (다중이용업소의 소방시설등 화재안전기준) 법 제9조제1항에 따라 다중이용업소의 영업장에 설치하는 안전시설등(이하 "안전시설등"이라 한다)의 설치 기준은 별표 2와 같다.

제10조 (영업장 내부 통로 및 창문을 설치해야 할 영업) 영 제9조제2호에 따라 영업장 내부 통로와 창문을 설치하여야 할 영업은 고시원업으로 한다.

제11조 (안전시설등의 설치신고) ① 다중이용업을 하려는 자는 다중이용업소에 안전시설등을 설치하거나 안전시설등의 공사를 마친 경우에는 법 제9조제3항 후단에 따라 별지 제6호 서식의 안전시설등설치(완공)신고서(전자문서로 된 신고서를 포함한다)에 다음 각 호의 서류(전자문서를 포함한다)를 첨부하여 소방본부장 또는 소방서장에게 제출하여야 한다. 다만, 「전자정부구현을 위한 행정업무 등의 전자화촉진에 관한 법률」 제21조제1항에 따른 행정정보의 공동이용을 통하여 첨부서류에 대한 정보를 확인할 수 있는 경우에는 그 확인으로 첨부서류의 제출을 갈음할 수 있다.

1. 「소방시설공사업법」 제4조제1항에 따른 소방시설설계업자가 작성한 안전시설등의 설계도서(소방시설의 계통도, 실내장식물의 재료 및 설치면적, 비상구 등이 표시된 것을 말한다). 완공신고의 경우에는 설계도서가 변경된 경우에 제출한다.

2. 안전시설등의 설치내역서(설치신고의 경우에 한한다)

3. 구획된 실(室)의 세부용도 등이 표시된 영업장의 평면도(복도·계단 등 해당 영업장의 부수시설이 포함된 평면도를 말한다)

②소방본부장 또는 소방서장은 법 제9조제4항에 따라 현장을 확인한 결과 안전시설등이 별표 2에 적합하다고 인정하는 경우에는 별지 제7호서식의 안전시설등완비증명서를 발급하고, 적합하지 아니한 때에는 신청인에게 서면으로 그 사유를 통보하고 보완을 요구하여야 한다.

③소방본부장 또는 소방서장은 제1항에 따른 안전시설등의 설치(완공)신고서를 접수하거나 제2항에 따른 안전시설등완비증명서를 교부한 때에는 별지 제8호서식의 안전시설등완비증명서 발급대장에 발급일자 등을 기재하여 관리하여야 한다.

④다중이용업소의 영업주는 제2항에 따라 발급받은 안전시설등완비증명서를 잃어버리거나 안전시설등완비증명서가 헐어 못쓰게 된 경우에는 소방본부장 또는 소방서장에게 별지 제9호서식의 안전시설등 완비증명서 재교부신청서에 따라 재교부를 신청할 수 있다. 이 경우 소방본부장 또는 소방서장은 3일 이내 안전시설등완비증명서를 재교부하여야 하고 안전시설등완비증명서발급대장에 재교부사실을 기재하여 관리하여야 한다.

제12조 (피난안내도의 비치 등) 법 제12조제2항에 따른 피난안내도 비치대상 및 피난안내에 관한 영상물을 상영하여야 하는 대상, 피난안내도 비치장소, 피난안내에 관한 영상물 상영시간, 피난안내도에 포함되어야 할 사항은 다음 각 호와 같다.

1. 피난안내도 비치 대상은 영 제2조에서 정하는 모든 다중이용업소로 한다. 다만, 다음 각 목의 어느 하나에 해당하는 경우에는 설치하지 아니할 수 있다.

가. 영업장으로 사용하는 바닥면적의 합계가 33제곱미터 이하인 경우

나. 영업장내 구획된 실(室)이 없고 영업장 어느 부분에서도 출입구 및 비상구 확인이 가능한 경우

2. 피난안내 영상물 상영대상은 다음 각 목과 같다.

가. 「영화 및 비디오물 진흥에 관한 법률」 제2조에 따른 영화상영관 및 비디오물소극장업

나. 「음악산업 진흥에 관한 법률」 제2조제13호의 노래연습장업

다. 「식품위생법 시행령」 제7조제8호다목 및 라목의 단란주점영업 및 유흥주점영업. 다만, 피난안내 영상물을 상영할 수 있는 시설이 설치된 경우에 한한다.

라. 「게임산업진흥에 관한 법률」 제2조제7호의 인터넷컴퓨터게임시설제공업. 다만, 인터넷컴퓨터게임시설이 설치된 책상마다 피난안내도를 비치한 경우에는 제외할 수 있다.

마. 영 제2조제8호에 해당하는 영업으로서 피난안내 영상물을 상영할 수 있는 시설을 갖춘 영업

3. 피난안내도 비치 위치는 다음 각 목과 같다.

가. 영업장 주 출입구 부분의 손님이 쉽게 볼 수 있는 위치

나. 구획된 실(室)의 벽, 탁자 등 손님이 쉽게 볼 수 있는 위치

4. 피난안내 영상물 상영시간은 영업장의 내부구조 등을 고려하여 정하되, 상영 시기(時期)는 다음 각 목과 같다.

가. 영화상영관 및 비디오물소극장업 : 매 회 영화상영 또는 비디오물 상영 시작 전

나. 노래연습장업 등 그 밖의 영업 : 노래방 기기(機器)가 처음 작동 될 때

5. 피난안내도 및 피난안내 영상물에 포함되어야 할 내용은 다음 각 목과 같다.

가. 화재시 대피할 수 있는 비상구 위치

나. 구획된 실(室) 등에서 비상구 및 출입구까지의 피난동선

다. 소화기, 옥내소화전 등 소방시설의 위치 및 사용방법

라. 피난 및 대처방법

제13조 (다중이용업소 안전시설등 세부점검표) 법 제13조제1항 및 제2항에 따라 안전시설등을 점검하는 경우에는 별지 제10호서식의 안전시설등 세부점검표를 사용하여 점검한다.

제14조 (안전점검의 대상, 점검자의 자격 등) 법 제13조제3항에 따른 안전점검의 대상, 점검자의 자격, 점검주기, 점검방법은 다음 각 호와 같다.

1. 안전점검 대상 : 다중이용업소의 영업장에 설치된 영 제9조의 안전시설등

2. 안전점검자의 자격은 다음 각 목과 같다.

가. 해당 영업장의 다중이용업주 또는 다중이용업소가 위치한 특정소방대상물의 방화관리자(방화관리자가 선임된 경우에 한한다)

나. 해당 업소의 종업원 중 「소방시설 설치유지 및 안전관리에 관한 법률 시행령」 제23조제1항제10호 또는 제2항제4호에 따라 방화관리자 자격을 취득한 자, 「국가기술자격법」에 따라 소방기술사·소방설비기사 또는 소방설비산업기사 자격을 취득한 자

다. 「소방시설설치유지 및 안전관리에 관한 법률」 제29조에 따른 소방시설관리업자

3. 점검주기 : 매 분기별 1회 이상 점검. 다만, 「소방시설설치유지 및 안전관리에 관한 법률」 제25조제1항에 따라 자체점검을 실시한 경우에는 자체점검을 실시한 그 분기에는 점검을 실시하지 아니할 수 있다.

4. 점검방법 : 소방시설등의 작동여부를 점검한다.

제15조 (손실보상 재결신청) 영 제12조제4항에 따른 보상금의 지급 또는 공탁의 통지에 불복하는 자는 별지 제11호서식의 손실보상재결신청서에 따라 중앙토지수용위원회에 재결을 신청하여야 한다.

제16조 (화재위험평가대행자의 등록신청 등) ① 법 제16조제1항에 따라 화재위험평가대행을 하려는 자는 별지 제12호서식의 화재위험평가대행자 등록신청서에 다음 각 호의 서류(전자문서를 포함한다)를 첨부하여 소방방재청장에게 제출하여야 한다. 다만, 「전자정부구현을 위한 행정업무 등의 전자화촉진에 관한 법률」 제21조제1항에 따른 행정정보의 공동이용을 통하여 첨부서류에 대한 정보를 확인할 수 있는 경우에는 그 확인으로 첨부서류의 제출을 갈음할 수 있다.

1. 별지 제14호서식의 기술인력명부 및 기술자격을 증명하는 서류(기술자격증 사본 등)

2. 실무경력증명서(해당자에 한한다) 1부

3. 영 별표 2의 시설 및 장비명세서 1부

②제1항에 따른 신청서를 제출받은 담당 공무원은 「전자정부구현을 위한 행정업무 등의 전자화촉진에 관한 법률」 제21조제1항에 따라 행정정보의 공동이용을 통하여 법인등기부 등본(법인인 경우에 한한다) 또는 사업자등록증 사본(개인인 경우에 한한다)을 확인하여야 한다. 다만, 신고인이 확인에 동의하지 아니하는 경우에는 이를 첨부하도록 하여야 한다.

③소방방재청장은 제1항에 따라 등록신청서를 제출받은 경우 영 제14조 및 영 별표 2에 따른 평가대행자가 갖추어야 할 기술인력·시설·장비기준에 적합하다고 인정되는 경우에는 등록신청을 받은 날부터 30일 이내에 별지 제15호서식의 화재위험평가대행자등록증을 교부하고 별지 제13호서식의 화재위험평가대행자등록증 교부(재교부)대장에 기재하여 관리하여야 한다.

④제3항에 따라 화재위험평가대행자등록증을 교부 받은 자는 화재위험평가대행자등록증을 잃어버리거나 화재위험평가대행자등록증이 헐어 못쓰게 된 경우에는 소방방재청장에게 화재위험평가대행자등록증의 재교부를 신청할 수 있다.

⑤화재위험평가대행자가 제4항에 따라 재교부를 신청하려는 때에는 별지 제16호서식의 화재위험평가대행자등록증 재교부 신청서를 소방방재청장에게 제출하여야 한다.

⑥소방방재청장은 제5항에 따라 화재위험평가대행자등록증 재교부 신청서를 접수한 경우에는 3일 이내에 화재위험평가대행자등록증을 재교부하여야 한다.

⑦법 제17조제1항에 따라 화재위험평가대행자의 등록이 취소된 자는 지체 없이 화재위험평가대행자등록증을 소방방재청장에게 반납하여야 한다.

제17조 (평가대행자의 등록사항 변경신청 등) ① 영 제15조제2항의 "행정자치부령이 정하는 서류"란 다음 각 호의 서류(전자문서를 포함한다)를 말한다. 다만, 「전자정부구현을 위한 행정업무 등의 전자화촉진에 관한 법률」 제21조제1항에 따른 행정정보의 공동이용을 통하여 첨부서류에 대한 정보를 확인할 수 있는 경우에는 그 확인으로 첨부서류의 제출을 갈음할 수 있다.

1. 화재위험평가대행자등록증

2. 기술인력명부 1부

②제1항에 따른 변경신청을 제출받은 담당 공무원은 「전자정부구현을 위한 행정업무 등의 전자화촉진에 관한 법률」 제21조제1항에 따라 행정정보의 공동이용을 통하여 법인등기부 등본(법인인 경우에 한한다) 또는 사업자등록증 사본(개인인 경우에 한한다)을 확인하여야 한다. 다만, 신고인이 확인에 동의하지 아니하는 경우에는 이를 첨부하도록 하여야 한다.

③평가대행자가 법 제16조제1항 후단에 따라 중요사항을 변경하려는 때에는 별지 제12호서식의 화재위험평가대행자 변경등록신청서에 다음 각 호의 서류(전자문서를 포함한다)를 첨부하여 소방방재청장에게 제출하여야 한다.

1. 대표자를 변경하는 경우

가. 화재위험평가대행자등록증

나. 개인의 경우에는 사업자등록증사본 1부

2. 평가대행자의 명칭·상호 또는 소재지를 변경하는 경우

가. 화재위험평가대행자등록증

나. 개인의 경우에는 사업자등록증사본 1부

3. 기술인력을 변경하는 경우

가. 화재위험평가대행자등록증

나. 변경된 기술인력의 기술자격증 사본 1부

다. 별지 제14호서식의 기술인력명부 1부

제18조 (화재위험평가서의 보존기간) 법 제16조제3항제3호의 "행정자치부령이 정하는 기간동안"이란 화재위험평가결과보고서를 소방방재청장·소방본부장 또는 소방서장 등에게 제출한 날부터 2년간을 말한다.

제19조 (업무의 휴지 또는 폐지신고 등) ① 평가대행자는 법 제16조제4항에 따라 업무의 휴지·폐지를 하려는 때에는 별지 제17호서식의 평가대행자업무휴지·폐지신고서를 소방방재청장에게 제출하되, 화재위험평가대행자등록증을 첨부하여야 한다.

②소방방재청장은 제1항에 따라 업무의 휴지·폐지신고를 받은 때에는 이를 특별시장·광역시장·도지사 또는 특별자치도지사에게 통보하여야 한다.

제20조 (행정처분기준) 법 제17조제3항에 따른 화재위험평가대행자의 등록취소 또는 업무정지의 행정처분기준은 별표 3과 같다.

제21조 (안전관리우수업소 표지 크기 등) ① 법 제21조제3항의 "행정자치부령이 정하는 기간동안"이란 법 제21조제1항에 따라 소방본부장 또는 소방서장으로부터 안전관리업무 이행실태가 우수하다고 통보 받은 날부터 2년이 되는 날까지를 말한다.

②법 제21조제1항에 따른 안전관리우수업소(이하 "안전관리우수업소"라 한다) 표지의 규격·재질·부착기간 등은 별표 4와 같다.

제22조 (안전관리우수업소 표지 발급대장의 관리 등) ① 소방본부장 또는 소방서장은 영 제21조제1항에 따라 안전관리우수업소 표지를 교부한 날부터 2년이 되는 날 이후 30일 이내에 정기심사를 실시하여 영 제19조에 따른 요건에 적합한 경우에는 안전관리우수업소표지를 갱신해 주어야 한다.

②제1항에 따라 안전관리우수업소표지를 갱신한 때에는 별지 제18호서식의 안전관리우수업소 표지 발급(갱신발급)대장에 이를 기재하고 관리하여야 한다. 안전관리우수표지를 교부한 때에도 또한 같다.

제23조 (안전관리우수업소의 공표) ① 소방본부장 또는 소방서장은 영 제21조제1항에 따라 안전관리우수업소의 표지를 교부한 때에는 이를 지체 없이 공표하여야 한다.

②제1항에 따른 공표는 영 제18조제3항에 따른 매체에 다음 각 호의 구분에 따라 그 내용을 기재하여 이를 공표한다.

1. 안전관리우수업소의 공표 또는 갱신공표의 경우

가. 안전관리우수업소의 명칭과 다중이용업주 이름

나. 안전관리우수업무의 내용

다. 안전관리우수업소 표지를 부착할 수 있는 기간

2. 안전관리우수업소의 표지 사용정지의 경우

가. 안전관리우수업소의 표지 사용정지대상인 다중이용업소의 명칭과 다중이용업주 이름

나. 안전관리우수업소 표지의 사용을 정지하는 사유

다. 안전관리우수업소 표지의 사용정지일

제24조 (안전관리우수업소의 공표신청 등) ① 영 제22조제1항에 따라 안전관리우수업소로 인정을 받으려는 다중이용업주는 별지 제19호서식의 안전관리우수업소 공표신청서에 사업자

등록증과 안전시설등완비증명서 사본을 첨부하여 소방본부장 또는 소방서장에게 신청하여야 한다.

②소방본부장 또는 소방서장은 제1항에 따른 신청을 받은 경우에는 영 제20조에 따라 예정공고를 거쳐 영 제19조의 안전관리우수업소 요건에 적합한지를 확인하여야 한다.

③소방본부장 또는 소방서장은 제2항에 따른 확인결과 그 다중이용업소가 그 요건에 적합하다고 인정하는 때에는 그 사실을 안전관리우수업소 공표신청을 한 다중이용업주에게 통보하고 안전관리우수업소 표지를 교부하여야 하며, 부적합하다고 인정하는 때에는 신청인에게 서면으로 그 사유를 통보하여야 한다.

제25조 (소방안전교육 위탁기관이 갖추어야 하는 시설기준 등) 법 제22조제1항에 따라 소방안전교육을 위탁받은 기관이 갖추어야 하는 시설기준은 별표 5와 같다.

제26조 (과태료 및 이행강제금 징수절차) 영 제23조제4항 및 제24조제2항에 따른 과태료 및 이행강제금의 징수절차에 관하여는 「국고금관리법 시행규칙」을 준용한다. 이 경우 납입고지서에는 이의방법 및 이의기간 등을 함께 기재하여야 한다.

부칙 〈행정자치부령 제379호, 2007.3.23〉 (개정 2009.7.3)

①(시행일) 이 규칙은 2007년 3월 25일부터 시행한다. 다만, 제12조제1호 및 제2호의 개정규정은 2011년 3월 25일부터 시행한다. 〈개정 2009.7.3〉

②(다른 법령의 개정) 「소방시설설치유지 및 안전관리에 관한 법률 시행규칙」을 다음과 같이 개정한다.

제5조, 제6조, 별지 제6호서식, 별지 제7호서식 및 별지 제8호서식을 각각 삭제한다.

부칙 〈행정안전부령 제83호, 2009.5.15〉

제1조(시행일) 이 규칙은 공포한 날부터 시행한다.

제2조(적용례) ① 별표 2 제7호의 개정규정은 이 규칙 시행 후 안전시설등의 설치를 신고하거나 영업장 내부구조를 변경(영업장 면적의 증감 · 영업장의 구획된 실의 증감 및 내부 통로의 구조를 변경하는 것을 말한다)하는 고시원업 및 산후조리업의 영업장부터 적용한다.

② 별표 2 제8호의 개정규정은 이 규칙 시행 후 안전시설등의 설치를 신고하거나 영업장 내부 구조를 변경(영업장 면적의 증감 · 영업장의 구획된 실의 증감 및 내부 통로의 구조를 변경하는 것을 말한다)하는 고시원업의 영업장부터 적용한다.

부칙 〈행정안전부령 제91호, 2009.7.3〉 (한시적 행정규제 유예 등을 위한 다중이용업소의 안전관리에 관한 특별법 시행규칙 등 일부개정령)

이 규칙은 공포한 날부터 시행한다.

부칙 〈행정안전부령 제164호, 2010.10.20〉

제1조(시행일) 이 규칙은 공포한 날부터 시행한다.

제2조(비상구 설치 위치에 관한 적용례) 별표 2 제3호가목(2)의 개정규정은 이 규칙 시행 후 영업을 개시하기 위하여 안전시설등의 설치를 신고하는 영업장부터 적용한다.

[법률 제 호]

8. 국가대테러활동에 관한 기본법안

제1조(목적) 이 법은 테러의 예방 및 대응 활동 등에 관하여 필요한 사항과 테러로 인한 피해 보전 등을 규정함으로써 테러로부터 국민의 생명과 신체 및 재산을 보호하고 나아가 국가의 안보 및 공공의 안전을 확보하는 것을 목적으로 한다.

제2조(정의) 이 법에서 사용하는 용어의 정의는 다음과 같다.

1. "대테러활동"이란 별표에 규정된 "테러"의 예방 및 대응을 위하여 필요한 정보의 수집, 테러혐의자의 관리, 테러에 이용될 수 있는 위험물질의 안전관리, 시설·장비의 보호, 국제 및 국내 행사 안전 확보, 무력진압 등 제반 활동을 말한다.
2. "테러단체"란 테러를 목적으로 하는 국내외의 결사 또는 집단으로서 UN에서 테러단체로 지정한 단체와 제8조제3항제4호에 따라 지정된 단체 및 이러한 단체를 지원하거나 지원을 받는 단체를 말한다.
3. "테러자금"이란 「공중 등 협박 목적을 위한 자금조달행위의 금지에 관한 법률」 제2조제1호에서 규정한 "공중 등 협박목적을 위한 자금"을 말한다.
4. "관계기관"이란 대테러활동을 수행하는 중앙행정기관과 그 특별지방행정기관 및 산하단체, 지방자치단체, 국고 및 지방재정을 지원받는 공공단체를 말한다.

제3조(국가 및 지방자치단체의 책무) ① 국가 및 지방자치단체는 테러로부터 국민의 생명·신체 및 재산을 보호하기 위하여 테러의 예방과 대응에 필요한 제도와 여건을 조성하고 대책을 수립하여 이를 시행하여야 한다.

② 국가는 제1항의 대책을 강구함에 있어 국민의 기본적 인권이 침해당하지 아니하도록 최선의 노력을 하여야 한다.

제4조(다른 법률과의 관계) 이 법은 테러의 예방 및 대응에 관하여 다른 법률에 우선하여 적용한다.

제5조(국가대테러기본계획의 수립) ① 정부는 제1조의 목적을 달성하기 위하여 필요한 국가대테러 기본계획(이하 "기본계획"이라 한다)을 5년마다 수립·시행하여야 한다.

② 기본계획에는 다음 각 호의 사항이 포함되어야 한다.

1. 기본계획의 추진목표 및 방향
2. 테러예방을 위한 대책기구 구성에 관한 사항
3. 테러예방 및 대응을 위한 장비의 확충·개량 및 점검 등에 관한 사항
4. 테러예방 및 대응을 위한 협조요청에 관한 사항

5. 테러예방 및 대응 관련 법령의 정비 등 제도개선에 관한 사항
6. 테러예방 및 대응과 관련한 전문 인력의 양성·교육훈련 및 연구에 관한 사항
7. 그 밖에 테러예방 및 대응에 관하여 필요한 사항

③ 정부는 기본계획을 수립한 때에는 특별시장·광역시장·도지사 및 특별자치도지사(이하 "시·도지사"라 한다), 시장·군수·구청장(자치구의 구청장을 말한다. 이하 같다)에게 통지하여야 하며, 즉시 국회에 보고하여야 한다. 기본계획을 수정한 경우에도 또한 같다.

④ 그 밖에 기본계획 수립의 절차·방법 등에 관한 사항은 대통령령으로 정한다.

제6조(지역테러예방계획의 수립) 시·도지사, 시장·군수·구청장은 기본계획에 따라 관할 지역에 관한 자체 지역테러예방계획을 수립·시행하여야 한다.

제7조(점검 및 보고) ① 국가정보원장은 전반적인 테러 예방 및 대응 등 국가대테러업무 수행실태를 점검·평가하고 중요사항에 대한 보고서를 국회 정보위원회에 제출하여야 한다.

② 제1항에 따른 점검 및 보고는 관련 기관별로 구체적으로 이루어져야 한다.

제8조(국가테러대책회의) ① 대테러활동에 관한 정책의 중요사항을 심의·의결하기 위하여 대통령 소속으로 국가테러대책회의(이하 "대책회의"라 한다)를 둔다.

② 대책회의의 의장은 국무총리가 되고 부의장은 국가정보원장이 되며, 위원은 다음 각 호의 자가 된다.

1. 금융위원회위원장·교육과학기술부장관·외교통상부장관·통일부장관·법무부장관·국방부장관·행정안전부장관·지식경제부장관·보건복지가족부장관·환경부장관·국토해양부장관 및 국무총리실장
2. 대통령실 경호처장·관세청장·경찰청장·소방방재청장·해양경찰청장
3. 대통령 외교안보수석비서관
4. 그 밖에 대통령이 지명하는 자

③ 대책회의는 다음 각 호의 사항을 심의·의결한다.

1. 대테러활동에 관한 국가의 정책 수립 및 평가
2. 테러경보의 발령
3. 테러단체의 지정 및 해제
4. 대테러특공대의 지정·설치
5. 그 밖에 의장 또는 제9조의 테러대책 상임위원장이 대책회의에서 심의·의결할 필요가 있다고 제의하는 사항

④ 대책회의의 구성·운영 등에 관하여 필요한 사항은 대통령령으로 정한다.

제9조(테러대책상임위원회) ① 대책회의의 소관사항 중 신속한 결정이 필요하거나 대책회의의 위임사항을 처리하기 위하여 대책회의 소속으로 테러대책상임위원회(이하 "상임위원회"라 한다)를 둔다.

② 상임위원회 위원장은 상임위원회 위원 중에서 대통령이 지명하는 자로 하고, 상임위원회 위원은 대책회의 위원 중에서 대통령령으로 정하는 자로 한다.

③ 상임위원회는 다음 각 호의 사항을 소관으로 한다.

1. 테러사건의 사전 예방에 관한 사항

2. 테러사건의 대응대책 및 사후처리 방안의 결정

3. 그 밖에 대책회의에서 심의·의결한 사항 및 기타 위임한 사항의 처리

④ 상임위원회의 구성·운영 등에 관하여 필요한 사항은 대통령령으로 정한다.

제10조(국가대테러센터) ① 대테러활동과 관련하여 다음 각 호의 사항을 수행하기 위하여 국가정보원장 소속으로 국가대테러센터(이하 "대테러센터"라 한다)를 둔다.

1. 테러관련 국내외 정보의 수집·분석·작성 및 배포
2. 테러에 대한 대응대책 강구
3. 대테러활동의 기획 및 조정
4. 테러 징후의 탐지 및 경보 발령 건의
5. 테러위험 인물에 대한 정보수집
6. 테러단체 지정 및 해제 건의
7. 대책회의·상임위원회의 회의 및 운영에 필요한 사무의 처리
8. 외국 정보기관과의 테러관련 정보협력
9. 그 밖에 대책회의·상임위원회에서 심의·의결한 사항

② 대테러센터의 장은 국가정보원장의 제청에 따라 대통령이 임명한다.

③ 대테러센터는 국가정보원 직원 및 관계기관의 공무원으로 구성하되 그 조직 및 정원은 대통령의 승인을 얻어 국가정보원장이 정한다. 다만, 파견공무원의 정원에 관하여는 미리 해당 파견공무원이 소속된 중앙행정기관의 장과 협의하여야 한다.

④ 대테러센터의 조직·정원 및 소속 직원의 인적사항은 이를 공개하지 아니할 수 있다.

⑤ 대테러센터의 장은 상임위원회의 운영을 지원하기 위하여 관계기관의 공무원으로 구성되는 대테러실무회의를 구성·운영할 수 있다.

⑥ 대테러센터의 장은 공항·항만 또는 대통령령으로 정하는 특정지역 안에서 대테러활동에 관한 사항을 협의하기 위하여 관계기관의 공무원으로 구성되는 대테러보안협의회를 구성·운영하거나, 다른 공무원으로 하여금 운영하게 할 수 있다.

⑦ 제5항 및 제6항에 따른 대테러실무회의 및 대테러보안협의회의 설치·구성 및 운영에 관하여 필요한 사항은 대통령령으로 정한다.

제11조(테러사건대책본부의 설치·운영) ① 관계기관의 장은 국내외에서 테러가 발생하거나 발생이 예상되는 경우 테러현장에서 대테러활동을 지휘·조정하기 위하여 테러사건대책본부(이하 "대책본부"라 한다)를 설치·운영한다. 다만, 동일사건에 대하여 2개 이상의 관계기관이 관련된 경우에는 상임위원회가 대책본부를 설치할 기관을 지정한다.

② 제1항에 따른 대책본부의 설치·구성 및 운영에 관하여 필요한 사항은 대통령령으로 정한다.

제12조(테러정보의 통합관리) ① 대테러센터의 장은 국내외에서 국가의 안전이나 국민의 생명과 재산을 침해할 수 있는 테러의 위협 또는 그 징후 등을 통합 관리할 수 있는 체계를 유지하여야 한다.

② 관계기관의 장은 제1항에 따른 테러의 위협 또는 그 징후를 안 때에는 이를 지체 없이 대테러센터의 장에게 통보하여야 한다.

제13조(테러경보의 발령) ① 대테러센터의 장은 국내외에서 테러의 위험이 있다고 판단될 경우 국가 또는 지역을 특정하여 대책회의에 테러경보 발령을 건의할 수 있다.

② 관계기관은 제1항에 따른 테러경보에 따라 테러의 발생을 예방하거나 그 피해를 최소화할 수 있는 필요한 조치를 취하여야 하며, 해당지역 체류자 또는 출입자는 이에 협조하여야 한다.

③ 테러경보의 단계, 발령 절차 및 관계기관의 조치와 관련하여 필요한 사항은 대통령령으로 정한다.

제14조(테러단체의 지정 · 해제) ① 대테러센터의 장은 국민의 생명과 신체 또는 재산을 대상으로 테러를 자행한 해외의 집단 또는 결사에 대하여 대책회의에 테러단체 지정 · 해제를 건의할 수 있다.

② 테러단체의 지정 · 공고 · 해제 및 이의제기 절차 등은 대통령령으로 정한다.

제15조(테러위험인물에 대한 정보수집 등) ① 대테러센터의 장은 테러단체의 구성원으로 의심할 만한 상당한 이유가 있는 사람에 대하여 출입국 · 금융거래 및 통신이용 등 관련 정보를 수집할 수 있다. 이 경우 출입국 · 금융거래 및 통신이용 관련 정보의 수집에 있어서는 「출입국관리법」, 「특정금융거래정보의 보고 및 이용 등에 관한 법률」, 「통신비밀보호법」에 따라야 한다.

② 대테러센터의 장은 제1항에 따른 정보 수집 및 분석의 결과 테러를 할 우려가 있다고 판단되는 내 · 외국인과 국외에 거주하는 테러단체 구성원에 대하여 출 · 입국의 금지 또는 국내체류 연장을 법무부장관에게 요청할 수 있다.

③ 대테러센터의 장은 제1항에 따른 정보 수집 및 분석의 결과 테러에 이용되었거나 이용될 가능성이 있는 외국환 거래에 대하여 지급정지 등의 조치를 취하도록 기획재정부장관에게 요청할 수 있다.

④ 대테러센터의 장은 제1항부터 제3항까지에 따른 조치를 요청할 때에는 관계기관의 장에게 사유와 기간 등을 명시하여 서면으로 하여야 하며, 대책회의 의장에게 이를 보고하여야 한다.

제16조(테러예방대책 및 안전관리대책의 수립) ① 관계기관의 장은 제5조의 국가대테러기본계획에 따라 대통령령으로 정하는 국가중요시설과 많은 사람이 이용하는 시설 및 장비(이하 "테러대상시설"이라 한다)에 대한 테러예방대책과 테러의 수단으로 이용될 수 있는 폭발물 · 총기류 · 화생방물질(이하 "테러이용수단"이라 한다) 등에 대한 안전관리대책을 수립 · 지도 · 감독하여야 한다.

② 관계기관의 장은 제1항에 따른 수립 · 지도 · 감독시 필요한 경우 대테러센터의 장에게 지원을 요청할 수 있다.

③ 제1항에 따른 테러대상시설과 테러이용수단의 선정기준 · 절차, 안전관리대책 등에 관하여 필요한 사항은 대통령령으로 정한다.

제17조(국가중요행사의 대테러 · 안전대책) ① 관계기관의 장은 국내외에서 개최되는 국가중요행사에 대하여 당해 행사의 특성에 따라 분야별로 대테러 · 안전대책을 수립 · 시행하여야 한다.

② 대테러센터의 장은 제1항에 따른 분야별 대테러·안전대책을 협의·조정하기 위하여 필요한 경우에 관계기관으로 구성되는 대책기구 또는 조직을 설치·운영할 수 있다.

③ 제2항에 따른 대책기구의 설치·운영에 관하여 필요한 사항은 대통령령으로 정한다.

제18조(테러취약요인 사전제거) ① 제16조제1항에 따른 테러대상시설 및 테러이용수단의 소유자 또는 관리자는 보안장비를 설치하는 등 테러취약요인 제거를 위하여 노력하여야 한다.

② 국가는 제1항의 사업을 수행하는 소유자 또는 관리자에게 필요한 경우 그 비용의 전부 또는 일부를 보조할 수 있다.

③ 제2항에 따른 비용보조의 대상·기준·방법 및 절차 등 필요한 사항은 대통령령으로 정한다.

제19조(테러발생 신고 및 보고체계) ① 테러사건이 발생하거나 테러관련 정보(징후·상황·첩보 등을 포함한다. 이 조에서 이하같다)를 알게 된 자는 지체 없이 대테러센터·지방자치단체·소방관서·경찰관서 또는 인근 군부대 등에 신고하여야 한다.

② 제1항에 따라 신고를 받은 대테러센터의 장 이외의 기관장은 지체 없이 이를 대테러센터의 장에게 신속히 통보하고, 대테러센터의 장은 통보받은 사항을 다른 관계기관의 장에게 신속히 전파하며, 대책회의 의장에게 보고하여야 한다.

③ 국가정보원장 및 관계 중앙행정기관의 장은 테러 사건을 목격하거나 테러관련 정보를 알게 된 자가 대테러센터 등에 신속히 신고할 수 있도록 신고 요령을 홍보하여야 한다.

제20조(합동조사반의 구성 및 운영) ① 대테러센터의 장은 국내외에서 테러사건이 발생하거나 발생할 우려가 현저한 때에는 예방조치·사건분석 및 사후처리방안의 강구 등을 위하여 관계기관 합동으로 조사반을 편성·운영한다.

② 합동조사반은 관계기관의 대테러업무에 관한 실무전문가로 구성하며, 필요한 경우 공공기관·단체 또는 민간의 전문요원을 위촉하여 참여하게 할 수 있다.

③ 대테러센터의 장은 합동조사 결과, 테러사건 수사에 필요한 증거를 확보한 경우에는 즉시 검찰·경찰 기타 수사기관에 관련 자료를 제공하여야 한다.

④ 합동조사반의 구성·운영 등에 관한 세부사항은 대통령령으로 정한다.

제21조(대테러특공대 설치 및 운영) ① 국방부장관·경찰청장 또는 해양경찰청장은 대책회의의 심의를 거쳐 테러진압을 위한 대테러특공대를 지정하거나 설치할 수 있다.

② 국방부장관·경찰청장·해양경찰청장이 소속 대테러특공대를 출동시킨 경우 이를 지체 없이 대책회의 의장과 대테러센터의 장에게 통보하여야 한다.

제22조(군 병력 등의 지원) ① 대책회의 의장은 경찰만으로는 국가중요시설과 많은 사람이 이용하는 시설 등을 테러로부터 보호하기 어렵다고 판단되는 급박한 상황의 경우에는 시설의 보호 및 경비에 필요한 최소한의 범위 안에서 군 병력 또는 향토예비군(이하 "군 병력 등"이라 한다)의 지원을 대통령에게 건의할 수 있다.

② 대통령은 제1항에 따른 건의를 받고 군 병력 등을 지원하고자 하는 때에는 국회에 통보하여야 하며, 군 병력 등을 지원한 후 국회가 군 병력 등의 철수를 재적의원 과반수의 출석과 출석의원 과반수의 찬성으로 요청한 때에는 지체 없이 이에 응하여야 한다.

③ 제1항에 따라 지원된 군 병력 등은 국방부장관의 지휘·명령에 따라 시설의 보호 및 경

비업무를 수행한다.

제23조(합동수사본부 설치 및 운영) ① 법무부장관은 테러사건이 발생한 경우 사건분석 · 채증 등 수사를 위하여 대검찰청 안에 테러사건을 전담하는 합동수사본부를 설치할 수 있다.

② 합동수사본부는 대검찰청 · 경찰청 · 해양경찰청 · 군 헌병대 등 관계기관의 대테러업무 전문요원, 그 밖에 생화학물질조사 전문가 · 방사능 및 핵 방호 전문가 등으로 구성한다.

제24조(포상금) 테러의 계획 또는 실행에 관한 사실을 관계기관에 신고하여 테러를 사전에 예방할 수 있게 하였거나 테러를 범한 자를 신고 또는 체포한 자에 대하여는 대통령령으로 정하는 바에 따라 예산의 범위에서 포상금을 지급할 수 있다.

제25조(테러피해의 신고 및 보조) ① 테러로 인하여 신체 또는 재산의 피해를 입은 국민은 관계기관에 즉시 신고하여야 한다. 다만, 인질 등 부득이한 사유로 신고할 수 없을 때에는 법률관계 또는 계약관계에 따라 보호의무가 있는 자가 이를 알게 된 때에 즉시 신고하여야 한다.

② 국가 또는 지방자치단체는 제1항의 피해를 입은 자에 대하여 대통령령으로 정하는 바에 따라 치료 및 복구에 필요한 비용의 전부 또는 일부를 보조할 수 있다.

제26조(의료지원금 등 보조) ① 테러로 인하여 신체상의 현저한 피해를 입은 자로서 장기치료를 요하는 자에 대해서는 생활의 정도를 고려하여 의료지원금을 차등 지급할 수 있다.

② 테러로 인하여 생명의 피해를 입은 자의 유족 또는 신체상의 장애 및 장기치료를 요하는 피해를 입은 자에 대해서는 그 피해의 정도에 따라 등급을 정하여 특별위로금을 지급할 수 있다.

③ 테러로 인하여 생명의 피해를 입은 자의 유족에게는 장례비를 지급할 수 있다.

④ 제1항부터 제3항까지에 따른 의료지원금 · 특별위로금 및 장례비의 지급 기준 · 절차 · 금액 및 방법 등에 관하여 필요한 사항은 대통령령으로 정한다.

제27조(치료 및 복구에 필요한 비용 등의 지급 제한) 제25조 및 제26조의 치료 및 복구에 필요한 비용 · 의료지원금 · 특별위로금 및 장례비는 「여권법」 제17조제1항에 따른 외교통상부장관의 허가를 받지 아니하고 방문이나 체류가 금지된 국가 또는 지역을 방문 · 체류한 자에 대하여는 지급하지 아니한다.

제28조(교육 · 연구의 진흥) ① 국가는 테러예방 · 대응과 관련된 연구를 진흥하고 전문가 양성을 위하여 필요한 시책을 강구하여야 한다.

② 국가정보원장은 제1항에 따른 전문 인력의 양성을 위하여 대통령령으로 정하는 바에 따라 연구소, 대학 그 밖에 필요하다고 인정하는 기관을 대테러 전문 인력 양성기관으로 지정할 수 있다.

③ 국가는 제2항에 따라 지정된 대테러 전문 인력 양성기관에 대하여 대통령령으로 정하는 바에 따라 그 양성에 필요한 경비의 전부 또는 일부를 부담할 수 있다.

제29조(국제협력) 정부는 테러의 예방 · 대응에 관하여 국제기구 또는 외국 또는 국제단체와 협력을 증진하기 위하여 다음 각 호의 사업을 수행할 수 있다.

1. 대테러 전담 인력 상호 간 파견 교육의 지원 · 협조
2. 국가 간 테러 예방 및 대응을 위한 상호 협조체계 구축

3. 테러 관련 정보의 교류 및 공동 대응

제30조(관계기관 등에의 협조요청) ① 대테러센터의 장은 테러예방 및 대응 업무의 수행과 관련하여 필요하다고 인정되는 경우 관계 중앙행정기관, 경찰관서, 소방관서, 관할 군부대, 그 밖에 대통령령으로 정하는 테러 관련기관 및 단체의 장에게 테러예방조치와 진압장비 및 인력 동원, 자료제공에 관하여 협조를 요청할 수 있다. 이 경우 협조요청을 받은 관계기관 및 단체의 장은 특별한 사유가 없는 한 이에 따라야 한다.

② 제1항에 따라 대테러센터의 장이 협조요청을 하는 대상·방법 및 절차 등에 관하여 필요한 사항은 대통령령으로 정한다.

[별 표]

테러(제2조제1호관련)

1. 국가·지방자치단체 또는 외국정부(외국지방자치단체와 조약 또는 그 밖의 국제적인 협약에 따라 설립된 국제기구를 포함한다)의 권한행사를 방해하거나 의무없는 일을 하게 할 목적 또는 공중을 협박할 목적으로 사람을 살해하거나 사람의 신체를 상해하여 생명에 대한 위험을 발생하게 하는 행위 또는 사람을 체포·감금·약취·유인하거나 인질로 삼는 행위
2. 항공기(「항공법」 제2조제1호의 항공기를 말한다. 이하 이 호에서 같다)와 관련된 다음 각각의 어느 하나에 해당하는 행위
   가. 운항중(「항공안전 및 보안에 관한 법률」 제2조제1호의 운항중을 말한다. 이하 이 목에서 같다)인 항공기를 추락시키거나 전복·파괴하는 행위, 그 밖에 운항중인 항공기의 안전을 해칠 만한 손괴를 가하는 행위
   나. 폭행이나 협박, 그 밖의 방법으로 운항중인 항공기를 강탈하거나 항공기의 운항을 강제하는 행위
   다. 항공기의 운항과 관련된 항공시설을 손괴하거나 조작을 방해하여 항공기의 안전운항에 위해를 가하는 행위
3. 선박(「선박 및 해상구조물에 대한 위해행위의 처벌 등에 관한 법률」 제2조제1호의 선박을 말한다. 이하 이 호에서 같다) 또는 해상구조물(「선박 및 해상구조물에 대한 위해행위의 처벌 등에 관한 법률」 제2조제5호의 해상구조물을 말한다. 이하 이 호에서 같다)과 관련된 다음 각각의 어느 하나에 해당하는 행위
   가. 운항(「선박 및 해상구조물에 대한 위해행위의 처벌 등에 관한 법률」 제2조제2호의 운항을 말한다. 이하 이 목에서 같다)중인 선박 또는 해상구조물을 파괴하거나, 위태롭게 할 만한 손상을 가하는 행위(실려 있는 화물에 손상을 가하는 행위를 포함한다)
   나. 폭행이나 협박, 그 밖의 방법으로 운항중인 선박 또는 해상구조물을 강탈하거나 선박의 운항을 강제하는 행위
   다. 운항중인 선박의 안전을 위태롭게 하기 위하여 그 선박 운항과 관련된 기기·시설을 파괴 또는 중대한 손상을 가하거나 기능장애 상태를 야기하는 행위
4. 사망·중상해 또는 중대한 물적 손상을 유발하도록 제작되거나 그러한 위력을 가진 폭발

성·소이성(燒夷性) 무기나 장치를 다음 각각의 어느 하나에 해당하는 차량 또는 시설에 배치 또는 폭발시키거나 그 밖의 방법으로 이를 사용하는 행위

가. 기차·전차·자동차 등 사람 또는 물건의 운송에 이용되는 차량으로서 공중이 이용하는 차량

나. 가에 해당하는 차량의 운행을 위하여 이용되는 시설 또는 도로, 공원, 역, 그 밖에 공중이 이용하는 시설

다. 전기나 가스를 공급하기 위한 시설, 공중의 음용수를 공급하는 수도, 그 밖의 시설 및 전기통신을 이용하기 위한 시설로서 공용으로 제공되거나 공중이 이용하는 시설

라. 석유·가연성 가스·석탄, 그 밖의 연료 등의 원료가 되는 물질을 제조 또는 정제하거나 연료로 만들기 위하여 처리하거나 수송 또는 저장하기 위한 시설

마. 공중이 출입할 수 있는 건조물·항공기·선박으로서 가부터 라까지에 해당하는 것을 제외한 시설

5. 핵물질(「원자력시설 등의 방호 및 방사능방재대책법」 제2조제1호의 핵물질을 말한다. 이하 이 호에서 같다), 방사성물질(「원자력법」 제2조제5호의 방사성물질을 말한다. 이하 이 호에서 같다) 또는 원자력시설(「원자력시설 등의 방호 및 방사능방재대책법」 제2조제2호의 원자력시설을 말한다. 이하 이 호에서 같다)과 관련된 다음 각각의 어느 하나에 해당하는 행위

가. 원자로를 파괴하여 사람의 생명·신체 또는 재산을 해하거나 그 밖에 공공의 안전을 위태롭게 하는 행위

나. 방사성물질 등과 원자로 및 관계시설·핵연료주기시설·방사선발생장치를 부당하게 조작하여 사람의 생명이나 신체에 위험을 가하는 행위

다. 핵물질을 수수·소지·소유·보관·사용·운반·개조·처분 또는 분산하는 행위

라. 핵물질이나 원자력시설의 파괴·손상 또는 그 원인을 제공하거나 원자력시설의 정상적인 운전을 방해하여 방사성물질을 배출하거나 방사선을 노출하는 행위

참고문헌

국립방재연구소(2005). 자연재해 예방대책 연구 종합계획 수립을 위한 기초연구.

국립방재연구소(2008). 재해복구조사 과정. 내부자료.

국회사무처 법제예산실(1999). 재난관리의 일원화를 위한 법제적 검토: 소방청 신설을 중심으로 「법제현안」. 94.

권건주(2005). 지방정부 재난관리조직의 효율화 방안. 「한국위기관리논집」. 1(2): 79-92.

권정훈(2008). 「한국의 테러대응체제에 관한 연구」. 박사학위논문, 용인대학교 대학원.

김광주 · 김용태(2007). 지역축제의 안전관리 방안에 관한 연구: 상주시를 사례로. 한국지방자치연구, 8(3): 127-159.

김국래(2008). 정부의 위기관리조직 재설계 필요성 연구: 재난 · 비상대비 · 민방위업무를 중심으로. 「한국화재소방학회논문지」 22(2).

김동욱(2003). 국가재해재난 관리체계 재정립 방안. 행정개혁시민연합.

김두현(2002). 최첨단 무기테러에 대응한 2002년 월드컵축구대회 안전대책. 「경호경비연구」, 5:46

김두현(2003). 「경호학개론」. 사울: 백산출판사.

김영호(2009). 각국 대테러 관련법의 제정동향 및 추세, 대테러정책연구논총 제6호, pp. 86-87.

김일곤(2010). 혼잡경비제도의 도입방안에 관한 연구. 경기대학교 대학원 박사학위논문.

김재홍(2003). 「화학 · 생물학 테러의 실태 및 안전대책에 관한 연구」. 석사학위논문, 한국체육대학교 .

김종하(2001). 생화학무기의 적대적 사용. 「공군평론」, 1096.

김중양(2004). 대구지하철 참사수습과 재난관리대책. 한국행정연구원.

김태민 · 조성구(2011). 대규모 행사장 민간경비운영의 발전방안. 한국경찰학회보, 13(1): 3-31.

김태윤(2000). 국가재해재난관리체계 구축방안. 한국행정연구원.

김태윤(2000). 국가재해재난관리체계 구축방안. 한국행정연구원.

김태윤(2003). 우리나라의 국가재해관리체계의 모색. 행정개혁시민연합.

남궁근(1995). 재해관리행정체계의 국가간 평가에 비교연구: 미국과 한국의 사례를 중심으로 「한국행정학보」. 29(3): 957-981.

내무부 중앙재해대책본부(1995). 「재해극복 30년사」. 내무부 중앙재해대책본부.

노현승(2006). 재난관리체계 개편과 소방청 독립의 필요성. 국정감사정책자료집.

류충(2001). 「재난관리론」. 서울: 한성문화.

박동균(2006). 상주 MBC 가요콘서트 사례를 통해 본 혼잡경비의 문제점과 개선방향. 한국지방자치연구, 8(2): 25-41.

박동균(2008). 재난관리에 대한 지방공무원들의 인식분석과 함의. 한국행정논집. 20(1): 289-312.

박종일(2010). 지역문화정책 거버넌스 활성화 요인 및 참여주체간 인식차이에 관한 연구. 한남대학교 대학원 박사학위논문.

박준석(2008). 뉴테러리즘 대응전략의 産·學·官·硏 상호협력방안, 대테러정책연구논총 제5호, pp. 210-212.

박홍주(2005). 「생화학 테러의 대응방안에 관한 연구」. 석사학위논문, 동국대학교 행정대학원.

반상철(2007). 지역문화축제를 통한 도시정체성 구현방안 연구. 호남문화논총, 21: 63-91.

서울시정개발연구원(2008). 재난제로, 서울을 위한 방재전략. SDI정책리포트.

소방방재청(2005). 자연재해위험지구 관리 지침.

소방방재청(2006). 재해 사전예방 강화 및 투자확대방안.

소방방재청(2007). 신국가방재시스템 백서. 내부자료.

소방방재청(2008). 자연재난관리 목표 및 추진방향. 내부자료.

소방방재청(2009). 소방방재 정책백서. 내부자료.

손동권(2006). 주요국가의 대테러법안 강화실태, 대테러정책연구논총 제3호, p. 23.

송윤석(2009). 「대도시 재난관리체계의 유형별 효율화 비교분석」. 한국외국어대학교 대학원 박사학위논문.

송철호(2005). 대도시 시민소방방재활동의 역할과 활동기반 구축방향. 도시행정학보. 18(1): 77-102.

신성균(2009). 한국 민간경비산업의 테러예방 활동에 관한 연구, 동국대학교 행정대학원 석사학위 논문, pp. 18-20 재인용.

신의기(2007). 각국의 테러대응책과 우리나라의 테러방지법, 대테러정책연구논총 제4호, pp. 41-42.

심의섭(2005). 「한국의 화생테러 위협과 대응방안」. 석사학위논문, 대전대학교 경영행정·사회복지대학원.

심재현(1997). 홍수피해경감을 위한 방재대책의 개선방안. 한국지방행정연구원.

안병만(2002). 「한국정부론」. 서울: 다산출판사.

안중석(2004). 「우리나라 재난대응체제 구축방안에 관한 연구」. 강원대학교 대학원 석사학위논문.

안지민(2009). 대구 방재시스템 선진화 서둘러야. 대구경북연구원.

안희정(2003). 한국의 소방행정체계의 현황과 문제점. 서울행정학회 춘계학술대회 발표논문집. 213-235.

양기근(2004). 「위기관리 조직학습체제에 관한 연구: 한국과 미국의 사례 비교분석을 중심으로」. 경희대학교 대학원 박사학위논문.

양기근(2005). 정부기능연계모델(BRM)을 통한 특정 관리대상 시설의 안전점검 개선 방안. 「한국위기관리논집」. 1(2): 45-60.

양기근 · 정원희 · 강창민(2006). 지방정부 재난관리조직의 개선방안: 통합형 재난관리 조직 설계. 한국거버넌스학회 하계공동학술대회 발표논문집. 545-564.

여영무. "북한 테러리즘의 전쟁론적 고찰", 『月刊북한』 259호(서울: 사단법인 북한연구소 1985. 10)

여차민(2009). 지방자치단체 재난관리사업에서의 도덕적 해이와 외부성 해결기제로서의 특별회계 설치에 관한 고찰: 하천관리사업 사례의 검토. 한국지방자치학회 동계학술대회 발표집. 145-167.

유현정 · 이재은 · 노진철 · 김겸훈(2008). 수요자 관점에서 접근한 재난관리서비스의 개선방안. 한국컨텐츠학회논문지. 8(5): 224-235.

육군본부(2002). 「야전교범」.1-5

이강호(2005). 「지방재난관리체계의 발전방안에 관한 연구: 경남소방방재조직을 중심으로」. 창원대학교 대학원 석사학위논문.

이경훈(2010). 다중이용시설의 발전동향에 따른 테러위협방안. 대테러연구논총 7호.

이계수(2006). 테러대응법령과 기구에 대한 비교 연구, 치안논총 제22집, pp. 536-540.

이상철 · 김태민(2006). 행사장경호 운용시스템 개선방안에 관한 연구. 경호경비연구, 11: 203-226.

이상팔(1996). 위기관리체계의 지능적 실패에 의한 학습효과 분석: 삼풍백화점붕괴사고 사례를 중심으로. 「하국행정학보」. 29(4): 335-361.

이승종(2005). 「지방자치론(제2판)」. 서울: 박영사.

이신엽(2004). 「생화학테러의 위협과 확산에 따른 대응체계 구축방안」. 석사학위논문, 용인대학교 대학원 .

이영철(2007). 자연재해의 원인과 관리전략에 관한 연구: 사례 및 AHP분석을 중심으로. 인천대학교 대학원 박사학위논문.

이윤근(2003). 시민참여 대규모행사시 민간경비의 역할에 관한 연구. 한국공안행정학회보, 15: 173-194.

이재은(2004). 재난관리시스템 개편과정 쟁점 분석 및 향후 방향. 「행정논총」. 42(2): 147-169.

이재정 · 남중구(1999). 재난 · 재해대책과 구호를 위한 제도적 문제점 및 감사 방안. 부정방지대책위원회 연구보고서.

이창용(2004). 「한국의 위기관리 시스템 구축방안」. 박사학위논문, 영남대학교.

이창원 · 강제상 · 이원회(2003). 재난관련 조직개편 어떻게 할 것인가? 한국행정학회 세미나 발표 논문집.

이호용(2009). 효율적인 국가 대테러조직의 위상과 기능, 대테러정책연구논총 제6호, p. 13.

이황우(2006). 주요 선진국의 대테러정책 조명, 대테러정책연구논총 제3호, p. 106.

임현진 외(2003). 한국사회의 위험과 안전, 서울대학교출판부

정기성(2001). 「한국의 재난관리체제에 관한 연구」. 전북대학교 대학원 박사학위논문.

정하중(2007). 「행정법개론」. 서울: 법문사.

정형근(1991). 「국제테러의 법적 규제에 관한 연구」. 박사학위논문, 서울대학교 대학원.
중앙재난안전대책본부(2007). 수해복구추진 지침.
중앙재난안전대책본부(2008). 개선복구 계획수립 요령.
채경석(2004). 「위기관리정책론」. 서울: 대왕사.
채진(2009). 유비쿼터스 정보기술이 재난관리 효과성에 영향을 미치는 요인 분석, 한국행정학회, 2009 하계학술대회 발표논문.
최성룡(2000). 국가재난관리의 효율화 방안.「중앙소방학교 소방논집」. 10.
최호택·류상일(2006). 효율적 재난대응을 위한 지방정부 역할 개선방안: 미국, 일본과의 비교를 중심으로. 한국컨텐츠학회논문지. 6(12): 235-243.
한국지방행정연구원(2008). 지방자치단체 재난관리체계의 개선방안. 한국지방행정연구원.
행정자치부(1999). 「한국소방행정사」. 행정자치부 소방국.
허태회(2011). 국내 다중이용시설 테러대응체계와 위기관리. 대테러정책연구논총 8호.
황웅재(2007). 「국내 화생방테러 현장지휘체계에 관한 연구」. 석사학위논문, 서울시립대학교 도시과학대학원.
황종규·이명숙(2008). 지역축제의 문화정치적 특성에 관한 연구: 안동국제탈춤페스티벌과 영주풍기인삼축제를 중심으로. 한국지방자치연구, 10(1): 95-118.
Bill Philips. (2006). *The Complete Book of Home, Site, and Office Srcurity*. New York: McGraw-Hill.
National Advisory Commission on Criminal Justice Standard and Goals(1973). *Report on the Police*. Government Printing Office.
https://www.tiic.go.kr(테러정보통합센터)
Philip P. Purpura.(2007). *Terrorism and Homeland Security*. Burlington: Elsevier.
Ross, D. J. & T. Gurr.(1989). Why Terrorism subsides : a comparative study of Canada and The United States. *Comparative Politics*. 21 July, pp. 34-37.
Seth Carus. (1997). *The Threat of Bioterrorism*. Strategic Forum. NO 127, 3
Wandlaw. Political Theory, Tactics and Counter-measures(Cambridge : Cambridge Univ. Press, 1982), pp. 127-135.
Whittaker, D. J. (2003) *The Terrorism : Reader*(London : Routledge, pp. 26-32.
William C. Cunningham, John J. Strauchs & Clifford W. Van Meter(1990). *The Hallcrest Report II: Private Security Trends 1970 To 2000*. Butterworth-Heinemann.
井上忠雄(2001). 생물무기금지협약 설명회 및 세미나. 「한국생물산업협회」.109
http://blog.joins.com
http://cafe.daum.net
http://nip.nih.go.kr
http:/opcw.org
국가법령정보센터(http://www.law.go.kr/)

소방방재청(http://www.nema.go.kr/)
통계청(http://www.nso.go.kr/)
한국정보사회진흥원(http://www.nia.or.kr/)

[저자 소개]

• 이정훈

안동과학대학 경호경찰과 교수
영남대학교 행정학박사
법무부 교정자문위원회 위원
경북지방경찰청 인권위원회 위원

〈논문 및 저서〉
경찰조직문화와 직무만족에 있어서 조직공정성의 조절효과 분석(2011)
대학생 생활스트레스와 인터넷 중독에 관한 연구(2010)
불법주정차 무인단속시스템 설치에 대한 효과 평가(2009)
『문제중심 경비지도사 경비업법』(2010, 백산출판사)
『문제중심 경비지도사 민간경비론』(2010, 백산출판사)

• 최인규

대구과학대학 경찰행정과 교수
영남대학교 행정학박사
한국정치발전연구원 책임연구위원
경북미래정책개발연구원 자문위원

〈논문 및 저서〉
주취자에 대한 경찰의 효율적인 대응방안: broken window theory 관점에서(2009)
경찰조직의 학습구축이 조직유효성에 미치는 영향관계분석(2008)
치안서비스 효율성에 대한 시계열분석(2008)
『쉬운행정학』(2010, 청목출판사)
『조사방법론의 이해』(2011, 삼영사)

• 이민형

대구예술대학교 경호보안학과 교수
용인대학교 경호학박사
한국치안행정학회 교육이사
한국민간경비학회 이사

〈논문 및 저서〉
한국 민간조사제도 도입을 위한 정책 제언(2011)
경비업법 제7조 제1항「관리권 범위」에 대한 법적 해석(2011)
한국 민간경비제도 정립을 위한 경비업법 개선방안(2010)
『시큐리티운용론』(2006, 백산출판사)
『경호경비관계법』(2006, 한올출판사)

쉬운 도시안전과 테러리즘

2011년 9월 5일 초판인쇄
2011년 9월 10일 초판발행

저 자 이정훈 · 최인규 · 이민형
발행인 유 성 열
발행처 **청목출판사**
서울특별시 영등포구 신길로 40길 20
전화 (02) 849-6157(代) · 2820 / 833-6090~1
FAX (02) 849-0817
등록 제318-1994-000090호

파본은 바꾸어 드립니다. 값 15,000원

http : //www.chongmok.co.kr

ISBN 978-89-5565-428-8

※ 인지는 생략합니다.